미디어 공진화

정보인프라와 문화콘텐츠의 융합 발전

이 도서의 국립중앙도서관 출판예정도서목록(CIP)은 서지정보유통지원시스템 홈페이지(http://seoji.nl.go.kr)와
국가자료공동목록시스템(http://www.nl.go.kr/kolisnet)에서 이용하실 수 있습니다.
CIP제어번호: CIP2019029260(양장) CIP2019029519(무선)

ICT 사회 연구 총서 5

정보기술과문화연구소

정보인프라와
문화콘텐츠의 융합 발전

미디어 공진화

김신동 엮음 | 김신동 · 송경재 · 황근 · 송민정 · 조영신 · 이남표 · 배진아 지음

한울
아카데미

차례

서장
—
미디어 공진화:
정보인프라와 문화콘텐츠의 융합 발전
—
김신동

1. 플랫폼과 콘텐츠

크게 보아 미디어 산업은 플랫폼과 콘텐츠라는 두 분야로 나뉜다. 어떤 형태의 미디어든 두 가지 측면이 동시에 구현되는데, 미디어 기술 기반이 디지털화된 이후로는 플랫폼의 중요성이 크게 부각되고 있다. 플랫폼의 정의는 다양할 수 있다. 지상파 텔레비전, 케이블, 위성, IPTV 등이 흔히 말하는 플랫폼 형식이라고 할 수 있다. 하지만 인터넷을 통해 구현되는 포털 사이트, 웹페이지, 블로그, 유튜브, 넷플릭스 등도 플랫폼이고, 무수히 많이 개발되고 있는 애플리케이션들도 플랫폼이라고 할 수 있다. 플랫폼이 갈수록 다양해지고 여러 층위와 형태로 개발되고 있기 때문에 인터넷 자체는 일종의 메타 플랫폼으로 봐야 할 상황이다. 이에 반해 콘텐츠는 여러 플랫폼을 통로로 삼아 소비자에게 최종 전달되는 '의미체'의 총칭이라고 할 것이다. 여기에는 뉴스, 드라마, 쇼, 음악, 광고, 영화, 애니메이션, 게임 등이 모두 포함된다. 콘텐츠는 소비자에 의해 해독되고 수용되는 과정에서 의미와 효용이 생성되기 때문에 의미체로 본다.

흔히 미디어의 발전을 이야기하면 플랫폼과 콘텐츠 분야 모두에서 일어나고 있는 변화를 지시할 수 있다. 어느 면에서는 그렇게 하는 것이 전체적인 그림을 균형적으로 보는 방법이다. 하지만 근래의 논의를 보면 대부분이 플랫폼의 발전에 주목하고 있음을 알 수 있다. 형편이 이렇게 전개되어온 가장 근본적인 이유는 미디어 기술의 급속한 발전이 주로 플랫폼의 생성과 변형에 큰 영향을 미쳤기 때문이다. 그러나 플랫폼의 발전이 콘텐츠의 형식적·내용적 변화를 촉발하거나 제한하는 경향이 있기 때문에 이 두 분야는 함께 논의되고 분석되는 것이 바람직하다. 예컨대 최근에 중요 쟁점으로 부상하고 있는 다중채널네트워크MCN나 OTT에 대한 논의를 보면 쉽게 알 수 있듯이, 미디어 플랫폼의 진화에 따라 새로운 서비스들이 속출하고, 이에 따라 미디어 산업의 판도와 지형이 급변하기도 한다. 수년 전 한 신문은 유튜브야말로 세계 최대의 텔레비전이라고 말했는데, 당시에는 이를 단지 비유라고 생각했다. 하지만 불과 몇 년이 지난 오늘날 전 세계 텔레비전 시장의 판도를 바꾸고 있는 넷플릭스의 급성장을 보면 그것이 결코 비유가 아니었으며 이미 눈앞에 펼쳐진 사실이었음을 알 수 있다.

미디어 플랫폼과 콘텐츠는 오래전부터 한 몸처럼 존재해왔다. 하지만 학술 영역에서 이들 대상에 대한 관심은 매우 한정적으로 이루어져 왔다. 또한 실제 생활이나 산업 및 정책 등 분야에서는 아예 주목할 만한 이슈가 되지도 않았다. 일찍이 학술 영역에서 플랫폼과 콘텐츠 문제를 가장 심각하게 다룬 사례는 허버트 마셜 매클루언Herbert Marshall McLuhan으로 대변되는 스쿨이 있고, 이의 연장선에서 미디어 생태학을 꼽을 수 있다. 매클루언은 미디어 콘텐츠보다도 매체의 기술적 형식 혹은 기술 자체가 그 특성에 따라 소비자의 수용 과정에서 더 근본적인 작용을 한다고 보았던 것 같다. 그 당시는 플랫폼이라는 용어가 미디어 연구나 산업에 등장하지 않았을 때였고, 미디어 기술이라고 하면 장치나 기기를 의미했다. 미디어 기술이 곧 특정한 미디어 장치나 기기라는 식의 인식은 근래에 디지털 미디어의 등장에 의한 미디어 융합이 진행되기 전까지는 보편적인 현상이었다고 할 수 있다. 예컨대 매클루언에게 신문, 책, 잡지, 라디오, 영화, 텔레비전 등은 각각이 다른 것으로 치환되기 어려운 독특한 형식의 미디어 기술이었고 각 기술에 따라 개별적 속성이 명확한 것이었다. 이들 미디어가 지닌 형식적 기술 특성으로 인해 인간의 지각이 각 미디어가 지닌 편향적 속성에 의해 일정한 방향으로 영향을 받는다고 매클루언은 믿었다.

2. 미디어 공진화와 기술 실존주의

플랫폼과 콘텐츠라는 말을 사용하지는 않았지만 살펴보면 미디어는 처음부터 두 측면이 공존하면서 구성된 자웅동체 같은 속성이 있다. 최초의 미디어라고 할 수 있는 말도 공기라는 플랫폼을 가졌고, 문자의 등장은 다양한 쓰기 도구와 방법을 플랫폼과 형식으로 발전시켜왔다. 파피루스, 점토, 양피, 죽간, 종이 등이 채널이라면 이것을 유통한 교회나 학교, 서점 등은 일종의 플랫폼인 셈이다. 혹은 채널과 플랫폼을 요즘 식으로 하나로 묶어 플랫폼으로 통칭할 수도 있다. 문자의 발명은 언어의 고급화와 정교화를 촉진하게 된다. 문자라는 플랫폼이 말로만 만들어지고 전달되던 콘텐츠의 비약적 발전에 토대를 제공한 셈이다. 또한 인쇄술의 등장은 요즘 식으로 보면 필경에 의존하던 시대에 일종의 디지털 혁명이나 다름없었다. 수백만 권의 책이 일시에 유럽을 뒤덮으며 사회 혁명의 초석을 놓았다. 플랫폼 혁명 혹은 빅뱅인 셈이다. 인쇄술의 보급은 자국어의 성장을 촉진했고 자국어에 의한 콘텐츠 생산은 폭발적으로 증대했다. 이는 다시 더욱 정교한 인쇄기와 인쇄술, 도서의 상업적 배급망 구축 등에 영향을 주게 되었고, 인류는 불과 백 년이 지나지 않아 인쇄술에 기반한 근대 문명을 완성했다. 플랫폼과 콘텐츠의 공진화란 바로 이러한 현상을 가리킨다.

　문자 발명이나 인쇄술 개발 등을 생각하면 이미 미디어 기술의 진보가 콘텐츠의 양산과 양질화를 촉진했음을 알 수 있다. 콘텐츠란 결국 생산 주체인 인간의 창작물이므로 궁극적으로는 미디어 기술이 인간의 창의적 능력 고양을 견인했다고 보아도 무방할 것이다. 그런데 문자나 인쇄술의 경우는 콘텐츠인 언어, 혹은 언어를 통해 구현되는 정신의 산물을 보다 용이하게 효과적으로 전달할 수 있는 방법을 찾으려는 목표가 발명과 개발보다 우선되었다. 즉, 목적과 용도가 기술의 탄생에 우선했다.

　이와 반대로 기술 자체가 목적과 용도에 우선한 경우도 많다. 라디오나 텔레비전이 대표적인 경우이고 컴퓨터도 마찬가지다. 무선통신을 위해 개발된 라디오 기술은 오늘날 우리가 알고 있는 라디오 방송으로 활용되는데, 이 경우에 라디오 기술은 라디오 방송에 앞서는 것이고 라디오 방송의 용도와 의의는 그 기술을 활용함으로써 나중에 개발된 것이다. 텔레비전의 경우도 다르지 않다. 텔레비전 수상기와 전송기술을 구성하는 무수한 하위 기술들은 꽤 긴 시간을 두고 여러 곳에서 수많은 과학자와 기술자들의 의해 발명되고 개발되었다. 1940년대에 들어서는 유럽과 북미에서 수상기를 위한 개발 경쟁이 상당히 격화되기도 했다. 결국 수상기 기술은 사실상 그 기술을 기반으로 무엇을 할지 아무것도 정해지거나 알지 못하는 상태에서 미국에서 처음으로 개발되었다. 당시로서는 단지 멀리 떨어진 장소에 그림과 소리를 전송하는 방법을 개발했다는 사실만으로도 충분히 흥분할 만한 상황이었을 것이다. 그러나 아무 의미 없는 그림과 소리의 수신을 위해 비싼 돈을 들여 텔레비전 수상기를 살 소비자가 있을 리 없었다. 그러자 RCA 같은 수상기 제조업자들은 이 기술을 이용해 소비자를 끌어들일 수 있는 무엇인가가 있어야 한다고 직감했고, 결국 텔레비전 방송이 탄생하게 되었다. 뉴스와 쇼, 드라마,

광고 등이 포맷으로 개발되고 정착된 것은 그 후에 뒤따른 일이었다.

레이먼드 윌리엄스Raymond Williams는 그의 책『텔레비전: 테크놀로지와 문화 형식Television: Technology and Cultural Form』에서 텔레비전 방송이 사실상 프로그램의 연속적 흐름이라고 정의하고 있다. 분절화된 프로그램들의 집합이기보다는 프로그램들이 연속적으로 흘러 지나가는 흐름이며 그 자체가 하나의 형식이라고 본 것이다. 매클루언은 텔레비전 수상기 자체가 형식이며, 텔레비전의 시각적 정보의 풍부함으로 인해 시청자의 주의력이 산만해지고 집중도가 떨어진다고 생각했다(텔레비전을 차가운 미디어라고 생각했다). 텔레비전이라고 하는 송수신 기술이 플랫폼으로 선재하고, 그 기반에서 프로그램이라고 하는 (흐름으로 보든 분절화된 내용으로 보든) 콘텐츠가 뒤따라 온 것이다. 컴퓨터의 등장과 진화, 그리고 이를 기반으로 개발된 인터넷과 인터넷을 기반으로 속속 나타난 웹사이트, 포털 검색 엔진, 블로그, 애플리케이션 등이 모두 일단 기술이 만들어지고 그것을 기반으로 신종 콘텐츠가 뒤따르는 양상을 보이고 있다. 전자 미디어의 경우 기술이 내용에 선재하는 패턴을 유지하고 있는데, 이를 미디어 형성과 관련해서 기술 실존주의technology existentialism라고 할 수 있다. 매클루언이나 윌리엄스도 분명 이러한 점을 깊게 의식하고 있었을 것이다.

기술 실존주의는 실존주의의 핵심 테제 가운데 하나인 '존재가 본질에 선행한다'는 개념을 기술 생성에 적용하는 것에서 출발한다. 많은 기술의 생성 혹은 탄생은 본질에 선행한다. 여기에서 특정 기술의 본질은 그 기술의 존재 가치 혹은 용도라고 할 수 있다. 많은 기술적 발명들이 특별한 용도와 무관하게 이루어지고, 그렇게 탄생한 무수한 기술들이 쓰임새를 만들어나가는 경우가 허다하다. 물론 계획에 의해 주도면밀하게 개발되는 기술도 많다. 흥미로운 사실은 미디어 기술의 경우 용도를 먼저 정해두고 기술을 개발하는 경우보다 기술적 가능성이 만들어지면 이를 이용해 새로운 미디어를 탄생시키는 패턴이 반복되어왔다는 점이다.

브뤼노 라투르Bruno Latour 등이 제기한 행위자-네트워크 이론의 접근법을 원용하면 미디어 기술이 행위자actor가 되어 콘텐츠의 생산과 전개에 영향을 주는 셈이고 또 후속 기술의 발전이나 발명에 관여하는 것이다. 사물이 행위의 주체가 된다는 사고는 사회과학의 일반적인 가정에서 보면 어색하지만 관료제 같은 제도가 인간의 행위를 구속하고 제약하면서 사회 과정을 형성한다는 점을 생각하면 기술 또한 그렇지 못할 이유가 하나도 없다. 매클루언은 기술 형식 자체가 지니는 규정력을 꿰뚫어 보았으나 이것이 콘텐츠와 어떻게 관계되는지에 대해 직관적이고 시적인 방식으로 표현할 수밖에 없었고, 윌리엄스도 양자 간 관계보다는 기술 기반이 분명 콘텐츠의 형식에 영향을 준다고 보았지만 그 이상 천착하지는 못했다.

디지털 미디어가 출현하기 이전의 상황에서는 그 이상을 예견하기가 불가능했을 것이다. 실존주의는 행위자-네트워크 이론에 비하면 행위와 의지의 주체를 인간으로 상정하고 인간의 의지에 선행해 그 존재가 앞선다는 점을 부조리 혹은 모순으로 상정하는 정도에 그친 감이 있다. 그러나 그렇다 하더라도 본질 혹은 목적에 앞서는 실존의 문제를 통해 기술결정론적 접근 혹은 사회적 구성론 등이 지닌 한계를 넘어설 수 있는 이론적 모색을 시도해볼 수 있지 않을까? 행위자-네트워크 이론도 수동적 피조물로만 여겨온 사물을 능동적 행위자로 인식한다는 점에서 기술 실존주의가 제기하고 있는 문제에 대한 하나의 답변을 시도하고 있는 것으로 볼 수 있다.

3. 미디어 공진화

미디어 공진화란 미디어 분야의 두 축을 이루는 플랫폼과 콘텐츠가 서로 상호의존적으로 발전하고 변화해나간다는 점을 포착하고자 만들어낸 개념이다. 플랫폼이라는 용어는 미디어 기술의 디지털 전환이 이루어지면서 등장했다. 아날로그 시대의 미디어에서는 플랫폼이라는 말이 필요하지 않았다. 콘텐츠를 운반하는 매개체가 콘텐츠와 분리될 수 없었기 때문에 콘텐츠와 플랫폼은 같은 이름으로 포장된 채 사용되었다. 예컨대 책, 신문, 잡지, 라디오, 텔레비전 등이 있다. 이 시기에는 텔레비전과 라디오가 혼동되거나 책과 신문이 혼동될 이유가 없었다.

이후 디지털 기술의 출현은 이러한 개념을 근본적으로 와해했다. 인터넷이 등장하고 이를 통해 책을 읽거나 신문을 보고 영화나 드라마도 볼 수 있게 되면서 기존 매체들은 콘텐츠의 일종으로 환원되었다. 그리고 이들 다양한 콘텐츠를 실어 날라 궁극적으로 소비자의 눈앞에 전달해주는 기술들이 플랫폼이라는 이름으로 등장했다. 케이블, 방송위성, 지상파, IPTV 등이 1차적으로 플랫폼 비즈니스를 형성했고, 이들 기술을 기반으로 더욱 복합적이며 세밀한 서비스들이 속속 등장하면서 2차적인 플랫폼 서비스를 형성했다. 유튜브나 넷플릭스 등이 대표적인 경우다. 또한 모바일 시대가 도래하면서 다양한 애플리케이션이 무한대로 등장하기 시작했다. 현재 페이스북이나 인스타그램 같은 소셜미디어 애플리케이션이 가장 강력한 플랫폼이 되었고, 아마존처럼 인터넷 쇼핑몰로 출발한 서비스도 플랫폼으로 성장했다. 지금도 플랫폼은 빠르게 진화하고 있다. 불과 2~3년 후를 예측하기 힘들 정도다.

한편 콘텐츠는 어떤가? 콘텐츠라는 어휘 역시 불과 얼마 전까지만 해도 어색하기만 했다. 이상하고 기형적인 신조어라고 비판하는 학자들도 있었다. 영어의 'content'는 '목차'를 의미하므로 굳이 쓰자면 '콘텐트'라고 해야 맞는데, 정작 영어권 문화에서 이 단어는 잘 쓰이지 않는다. 실로 한국식 신조어라고 할 수 있지만 지금으로서는 이를 대체할 마땅한 단어도 없다. 여러 가지 플랫폼을 통해 생산자로부터 소비자에게 도달하는 모든 프로그램 내용물을 총칭해서 콘텐츠라고 부르게 되었는데, 이들 콘텐츠의 형식과 내용도 플랫폼 기술과 서비스의 변화와 함께 많이 변해왔다.

특히 주목할 점은 생산과 소비의 범위가 전 지구적으로 확장하는 데 있어서 플랫폼 기술의 발전이 핵심적인 중요성을 가진다는 점이다. 1980년대까지도 세상은 이른바 전파 월경spillover 현상을 중대한 문화적 침범, 나아가 문화제국주의로 규정하고 국제기구를 통해 이슈를 제기하는 단계에 있었다. 1980년대 후반에 일본이 난시청 해소를 목표로 위성방송을 실시하자 그 신호가 한반도에서 수신 가능한 범위로 넓혀졌다. 위성 기술이 지닌 특성으로 인해 국경을 가려 신호를 발사할 수는 없었기 때문이다. 고가의 위성 수신 안테나를 설치하지 않는 한 시청이 불가능했지만 한국 정부는 일본에 전파 월경을 이유로 방송 중지를 요청했다. 인터넷을 통해 거의 모든 정보가 전 세계로 유통되는 오늘날 시점에서 돌이켜보면 어이없는 분쟁이라고밖에 달리 할 말이 없다. 하지만 당시만 해도 일본의 미디어 문화 혹은 대중문화가 한국에 유입될 공식적 통로는 없었다. 식민지 경험의 반작용이기는 하지만 해방 이후 긴 시간 동안 일본 대중문화는 음성적인 통로로만 제한적으로 유통되었다. 일본 대중문화 콘텐츠의 공식적인 수입은 1998년 김대중 정부에 이르러서 비로소 가능해졌다. 이미 음성적 경로를 통해 유입된 일본 대중문화에 대한 경계와 두려움이 엷어진 탓도 있었겠지만, 급속도로 발전하는 미디어 기술 환경에서 더 이상의 금지는 현실적인 방안이 되지 못한다는 판단도 있었을 것이다.

콘텐츠의 전 지구적 유통과 소비는 미디어 플랫폼의 기술적 진보에 전적으로 의존한다. 값싼 CD나 DVD 디스크가 합법적 혹은 불법적으로 초대량 생산되어 전 세계의 다양한 시장과 소비자를 만날 수 있게 되면서 한류 같은 초국적 문화 수용 붐이 일어날 수 있었다. 인터넷이 보편적으로 보급되면서 이러한 현상은 더욱 가속화되고 광범화되었다. 간단히 말해, 콘텐츠의 초국적 확산과 소비에는 플랫폼 기술의 뒷받침이 있었다는 것이다. 이런 현상은 여러 가지 방식의 서비스 개발에 따라 더욱 강화되는 것이 일반적인 추세다.

중국에서는 한국의 대중문화가 큰 인기를 끌기 시작하면서 각종 드라마와 대중음악 등과 관련해 큰 규모의 팬덤이 형성되었다. 이를 경계한 중국 정부는 지상파 방송 채널에서 한국 프로그램 방영을 제한했다. 이른바 첫 번째 한류의 물결이 중국 정부의 개입에 의해 장벽을 만난 것인데, 이 무렵에 중국의 인터넷 서비스는 다양한 웹 기반 플랫폼을 출범시킨다. 대표적인 예가 아이치이IQIY 같은 인터넷 기반 동영상 서비스다. 이후 정부의 규제를 유연하게 벗어나 한류 콘텐츠 유통에 성공하면서 제2차 한류 드라마 붐이 일어났다. 플랫폼의 진화가 콘텐츠 유통에 절대적인 영향을 미친다는 점을 보여주는 사례다.

그런데 이 두 가지 분야의 상호의존적 진화와 발전에 대한 논의는 많지 않다. 플랫폼 연구자들은 끝없이 플랫폼 이야기를 하고 콘텐츠 연구자들은 반복적으로 콘텐츠 이야기만을 하는 경향이 있다. 콘텐츠 없는 플랫폼은 공허하고 플랫폼 없는 콘텐츠는 가난해진다. 이 둘의 관계는 차와 도로에 비유할 수 있다. 플랫폼이 도로라면 콘텐츠는 자동차인 셈이다. 도로는 8차선인데 차가 몇 대 없다면 어쩔 것인가? 잘못된 투자로 공공자금만 날리는 꼴이 될 것이다. 반대의 경우에는 정체 현상이 일어나 비효율이 심해지고 콘텐츠 제작에서 발전을 기대하기가 어렵게 될 것이다. 두 분야의 발전은 서로의 발전을 전제했을 때 가능하다.

한국의 사례는 이 두 분야의 균형적 발전이 성공적으로 이루어진 경우로 보아야 할 것이다. 이 책은 이러한 문제의식으로부터 출발했다. 미디어에 관한 연구가 항상 외눈박이처럼 플랫폼 아니면 콘텐츠 한쪽만을 주목하는 것이 부적절하다고 느껴져 이 둘을 함께 고찰해보고자 했다. 이 책의 필자들에게 그런 취지를 전하고 집필에 고려해주기를 바랐으나 실제 원고들은 나의 우려를 그대로 확인해준 감이 없지 않다. 이 책에 실린 글들은 대체로 플랫폼의 변화에 주목하고 있으며 콘텐츠에 대한 언급은 매우 제한적이다. 두 부문을 함께 사유한다는 것이 이만큼 어렵고 습관화되어 있다는 말이기도 하다. 그럼에도 불구하고 이 책에 실린 글들을 통해 플랫폼의 진화에 따라 콘텐츠는 어떤 문제를 만나게 되었는가에 대해 짐작해볼 여지는 많다.

4. 공진화와 트랜스미디어 현상

디지털 기술의 발전에 따른 미디어 플랫폼의 다양화는 이른바 트랜스미디어 현상을 발전시키고 있다. 트랜스미디어란 어떤 플랫폼을 기반으로 탄생한 콘텐츠가 다른 유형의 플랫폼으로 변형되어 유통되는 현상을 말한다. 예컨대 만화로 제작된 이야기가 영화나 드라마로 다시 생산되는 것이다. 한국에서는 근래 〈미생〉 같은 웹툰이 공전의 히트를 기록하고 텔레비전 드라마로 제작되어 또다시 큰 성공을 누린 바 있다. 하나의 이야기 소재가 여러 용도로 활용되는 이른바 원소스 멀티유즈의 대표적인 경우다. 리메이크, 각색, 포맷 판매, 창구화, 버전화 등도 모두 이와 연관된 사업전략이라고 볼 수 있다. 결국 본질은 하나의 이야기를 여러 가지 방식으로 만들어 최대한의 수익을 올린다는 전략이다. 트랜스미디어의 경우 하나의 이야기가 플랫폼을 옮겨 가며 재생산되는 것에 중심이 있다고 할 수 있다.

하나의 이야기가 여러 가지 형태로 각색되어 서로 다른 미디어들을 통해 유통되어 소비되는 고전적인 사례를 서유기 혹은 손오공 이야기에서 찾아볼 수 있다. 독일 출신 한국학 연구자인 바바라 월Barbara Wall의 연구에 의하면, 손오공 이야기는 만화, 만화영화, 극영화, 드라마, 연극, 동화, 소설, 컴퓨터 게임 등 우리가 상상하고 경험할 수 있는 거의 모든 장르의 미디어를 통해 지속적으로 재탄생해왔고, 우리가 흔히 오승은이라고 알고 있는 원작자도 사실상 분명하지 않고 긴 세월을 거치며 공동 창작된 성격이 있다고 한다. 요즘에는 『서유기』나 『삼국지연의』 같은 고전이 아니더라도 하나의 성공적인 이야기를 여러 방식으로 활용함으로써 부가가치를 극대화하려는 미디어 비즈니스 전략이 다양해졌다. 트랜스미디어는 그러한 추세의 최신판이라고 할 만하다.

　그런데 트랜스미디어 현상과 함께 주목해야 할 중요한 현상이 있다. 미디어 플랫폼이 다변화하면서 미디어 이용 행태가 세대별로 극명한 차이를 형성한다는 점이다. 그림에서 한눈에 볼 수 있듯이 세대에 따라 필수라고 생각하는 매체는 매우 다르다. 50대를 기점으로 젊은 층은 스마트폰을, 그리고

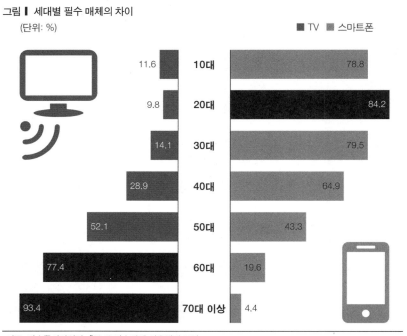

그림 ▮ 세대별 필수 매체의 차이
(단위: %)

■ TV　■ 스마트폰

	TV	스마트폰
10대	11.6	78.8
20대	9.8	84.2
30대	14.1	79.5
40대	28.9	64.9
50대	52.1	43.3
60대	77.4	19.6
70대 이상	93.4	4.4

자료: 방송통신위원회, 「2017 방송매체 이용행태 조사」.

노년층은 텔레비전을 필수 매체로 인식하고 있으며 사용 시간도 다르다. 다른 말로 하면 젊은 층이 소비하는 콘텐츠와 노년층이 소비하는 콘텐츠는 그들이 필수로 사용하는 매체만큼이나 다를 수 있다. 이러한 변화를 고려하면 텔레비전의 경우는 더욱 노인 지향 콘텐츠를 제공하고 휴대폰의 경우는 젊은 층을 대상으로 하는 콘텐츠에 집중하는 것이 정상이다. 만약 동일한 콘텐츠 혹은 이야기를 가지고 다른 연령대를 동시에 공략하고자 한다면 이러한 트랜스미디어 전략이 큰 효과를 발휘할 수 있다.

트랜스미디어 전략을 입체적으로 적용할 수 있는 예를 들어보자. 〈심슨 가족The Simpsons〉이라는 인기 프로그램이 있다. 미국 텔레비전의 장수 만화 프로그램인데, 전 연령층을 대상으로 성공한 콘텐츠다. 연령대에 따라 필수 매체가 다르다고 해도 전 연령대에서 소비자를 확보하는 방법으로서 창구 전략을 활용할 수 있다. 텔레비전과 휴대폰 플랫폼을 통해 동시에 배급하는 것이다. 혹은 멀티스크린 전략을 사용해 같은 프로그램을 여러 다른 형태의 기기들을 연결해서 볼 수 있도록 한다. 이미 넷플릭스 같은 서비스가 그렇게 하고 있다. 그러나 이 경우를 트랜스미디어로 보지는 않는다. 배급 경로만 복수화되었을 뿐이고 콘텐츠가 다른 포맷으로 새롭게 각색되어 재생산된 것은 아니기 때문이다.

트랜스미디어 전략을 적용해 매우 새롭고 입체적인 내러티브 생산을 시도할 수 있는 여지가 바로 이 지점에 있다. 〈심슨 가족〉의 경우 에피소드에 따라 호머, 바트, 리사, 아부 등 등장인물들이 각각 중심을 이룬다. 그런데 같은 이야기를 만약 호머의 입장에서 진행하는 에피소드는 텔레비전으로 보내고 리사나 마트의 시각에서 전개되는 에피소드는 휴대폰으로 보낼 수 있도록 매체에 따라 이야기 구성을 복수 버전화하면 내러티브의 복합성을 깊게 할 수 있다. 이를 '동시적 복수 버전 드라마simultaneous multi-version drama'라고 부를 수 있겠는데, 콘텐츠와 플랫폼을 이런 방식으로 믹스하는 것은 트랜스미디어 효과를 극대화하는 방안이 될 수 있다. 헨리 젠킨스Henry Jenkins에 따르면, 트랜스미디어란 하나의 동일한 이야기가 다른 매체를 통해 유통되지만, 그것들은 근본적으로 하나의 이야기에 속하고, 그럼에도 불구하고 각각의 이야기는 독립적이어야 한다는 것이다. 대부분의 각색물은 이미 이러한 요건을 충족한다. 젠킨스는 동일한 콘텐츠가 다른 미디어를 통해 재탄생하면서도 오리지널의 의미를 훼손하지 않고 독자적인 내러티브 체계를 갖는 점에 주목해 트랜스미디어를 정의하고 있다. 여기에서 더 나아가 통합적인 메타 내러티브를 트랜스미디어 전략으로 구축할 수 있는 것이 바로 '동시적 복수 버전 드라마'다.

미디어 플랫폼의 혁명이 가져온 또 다른 중요한 변화는 미디어 소비의 패턴이 개인화personalization되었다는 점이다. 텔레비전은 탄생 이래 오랫동안 가정의 미디어domestic medium로서 자리를 잡아왔다. 가족이 함께 보는 것이라는 인식이 중심에 놓여 있었다. 1980년대부터는 미국을 중심으로 부유층이나 상위 중산층에서 한 가정에 텔레비전을 여러 대 소유하면서 이러한 성격은 약화되기 시작했지만 여전히 텔레비전의 '정당한' 위치는 거실이었다. 이후 발생한 디지털 미디어 혁명은 가족 성원들이 함께 모여 같은 프로그램을 소비하는 방식을 근본적으로 붕괴시켰다. 이제는 각자가 편한 시간과 공간에서 홀로 미디어를 소비한다. 트랜스미디어 현상이 다기화되는 것도 이와 연관이 있다고 보이며, 따라서 복수적 시각에 의해 구성되는 '동시적 복수 버전 드라마'의 가능성은 더욱 가치를 얻을 것으로 생각된다.

5. 미디어 공진화: 시민의 재탄생에서 내용의 다양성까지

미디어 기술은 실존적 양식으로 발전한다. 기술은 목적이나 용도가 불분명한 상태에서 새롭게 탄생하고, 새로운 기술이 부여한 가능성의 범위에서 새로운 콘텐츠가 만들어진다. 플랫폼 기술의 디지털 혁명은 플랫폼의 종류와 범위를 획기적으로 확장했다. 매클루언 식으로 말하면, 이는 인간 신체 감각이 초능력 수준으로 확장된 것이나 다름없다. 제1장에서 송경재는 디지털 정보통신기술에 의해 시민의 정치 참여 능력은 확장되었고 그 결과 새로운 시민성을 지닌, 즉 보다 참여적이고 현명한 시민의 등장을 주장하고 있다. 정보통신기술이 시민들에게 보다 용이한 정치 참여의 길을 열어 정치 참여에 있어서의 효능감을 제고했고, 기술을 활용하여 조직하고 참여하는 문화가 확산되었다는 점을 세밀하게 분석하고 있다.

　제2장에서 황근은 지속적으로 등장한 플랫폼들이 실제 시장에 진입하는 과정에서 어떻게 진입장벽을 만나게 되었는지에 대해 지난 20년간 한국 사회가 겪은 경험을 중심으로 분석하고 있다. 기존 사업자의 이익을 보호하는 쪽으로 기울어질 수밖에 없는 이유를 파헤치고 특히 장기적 정책 구상이나 지도가 없는 정부가 고객정치client politics에 함몰되어 불필요하고 해악적인 진입장벽 설치에 도구화되는 이유와 과정을 설명한다. 플랫폼은 기술의 진보에 의해 자동으로 등장하는 것이 아니라 제도와 정책의 선택에 의해 여러 가지 방식으로 현실에 존재하게 된다는 점을 보여준다. 다시 라투르를 상기하자면, 사물과 제도의 네트워크 행위자가 장벽을 설치하는 게임에서 인간 행위자와 협력하는 것을 볼 수 있다.

　제3장과 제4장은 강력한 새 플랫폼들인 OTT와 MCN의 전개를 다루고 있다. 이들이 과연 얼마 동안이나 새로운 플랫폼의 지위를 지속할지는 알 수 없다. 분명한 것은 이들의 등장과 확산으로 인해 기존의 지상파, 유료방송 등 개념은 주변적인 위치로 급속히 전락하고 있다는 것이며 미디어 산업의 전반적인 구도가 크게 변형되고 있다는 것이다. 마지막 2개 장인 제5장과 제6장은 시청자의 위상 변화와 다양성 개념의 진화에 대해 이야기하고 있다. 미

디어 수용자는 소비자이면서 동시에 시민이라는 성격을 지닌다. 미디어가 시장성과 공공성을 함께 가지는 한 수용자의 이러한 이중적 속성은 변할 수 없다. 시민이든 소비자든 중요한 것은 미디어의 운용이 궁극적으로 수용자 복지의 증진으로 귀결되어야 한다는 점이다. 문제는 수용자 복지의 세부 사항에 대한 합의이다. 이남표의 분석은 지난 시절 한국의 방송통신 정책은 어떤 좌표를 그리며 변화해왔는지를 추적해 보여주는 것이다. 수용자 복지는 곧 미디어 다양성에 대한 논의에 맞닿아 있다. 다양성을 상실한 양적 팽창은 결코 질적으로 만족할 만한 미디어 환경을 생산하지 못하고 따라서 수용자 복지는 저하될 수밖에 없다.

미디어 플랫폼의 진화와 콘텐츠의 발전은 별개의 과정이 아니다. 그들은 서로를 견인하며 서로에게 터전이 되는 동시에 자원이기도 하다. 플랫폼 기술이나 산업이 어떻게 콘텐츠의 변화에 영향을 주는지 혹은 그 반대의 경우는 어떤지를 파고드는 작업은 간단하거나 용이하지 않다. 하지만 미디어 연구의 미래 방향은 그 교차로를 파고드는 것에 놓여 있다.

1
—

인터넷 시민참여의 과거, 현재, 미래: 시민참여 1.0에서 시민참여 3.0으로[1]

—

송경재

1. 인터넷과 시민참여

인터넷과 스마트 기술로 대표되는 정보통신기술Information and Communication Technologies: ICT의 발전은 인류의 삶과 문화를 근본적으로 변화시키고 있다. 전통적인 자본주의 대량생산 산업사회의 패러다임이 ICT를 통해 가상공간의 새로운 사회관계인 정보 네트워크 사회로 심화되고 있다.[2] 이제 인터넷을 위

---

1 이 장은 필자가 작성한 「네트워크 시대의 인터넷 정치 참여」, ≪담론 201≫, 제8권 3호 (2009)와 「인터넷 시민운동의 양식의 변화와 의미」, ≪사회이론≫, 제38호(2010), 「이슈형 사이버 커뮤니티 네트워크의 시민참여: 2008년 촛불시위를 중심으로」, ≪국가전략≫, 17권 2호(2011), 「네트워크 사회의 시민참여 변화: 바텀업과 탑다운의 상호작용적 시민참여를 중심으로」, ≪시민사회와 NGO≫, 제13권 제1호(2015) 가운데 일부분을 책의 목적에 따라 전면 재작성한 글이다.

2 학자들마다 ICT를 기반으로 하는 사회에 관한 명칭은 다양하다. 대표적으로 정보사회, 네트워크 사회, 스마트 사회, 온라인 사회, 디지털 사회 등이 있다. 물론 각 사회를 정의한 학자들에 따라 그 의미는 내재되어 있지만 용어의 혼돈을 피하기 위해 이 글에서는 카스텔 (Castells, 2001)이 정의한 ICT의 특성을 반영해 정보가 네트워크로 연결된 사회라는 의미로

시하는 ICT는 단순히 인간이 이용하는 차원을 넘어서 기술과 인간이 상호 진화하면서 발전하는 사회적 도구social tools로 평가받고 있다. 그러한 맥락에서 인터넷 커뮤니케이션 학자인 서키(Shirky, 2008, 2011)는 ICT로 구현된 디지털 네트워크 사회에서는 단순히 ICT를 자유롭게 활용하는 것을 넘어서 인간과 인간, 인간과 ICT 그리고 인간과 사회가 상호작용interaction 속에서 새로운 온라인과 오프라인 공간에서 사회·정치·경제·문화 구조를 재형성하고 있다고 주장했다.

최근 사회과학자들은 ICT로 형성된 온라인의 사이버 공간이 오프라인 공간과 상호 작용하면서 발생하는 사회적인 변화에 주목하고 있다(김용철·윤성이, 2005). 이러한 온라인과 오프라인의 융합 현상은 시공간의 장애 없이 소통할 수 있으며 ICT를 활용한 다양한 방식의 사회현상의 등장을 가능하게 했다. 그리고 이 공간은 현실 공간과 부단히 상호 작용함으로써, 알베르트 아인슈타인 Albert Einstein이 점, 선, 면에 이어 시간이라는 변수를 추가해 4차원이라는 새로운 과학적인 개념을 추가한 것과 마찬가지로, 비동시성의 공간을 가능하게 한다(McLuhan, 1964). 즉, 이제 온라인과 오프라인의 경계는 무의미하며 공간의 경계가 허물어지는 시공간적 인플로전implosion이 가능해졌다.

이런 사회적 진화 과정에서 정치 역시 새로운 단계에 진입했다는 평가를 받는다. 정치적 맥락에서 인터넷 시민참여는 온라인 공간에서의 참여 활동을 의미하지만 실체로서의 현실 사회운동과 부단히 상호 작용하면서 현실 정치에 영향을 주고, 다시 현실 정치가 온라인 공간의 정치로 재수렴된다. 이에 따라 ICT는 정보가 수렴되거나 분화되어 정치 행위자인 시민의 위상과 역할에 대한 성찰과 재형성이 가능하다. 그리고 시민의 정치 참여를 둘러싼 기

'정보 네트워크 사회'로 통칭해 사용한다.

존의 조직과 행동양식이 통합되거나 재구조화되는 현상이 발생한다.

무엇보다 ICT를 기반으로 하는 정보 네트워크 사회에서 시민참여의 확대는 기존의 대의 민주주의 모델에 관한 인식 변화를 가져왔고, 이로 인해 새로운 정치기제에 대한 기대감이 형성되고 있다. ICT의 민주적 변화 가능성에 주목한 많은 학자들은 2000년대 이후 발생한 여러 시민참여가 ICT를 기반으로 확산되고 있다는 점을 강조한다. 전통적인 산업사회의 시민운동과는 다른 방식의 참여가 ICT의 확산을 통해 등장했고, 그 과정에서 새로운 유형의 시민참여가 등장하고 있다는 것이다(장우영·송경재, 2010). 전통적인 산업사회에서 상상할 수 없는 대규모의 저항운동과 시위가 네트워크를 통해 쉽게 조직되고, 정부가 시민들의 소통과 연계를 통제하기 어려운 구조가 형성되고 있다(백욱인, 2001). 그야말로 ICT는 시민참여의 새로운 패러다임 전환을 가져오고 있으며, 그 이면에는 ICT로 연계된 탈집중과 참여 지향적인 새로운 시민의 등장이 있다.

ICT의 발전은 전통적인 정치 과정에서 수동적이며 피동적인 입장에 있던 시민의 권능을 강화하고 새로운 힘을 가지게 하는 데 충분하다. 정치 과정에 적극적으로 참여하기 시작한 시민은 제도적이며 합법적인 참여에서부터 관습적이고 비제도적인 참여까지 다양한 스펙트럼에서 참여를 강화하고 있다. 다양한 참여를 가능하게 하는 ICT가 이른바 '유비쿼터스ubiquitous'로 지칭되는 언제, 어디에서나, 어떤 미디어를 통해서, 어떤 단말기로도 편리하고 정치적인 커뮤니케이션을 가능하게 한다는 점에서 새로운 정치적 기회 구조structure of political opportunities가 확장되었다고 할 수 있다(장우영, 2006). 이러한 현상에 주목한 학자들은 ICT가 역사상 유례없는 시민참여와 민주주의 확산의 도구라고 평가하기도 한다.

앞서 언급한 바와 같이, ICT를 통한 새로운 정치적 기회 구조로 인해 시민들의 참여 행태는 다양한 유형의 온라인-오프라인 융합형으로 발현되고 있다. 2008년 미얀마 민주화 운동이나 티베트 독립 시위, 한국의 미국산 쇠고기 수입 반대 촛불집회 그리고 2009년 이란 민주화 운동, 2011년의 월가 점령 시위Occupy Wall Street, 아랍의 권위주의 국가의 민주화 운동인 아랍의 봄Arab's Spring, 2014년 홍콩 민주화 시위인 우산 혁명Umbrella Revolution, 2016~2017년 한국의 박근혜 전 대통령 탄핵 촛불집회 등은 온라인과 오프라인이 융합된 정보 네트워크 사회의 새로운 시민운동이었다. 이처럼 온라인과 오프라인이 융합되는 방식의 시민참여는 전통적인 사회운동과는 다르게 ICT의 발전과 시대적인 의미성 그리고 변화된 시민성citizenship의 발현이라고 할 만하다. ICT가 발전하면서 시민참여는 다양화되고 있다. 무엇보다 고무적인 것은 시민참여가 확대되면서 ICT 기반의 시민참여가 온라인 공간만이 아니라 현실에서의 참여 증가로 이어지고 있다는 점이다.

그렇지만 현실에서 이루어지는 다양한 ICT 기반의 시민참여에도 불구하고 실제로 ICT가 민주주의의 발전과 시민참여에 긍정적인 영향을 미칠지, 아니면 부정적인 영향을 미칠지에 대한 논쟁은 여전히 사회과학계의 연구 주제이기도 하다. 최근의 다양한 실천적인 사례에서 ICT가 시민참여를 확대하고 민주주의 강화에 기여한다는 결과가 도출되었지만, 한편으로는 ICT가 시민참여를 반드시 확대하는 것은 아니라는 연구도 존재한다. 이와 관련해 학자들 사이에 다양한 논쟁이 진행되고 있다.

이러한 논쟁적인 현상에 주목해 이 장에서는 인터넷의 시민참여에 대해 분석하고자 한다. 먼저, 제2절에서는 ICT를 통한 정치적 기회 구조의 확대가 온라인과 오프라인에서의 시민참여를 강화하는지, 아니면 쇠퇴시키는지에 대한 이론적인 논쟁에 천착해 비판적인 검토를 시도한다. 제3절에서는 만약 인터넷이 시민참여를 강화한다면 그 과정이 어떻게 변화하고 발전하고 있는지 살펴본다. 그리고 이를 구분한 다음 시민참여 1.0과 시민참여 2.0으로 체계화해 그 특성과 진화적 현상을 심층 분석할 것이다. 그리고 마지막 제4절에서는 기존의 시민참여의 발전 과정을 요약하고, 미래 ICT 기반의 새로운 유형의 참여 방법을 시민참여 3.0으로 규정한 다음 민주주의적 함의와 전망을 제시한다.

2. ICT 시민참여 강화론과 쇠퇴론

21세기 들어 ICT가 급속도로 확산되면서 이른바 인터넷에서 스마트폰, SNSSocial Networking Sites: SNS, 인공지능AI, 사물인터넷Internet of Things: IoT3 빅데이터big data 등이 급격히 보급되고 있다. 주지하다시피 사회과학자들은 이처럼 발전하는 ICT와 사회현상의 상호작용 속에서 재구성되는 사회정치적인 효과에 주목한다. 제1절에서 제기한 바와 같이 ICT가 사회와 어떤 관계를 맺으며 발전하는가는 정보정치학과 사회과학의 오래된 연구 주제이기도 하다(Castells, 2001). 정보 네트워크 사회의 근간을 이루는 ICT로 형성된 인터넷이 시민들의 참여를 강화한다는 주장은 정보화 초기부터 논의되었다. ICT의 시민참여 효과 연구는 강화와 쇠퇴 가설reinforcement and decline hypothesis 논쟁을 빼고 설명할 수 없다.

인터넷 초창기의 ICT 시민참여 강화 효과에 주목한 정보 사회학자들은 기술의 정치적·민주적 잠재성democratic potential에 주목한다(Toffler, 1990; Naisbitt, 1982). 이들은 모자이크 민주주의mosaic democracy 또는 시민과 정책결정권자의 고감도 반응high touch reaction으로 인해 시민이 수동적이 아닌 능동적인 의사결정에 개입이 확대됨에 따라 다원성의 참여와 시민권 강화가 가능할 것으로 예측했

---

3 Internet of Things의 줄임말로, 인터넷을 기반으로 모든 사물을 연결해 사람과 사물, 사물과 사물 간의 정보를 상호 소통하는 지능형 기술과 서비스를 말한다.

다(김용철·윤성이, 2005에서 재인용). 초기 학자들은 인터넷의 미디어적인 속성에 주목해 시민들이 인터넷을 활용하여 정치 정보에 쉽게 접근함으로써 시민들의 정치적 참여가 확대될 것이라고 보았다. 그 예로 필리핀에서 부패한 대통령을 퇴출시킨 문자 서비스 기반의 피플파워 2People Power 2나 초기 인터넷 기반의 시민참여와 정치운동을 제시하곤 한다(조희정, 2011). 이러한 사례들은 정보 네트워크 사회에서 시민들이 자발적으로 집합행동collective action을 수행하는 데 있어서 ICT가 가지는 거래비용의 절감 효과와 집단화와 조직화, 동원의 용이함에 주목한다. 이후 ICT의 시민참여 강화 효과에 주목한 연구가 활발하게 진행되었다. 정보 네트워크 사회 초기라고 할 수 있는 1980년대를 분석한 케드지에(Kedzie, 1997)는 1980년대 후반 공산주의 및 권위주의 정권의 붕괴라는 민주화 과정에서 ICT의 시민참여 강화와 민주주의 효과를 제기하기도 한다. 그는 이른바 위성방송과 팩스 등 초기 ICT 기기가 당시 공산권 시민들로 하여금 더 많은 서방세계의 정보에 대한 접근을 가능하게 하고 국민들의 민주적 인식과 시민의식이 향상되어 권위주의 체제의 붕괴에 기여했다고 평가했다.

바버(Barber, 1998, 2000)는 ICT의 시민성 강화 효과에 주목한다. 그는 초기 정보 네트워크 사회에서 전통적인 대중사회의 시민과는 다른 개념으로 토론하고 논쟁하며 공공선public good을 실현하는 시민으로서 공적 시민public citizen에 주목한다. 바버는 '강한 민주주의strong democracy'를 주장하며 시민의 변화가 이루어지는 과정의 중요성에 주목하고 공적 시민이 주도하는 민주주의가 필요하다고 보았다. 바버와 같은 참여 민주주의자들은 시민참여를 통해 사회의 구성원들은 공공선의 달성과 자아실현이라는 효과를 얻을 수 있어 사회의 불필요한 갈등과 오해의 소지를 감소할 수 있다고 본 것이다. 특히 바버는 이 과정에서 ICT의 시민참여의 학습 효과에 주목하고 ICT를 이용한 e-거버넌스와 전자투표e-voting 가능성도 주장한다. 예를 들어 미네소타 전자민주주의 프로젝트E-Democracy project, 현명한 투표 프로젝트Project Voter-Smart 등 공적으로 선거와 정치 정보 제공을 위한 ICT 효과는 실제 오프라인의 선거에서 시민의 참여와 투표율 제고에 양의 상관성positive correlation이 있음을 주장한다.

클루버 등(Kluber et al., 2007)의 학자들은 인터넷으로 연계된 정보 네트워크 사회가 발전할수록 선거에서 ICT의 이용이 중요하고 기술과 시민참여의 정치 문화가 공진화coevolution하면서 새로운 민주주의 실험을 전개하고 있다고 평가한다. 즉, 네트워크로 연계된 시민들이 스스로의 사회적·정치적 목적을 실현하기 위해 자발적으로 참여하고 이를 바탕으로 참여의 정치 문화가 활성화된다는 것이다. 이들의 논의에 따르면 참여 문화를 만드는 데 ICT가 절대적이지는 않지만 시민을 민주적으로 훈련하고 시민 문화를 발전 단련하면서 스스로 정치의 주체라는 점을 자각하는 효과가 있다는 데 주목한다.

ICT가 집단행동에 유리하다는 연구도 있다. 대표적으로 라인골드(Rheingold, 2002)는 첨단 전자 기기로 무장한 참여하는 현명한 군중을 '스마트 몹smart mob'이라고 칭했다. 그는 2001년 필리핀 에스트라다 정권을 축출한 시위와 1999년 시애틀 세계무역기구WTO 항의와 같은 인터넷과 이동통신을 이용한 시민참여에 주목하고, 이를 다원화된 형태의 참여 방식과 참여시민의 등장으로 규정했다.

또 페인터와 와들(Painter·Wardle, 2001)은 인터넷, 위성방송과 같은 뉴미디어를 통한 정치 참여 형태에 주목하고 있다. 그들은 영국의 2000년 휘발유 가격 인상에 항의한 시민들의 인터넷 이용 과정에서 정치 참여 영역 및 채널의 다양화를 통해 기술 발전과 정치 과정의 변화 과정을 제시했다. 즉, 기존의 정치체계에서는 소화해내지 못했던 분야에서 인터넷과 ICT가 활용되면서 네트워크를 통해 정치 과정에 참여할 수 있게 되었으며 그 결과도 성공적이었음을 확인했다(정연정, 2004).

힐과 휴(Hill·Hughes, 1998)도 미국의 네티즌 성향 분석을 통해, 인터넷이 등장

함에 따라 과거와 다른 정치적 참여의 방식과 전환이 나타나고 보다 중요하게 그동안 침묵했던 시민의 정치적 토론이 증가하고 있음에 주목했다. 그리고 그들은 사회적으로 확산된 인터넷으로 인해 참여가 늘어나고 네티즌이 새로운 정치 행위자actor로 등장했다고 주장한다. 힐과 휴는 인터넷 정치 게시판 글쓰기, 댓글 달기 등의 참여 행위를 기존 전통적 방식의 참여와 다른 방식으로 보고 이와 같은 인터넷 사용자들의 참여 유형에 주목했다.

네트워크화로 인해 글로벌한 시민운동 확산 과정에서도 전 지구적 차원에서 정치 정보가 네트워크를 통해 공개되고 공유되면서 기존의 권위주의 폐쇄 국가의 장벽이 허물어지고 다양한 가치관을 가진 민주주의 이념이 인터넷 자유의 기술을 바탕으로 확산될 것이라는 낙관적인 시각이 있다(Barber, 1998; Tapscott, 2011). 영국의 정치학자 채드윅(Chadwick, 2006)은 2004년 미국 대선에서의 하워드 딘Howard Dean과 2002년 한국의 정치 팬카페인 노무현을 사랑하는 사람들(노사모)의 e-캠페인 과정을 분석하면서 정치 커뮤니케이션 확대와 시민들의 참여 플랫폼의 활성화에 주목했다. 그는 이러한 연구를 바탕으로 최근에는 본격적인 SNS의 정치 참여 동원 효과에 주목한다. 즉, ICT를 자주 활용하는 사람들은 사용하지 않는 사람들에 비해 정치적 효능감이 높고, 정치적 토론뿐 아니라 여러 가지 형태의 참여에 더 적극적이다. ICT는 정치인이 유권자들과 연계되고 소통할 수 있는 채널이 되고, 장기적인 소통의 증가는 유권자들의 정치적 관여도를 향상하며 잦은 상호작용적 커뮤니케이션의 영향을 받아 효능감 역시 향상된다는 것이다(강원택, 2008).

최근 웹 2.0 방식의 SNS가 등장한 이후 서키(Shirky, 2008, 2011) 역시 네트워크의 수평성과 연계성이 강화되어 이로 인해 엘리트 중심의 수직적 권력체계가 수평적 권력구조로 바뀔 것이라고 전망했다. 서키는 이러한 과정을 2011년 아랍의 봄 운동에서 확인하면서 수평적이며 분산적인 네트워크가 강력한 권위주의 정권을 붕괴시키는 데 기여한다고 보았다. 그는 시민들의 참여 무기인 SNS가 시민들에게는 참여의 아키텍처architecture of participation가 되고 있으며 정치 과정과 선거운동 과정에도 반영된다고 보았다. 따라서 일상적인 정치인들과의 토론 공간의 확장은 장기적으로 다원화된 시민들의 참여를 유도하고, 무엇보다 참여의 능동성을 부여했다는 점을 긍정적으로 평가한다(송경재, 2011).

정보 네트워크 사회가 발전하고 웹 2.0 환경의 등장과 함께 다양한 시각의 이론적 연구도 활발하다. 대표적으로 네트워크를 이용한 e-결사체 또는 공동체 형성과 집단행동에 주목한 연구가 있다. 샌더(Sander, 2005)는 밋업닷컴(meetup.com) 정치 블로그 사용자들을 대상으로 자발적 시민참여의 동학을 분석했다. 샌더는 정치적 이해관계와 목적에 따라 네트워크 연계형 참여가 가능하고 온라인에서 형성된 신뢰와 협력의 공유자원인 e-사회적 자본e-social capital 형성도 가능하다고 보았다. 그리고 최근에는 네트워크 연계성의 시공간 융합을 통해 형성된 소셜 네트워킹social networking에서의 정치 참여를 분석하는 시도도 발견된다(최민재·양승찬, 2007).

또 SNS에 익숙한 세대의 등장이 시민참여를 확대한다는 연구 결과도 발표되고 있다. 탭스콧(Tapscott, 2008)은 SNS의 세대 참여 효과 연구에서 중요한 획을 그었다. 그는 ICT에 익숙한 세대를 'Net 세대'로 정의한다. 그리고 탭스콧은 Net 세대가 지속적으로 참여의 저렴한 기회비용으로 인해 2000년대 이후 시민참여의 주체가 될 것으로 보았고, 실제로 2008년 미국 대선 당시 이들의 오바마 선거운동 참여를 경이로운 것으로 분석했다. 이에 많은 학자들이 Net 세대, 디지털 네이티브digital native 같은 새로운 정치 참여 세대의 등장에 주목하기도 한다(송경재, 2010에서 재인용).

로더(Loader, 2007) 역시 정보 네트워크 사회에서의 문화적 대체 관점에서 젊은 층의 ICT 기반의 정치 참여를 평가했다. 그는 과거에는 불만을 품은 시민disaffected citizen은 선거에 참여하는 거래비용transaction costs이 높아 쉽게 참여하지 않았지만, SNS 같은 ICT가 발전하면서 그들이 다양한 사회현상이나 이슈에 민감하게 반응하고 결국 불만 표출의 공간이자 참여의 공간으로서 SNS를 활용하고 있다고 분석했다. 그에 따르면, 정치인들과 소통할 수 있는 창구로서 SNS가 장기적으로 정치적 관심도를 제고하고 이에 따라 젊은 층이 선거에 관심을 가지게 될 것이다.

이러한 시민들의 ICT 참여 강화 가설을 지지하는 연구는 최근에도 활발하다. 한종우(Han, 2012)는 ICT의 등장에 대해 로버트 퍼트남Robert Putnam이 1960년대와 1970년대의 반전운동이나 시민운동의 수준과 같은 효과가 없다고 비판한 주장을 반박한다. 한종우는 이러한 현상을 SNS와 연결된 세대의 등장에서 찾고 있다. 그리고 이러한 참여 지향적인 세대를 소셜 정치혁명 세대로 지칭한다. ICT에 민감한 세대는 기존 세대와는 다른 방식으로 정치에 참여하고 있으며, 이들이 미국 정치에서 중요한 행위자가 되고 있다고 주장했다.

송경재(2015) 역시 다층적인 방식의 시민참여를 기존의 ICT를 단순한 도구로 보는 도구적인 관점보다 새로운 참여 방식의 진화로 보아야 한다고 강조한다. 그는 시민참여를 정부와 정당, 시민의 관점에서 파악하고 이를 탑다운top-down 방식과 바텀업bottom-up 방식의 참여로 구분했다. 그러나 이러한 구분도 최근 네트워크화가 가속화되고 스마트 기술이 보편화되면서 융합적인 또는 상호작용적인 참여로 진화하고 있다고 보았다.

또 정치발전론적인 입장에서 SNS가 민주주의 이행 국가들에서 비제도적인 시민참여 효과가 있다는 연구도 발표되었다. 느다블라와 음베리아(Ndavula·Mberia, 2012)는 아프리카 케냐Kenya 연구에서 ICT 기반의 정치 커뮤니케이션이 확대됨에 따라 SNS가 비제도적인 민주적 참여에 긍정적인 기여를 하고 있음을 계량적으로 분석했다. 연구자들은 민주주의 이행 국가인 케냐에서 SNS 사용자 연구를 통해 SNS가 민주주의 이행에 긍정적인 기여를 하고 있음을 증명한다. 이들은 시민들이 새로운 미디어를 통해 정치 정보를 습득하면서 시민의 자유로운 토론과 참여가 증가하고 있다고 분석했다.

한국에서도 ICT의 시민참여 강화와 관련한 연구가 활발히 진행되고 있다. 대표적으로 송경재(2010, 2011)는 SNS 사용자가 일반 인터넷 사용자보다 온라인 정치 정보 습득, 온라인 정치 토론 등에 더 적극적이며, 오프라인에서는 정치 집회에 더 많이 참여한다는 것을 미국의 실증 데이터를 통해 증명했다. 그는 SNS 이용이 온라인 정치 활동에는 상당히 높은 영향을 미치나, 오프라인 정치 참여에 미치는 영향력은 제한적이라고 주장한다. 조진만(2011)은 인터넷 뉴스, 포털, 카페, 블로그, SNS 등 인터넷 서비스를 자주 이용할수록, 인터넷 매체들을 통해 정치 정보를 주로 취득할수록 정치 참여에 적극적임을 증명했다. 즉, ICT를 적극적으로 사용할수록 참여가 활성화된다는 것이다. 이러한 ICT의 시민참여 강화론적인 시각은 선거운동 분석에서도 나타난다. 금혜성(2011)은 총선 과정에 대한 분석에서 SNS가 참여 촉진적인 매체임에 주목한다. 그리고 SNS는 정치인에게도 비교적 간편한 방법으로 유권자들과 접촉할 수 있는 매체로 활용되고 있으며, 그 결과 정치인과 유권자들의 소통이 과거보다 훨씬 원활하게 이루어지고 있으며 정치적 관심도 제고되고 있다고 보았다.

한편, ICT 시민참여 강화론과는 반대의 현상을 주목한 학자도 있다. 미국의 사회적 자본을 연구한 퍼트남(Putnam, 2000)은 뉴미디어를 위시한 ICT가 오프라인 기반의 건강한 공동체를 해체하며, 장기적으로 여기에 참여하는 시민들의 참여가 쇠퇴할 것이라고 경고한다. 퍼트남은 TV와 전화를 위시한 ICT가 기존의 오프라인 공동체들 사이의 연계를 해체해 시민참여가 감소할 것을 우려한 바 있다. 즉, 그는 전통적인 공동체의 해체에 주목하면서 TV와 전화, 교통의 발달에 따른 핵가족화는 결국 사회적 자본을 쇠퇴시키고 시민참여 역시 감소될 것이라고 경고했다. 이는 ICT의 시민참여 강화 가설과 달리 쇠퇴 가설로 불린다.

그리고 ICT가 시민참여에 일정한 영향을 미치지만 결국 그것은 오프라인의 정치적 역학관계의 반영일 뿐이라고 주장하는 학자들도 있다. 이들은 ICT가 전통적인 정치 과정에 일정한 변화를 야기하기도 했지만 결국 그것은 오프라인의 역학관계 속에서 결정된 것이며 단지 제한적인 영향만을 준다고 분석한다. 이를 주장하는 학자들은 ICT로 변화하는 정치 과정과 시민참여의 양상은 한정되어 있고, 여전히 실질적인 정치 행위자인 시민들은 오프라인과 마찬가지로 정치 무관심 속에서 온라인에서는 단지 정보를 검색하고 있다고 보았다(Arterton, 1987).

이러한 논의의 배경에는 시민참여 강화 가설이 ICT 발전에만 주목하고 행위자인 시민과 민주적 거버넌스의 관계에 대한 논의를 결여하고 있다는 비판이 깔려 있다. 즉, ICT만을 독립변인으로 설명하는 데 대한 반작용인 셈이다. 실제로 ICT의 시민참여 강화 가설을 주장하는 학자들 중에서는 지나친 기술의 민주적 잠재력을 확대 해석하는 경향이 있다. 심지어는 기술결정론technological determinism적인 시각에서 ICT의 시민참여 효과를 실제보다 부풀리거나 과도한 장밋빛 환상을 제시하는 경우도 존재한다. 그러나 실제로 ICT가 예외 없이 참여를 강화하지는 않는다. 예컨대, 싱가포르와 중국의 경우에 ICT 수준은 급격히 상승하고 있지만, 역설적으로 시민사회 참여는 오히려 통제되고 있다. 이것은 ICT가 반드시 낙관적인 민주주의의 확대와 시민참여의 채널 확대만을 가능하게 한다는 것은 아니라는 반증이기도 하다(Rodan, 2003).

그리고 ICT 시민참여의 형태 역시 왜곡될 가능성이 있다는 경고도 존재한다. 인터넷과 SNS 등의 ICT는 일정하게 시민들의 집단 결집을 강화하기는 하지만, 이는 결국 닫힌 네트워크 속에서 메아리가 과장된 것이라는 분석도 있다. 오히려 이들은 너무 낮은 거래비용으로 인터넷에 진입이 가능하기 때문에 가입과 탈퇴가 쉬워 오프라인보다 불완전하고 자기 추구적인 집합체로 갈 수밖에 없으며 그 결과 파편화fragmentation, 원자화atomization될 수도 있다고 주장한다(Davis, Elin and Reeher, 2002; Levine, 2000).

이 입장은 ICT 시민참여가 자칫 과다할 경우에 인터넷 정치 공론장의 분극화polarization 현상이 발생할 것을 우려한다. 선스타인(Sunstein, 2007)은 인터넷 공론장에서 토론과 심의를 통한 합의는 줄어들고 서로 자신의 의견을 공유하는 집단화 현상이 발생하는 것에 대해 지적한 바 있다. 그는 이러한 집단화가 결국 양극화를 초래하고 민주주의에 악영향을 미칠 것이라고 경고했다. 실제 한국의 인터넷 토론장에서 이루어지는 시민 토론은 이러한 현상을 잘 보여준다. 합의보다는 진영 논리에 빠져 합리적인 토론이 진행되지 못하는 경우가 많다. 이러한 영향 때문인지, 인터넷 정치 토론방에서도 일방의 주장을 복사하고 타인의 의견을 묵살하는 경우가 있다. 이에 대해 선스타인은 온라인 공간에서 형성된 집단이 해당 구성원이 이전부터 갖고 있던 생각을 더욱 극단적으로 몰고 가는 이른바 반향실 효과echo chamber effect를 우려했다. 이는 인터넷 공론장이 시민들의 자발적인 참여와 토론을 통한 합리성의 공간이 되기 어려울 수도 있다는 증거일 수 있다(송경재, 2015).

이처럼 ICT 시민참여 쇠퇴론자들은 인터넷을 정점으로 하는 ICT의 발전이 장기적으로 사람들 사이의 직접적인 접촉을 줄이고 가상의 소통에만 몰두하게 할 것이라고 예측한다. 그들은 마우스 클릭click으로 모든 것을 해결하는 즉자적이고 감성적인 반응으로서 클릭 민주주의, 감성적인 참여의 소지가 많다고 비판한다. 왜냐하면 그들은 ICT 자체가 실제 사회 변화에 미치는 영향을 제대로 파악해야 하고, 특히 정치 참여는 구체적인 현실 속에서 행동하는 것이며 온라인에서의 활동만으로 가능하지 않은 것으로 간주하기 때문이다(Chadwick, 2006).

또 다른 문제도 존재한다. ICT가 왜곡된 정보를 생산해 시민참여의 건강성을 훼손할 수도 있다는 점이다. 이는 허위·불법정보의 범람으로 인한 시민들의 참여 효능감 약화로 이어진다. 이러한 문제는 이른바 정치적으로 '괴담', '유언비어' 등으로 사회적인 문제가 되기도 했다. 아직 전문적인 지식을 가지고 있지 못한 시민들은 허위정보에 노출되기 쉽다. 실제 2008년 미국산 쇠고기 수입 반대 시위가 벌어질 당시에 후반부에는 소통하지 않는 정부의 문제가 주제였지만 초기만 하더라도 광우병의 위험성이 너무 과대하게 유포되기도 했다. 그리고 2014년 국가적인 비극인 세월호 사고가 발생했을 때도 확인되지 않은 인터넷 정보들로 인해 시민들의 합리적인 판단이 제약받기도 했다.

최근에는 이른바 가짜 뉴스fake news 문제가 2016년 미국 대선과 2017년 독일 총선에서 논란이 되기도 했다. 그럴듯한 뉴스의 외양을 하고 허위·불법정보를 유포하는 가짜 뉴스는 점점 교묘해지면서 세계 각국의 ICT 정치 참여 활성화의 제약 요인이 되기도 한다. 심지어 2016년 미국 대선 당시에는 "프란치스코 교황이 도널드 트럼프Donald Trump 지지를 선언했다"는 가짜 뉴스가 페이스북에서 가장 많이 공유된 정보였다. 한 조사에 따르면, 당시 트럼프 대통령 캠프의 정치 전략가들이 빅데이터 분석을 통한 조직적인 가짜 뉴스를 이용해 여론을 조작했다는 분석도 제기되었다(송태은, 2018; 오택섭, 2018).

이런 사례들은 ICT를 활용한 시민참여가 반드시 현명한 시민들의 참여 공간으로 연결되는 것은 아니라는 점을 확인할 수 있다. 물론 ICT 환경은 시민참여를 확대하는 중요한 계기다. 그동안 정치 문제를 토론할 공간과 시간이 없었고 정치에 참여하고 싶으나 거래비용이 높아서 참여하지 못하는 시민들에게 다양한 참여 채널의 형성은 의미가 있다. ICT를 통해 형성된 다양한 시민참여 활동은 ICT의 민주주의 확대라는 측면에서 의미가 있다. 하지만 이러한 방식의 시민참여가 반드시 좋은 결과만 가져오는 것은 아니다. 시민들은 허위·불법정보 또는 가짜 뉴스 때문에 잘못된 판단을 내릴 수 있다. 또한 인터넷 공론장의 분극화는 참여의 과잉으로 인한 사회적 갈등과 대립을 양산해 시민참여를 장기적으로 약화할 수 있다.

ICT의 시민참여 강화 가설과 시민참여 쇠퇴 가설을 주장하는 연구자들마다 논리적인 지향성을 내포하고 있다. 그러나 이러한 강화 가설과 쇠퇴 가설이라는 이분법적인 구분 자체를 반대하는 기류도 존재한다. 그것은 ICT라는 기술이 가진 속성에 대한 이해에서부터 시작된다. 이에 최근에는 ICT의 시민참여 효과에 대한 상호작용적인 효과 또는 매개 효과에 주목하는 학자들도 있다.

먼저, 이와 관련해 중동의 민주화 운동 과정을 관찰한 맬컴 글래드웰Malcolm Gladwell은 당시 온라인에서의 활동보다는 직접적인 행동 공간으로서 현실에서의 시민참여가 더욱 중요했다고 보았다. 그는 《뉴요커The New Yoker》의 「작은 변화Small Change」라는 칼럼에서 사회 변화 또는 사회개혁 과정에서 ICT가 시민들의 참여를 독려하고 또 이러한 참여를 저렴한 거래비용으로 가능하게 하지만, 이는 강한 연계의 오프라인 집합행동에 의한 것이라고 강변했다. 중동의 민주화 과정에서 나타난 ICT의 영향력은 제한적이고, 실제 변화를 추동하는 것은 오프라인에서 결집한 군중이었다는 것이다.

메지아스(Mejias, 2011) 역시 이와 유사한 주장을 펼친다. 그는 인터넷, 스마트폰, SNS 등 ICT의 영향력을 글래드웰에 비해 더욱 낮게 평가한다. 그는 과거에서부터 미디어를 사회 변혁의 주역으로 평가한다면 실제 혁명을 이끈 것은 신발이 아니냐면서 미디어의 효과를 평가한다. 그리고 기존 연구자들이 기술에 의한 사회 변화 또는 혁명의 가능성을 너무 크게 평가하고 있다고 비판한다. 오히려 사회 변혁은 정치질서에 대한 누적된 불만 표출이고, ICT는 단지 이를 도와주는 역할을 할 뿐이라고 강변한다. 즉, 오프라인의 정치적 상황과 역학관계가 중요하다는 것이다(조희정, 2011).

괴릭(Görig, 2012)은 2008년에 발생한 콜롬비아무장혁명군FARC 반대 시위에 대해 시위의 촉발은 페이스북이 했지만 실제로 백만 명의 사람들이 이를 이용해 시위에 나선 배경에는 알바로 우리베Alvaro Uribe 전 콜롬비아 대통령이 있었다고 주장한다. 괴릭은 우리베 대통령이 FARC를 척결하기 위한 방편으로 페이스북을 활용한 것이고, 실제로 시위 이후 우리베 대통령은 FARC를 없애는 데 성공했다. 이에 대해 심지어 괴릭은 오프라인에서 구체적인 행동에 돌입하기 전에 명분을 쌓는 데 ICT를 정치적으로 이용했다고 지적한다.

이와 같이 ICT의 시민참여 효과 연구는 낙관적인 시각과 부정적인 시각, 그리고 'ICT가 독립변인으로 작동하는가, 아니면 종속변인에 불과한가'라는 논쟁의 연장선상에 있다. 그렇지만 지나치게 분절적이고 대립적인 시각은 역시나 ICT가 사회관계 속에서 재구성된다는 점을 무시하고 있다는 비판을 받고 있다.

여기서 주목해야 할 것은 첫째, ICT 시민참여의 민주적 효과와 관련된 시각 차이다. ICT는 가치중립적value free이고 객관화된 것이지만 결국 누가 이용하느냐에 따라서 다르게 나타날 수 있다. 그런 맥락에서 과연 정보 네트워크 사회에서 ICT가 민주주의와 시민참여를 강화하느냐 쇠퇴하느냐의 논쟁은 진부한 것이라고 할 수 있다. 오히려 우리가 고민해야 할 것은 채드윅(Chadwick, 2006)이 강조한 바와 같이, ICT가 보편적으로 사용되고 있기 때문에 이제는 단순한 효과에 대한 논의가 아니라 구체적으로 어떻게 이용할지에 따라서 ICT가 민주주의 강화의 도구가 될 수도 있고 역으로 민주주의 쇠퇴의 도구가 될 수도 있다는 점이다. 둘째, 선행연구의 또 다른 문제점은 지나치게 정태적인 분석에만 머물렀다는 점이다. ICT의 긍정적 효과와 부정적 효과는 상존하는데, 항상 한 시각에만 경도되어 해석하기 때문에 장점과 단점을 아우를 수 있는 통시적인 분석을 하지 못하고 있다.

사회정보학의 학문적인 틀을 정립한 클링(Kling, 2007)은 ICT와 사회관계에 관한 접근을 기술결정론technological determinism, 기술의 사회적 형성론social shaping of technology 그리고 사회적 구성론social construction of technology으로 구분했다. 기술결정론은 ICT의 사회구조적 변동이 주요 변인이 된다는 것이다. 사회적 형성론은 사회구조적 요인을 강조하고, 사회적 구성론은 ICT와 사회 양자 간의 상호작용에 무게를 둔다. 사회적 구성론에서는 ICT를 사용하는 행위자와 사회 그리고 ICT의 역동적인 관계에 주목한다. 따라서 강화론과 쇠퇴론이라는 이항독립적인 대립적 관점보다는 구체적인 사회구조적 맥락에서 ICT가 어떻게 적용되고 활용되는지를 보아야 한다는 것이다. 이러한 맥락을 따라 이 장에서는 클링의 논의를 수용해 현상에 관한 이분법적인 분석틀을 고집하기보다는 사회적 구성론의 시각에서 구체적으로 ICT와 현실 시민정치 참여가 상호작용 속에서 재형성되는 효과와 동학을 추출하고, 이것이 사회 속에서 어떻게 반영되며 정치적 활동에 영향을 주는지를 층위적으로 살펴볼 것이다.

이를 위해 먼저 ICT의 발전 경로에 따라 시민참여의 변화상을 추적해 시기별로 구분한다. 기술적인 토대와 참여시민의 등장 그리고 시민참여의 유형화에 따른 구분을 적용해 두 시기로 구분한다. 시기적인 구분을 바탕으로, 구체적으로 21세기 정보 네트워크 사회에서 정치적인 변화가 어떤 방식으로 전개되고 있는지를 ICT와 시민의 변화라는 사회구성론적인 시각에서 분석해 본다.

3. 시민참여 1.0에서 시민참여 2.0으로

정보 네트워크 사회는 시민과 사회의 상호작용을 심대하게 변화시키고 있다. 기술적인 차원에서 웹 1.0이 시민참여의 촉진제 역할을 한다면, 웹 2.0은 시민이 자발적으로 조직화와 동원의 도구가 되고 스스로 네트워크를 구성하는 단계로 진화한다. 따라서 웹 2.0은 참여의 아키텍처가 아니라 운동의 아키텍처로 진화했다고 평가할 수 있다. 기실 정보 네트워크 사회에서 다양한 정치 정보를 얻거나 지식을 획득하는 데 인터넷은 중요한 도구가 된 지 오래다. 시공간 제약과 경계가 없는 새로운 사회집단과 네트워크가 형성되고, 상호작용적 커뮤니케이션 방식이 개방·참여·공유의 웹 2.0 환경에서 새롭게 나타나고 있다.

1) 시민참여 1.0

1990년대 한국의 사회운동에서 새로운 변환기적인 운동은 ICT의 도입에 따라 새로운 사회적 운동의 도구가 등장했을 때 시작되었다. 이때 확산되기 시작한 ICT는 온라인-오프라인의 통합적인 방식으로의 사회운동 유형이 대단위로 등장하는 계기가 되었다. 2002년에 발생한 효순-미선 양 사건이 그 효시라고 할 수 있다.

물론 이전부터 자발적인 인터넷발發 시민운동은 나타났지만 ICT를 매개로 시민들이 대규모로 운동에 동원된 것은 처음이었다. 물론 이러한 운동의 배경은 ICT의 급격한 확산과 이용률의 증가에 기인한 것이다. 1994년 한국에서 인터넷의 상용화가 시작된 이후 2004년 말 이용자 수는 3158만 명을 기록했다.[4] 이러한 기반에서 ICT 매개형 사회운동은 참여하는 시민의 등장과 함께 이전과 다른 방식의 사회운동으로 진화했다. 2002년의 효순-미선 양 사건의 연원을 따라간다면 두 가지 선행 사건을 파악해야 한다. 첫째, 2002년 초반에 있었던 정치인 팬클럽 노사모의 운동이고 둘째, 2002년 중반에 있었던 월드컵 응원 신드롬이다. 2002년을 전후해 디지털을 매개로 하는 참여시민이 등장한 것이다.

---

4 이에 대한 보다 자세한 통계 데이터는 http://isis.nida.or.kr/ 참조(검색일: 2019.4.20).

먼저, 2002년을 뒤흔들었던 정치 이벤트인 대선 과정에서 등장한 정치인 팬클럽 활동인 노사모 현상은 ICT를 매개로 하는 사회운동의 활용으로서 세계적으로 유례를 찾기 힘든 웹 캠페인이라고 할 수 있다. '노무현을 사랑하는 사람들'의 약어인 '노사모'는 특히 지지집단이 대통령 후보를 후원하고 자발적으로 참여하며 동원하는 방식이었으며, 이러한 웹 캠페인은 새로운 운동이 되었다. 민주당에서 시작된 국민참여경선은 인터넷과 오프라인에서 주요한 정치적 이슈가 되었고 당시 민주당 노무현 대통령 후보의 캠페인 승리에 중요한 공헌을 했다. 노사모는 2002년 제16대 대통령 선거 과정에서 노무현 후보 지지자들을 결집하고 네트워크를 통해 전국적인 자원봉사자를 모집했으며 약 72억 원(2002년 12월 22일 마감 결과)을 모금하는 등 기존의 오프라인 기반의 면 대 면 캠페인과 다른 방식의 웹 캠페인 방법을 도입했다(이원태, 2007).

둘째, 월드컵 응원 당시의 광범위한 시민의 거리응원은 전통적인 거리의 시위참여 문화와는 다른 시민참여형 응원이라는 평가를 받았다. 정보 네트워크 사회에서 인터넷 게시판을 통한 토론과 커뮤니케이션은 자발적인 시민의 등장과 함께 이전과 다른 방식의 사회운동의 양식과 흐름을 형성했다. 비록 월드컵 응원이 사회운동의 양식을 띠지는 않았지만 궁극적으로 광장에서 시민이 자발적으로 참여하고 새로운 참여 문화를 만들었다는 점에서 신선한 현상이라고 할 만하다. 당시 시민들은 자발적으로 응원에 동참하며 응원 문구를 문자메시지의 말머리로 적기도 하고, 메일 발송 시 한국 팀을 응원하는 메시지를 첨가하는 등의 참신한 방식을 선보였다. 2002년 월드컵이 정치적인 이슈는 아니지만 시민들이 스스로 응원을 위해 조직화하고 동원하는 과정에서 ICT는 큰 영향을 미쳤다. 이러한 ICT의 영향력은 이후 다양한 사회운동에서 시민들의 능동적인 참여를 추동할 수 있는 하나의 기제가 되었다.

참여의 학습 효과는 이어 2002년 말 효순-미선 양 사건으로 전이된다. 효순-미선 양 시위 사건은 인터넷 게시판에서 '앙마'라는 아이디의 네티즌이 촛불집회를 제안하고 이것이 3일 만에 확산되어 서울시청 광장에 3만 명이 넘는 대규모 시위대가 결집한 사건이다. 이는 당시 인터넷이나 ICT 또는 스마트 기기의 이용에 대한 새로운 인식을 만들어주었다. 그리고 당시부터 시작된 사진 패러디, 정치인 어록 시리즈, 항의 메일, 사이트 공격, 리플 달기, 글 나르기(펌질), 사이버 폴cyber poll 참여, 사이버 촛불, 동영상 등은 네트워크 시대에 적합한 방식의 시민참여이자 운동이라고 할 수 있다.

　그리고 이후 2004년 당시 노무현 대통령 탄핵 반대 촛불집회는 시민참여의 전환기적 모습을 보여주었다. 탄핵 반대 촛불집회는 시민들이 ICT를 활용해 자발적으로 조직하고 동원해 오프라인 집회를 만들었던 전국적인 시위 사건이다. 전통적인 정치 과정에서 동원 대상에 머물렀던 시민이 자발적으로 인터넷에서 집단을 형성하고 결사한 다음 자신의 의사를 표현하고 행동에 나선 것은 이전과는 다른 현상이다. 이상 2002년과 2004년의 경험에서 나타나듯이, 시민들이 자발적으로 다양한 의견을 개진하고, 토론하고, 행동한다는 것은 시민참여의 강화를 촉진하고, ICT 기반 시민운동의 가능성을 보여주기에 충분하다(Bimber, 2003; 송경재, 2015).

　해외에서도 유사한 사례가 발견된다. 2000년 8월 필리핀에서는 당시 조지프 에스트라다Joseph Estrada 대통령이 수백만 달러의 뇌물을 받았다는 추문이 돌았다. 이 소문으로 인해 필리핀 시민들이 에스트라다 대통령의 사임을 요구했다. 당시 필리핀 시민들이 사용했던 것은 휴대폰의 문자메시지였다. 이들은 문자메시지를 이용해 거리시위를 조직했으며, 결국 부패한 에스트라다 대통령이 사퇴하는 데 크게 공헌했다. 당시 시위에는 자발적으로 참여한 시민이 수십만 명에 이르렀고, 특히 문자메시지를 통해서 검은색 옷을 입고 시위에 참여하는 것과 같이 ICT 기반의 창의적인 시민참여가 두드러졌다 (Rheingold, 2002).

　결과적으로 ICT 기반의 시민운동은 운동의 동력이자 행위자인 시민들이 각자 낮은 수준에서부터 높은 수준으로 참여해 각 단계별로 만족을 느끼는 효능감efficacy을 가질 수 있다는 장점을 가진다. 이러한 변화의 이면에는 두 가지 원인이 존재한다. 첫째, 시민성의 변화이고 둘째, 민주적인 공간의 확대라는 정치적 기회의 재구조화다(송경재, 2009; 장우영, 2006).

첫째, 시민성의 변화는 시사하는 바가 크다. 시민은 이미 민주주의의 중요한 주체다. 무엇보다 현대 민주주의에서 시민은 공화정 정치의 근본이자 주인으로 자각하고 등장했다는 점에서 시민 문화 형성과 참여 정치적 실험을 하게 되었다. 시민이 커다란 사회적·정치적 의미를 부여받게 된 것은 지난 수백 년 동안 자의식과 지향성을 가진 사람들이 확산되었기 때문이다. 따라서 시민은 공동체의 관심사를 공유하고 자유롭고 평등한 주체로서 관계를 형성하고 공동의 문제를 해결한다는 의미에서 사회적인 성격을 가진다(신진욱, 2008). 과거, 정치 과정에서 단순한 동원 대상에 머물렀던 시민이 ICT를 활용하여 스스로 집단을 결성하고 적극적으로 나서게 된 것이다. 이 과정은 시민이 스스로의 역량을 자각하고, 자신의 권능을 발휘하기 시작한다는 것을 의미한다. 시민들은 ICT를 이용하여 보다 저렴한 거래비용으로 효과적이고 신속하게 시민운동 참여의 도구를 사용하고, 이는 ICT 시민참여운동의 전환을 알리는 서막이라 할 수 있다. 참여하는 시민성으로의 변화는 정보 네트워크 사회로의 진입과 물질적 풍요 속에서 교육적으로 훈련된 시민의 등장으로 가능한 것이다.

이와 함께 참여하는 시민으로의 사고 변화는 근대 시민에 대한 인식론적인 차원에서 전환을 요구하고 있다. 20세기 이후 사회적인 변화가 세계화와 정보화로 상징되지만 내재된 사회 변화는 여러 가지가 있다. 예컨대, 민주주의적인 교양과 덕복을 가진 세대의 변화, 생존에서 사회적 웰빙well-being으로의 변화, 고학력층의 증가, 블루칼라에서 지식노동자로의 변화, 여성의 사회참여 증가 그리고 사회 다양성과 소수자에 대한 인식 제고 등은 과거와 전혀 다른 시민 형성의 계기가 되었다. 드디어 근대적 자유민으로서 시민은 현대적인 의미로 자발적으로 '참여하는 시민'으로 진화한 것이다(Dalton, 2009).

두 번째 원인으로, ICT가 시민운동의 정치적 공간을 확보하는 새로운 기법의 시민참여를 가능하게 했다는 점에 주목해야 한다. 산업사회에서의 민주주의를 실현하기 위한 사회운동은 어느 정도의 시민권이 확보된 공간에서 집회와 결사의 자유가 보장되고 표현의 자유, 정치적 자유가 존중되는 공간이 열린 것이다. 마치 정치적 구조가 새롭게 형성되어 이루어진 정치 구조의 재변동과 같은 방식이다. 여기에 ICT의 보급은 기존 정치 커뮤니케이션의 일방향적인 구조를 상호작용적인 구조로 변화시켰다. 이러한 시민운동의 등장은 닫힌 정권에서의 열린 네트워크로서 기능하며, 스스로 자각하는 시민참여의 유력한 도구가 되었음을 알려준다.

이와 같이 기존의 주어진 플랫폼을 바탕으로 자발적인 시민의 참여가 공식화한 시기를 웹 1.0 환경에서의 시민참여 1.0이라고 정의할 수 있다. 이러한 시민참여 1.0은 전통적인 방식의 오프라인 기반 시민참여와는 다른 두 가지 차이점이 있다.

첫째, 시민참여의 활성화로, 이전의 오프라인 기반의 정치 참여는 시민들이 실제로 오프라인상에서 참여하는 제한적인 방식이었다면, ICT를 이용해 저렴한 거래비용으로 효율적으로 결사가 가능해지고 자유롭게 의견을 표출할 수 있게 되었다. 고전적인 오프라인 기반 시민참여는 정책을 결정하거나 대표자를 선출하는 과정에 제한되었지만 ICT의 확산은 그 범위를 보다 폭넓게 활성화한다. 마치 네트워크의 가치는 구성원 수에 비례하는 것이 아니라 참여자 수의 제곱으로 늘어난다는 '매트칼프Metcalfe의 법칙'이 사회현상에도 적용되는 것이다.

둘째, 시민참여 1.0은 ICT의 도입을 통해서 많은 시민들이 참여할 수 있는 기제를 가지게 되었다(Barber, 1998). 사회 속에서 언론, 정치인, 정당, 사회단체,

이익집단뿐만 아니라 개인도 인터넷 네트워크를 통해 적극적으로 의제를 설정하고 집단을 형성하며 공동의 정치적인 활동을 할 수 있게 되어 이들을 중심으로 참여 주체의 확대가 가능해진 것이다. 인터넷을 위시한 ICT를 통해 의제 형성의 분화 및 다양화를 통해 수동적이던 시민이 적극적인 행위자 그리고 제안자로 대두하고 있다. 산업화 사회에서 시민은 경제활동에 묶여 정치 참여는 제한적인 시위나 항의, 투표 방식에 머무를 수밖에 없었지만 ICT는 이런 제약 요인을 해소하고 있다. ICT 시대의 정치 참여의 보편화는 사회적·정치적 의제 설정이나 의사결정의 참여 범위를 확대해 일부 집단이 아니라 모든 시민이 국가를 감독하고 견제할 수 있게 해주었다. 결과적으로 참여방식의 다양화는 참여자들이 낮은 수준에서부터 높은 수준까지 참여해 만족을 느끼는 효능감을 가질 수 있다는 장점을 가진다. 그 경험을 바탕으로 2004년의 탄핵 반대 집회에서는 오프라인 시위와 온라인 시위가 융합되어 효과가 극대화되는 상호작용성이 나타났다.

2) 시민참여 2.0

웹 1.0의 시민참여에서 핵심적인 변화는 시민성citizenship과 ICT의 조응이 사회운동의 상승 효과를 가져온다는 것이다. 특히, 자유민에서 참여하는 시민의 등장은 ICT를 매개로 하는 더욱 큰 사회적 영향을 행사했다(Kalathil·Boas, 2003). 이는 많은 학자들의 예견대로 참여적인 시민의 등장을 불러왔고 이에 조응하는 ICT는 시민참여의 도구로 진화했다. 그리고 이로 인해 사회운동의 양상은 과거와는 다른 방향으로 전환하고 있다.

여기서 우리가 고민해야 할 차원은 바로 웹 2.0의 등장에 따른 시민운동의 변화상이다. 웹 1.0은 ICT가 주어진 아키텍처와 플랫폼을 활용하는 단순한 방식이라면 웹 2.0은 수렴과 확산, 공진화를 통한 변화된 ICT 환경이다(강원택,

2008). 역시 이러한 변화의 배경에는 ICT의 진보와 정치적 구조와 행위자의 변화가 있다.

첫 번째 중요한 변화는 웹 2.0 환경이 제공하는 기술적 환경이다. 기존의 웹 1.0 방식보다 더욱 참여적이며 개방적이고 공유하는 기술이 등장해 시민의 조직화와 동원의 유력한 도구가 되었다. 기존 웹 1.0에서는 포털 사이트처럼 서비스 업자가 제공하는 정보와 서비스를 사용자가 일방적으로 이용하거나 수신하는 형태였으나, 웹 2.0 환경에서는 사용자가 프로그램과 데이터를 이용해 스스로 새로운 가치를 만들 수 있다. 스스로 참여하고 커뮤니케이션하며 집합행동을 할 수 있는 도구가 준비된 것이다. 이러한 참여적인 웹 2.0 네트워크의 구축은 더 이상 정부가 인터넷을 통제하기 어려운 구조가 형성되면서 탈집중적으로 참여하는 시민과 다른 진화된 시민의 등장을 예견하게 한다.

대표적인 사례가 한국에서는 2008년 미국산 쇠고기 수입 반대 촛불집회로 나타났고, 또 2008년의 티베트 독립운동, 2009년의 이란 민주화 운동, 2011년의 월가 점령 시위와 중동 민주화 운동이 있다. 웹 2.0의 시민참여와 시민운동에서는 기존 독재적인 권위를 불신하고 참여적인 아키텍처를 바탕으로 시민들이 자발적으로 거리로 나와 저항 투쟁을 벌였다. 시민들의 손쉬운 조직화와 동원 그리고 독자적인 정보 네트워크의 구축은 기존 시민운동 차원에서는 예측이 불가능한 것이었다(배영, 2008). 즉, 참여·개방·공유의 웹 2.0으로 인해 단순한 기술적 변화가 아니라 기존 사회와는 다른 방식의 시민이 등장하고 구조가 재형성된다는 것을 의미한다.

두 번째 변화는 앞서 제시한 시민에 관한 논의다. 참여적 시민의 등장은 민주화의 개방적인 구조와 정보화라는 공간에서 가능했다. 이에 관해서는 민주적인 식견을 가지고 주장하는 시민의 등장 배경에 대해서 분석해야 하는데, 권위에 대한 저항을 두려워하지 않는 시민들의 참여 문화가 확산되어야 가능한 것이다. 특히, 이러한 현상은 이미 다양한 학자들이 제기하고 있는 일관된 현상이다(Hardt·Negri, 2008; 김경미, 2006). 동서양을 막론하고 선진 민주주의 국가들에서는 시민들이 정부가 시키는 대로 순종하지 않고 또 정부를 대상으로 요구의 목소리를 높이고 있으며, 이러한 세태 변화의 흐름은 다양한 연구로 확인되고 있다(Inglehart, 1997). 특히 정부에 대한 신뢰는 세계가치조사에서 계속 하락하고 있고, 오히려 참여와 시민권에 대한 저항은 격렬해지고 있다. 이런 변화의 중심에서 잉글하트(Inglehart, 1997)의 지적대로 권위주의적인 국가에서는 보다 확대된 민주화를 주목해야 하고 기존의 민주국가에서는 쟁점별·이슈별로 활발한 비판적인 시민의 등장에 주목해야 한다.

자유로운 시민이 참여하고 저항하기 위해서는 두 가지 필요조건이 충족되어야 한다. 첫째, 억압과 탄압적인 권위에 대한 생존권적인 저항이고 둘째, 참여를 통해 단련된 평화롭고 자연스러운 시민권의 발현으로서 저항이다. 첫 번째 조건이 근대적 의미에서의 계몽시민의 조건이라면, 두 번째 논의는 참여시민의 등장이 바로 식견을 가진 시민informed citizen의 등장과 연계되어 있다는 것이다. 결국 계몽시민에서 참여시민, 저항적이며 식견을 가진 시민은 민주주의의 가치와 사회 변화 그리고 시민권을 확장하려는 시도라고 할 수 있다.

앞서 첫 번째 변화인 웹 2.0의 참여적이고 개방적인 환경은 저항하는 시민, 참여하는 시민의 등장과 함께 생각하며 판단할 수 있는 식견을 가진 시민들의 참여 방식을 만들었다. 개방적인 네트워크에서 온라인과 오프라인이 수렴하는 현상으로서 웹 2.0은 온라인-오프라인 간의 연계 구조를 확립하고 있다. 이러한 행위자와 웹 환경의 변화는 웹 2.0 방식의 시민참여를 가능하게 한다. 웹 2.0으로의 환경과 진일보한 시민성을 바탕으로 한 시민은 자생적이며 수평적인 형태의 시민운동을 지향한다. 식견을 가진 시민이 저항의 아이디어와 전략을 국경을 넘어 신속하고 효율적으로 전달할 수 있게 된 것이다. 대표적인 현상이 저항 집단의 온라인-오프라인 연계와 유·무선 융합을 통한 새로운 사이버 액티비즘cyber activism이다(MaCaughey·Ayers, 2003). 칼라힐과 보아스(Kalathil·Boas, 2003)는 중국, 쿠바, 싱가포르, UAE, 사우디, 이집트의 사례에서 웹이 권위주의 국가에서 저항 집단을 형성하고 비록 낮은 수준이지만 민주화에 효과적인 저항적 시민을 결집하는 도구가 됨을 확인한 바 있다. 즉, 청원, 시위, 보이콧, 서명운동, 유·무선 게시글, 실시간 시위 미디어 생중계, 동영상 작성 등 다양한 웹 2.0 참여 기제의 등장은 시민운동의 또 다른 방향성을 제시하고 있다(배영, 2008; 강원택, 2008).

이와 같이 스스로 자각하는 식견을 가진 시민의 등장은 평화적 저항의 정치 일상화를 추구하고, 참여하는 시민의 경험을 바탕으로 다양한 이슈에 대해 관심을 가지며 자발적인 조직화와 참여를 통한 저항을 가능하게 한다. 그리고 참여의 형태는 단순한 거리에서의 투쟁만을 의미하는 것이 아니라 소비자 주권 운동, 투표 거부, 항의 행위, 입법 청원 등 다양한 형태의 저항으로 나타난다. 이들의 조직화된 무기는 바로 인터넷을 기반으로 하는 ICT의 다양한 운동 방식이다. 이런 목표를 실현하기 위해 참여시민, 저항적 시민들은 시작 단계에서는 오프라인보다는 주로 온라인에서 동조 세력을 규합한다. 그리고 동조 세력이 가시화될 경우에 집단행동을 전개하고 집단행동의 성과를 다시 온라인 공간에서 공유한다. 2008년 한국에서 전개된 촛불집회 가운데 가장 정점이었던 2008년 6월 10일의 집회 참가자는 비록 주최자 추산이나 전국적으로 80만 명에 이르렀다. 당시 이 장면을 생중계한 여러 인터넷 미디어가 있었는데, 가장 대중적으로 시위 장면을 중계한 오마이뉴스의 접속자는 최대 35만 명이었고 아프리카TV 시청자는 10일 당시에만 60만 명이었다. 즉, 오프라인 집회 현장에 80만 명이 집결했고 온라인에서는 95만 명이 이 장면을 지켜본 것이다.

2008년 당시 촛불집회에 참여했던 사이버 커뮤니티들은 다양한 참여 방법을 개발했다. 자발적인 모금 운동이 대표적이며 신문광고, 보수신문 절독 운동, 촛불집회 현장에 김밥과 생수 후원, 직접 시위 참여에 이르기까지 시민참여의 다양한 스펙트럼이 제시되었다. 그리고 사이버 커뮤니티 회원들은 청소년과 여성, 청년을 중심으로 낮은 수준에서의 유희적·문화적 시민참여를 확대했다(윤성이·장우영, 2008; 이현우, 2008). 2008년 미국산 쇠고기 반대 시위 과정에서 사이버 커뮤니티가 가장 중점적으로 활동한 것은 자신들의 의지를 알리기 위한 신문광고 모금과 게재 운동이었다. 다음 카페 소울드레서(cafe.daum.net/SoulDresser)는 회원들의 성금으로 2008년 5월 17일 자 ≪한겨레≫ 신문과 19일 자 ≪경향신문≫에 광고를 게재했다(아고라 페인들, 2008: 86~87). 그 결과 2008년 5월부터 3개월 동안 사이버 커뮤니티에서 광고 운동이 시작되었다. ≪경향신문≫에 1면 하단 내지는 전면 광고를 게재한 사이버 커뮤니티는 다음 카페 소울드레서(5/19, 6/2), MLB Park(5/26), 소울드레서(6/2), 시민광장(6/3), 마이클럽(6/4), 복음주의(6/6), 화장~발(6/9), 구봉숙의 도시탈출 팬클럽(6/10), 한류열풍사랑(6/11) 등이고 ≪한겨레≫ 신문에도 마이클럽(5/29, 6/11), 소울드레서, SLR 클럽, 82cook 나사모, DVDPrime(6/2), 이화여대 재학생·졸업생(6/5), 연세대 재학생·졸업생, 마이클럽·SLR클럽·ppomppu의 연합광고(6/10), 미주한인주부(6/11), 숙명여대 커뮤니티(6/14), 아고라회원(6/20) 등이 광고를 게재했다(송경재, 2015에서 재인용). 요컨대, 현장에 있는 시민과 웹 2.0으로 무장한 시민이 결합하면서 온라인 사회운동의 새로운 패러다임이 등장한 것이다(송경재, 2011에서 재인용).

이와 같은 웹 2.0 방식의 등장은 사회 변화에 중대한 영향을 미치고, 정보와 콘텐츠의 수렴과 확산으로 재구성된 구조는 정보 습득과 시민들의 관심사를 다원화하고 있다. 이러한 환경은 시민들의 정보 습득력을 향상해 디지털화된 식견 있는 시민으로 양성하고 있다. 그리고 웹 2.0의 개방적인 서비스가 등장하면서 시민참여 채널은 급격히 증가하고 있다. 마이스페이스

(MySpace.com)나 페이스북(Facebook.com)과 같은 SNS가 등장하고, 트위터 (Twitter.com)와 같은 마이크로 블로그micro blog가 보급되자 영상을 활용한 새로운 정치 미디어 시대가 도래했다. 이제 정보 네트워크 사회에서는 기존 전문가 집단과 아마추어 집단의 경계가 사라지고 시민참여는 더욱 확대될 것이다(Shirky, 2008).

우리는 이러한 현상을 새로운 시민 정보 네트워크의 구축이라는 차원에서 확인하기도 한다(Kalathil·Boas, 2003; 송경재, 2011). 시민들이 웹 2.0을 활용해 기존 정보권력을 가진 지배 집단과 경합하는 구도가 형성된 것이다. 2008년 한국의 촛불집회에서 광우병 안전론을 설파한 보수신문과 경계론을 설파한 유·무선 인터넷의 정보 전쟁의 승패는 정보 네트워크를 누가 장악하느냐의 경합 구도로 바뀌었다. 과거에는 상상할 수 없는 사이버 커뮤니티나 소셜 네트워킹, 블로그, 미니홈피를 통해 새로운 사회관계가 등장하고 수렴되어 통합 및 확산되는 과정이 반복되면서 인터넷 기반의 시민운동 양상으로 발전하고 있는 것이다.

해외에서도 이와 유사한 시민참여 행태가 발견된다. 2009년 이란 대통령 선거 부정 시위는 정보 네트워크에서의 연계와 인터넷 시민운동의 확산 과정을 잘 보여준다. 이란 바시지 민병대의 총격을 받은 16세 소녀 '네다'가 마지막 숨을 거두는 장면이 동영상 사이트 유튜브(YouTube.com)와 트위터에서 공개되자마자 순식간에 가장 많이 본 동영상으로 기록되었다. 이후 전 세계 네티즌들이 이란 당국의 폭력적인 시위 진압에 항의하는 여론이 형성되고 직접행동으로까지 발전했다. 또 2011년 아랍의 봄의 시발이라고 할 수 있는 튀니지의 경우에도 시민들이 유튜브와 스마트폰, SNS 등을 활용해 여론을 형성하고 민주화 시위에 직접 참여함으로써 결국 24년 동안 이어진 벤 알리 Ben Ali 대통령의 독재 정권을 붕괴시켰다.

이처럼 웹 2.0 기술의 발전과 식견을 가진 시민의 등장은 사회운동이 단순히 국지적 차원이 아니라 글로벌 차원에서 조직화가 가능하다는 점에서 시공간의 제약이 없다는 장점을 확인할 수 있다. 버마와 중국, 이란, 한국에서는 네트워크를 활용한 ICT가 시민 동원의 기제가 되었으며, 멀티미디어적인 동영상, 생중계, 문자전송, 토론방 글쓰기, 패러디 등 다양한 형태의 참여 방식이 등장하고 있다. 이제 인터넷을 기본으로 스마트폰, 태블릿 PC, IP-TV, 동영상 등 첨단 ICT로 인해 단순한 기술만의 발전이 아닌 사회의 변화가 시작된 것이다. 이러한 시민사회의 변화가 활성화되면서 시민을 조직·동원할 수 있는 온라인 시민참여 2.0으로 진화하고 있다.

3) 시민참여 1.0과 시민참여 2.0 비교 분석

지금까지 정보 네트워크 사회가 야기할 정치적 변화와 관련해 행위자별로 시민참여 1.0에서 2.0으로의 변화상을 살펴보았다. 살펴본 바와 같이, 정보 네트워크 사회로의 진입은 단순히 기술적 변화만을 의미하지 않는다. 기술은 사회에 수렴되고 재구성되면서 외부로 표출된다. 특히 정치 참여 영역에서 이러한 현상은 잘 발견된다.

먼저, 시기적으로 시민참여 1.0과 2.0을 구분하면, 시민참여 1.0은 인터넷이 상용화된 이후부터 2005년을 전후한 시기다. 인터넷 상용화를 1993년으로 한다면 인터넷 등장 초기 10여 년의 기간이다. 이 시기에는 포털 사이트의 검색 엔진을 기반으로 하는 푸시push형 서비스가 주류를 이루었다. 무엇보다 초기 인터넷이 보급되면서 새로운 정치 정보의 공간에서 기존의 신문이나 방송, 책자 등으로 한정되었던 정치 정보를 손쉽게 인터넷을 통해 찾아볼 수 있게 되었다. 이에 주로 정치 정보를 전달하는 방식도 포털 사이트가 주도하는 커뮤니티 사이트나 토론방 그리고 사이버 커뮤니티의 뉴스나 이메일, 웹진 등으로 한정되었다.

표 1.1 ┃ 시민참여 1.0과 2.0

	시민참여 1.0	시민참여 2.0
시기	· 인터넷 상용화 이후~2005년	· 2005~2015년
ICT 특징	· 웹 1.0 기반 · 푸시형 서비스	· 웹 2.0 기반 · 네트워크 구축형 서비스 · 모바일 서비스의 확대
정보 전달 방식	· 커뮤니티 사이트 토론 게시판 · 이메일 · 뉴스 또는 웹진	· 소셜 미디어 · 모바일 메시지 서비스(카카오톡, 텔레그램, 라인 등)
참여 공간	· 포털 사이트(다음 아고라 등) · 사이버 커뮤니티	· 소셜 미디어와 스마트폰 기반(정보 전달, 기금 모금, 지지 리본 등)
주체	· 참여하는 시민	· 현명하고 저항하는 식견 있는 시민
참여 방식	· 리더와 팔로어가 존재 · 온라인에서 조직화, 오프라인 동원 전략 · 특정 지지집단 결속	· 탈집중적 네트워크에 기반한 이슈 중심의 참여 · 시민들은 관심이 있는 사안에 대해 이합집산 참여 방식 선호

이에 비해 시민참여 2.0은 2005년 이후부터 2015년까지의 시기라고 할 수 있다. 전 세계적으로 2005년을 전후해 그 이전의 인터넷 거품Internet bubble이 꺼지고, 새로운 기술적인 진화가 시작된 시기다. 하드웨어적으로는 펜티엄급 이상의 고성능 컴퓨터를 개인이 사용하게 되었고, 저렴한 비용으로 인터넷을 연결할 수 있는 네트워크가 구축되었다. 그리고 결정적으로 스마트폰의 초기 형태가 등장하면서 이른바 모바일 네트워크의 시대를 가능하게 했다. 그리고 여기에 소프트웨어적으로 소셜 미디어와 카카오톡, 라인, 텔레그램 같은 모바일 메시지 서비스가 등장하면서 정치 정보 전달 방식은 획기적으로 개선된다. 기존에는 정해진 커뮤니티나 토론 게시판, 뉴스 등을 찾아가는 형태였지만 웹 2.0의 참여는 네트워크로 연계되어 정보가 시민에게 직접 찾아오는 방식의 서비스로 바뀌게 된다. 한 차례 관심을 가진 이슈나 정치사회적 문제에 대해 정보가 계속해서 제공되기 때문에 참여의 거래비용이 절감될 수 있다는 장점이 있다.

한편 이러한 구분의 배경에는 기술적인 요인만이 아니라 시민의 각성도 내재되어 있다. 웹 1.0을 기반으로 하는 시민참여 1.0 시대는 주로 참여하는 시민participatory citizen이 주도했다면 시민참여 2.0은 현명하고 식견 있는 시민이 주도한다. 투표와 수동적인 방식에 한정되어 있던 기존의 전통적인 참여 방식이 시민참여 1.0에서는 보다 적극적이고 능동적인 참여로 전환되었고, 이 과정은 민주주의가 발전하면서 새롭게 등장한 참여하는 시민들이 주도했다. 하지만 시민참여 2.0 시기에 들어서면 이른바 디지털 네이티브들이 등장하고 참여·개방·공유의 소셜 미디어와 스마트폰이 발전하면서 시민들의 참여도 변화된 형태로 전개된다. 참여 방식 역시 큰 차이가 있다. 시민참여 1.0에서는 전통적인 참여와 마찬가지로 리더가 존재하고 이들을 중심으로 운동이 전개된다. 그리고 주로 오프라인에서의 직접행동을 위해 기술적인 기제들을 활용하려는 전략을 선호하면서 ICT를 대단위 시민운동을 위한 조직, 동원의 도구로 활용했다. 그러다 보니 특정 지지집단을 결속하고 이를 오프라인으로 동원하는 시민참여 효과는 큰 것으로 나타난다. 하지만 시민참여 2.0에 들어서면 이른바 모바일을 기반으로 하는 탈집중적 네트워크 기반의 참여가 활성화된다. 특히 자신의 관심사에 따라 이슈별로 참여가 활성화되고, 시민들은 집단화하지 않으며 사안에 따라 자유롭고 유동적으로 참여한다. 이는 현명하고 식견 있는 시민의 특성이기도 하다. 아울러 이들의 탈집중적인 시민참여의 방식은 이후 시민운동의 새로운 전망으로, 시민참여 3.0의 주체로서 다중의 등장을 예견해준다는 점에서 의미가 있다.

4. 결론에 대신하여: 시민참여 3.0 전망

21세기 정보 네트워크 사회에서 ICT를 활용한 시민참여 방식은 계속 발전하고 있다. 사실 ICT를 활용한 시민참여 방식의 시민운동은 오래전에 등장했다. 인터넷이 보급되기 시작한 초기부터 시민들이 집단을 형성하기 어려웠던 산업사회와 달리 정보 네트워크 사회에서는 ICT를 활용해 집단을 형성할 수 있기 때문이다. 1990년대부터 멕시코 치아파스 지방의 사파티스타 민족해방군Ejército Zapatista de Liberación Nacional: EZLN의 저항운동을 시작으로 중국의 파룬궁 시위, 1999년의 시애틀 반세계화 운동은 인터넷 네트워크를 활용해 전 세계적으로 이슈를 확산시킨 대표적인 사례다. 시민들은 ICT를 활용해 서로 연결되고 스스로 참여의 주체가 되어 정치화되고 자발적으로 참여했으며 온라인과 오프라인을 넘나들며 과거와는 다른 참여의 모습을 보여주었다. 그리고 ICT에 익숙해지면서 점차 사회정치적인 이슈에 목소리를 냈고 온라인과 오프라인의 상호작용적이며 창조적인 참여 방법을 고안했다.

이처럼 ICT 기반의 시민참여 사회운동의 발생은 주된 행위자인 시민의 변화 때문이기도 하다. 단순히 기술적인 측면만을 고려한 것이 아니라 웹 1.0에서 웹 2.0으로 진화하면서 스마트 디바이스를 통해 정치 정보를 획득하고 이를 확산하는 과정에서 시민들의 자발적인 참여가 현저히 진화하고 있다. 또 우리가 주의 깊게 보아야 할 것은 투표나 시민단체에 참여하는 것과 함께 비제도적인 시위나 저항적인 행위에도 스마트해진 시민이 적극적이라는 점이다. 한국의 미국산 쇠고기 수입 반대 시위나 미국의 월가 점령 시위, 중동의 민주화 과정에서 ICT가 유력한 참여의 도구가 된 것은 우연이 아니다.

그러나 크로이저 등(Crozier, Huntington and Watanuki, 1975)은 참여가 활발한 것이 시민사회를 강화할 수 있다고 보았지만, 한편으로 제도화되지 못한 참여는 민주주의의 위기를 야기한다고 지적한 바 있다. 그런 차원에서 SNS 같은 ICT를 잘 활용하는 시민들이 촛불집회나 저항적인 행위에 더욱 강하다는 점은 향후 제도에 대한 불신이나 저항적 참여가 높아질 수도 있어 민주주의 공고화에 장애가 될 수도 있다는 양면성이 있다(Norris, 2011).

그럼에도 ICT를 통한 시민참여는 여전히 확대되고 있는 추세다. 이러한 흐름은 ICT에 익숙한 시민들이 보다 정치적으로 민감하게 반응하고, 이에 따라 시민참여의 기회가 생겨나고 사회운동을 촉진할 가능성이 높을 것이라는 추론이 가능하다. 시민성의 변화, 즉 행위자의 인식 변화는 기존의 정치적 지배구조의 변화를 요구하고 있으며 보다 많은 정보를 요구하고 있는 것이다. 구조적인 차원에서 참여하는 시민의 등장은 필연적으로 내용이 형식을 규정하는 변증법에 따라 이전과 다른 미래의 시민사회운동 형식을 한 단계 업그레이드할 수도 있다.

최근에는 참여하는 시민이 식견을 가진 저항하는 시민으로 진화하고 있다. 그리고 새롭게 이슈 중심의 탈집중적인 사안별로 운동을 전개하는 또 다른 방식의 시민참여가 등장했다. 이와 같은 시민들의 저항 행동주의protest activism는 하트와 네그리(Hardt·Negri, 2008)가 네트워크에 기반을 둔 시민참여로 제시하기도 했다. 그들은 웹 2.0 방식의 시민참여를 넘어서 공적인 시민이 등장할 것이라고 말하며 이에 대해 더욱 탈권위, 탈집중, 탈근대 시민이라는 의미로 '다중multitude'이라고 명명한다. 이러한 다중은 하나의 통일성이나 단일한 동질성으로 결코 환원될 수 없는 수많은 내적 차이로 구성되어 있다는 점에서 기존의 민중이나 인민의 개념과는 차별성을 가진다. 그리고 계급적인 관점에서의 노동자와도 다른 의미성을 가진다. 하트와 네그리는 근본적으로 전 지구적인 체제의 정치적·경제적 측면들에 대항하는 엄청난 투쟁들은 민주주의의 위기로 연결되고 이와 같은 위기를 극복할 실마리를 다중이 지닌 다수성과 차이성을 무기로 삼는 민주주의 형태에서 찾을 수 있다고 주장한다.

이러한 다중의 참여는 기존의 시민참여 2.0과는 다른 형태로 발전할 것이다. 노리스(Norris, 2011)는 21세기적 상황과 변모하는 정치 참여의 경향을 고찰한 다음 정보화로 인해 다양한 참여 방식이 등장했다고 해석했다. 그녀는 이슈와 사안에 따라 탈집중적인 저항과 참여를 하는 시민이 1950년대 이후 인권이나 반핵과 같은 시민 불복종 운동 등의 조직화된 저항의 정치로 싹을 틔었으며 1960년대 반전 시위, 68운동에서 잠재적 저항protest potential으로 연계된다고 지적한다. 그리고 그녀는 저항과 참여의 시민은 정보 네트워크 사회에서 본격적으로 ICT를 통한 새로운 참여 방식을 활용하고 있다고 보았다.

이와 같이 변화된 시민과 시민참여는 모두 다른 이름으로 불리고 있지만 참여를 공통의 키워드key word로 삼고 있다. 새로운 시민참여 3.0의 가능성은 가까운 미래의 시민운동 실험을 가능하게 할 것이다. 또한 스마트 기술의 발전으로 인해 데이터가 양적으로 증가하면서 동시에 식견 있는 시민, 통찰력 있는 시민들insightful citizen의 요구도 증대하고 있다. 이처럼 폭증하는 요구를 기존의 정상적인 정치 과정에서는 담아내기 어려운 상황이다. 소셜 미디어, 스마트 디바이스 등장에 따른 데이터의 양적 증가와 시민 요구의 증대는 전통적인 정치 과정으로는 더 이상 감당하기 어려운 상황에 직면한 것이다.

이러한 시민참여 방식의 대표적인 변화의 조짐은 이미 2016~2017년 당시 박근혜 대통령 탄핵 촛불집회 과정에서 나타났다. 시민참여 2.0에서 한 단계 더 발전한 새로운 시민참여 3.0의 단초가 등장한 것이다. 먼저, 시민은 더 적극적으로 참여해 자발적으로 조직화하는 방식으로 진화했다. 시민들은 대통령 탄핵이라는 정치적 목표를 실현하기 위해 ICT를 통해 네트워크를 형성한 다음 스스로 정보를 생산하고 유통하면서 정치적 지향점을 공개하기에 이르렀다. 집회 인원 계산기, 국회의원 탄핵 청원 어플리케이션 만들기 등의 더욱 진화된 형태의 ICT 활용 능력은 전 세계의 주목을 받았다.

2016~2017년의 촛불집회를 더욱 시민참여 3.0의 단초로서 주목해야 할 지점은 바로 민주주의의 질quality of democracy에 대한 고민이 제기되었다는 것이다. 한 나라의 민주주의 수호자가 되어야 할 대통령의 밀실 정치와 이에 분노한 시민들의 운동은 과거 단순한 진보와 보수로 나뉘는 이념적인 성격이 아니라 민주주의의 질적인 변화를 요구한 것이다. 더 이상 대의 민주주의

의 틀 속에서 시민의 참여가 제한되는 것이 아니라 필요할 때는 직접 참여 행동을 통해 민주주의 질서를 회복한다는 이른바 혁명적인 발상으로 발전했다. 그럼에도 대한민국의 헌법적인 가치를 지키고 비폭력의 합법적이고 제도적인 차원에서의 탄핵을 주도했다는 점에서 성숙한 시민참여의 한 단면을 보여주었다. 여기에 ICT는 시민참여의 매개체이자 참여 무기가 된 것이다. 2016년 11월 최순실 씨의 국정농단이 알려지면서 3만 명으로 시작한 촛불집회는 SNS와 스마트폰을 이용한 정치 정보의 확산을 통해 국민들의 결집을 이끌어냈으며 12월 초에는 수백만 명이 직접 오프라인 집회 현장에 참여했다. 이와 같이 2016~2017년의 촛불집회는 ICT가 단순한 기능적 도구가 아니라 적극적으로 시민을 조직하고 동원하는 과정에 큰 영향을 미친 사례다.

이렇듯 최근의 시민참여 3.0에서 통찰력 있는 시민의 등장은 더욱 분명하게 나타난다. 현대 사회에서는 무수히 많은 네트워크와 데이터의 발생으로 인해 복합적인 다중의 다양한 요구를 정치권에서 제대로 수렴하고 반영할 수 있는 구조를 만드는 것이 어렵다. 따라서 전통적인 정치 과정에서 수동적으로 대응하기보다는 정부의 반응성을 높여 능동적·선제적으로 대응하기 위한 방안이 모색되고 있다.

그런 맥락에서 미래에 예견되는 시민참여 3.0은 기존에 비해 다양한 이슈를 기반으로 제시될 가능성이 높다. 기존의 전통적인 시민참여 주제들이 민주주의, 인권, 통일 등 거대 담론이었다면 이제는 보다 생활에 밀접한 이슈들이 제기될 것이다. 실제로 최근의 시민참여를 살펴보면 이러한 변화의 조짐이 발견된다. 여전히 민주주의적인 가치를 주장하는 시민운동도 있지만 환경과 생태, 생명, 소비자 녹색운동, 정보인권, 생활정치, 풀뿌리 운동 등 시민운동의 저변이 확대되고 있다는 점은 의미심장하다. 즉, 전통적인 시민운동의 영역이 지나치게 상위 정치의 주제에 머물렀다면 이제는 점차 생활수준의 민주주의, 가치 실현, 자기 권리 옹호 등의 방식으로 변하고 있는 것이다.

그런 차원에서 보면 ICT는 여전히 이러한 통찰력 있는 시민들이 참여를 확대할 수 있는 매력적인 참여 도구다.

그리고 무엇보다 주목해야 할 점은 통찰력을 가진 시민들의 요구가 점차 현실적으로 구체성을 가진다는 것이다. 과거와 같은 정권의 퇴진이나 새로운 정치질서를 제시하는 것이 아니라 현실 개선과 시민권을 보호하기 위한 다양한 이슈도 증가하고 있다. 미래의 시민참여의 이슈들이 다양화된다는 것은 한국 사회의 민주주의 가치가 확장되고 심화되고 있음을 의미한다. 하지만 여전히 내용으로서의 민주주의에 대한 고민과 시민들의 요구가 계속된다는 것은 우리의 민주주의가 개선할 점도 많음을 알려준다. 고로 ICT 활용의 시민참여는 이러한 시대적인 상황을 반영해 기존의 방식을 수렴하는 방식으로 계속 진화할 것이다. 발전하는 ICT 환경에 부합되고, 스스로 자각하고 통찰력을 가진 시민들은 이를 조직화와 동원의 도구로 활용하고 있다. 이러한 시민참여 3.0의 단초는 이미 2016~2017년 한국의 촛불집회 과정에서 잘 나타났다. 앞으로도 ICT는 여전히 시민참여의 유력한 수단이 될 것이고 인터넷 가상공간에서의 정치 행위는 현실 공간과 상호 작용하면서 새로운 민주주의 담론을 만들 것이다.

정보 네트워크 사회의 시민참여는 ICT 발전에 따라 다르게 구분할 수 있지만, 본질적으로는 시민이 ICT를 시민운동에 적극 활용하면서 권능과 위상이 강화되었다는 공통점이 있다. 정보 네트워크 사회에서의 민주주의는 실시간real-time으로 정보를 공유하고 즉각적으로 반응하는 시민들과 정치 행위자들 사이의 공동의 통치라는 새로운 모델을 만들 수도 있다. 물론 아직은 전통적인 정치 과정의 보완적인 역할로서 ICT가 활용되지만 현재의 변화 속도를 고려하면 비관적인 전망만이 있는 것은 아니다. 하지만 앞서 지적한 바와 같이 ICT 활용의 내용적인 민주주의를 강화하려면 ICT 발전과 인식의 전환 그리고 시민참여의 교집합을 확대하는 일이 필요하다. 그리고 ICT 발전을 잘 활용한다면 시민권의 증진과 민주주의의 강화를 통한 정치 환경을 조성할 수 있을 것이다.

여기에 ICT 기반 시민참여 3.0의 미래가 달려 있다. 물론 앞서 살펴본 바와 같이 ICT 시민참여에는 장점만 존재하는 것은 아니다. 그렇다면 우리에게 남겨진 과제는 어떻게 현명하게 참여하고 민주주의 발전에 도움을 줄 수 있는가 하는 점이다. 일부에서 제기되고 있는 ICT 시민참여의 과잉으로 인한 문제점과 혼란을 최소화하고, 보다 반응적이고 참여하는 시민의 열정과 노력을 제도화했을 때 민주주의는 한 단계 더 진보할 것이다. 그리고 바로 이것이 현재 정보 네트워크 사회에서 행하는 시민참여의 지향점이다.

2
—

매체 융합과 방송시장의 진입장벽:
기술적 진입장벽의 구조화와 제도 개선 방안
—

황근

1. 머리말

오랫동안 방송시장은 다른 어떤 산업보다 진입장벽이 높은 시장으로 존재해왔다. 그 바탕에는 '한정된 공적 자원인 주파수를 사용하는 독점 산업'이라는 논리가 깔려 있었다. 따라서 방송사업은 공익에 충실해야 하며 공익을 구현할 수 있는 사업자만 시장에 진입해야 한다는 논리를 일종의 명제처럼 생각해왔다. 이를 위해 인·허가를 비롯한 엄격한 사전·사후 규제들이 필요하다는 주장도 당연한 것처럼 받아들여져 왔다. 엄밀한 심사를 거친 공익적 사업자가 방송을 독점적으로 운영함으로써 공익을 구현한다는 '공공 독점public monopoly' 혹은 '공공 수탁public trusteeship' 논리가 지배해왔던 것이다.

하지만 20세기 후반에 시작된 디지털 융합으로 새로운 매체들이 급속히 많아지면서 이러한 논리들은 위협받기 시작했고, 많은 나라에서 방송 영역에서의 지속적인 규제 완화deregulation가 추진되어왔다. 특히 경쟁과 효율성을 강조하는 신자유주의 분위기는 방송을 비롯한 미디어 영역에 큰 영향을 미쳤다. 이로 인해 더 이상 방송시장은 정부의 직접 통제나 공적 독점 구조 형태를 유지하기 어렵게 되었다. 이와 같은 규제 완화 정책은 시장 내 사업자들 사이의 경쟁이 산업을 활성화하고 소비자 후생도 증진할 수 있다는 전제에서 출발한다. 그렇지만 방송산업의 특성상 이러한 전제들을 모두 충족하지 못하는 경우가 많다는 점에서 갈등이 지속되고 있는 것도 사실이다. 한 예로 방송 규제 완화의 상징처럼 되어버린 수평적 규제체계 도입은 20여 년이 지난 지금까지 어느 나라에서도 완전히 정착되지 못하고 있다.

이 때문에 방송 영역에서 소유 규제 같은 사전적 경제 규제는 줄어들고 사후적 자율 규제로 전환되고 있는 추세이지만 강력한 사전 규제라고 할 수 있는 진입 규제가 여전히 적지 않게 남아 있다. 아직까지도 많은 새로운 방송 매체들이 인·허가 같은 법적 진입 규제를 비롯한 많은 진입장벽들에 부딪치고 있는 것이 현실이다. 한국 역시 2000년대 이후 진입을 시도했던 많은 신규 매체들이 여러 진입장벽 때문에 고전했으며 위성 DMB처럼 중도에 퇴출된 경우도 있다. 이러한 이유로 최근에 새롭게 등장하는 매체들은 방송 법 규제의 틀을 우회해 시장에 진입하는 방법이 잦아지고 있다. 실제로 인터넷 기반의 다양한 OTT^{Over the Top} 서비스들은 방송 관련 법 규제 범주에서 벗어나 상대적으로 자유롭게 방송 서비스를 제공하고 있다. 이 같은 현상을 놓고 이러한 서비스들을 방송 규제 틀에 포함해야 한다는 주장과 전통적인 방송 수신 행태를 근본적으로 변화시키고 있는 이러한 서비스들에 대한 방송 규제가 사실상 실효성이 없으므로 전반적인 방송 매체에 대한 규제 완화가 필요하다는 주장이 맞서고 있다.

따라서 우리 방송시장에서 작동하고 있는 진입장벽들과 이들이 방송시장에 미치는 영향을 면밀히 재검토할 필요가 있다. 무엇보다 새롭게 방송시장에 진입하려는 신규 매체들이 부딪치고 있는 진입장벽들과 이를 우회 진입하는 현상이 방송시장에 어떤 영향을 미치는지에 대해 평가가 필요하다. 특히 진입장벽들이 방송시장의 선순환 경쟁 구도와 콘텐츠 산업 활성화에 미치는 영향에 대한 검토가 요구된다. 이러한 배경에서 이 장은 방송시장에서의 진입장벽들과 이 진입장벽들이 방송시장에 미치는 영향들에 대해서 살펴볼 것이다. 그중에서도 특히 전송 수단에 따라 방송 매체를 규정하고 있는 아날로그식의 방송 관련 법체계로 인해 발생하고 있는 '기술적 진입장벽'의 문제점들을 중점적으로 살펴본다. 또한 최근 기존 매체들이 새로운 매체들과 경쟁하기 위해 개발하고 상용화하려는 전송기술들을 놓고 벌어지고 있는 갈등과 문제점들도 살펴볼 것이다.

2. 진입장벽이란?

'진입장벽entry barrier'이라는 용어는 1936년 미국경제학회에서 월러스(Wallace, 1936) 교수가 '(시장에서) 효율성을 정확하게 측정하지 못하는 경쟁 지표들은 폐지되어야 하며, 상이한 개인적 자질이나 자본 습득 능력처럼 타고난 것을 제외한 진입장벽들은 제거되어야 한다'라고 주장하면서 처음 사용했다. 하지만 지금까지도 '진입장벽'에 대한 명확한 개념은 정립되어 있지 않다. 일반적으로 진입장벽은 '시장에 진입하고자 하는 새로운 기업이 기존 기업과 비교해 상대적 불이익을 유발하는 상황 및 조건들'로 정의되고 있다(한국개발연구원, 2004). 여기에서 신규 기업이 가지는 상대적 불이익이란 기존 기업에 비해 높은 생산비용을 지불하거나 동일한 품질의 재화를 낮은 가격으로 판매해야만 하는 것을 의미한다. 이러한 진입장벽이 발생하는 이유는 모든 기업이 이윤 극대화를 목표로 시장지배력을 확대하려 하기 때문이고, 특히 기존 사업자들이 신규 사업자의 시장 진입을 저지하거나 경쟁하고 있는 사업자를 퇴출시키기 위해 여러 전략적 수단들을 사용하기 때문이다. 한마디로 기존 사업자들의 배타적 행동들exclusionary practices로 인해 발생하는 시장 봉쇄 효과foreclosure를 진입장벽이라고 할 수 있다. 신규 사업자들이 시장에서 불리한 조건으로 경쟁하게 만드는 요소들이 진입장벽인 것이다.

일반적으로 진입장벽은 '구조적 진입장벽structural barriers'과 '전략적 진입장벽strategic barrier'으로 구분된다(최병선, 2004). 구조적 진입장벽이란 생산기술, 법제도, 비용, 수요 요건처럼 산업이 가지고 있는 속성으로 인해 발생하는 진입장벽들로, 기존 사업자들이 축적하고 있는 기술적 노하우나 법적·제도적 조건들에 의해 형성된 진입장벽들을 말한다. 따라서 구조적 진입장벽은 기존 사업자들이 의도적으로 만든 것이 아니라 기술 속성이나 시장 수요 등에 의해 구조화된 것들이다. 여기에는 정부 규제, 매몰비용sunk cost, 규모의 경제economies of scale, 절대적 비용 우위, 필수 설비, 자본 요건 등이 포함된다. 한편 전략적 진입장벽이란 먼저 진입한 사업자들이 신규 사업자의 진입을 저지하기 위해 '선발자 이점first mover's advantage'을 전략적으로 활용하는 의도적 행위들을 말한다. 즉, 선발 진입자가 형성해놓은 지명도나 상품의 선점 등을 극대화해 후발 사업자보다 유리한 조건을 만드는 것으로, '행태적 진입장벽behavioral barriers' 혹은 '사실적 진입장벽'이라고도 한다. 여기에는 선진입 사업자가 형성할 수 있는 제한적 가격 설정, 약탈적 행위, 과잉 설비 같은 것들이 포함된다(한병영, 2009).

진입장벽을 보는 시각 역시 개념만큼이나 다양하다. 진입장벽을 정의하는 접근법에는 '신규 기업과 기존 기업의 비용 차이'에 초점을 두는 스티글러George stigler 중심의 시카고학파 접근법과 '기존 기업의 초과이윤'에 초점을 맞추는 베인Joe S. Bain식의 구조적 접근법이 있다. 특히 시카고학파는 규모의 경제나 필요자본처럼 기존 기업들의 정상적인 이윤 추구 행위들은 진입장벽에서 배제하고 있다(김정현, 2011). 그 이유는 그런 행위들이 공정 경쟁이나 소비자 후생에 바람직한가 하는 규범적 판단에 근거하기 때문이다. 반면에 베인의 구조적 접근법에서 진입장벽은 시장지배력을 평가하는 기준으로, 그 자

표 2.1 ▮ 진입장벽의 유형

	요인	베인	스티글러	방송 진입장벽
구조적 진입장벽	규모의 경제	○	×	규모의 경제
	전환비용	○	○	-
	브랜드 충성도	○	○	채널/매체 브랜드
	자본비용	○	×	자본비용
	절대적 비용 우위	○	○	-
	정보 우위	○	△	-
	조직 우위	○	×	-
	자산 특수성	○	○	공익적 소유 구조
	특허·지적재산권	○	×	콘텐츠 독점
	제도적 장벽(허가)	○	△	인·허가 제도
	필수 설비	○	×	망 중립성
전략적 진입장벽	광고	○	×	-
	매몰비용	○	×	초기 매몰비용
	R&D 비용	○	×	-
	평판·명성	○	×	매체 브랜드
	배타적 계약	○	○	배타적 공급
	초과 설비	○	×	-
	가격 차별	○	×	-
	결합 판매	○	×	결합 판매
	제품 다양화	○	×	-
	경쟁자 비용 인상을 위한 로비	○	×	-
	배타적 특허(cross licensing)	○	×	-
	수직적 봉쇄	○	○	수직적 계열화
	약탈적 행위	○	×	채널 런칭

체가 독점법 위반이라는 가치중립적 입장을 취하고 있다. 한국을 포함한 대다수 나라에서는 베인의 구조적 진입장벽 개념을 채택하고 있다. 표 2.1에서 보는 바와 같이, 두 시각은 여러 진입 규제 행위들을 놓고 상당한 입장 차이를 보이고 있어 방송시장에서의 진입장벽을 보는 시각에서도 차이가 나타날 수 있다.

한국 역시 '독점규제 및 공정거래에 관한 법률' 제2조 7호에 "시장지배적 사업자를 판단함에 있어 시장점유율, 진입장벽의 전제 및 정도, 경쟁 사업자의 상대적 규모 등을 종합적으로 고려한다"라고 규정하고 있어, 진입장벽을 특정 기업의 시장지배력을 평가하는 요소 가운데 하나로 보고 있다. 이에 따라 공정거래위원회는 '시장지배적 지위 남용행위 심사 기준'을 통해 진입장벽의 존재와 정도를 평가하고 있는데, 그 기준으로 '신규 진입 가능성'과 '신규 진입의 용이성' 등이 적용되고 있다. 그렇지만 한국의 경우 아직까지도 진입장벽에 대한 정의도 명확하지 않고 개별 산업들이 지니고 있는 특수성이 반영된 적절한 진입장벽 개념이나 규제가 이루어지고 있다고 보기 어렵다.

방송 영역에도 진입장벽을 규제하기 위한 법 규정들이 있다. '방송통신발전기본법' 시행령 제6조(경쟁상황 평가의 기준·절차 및 방법 등) 제2항 1호에 '시장구조 평가요소로서 경쟁 사업자의 수, 시장점유율과 함께 진입장벽'을 명시하고 있다. 이 규정은 2007년에 신설된 '전기통신사업법' 제33조 제4항 '전기통신사업의 효율적 경쟁체제의 구축과 공정한 경쟁 환경의 조성을 위한 경쟁정책을 수립하기 위하여 매년 기간통신사업에 대한 경쟁상황 평가를 실시'하도록 한 규정을 방송에까지 확대 적용한 것이다. 또한 '인터넷멀티미디어방송사업법' 제12조 제2항 및 시행령 제10조에서 IPTV도 이 규정을 적용하도록 하고 있다. 이러한 법 규정에도 불구하고 한국의 경우 경쟁상황 평가 목표가 불분명하고 설비 제공, 상호 접속과 같은 방송·통신시장의 특수성 등을 고려하지 못하고 있는 것이 현실이다(김정현, 2011). 특히 진입장벽을 경쟁상황 평가를 위한 한 요소로만 간주하고 있고, 진입장벽의 의미나 영향력 등에 대한 구체적인 정의가 없어 규제 실효성이 부족하다는 지적을 받고 있다.

3. 한국 방송시장과 진입장벽

1) 방송 진입장벽

전통적으로 방송시장은 주파수 희소성 논리에 근거해 발생 초기부터 독점적 성격이 강했다. 이러한 독점적 구조는 방송의 정치적·사회적 영향력에 대한 우려와 함께 강력한 방송 규제를 정당화하는 방안이 되어왔다. 바렌트 (Barendt, 1993)는 방송을 규제하는 근거로 ① 공공자원으로서 주파수the airwaves as public resource, ② 주파수 희소성the scarcity of airwaves, ③ 여론 영향력the influence on public opinion, ④ 사회적 분위기social definition or need 등을 들고 있다. 이 때문에 방송은 강력한 진입장벽을 통해 보호받아야 하는 '공공 독점' 산업이라는 인식이 지배적이었다. 잉버(Ingber, 1984)는 '커뮤니케이션 산업은 다른 어느 산업보다 가장 높은 진입장벽을 가진 산업'이라고 지적하고, 이는 방송은 어떠한 외적 간섭으로부터 독립되어야 한다는 명제에서 나온 것이라고 주장한다.

방송시장에서의 진입장벽은 신규 사업자의 진입 자체를 억제하는 '순수 진입장벽'과 경쟁 사업자들이 시장 영역을 확대하거나 다른 방송시장으로 진출하는 것을 방해하는 '이동장벽barriers to mobility'으로 나눌 수 있다(Kranenburg, 2002). 이 중에 방송 영역에서는 법·제도를 통해 진입 자체를 제한하는 순수 혹은 구조적 진입장벽들이 주를 이루어왔다. 그렇지만 디지털 융합 시대에 들어서면서 다양한 신규 사업자들이 방송시장에 진입하고 규제 완화 추세가 강화되면서, 선진입의 이점을 활용한 기존 사업자들의 전략적 진입장벽들이 점점 늘어나고 있다. 이러한 방송시장에서 진입장벽을 발생시키는 원인들은 다음과 같다(피카드·전범수, 2004 참조).

첫째, 정부는 면허 시스템 혹은 정책 결정 등을 통해 방송의 종류와 특성, 사업자 수 등을 결정할 수 있는 막강한 권한을 가지고 있다. 특히 정부의 방송사업 인·허가권은 제한된 주파수에 근거한 것이지만 한 나라가 가지고 있는 정치적·경제적·문화적 요인들을 포괄적으로 고려할 수 있다는 점에서 가장 강력한 진입장벽이 될 수 있다.

둘째, 방송시장에 선진입한 사업자들은 대부분 독점사업자이거나 시장지배적 사업자인 경우가 많다. 따라서 기존 사업자들은 후발 진입자들에 비해 브랜드나 채널인지도 등에서 절대 유리한 조건을 가지고 있다. 더구나 선진입 사업자들은 정부·규제기구와도 밀접한 관계를 형성하고 있을 가능성이 높아 규제기구의 '지대 추구rent seeking' 한 축을 형성하고 있는 경우도 많다. 따라서 후발 사업자들은 자본, 인력, 기술 같은 동원 자원은 물론이고 제도적으로도 불리한 조건에 처할 수밖에 없다.

셋째, 신규 사업자들은 기존 사업자들에 비해 프로그램 제작·공급 측면에서 불리할 수밖에 없다. 후발 사업자가 방송시장에 안착하기 위해서는 선진입자보다 더 경쟁력 높은 콘텐츠를 안정적으로 확보할 수 있어야 한다. 하지만 방송 콘텐츠는 물론이고 콘텐츠 제작과 관련된 요소들도 기존 사업자들이 선점하거나 독점적으로 전유하고 있을 가능성이 높다. '지상파 방송 재송신'이나 '보편적 서비스universal service'을 둘러싼 갈등이 대표적인 사례들이다. 또한 수직적 계열화나 수평적 기업결합 등을 통한 '콘텐츠 배타적 공급' 혹은 '콘텐츠 공급 협상에서의 불공정 경쟁' 등도 여기에 포함된다.

넷째, 자본의 규모 역시 중요한 진입장벽이 되고 있다. 일반적으로 매스미디어는 대규모 조직과 인력 그리고 자본을 필요로 하는 산업으로 안정적인 자본을 갖추고 있지 않으면 시장 진입과 안착에 실패할 가능성이 높다. 그렇지만 선진입 사업자들은 막강한 자본을 가진 경쟁력 있는 사업자의 방송시장 진입을 원하지 않아 강력한 소유·겸영 규제를 요구하게 된다. 특히 방송의 공익성이 강조되고 있는 한국의 경우에 더욱 그러하다. 1990년대 이후 확산된 방송 규제 완화 정책은 방송시장에서의 경쟁을 위축해왔던 자본의 진

입 규제를 낮춰 산업 활성화와 시청자 후생을 증진한다는 목적에서 나온 것이다.[5]

한국의 방송시장 역시 오랫동안 '기존 사업자들이 신규 사업자들의 진입을 강하게 저지하는 폐쇄적 시장'으로 존재해왔다. 전통적인 공공 독점 체제이기도 했지만 한정된 재원(콘텐츠)을 가지고 한정된 수용자를 대상으로 하는 전형적인 '저가 과당경쟁excessive competition 시장'이었기 때문이다. 특히 우리나라는 상업적 자본의 방송시장 진입을 엄격하게 금지해온 이른바 '공익적 진입장벽'이 높은 나라다. 실제로 1995년 케이블 TV 도입부터 최근에 이르기까지 신규 매체들이 등장할 때마다 정부 규제, 지상파 재전송, 콘텐츠 공급 제한 등 여러 진입장벽들이 작동해왔다(표 2.2 참조). 이 때문에 위성 DMB TU미디어는 지상파 방송 재전송을 비롯한 다양한 진입장벽의 벽을 넘지 못하고 중도 퇴출된 바 있다. 이러한 진입장벽을 우려한 IPTV는 2008년에 별

---

5 이 외에도 시청자들의 미디어 이용 패턴 혹은 시청 습관과 미디어 지출비용 등도 진입장벽의 한 요인이 될 수 있다. 유료방송시장이 오랜 기간 초저가 구조에서 벗어나지 못하고 있는 기저에는 많은 시청자들이 무료 지상파 방송에 익숙해져 있어 대가를 치르고 콘텐츠를 이용한다는 의식이 부족한 점, 실시간 방송에 익숙해 개별 콘텐츠 소비행태가 부족한 점이 있으며, 이는 새로운 미디어들이 시장에 진입하는 데 큰 걸림돌로 작용했다. 물론 최근 들어 스마트폰과 같이 개인화된 매체들이 급속히 확산되면서 미디어 소비행태가 급속히 개인화·개별화·유료화되고 있어 그동안 높은 진입장벽으로 작용했던 시청자들의 방송 이용 행태 위력이 약화되고 있는 것이 사실이다. 또한 시청자들의 미디어 소비 행위는 '총량 불변의 법칙'처럼 매체가 늘어났다고 해서 한 개인이나 가구가 사용하는 매체비용은 비례해서 증가하지 않아, 일정 수준까지 성장하고 나면 절대 규모는 늘어나지 않고 세분화되는 이른바 'J-곡선 (J-curve)' 형태를 띠게 된다. 따라서 이미 포화 상태에 도달한 미디어 시장에 새롭게 진입하는 사업자는 세분화된 소수 시청자들을 목표로 '틈새시장 전략'을 추구할 수밖에 없어 규모의 경제를 모색할 수 없다. 지역 방송, 초기 유료방송사업자, 위성 DMB 같은 신규 방송사업자들이 사업을 영위할 수 있는 최소 규모인 결정적 다수(critical mass)에 도달하지 못하고 실패한 것도 이 때문이다. 그렇지만 이러한 진입장벽은 제도적이고 구조적인 것이 아니어서 본 연구에서는 제외했다.

표 2.2 ▌방송시장 진입장벽 사례

매체	연도	경쟁 매체	내용	원인	결과
케이블 TV	1995	정보통신부 (중계유선방송)	정보통신부, 중계유선방송 이시재전송 허용 / 정보통신부, 망 구축 방해	규제기구의 지대 추구	2000년 '통합방송법' 제정
위성방송	2001	지상파 방송	위성방송 지분 참여	경쟁 사업자 지분 참여	지상파 방송 참여
		케이블 TV, 지역 방송	지상파 재전송 반대	기존 사업자 선점 기득권 활용	2010년 지상파 재송신 대가 요구 전환
	2005	케이블 TV (MSP)	공시청안테나/SMATV 갈등	기존 사업자의 기술적·법적 선점	SMATV 법률 수용
	2007		주요 MPP 이탈 (콘텐츠 배타적 공급)	케이블 TV(MSP) 사업자의 위성방송 견제	Program Access Rule 요구
	2012	케이블 TV, 경쟁 IPTV	DCS	기술적·법적 진입장벽	2013년 'ICT 촉진법' 제정
위성 DMB	2004	케이블 TV	위성 DMB 관련 법 규정 반대	경쟁 사업자 진입 억제	위성 DMB 관련 법 규정 도입
		지상파 방송	지상파 DMB 도입	경쟁 매체 도입	
		케이블 TV, 지역 방송	지상파 재전송 반대	기존 사업자의 선점 기득권 활용	2010년 퇴출
IPTV	2007	지상파 방송	지상파다채널방송 도입 추진	경쟁 다채널 플랫폼 도입	2014년 허용
			지상파 방송 재전송 대가 요구	기존 사업자의 콘텐츠 우위에 기반한 전략적 억제 전략	CPS 대가 지불
		케이블 TV	케이블 TV 권역별 가입자 제한	시장점유율 규제를 통한 초기 진입 억제	'인터넷멀티미디어방송사업법' 제정
		방송 규제기관 (방송사업자)	통신사업자 방송시장 진입 반대	규제기구의 지대 추구, 기존 사업자 기득권 유지	
KT 계열 (IPTV/위성방송)	2014	경쟁 IPTV, 케이블 TV	유료방송 합산규제	법 규제를 통한 진입 장애	유료방송 합산규제, 시장점유율 33% 제한
모바일 매체	2015	지상파 방송	지상파 방송 재송신 대가 요구	경쟁 사업자 콘텐츠 공급 제한	재송신 중단
OTT	2018	지상파 방송, 경쟁 IPTV, 케이블 TV	유튜브, 넥플릭스 등 OTT 서비스의 방송법규제체계 포함	방송광고 이탈 억제, 인터넷 미디어 확산 견제	방송법 개정안 입법 추진

자료: 황근(2008)에 게재된 표를 기준으로 보완.

도의 특별법을 통해 진입장벽을 우회·진입하기도 했고(황근, 2007b), 최근에 급성장하고 있는 OTT 서비스들은 아예 별도의 방송 허가 없이 사실상 방송시장에 진입하고 있다. 실제로 인터넷 기반의 영상 콘텐츠 공급업자인 넷플릭스는 방송사업 허가 없이 전 세계에 1억 명 수준의 가입자를 확보하고 있고, 2017년 한국 시장에 진입한 이후 현재 2백만 명 정도의 가입자를 확보하고 있는 것으로 알려지고 있다. 또한 CJ헬로비전의 티빙tving과 푹pooq에서 시작된 인터넷·모바일 기반 서비스는 최근 와챠, 스카이라이프의 telebee 등으로 확대되고 있다. 특히 2014년 이후 급속히 늘어난 1인 미디어들의 성장으로 네이버나 구글 같은 포털사업자들도 방송영상 콘텐츠 제공 서비스를 본격화하고 있다. 이 때문에 일부에서는 인터넷·모바일 기반 동영상 서비스들도 방송 서비스와의 형평성 차원에서 방송 관련 법 규제 틀에 포함해야 한다는 주장도 제기하고 있다.

2) 단계별 진입장벽 사례와 쟁점

한국 방송시장에서의 진입장벽은 ① 새로운 개발된 매체 성격과 방송시장 진입을 위한 법률 논쟁이 벌어지는 '갈등 단계', ② 정부의 공식적인 인·허가 절차가 수행되는 '진입 단계', ③ 인·허가 절차를 거쳐 시장 진입 이후 경쟁 사업자들의 전략적 진입장벽이 작동하는 '정착 단계', ④ 안정적인 정착 이후 경쟁 사업자에 의해 법·제도적 진입장벽이 추진되는 '성장 단계', ⑤ 여러 단계의 진입장벽을 거친 다음 경쟁 사업자들과 본격적으로 경쟁하는 '경쟁 단계'로 나누어볼 수 있다. 그림 2.1에서 보는 것처럼 단계별로 작동하는 진입장벽의 유형과 방법에 큰 차이가 있다.

그림 2.1 ┃ 단계별 진입장벽 구조

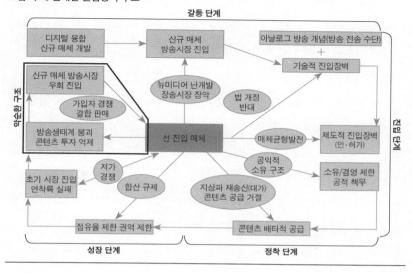

(1) 갈등 단계

'갈등 단계'는 새로운 매체 혹은 기술이 등장하면서 법적으로 방송 서비스를 허용할지를 놓고 갈등이 벌어지는 단계다. 갈등 원인은 '방송법'이 방송사업이 가능한 매체를 구체적으로 명시하고 있기 때문이다. '방송법' 제2조에 전송 수단에 따라 방송 유형과 사업자를 열거하고 있어, 전송 수단에 따른 방송 개념이 추가되어야만 신규 매체의 방송시장 진입이 가능하다. 이 때문에 진입 초기 단계에서 벌어지는 갈등들은 외형적으로는 '방송 매체' 규정 여부와 관련된 기술적 진입장벽처럼 보인다. 하지만 실질적으로 방송시장을 선점하고 있는 기존 사업자들이 신규 사업자의 시장 진입을 억제하려는 전략과 관련되어 있다고 할 수 있다. 방송시장의 파이가 늘어나지 않은 상태에서 신규 사업자들의 진입은 사업자들 사이의 '제로섬 게임'을 더욱 심화시킬 수 있기 때문이다. 따라서 독과점 구조 아래 안정된 사업을 영위해온 기존 사업자들은 '방송의 공익성 침해', '상업자본의 방송시장 장악', '뉴미디어 난개발'

같은 명분을 내걸고 신규 매체 진입을 반대하고(황근, 2005), 새로운 매체의 법제화를 반대하면서 구조적 진입장벽을 견고하게 구축해왔던 것이다. 실제로 2000년 이후에 신규 사업자 진입 때마다 이와 같은 법제화를 둘러싼 갈등이 반복되어왔다.

특히 통신사업자들이 주도해 개발한 위성방송, 위성 DMB, IPTV 같은 신규 매체들은 한결같이 이러한 기술적 진입장벽을 통과하는 과정에서 기존 사업자들이 제기한 공익 이데올로기에 시달려야 했다. 또 이 과정에서 과도하게 부과되었거나 혹은 스스로 약속한 공익적 책무 때문에 시장 진입 이후에도 크게 고전하거나 중도 퇴출되는 경우도 있었다. 이러한 이유로 2008년에 IPTV는 별도의 특별법 제정을 통해 방송시장에 우회 진입하게 된다. 최근에는 기존 사업자들이 새로운 전송 수단을 개발하고 상용화를 시도하는 사례가 급증하면서 기존 사업자들 사이에 갈등이 더욱 빈번해지고 있다. 여기에는 지상파 방송사들이 추진하고 있는 '지상파다채널방송MMS', 위성방송이 추진해왔던 'DCSDigital Convergence Service', 그리고 케이블 TV의 '8VSB' 등이 있다. 이 신규 서비스들의 특징은 기존 사업자들의 플랫폼 확장이라는 공통적인 특성을 지니고 있어 사업자들의 이익과 충돌하면서 정책적 갈등과 혼란을 가중시키고 있다.

이와 같은 사업자들 간에 갈등이 지속 혹은 반복되는 또 다른 이유는 정부나 규제기구가 이 같은 새로운 전송기술들에 대한 원칙이나 체계적 조감도 없이 사안별로 대응하면서 사업자 간 갈등을 더욱 증폭시키고 있기 때문이다. 실제로 2013년 12월 당시 미래창조과학부와 방송통신위원회가 '각 사업자들이 추진하고 있는 새로운 기술들을 모두 허용하겠다'고 발표한 「방송산업발전종합계획」에 대해 모든 사업자가 불만을 제기한 것은 이러한 이해 상충을 잘 보여주고 있다. 실제로 모든 사업자는 자신들이 추진한 정책을 수용한 것보다 경쟁 사업자의 요구사항을 허용한 것에 대해 더 크게 반발하는 양상을 보여주었다.

표 2.3 ▌ 방송산업발전종합계획 개요

항목	방안	내용	수혜자	피해자
유료방송	· 방송 전송 방식 혼합 사용 허용 등의 방송기술 자율성 확대	· 8VSB, MMS, DCS 등의 신기술 허용	· 케이블 SO (8VSB), 종편 (8VSB), 스카이라이프(DCS), 지상파 TV(MMS)	· 종편(MMS), 케이블 SO(DCS), 케이블 PP(8VSB)
	· 유료방송 규제 일원화	· 동일 서비스 동일 규제 원칙에 따라 유료방송 가입자 점유율 규제 차별 철폐 및 통일	· 케이블 SO, IPTV(KT 제외)	· KT, 스카이라이프
	· 프리미엄 방송 서비스 활성화	· UHD TV 서비스 확대를 위한 로드맵 마련	· 케이블 PP, 유료방송업체, 지상파 TV	-
콘텐츠	· 유료방송사업자의 PP 사용료 지급 기준 개선 방안 마련	· 홈쇼핑송출수수료 증가분에 연동된 수신료 지급비율 조정방안 검토	· 케이블 PP	· 유료방송업체
	· 콘텐츠 투자 활성화	· MPP 시장점유율 제한 단계적 완화	· 상위 케이블 MPP	-
	· 해외 방송 프로그램 수출 확대	· 지원 체계 마련, 상생협력 생태계 구축, 글로벌 비즈니스 모델 다각화	· 상위 케이블 MPP, 지상파 TV, SBS 콘텐츠 허브	-
지상파	· 공영방송 수신료 현실화	· KBS 수신료 인상에 따른 KBS 광고재원 축소	· 지상파 TV(KBS 제외), 종편, 상위 케이블 PP	-
	· 방송광고제도 개선	· 광고 금지 품목 개선, 지상파 방송 중간광고 허용	· 지상파 TV, 광고대행사	· 종편, 케이블 PP
	· 지상파 의무 재송신 제도 검토	· 지상파 의무 재송신 범위 조정 검토	· 유료방송업체	· 지상파 TV
광고	· 스마트 미디어 서비스 활성화	· 디지털사이니지, 스마트 광고산업 육성 및 생태계 활성화	· 광고대행사	-

(2) 진입 단계

이 같은 초기 진입 단계에서 갈등에 부딪친 후 방송시장에 새롭게 진입하려는 사업자들은 본격적인 인·허가 절차를 거쳐야 한다. 방송시장에서 인·허가는 사실상 가장 강력한 진입 규제 수단이며 한 국가나 사회가 요구하는 방송에 대한 책임과 의무를 구현하는 가장 실천적 수단이라고 할 수 있다. 그러므로 방송사업 인·허가 과정에서는 그 사회가 지닌 이념과 다양한 이해득실 문제가 제기되고 심사 과정에 반영된다. 특히 우리나라의 인·허가 과정에서는 방송의 공익성, 공정성, 다양성 같은 공익 이데올로기들이 큰 영향을 미쳐왔다. 실제로 많은 신규 사업자들이 '공익적 소유 구조'와 '공익적 책무' 같은 공익성 구현이라는 요구에 부딪쳐왔다. 이는 우리 방송 구조가 오랫동안 '엄격한 진입장벽과 이에 따르는 권한과 책임을 독점'하는 지상파 방송 중심의 공공 독점 구조였다는 것이 영향을 미친 것으로 생각된다. 2000년 위성방송 허가 당시 제기되었던 'KBS+KT 공공 합작', 2004년 지상파 방송 재허가 과정에서 시민단체들이 요구했던 '공익적 민영' 그리고 신규 매체 진입 때마다 항상 등장해온 '자본과 경영 분리' 등이 공익 이데올로기 사례들이라고 할 수 있다. 그중에서도 인·허가 과정에서 가장 많이 등장하는 공익 이데올로기는 이른바 '공적 소유 구조론'이다. 방송의 공공성을 위축시킬 수 있는 반공익적 자본[6]을 방송 영역에 진입하지 못하게 하거나 강하게 규제해야 한다는

---

6 여기에서 반공익적 자본이란 방송의 공익성을 침해 혹은 위축할 수 있는 상업적 자본을 의미한다. 실제로 2000년 이후 한국의 기존 방송사업자들이나 노조, 시민단체들이 지목한 반공익적 자본은 '대기업', '외국자본', '통신사업자'를 의미한다. 실제로 한국에서 이 자본들이 방송의 공익성을 침해할 것이라는 점은 객관적으로 검증되지는 않았지만 관념적으로 '대규모 상업자본=방송의 공익성 침해'라는 등식으로 인식되어온 측면이 있다. 하지만 진입장벽 측면에서 보면 기존 사업자들이 자신들보다 자본력이 강한 기업들이 진입하는 것을 막기 위한 것이라고 해석할 수 있다. 실제 이들 사업자들이 진입하고자 할 때마다 기존 사업자들은

주장이다. 이에 따라 최대 주주의 지분을 제한하거나 공적 자본이나 사업자와의 컨소시엄 등을 요구받는 경우도 많았다. 신규 사업자 인·허가 때마다 등장하는 '그랜드 컨소시엄' 주장도 같은 맥락이라고 할 수 있다.

또 다른 형태의 공익 이데올로기로 '방송의 자본으로부터의 독립성'을 확보하기 위한 이른바 '소유·경영 분리론'이 있다. 원래 '소유·경영(혹은 편성) 분리' 원칙은 미국을 비롯한 신문 재벌들이 2세 체제로 넘어가면서 자연스럽게 소유주는 편집에 관여하지 않고 전문 편집인 혹은 경영인에게 위탁한다는 논리에서 시작된 것이다. 그렇지만 한국에서 '소유·경영 분리론'이 부각된 것은 지상파 방송사의 독특한 소유 구조 때문이라고 할 수 있다. 우리나라의 '방송법'에는 공영방송 혹은 공적 소유라는 개념 자체가 없고, 오직 '방송법' 제8조 소유 제한 규정 2항에 소유 제한을 받지 않은 방송사업자로 '국가 혹은 지방자치단체가 소유하는 경우'와 '방송문화진흥회법에 의해 설립된 방송문화진흥회가 소유한 사업자'로 명시하고 있다. 실제로 이 규정이 한국에서는 공적으로 소유된 방송, 즉 공영방송으로 인식되고 있는 것이다.[7] 특히 이들 사업자는 소유주가 직접 운영하는 형태가 아니라 별도의 집행 조직을 운영하고 있다는 점에서 자연스럽게 '소유·경영 분리'가 이루어진 형태라고 할 수 없다. 즉, 정부가 소유한 KBS나 EBS는 별도의 '공사' 형태로 운영되

이들 사업자들의 자본 규모에 의한 시장지배력을 가장 큰 폐해로 지적했다.

7 '방송법' 제8조 2항에 "누구든지 대통령령이 정하는 특수한 관계에 있는 자(이하 "特殊關係者"라 한다)가 소유하는 주식 또는 지분을 포함하여 지상파 방송사업자 및 종합편성 또는 보도에 관한 전문편성을 행하는 방송채널사용사업자의 주식 또는 지분 총수의 100분의 40을 초과하여 소유할 수 없다. 다만, 다음 각 호의 1에 해당하는 경우에는 그러하지 아니하다"라고 규정하고, 그 대상으로 1. 국가 또는 지방자치단체가 방송사업자의 주식 또는 지분을 소유하는 경우, 2. 「방송문화진흥회법」에 의하여 설립된 방송문화진흥회가 방송사업자의 주식 또는 지분을 소유하는 경우, 3. 종교의 선교를 목적으로 하는 방송사업자에 출자하는 경우를 명시하고 있다.

고 있고, 특히 MBC의 대주주인 방송문화진흥회는 단순히 MBC의 주식을 관리하는 기구라는 점에서 소유와 경영이 분리될 수밖에 없다.[8]

이렇게 형성된 한국의 '소유·경영 분리' 원칙은 이후 다양한 형태로 변형되면서 신규 사업자들의 방송시장 진입 혹은 정착을 어렵게 만드는 원인이 되어왔다. 특히 2008년 IPTV 도입 과정에서 소유·경영 분리 원칙은 통신사업자의 '네트워크와 플랫폼 분리' 주장으로 변형되어 제기되기도 했다. 이는 네트워크를 소유하고 있는 통신사업자가 IPTV를 직접 경영하게 되면 통신사업의 시장지배력 때문에 방송시장까지 지배할 수 있다는 우려 때문이었다. 그렇지만 방송사업의 경쟁력이 '네트워크+플랫폼 수직 결합'에서 발생한다는 점을 고려하면 신규 사업자에게만 이러한 분리 기준을 요구하는 것도 진입장벽의 한 형태라고 할 수 있다. 실제로 오랫동안 지상파 방송 독과점 구조가 위력을 발휘할 수 있었던 것은 제작, 편성, 송출이 수직적으로 통합되어 있었다는 장점 때문이고, 2000년 이후 케이블 TV 성장도 초기에 이른바 '3사업자 분리 정책'을 포기하고 '플랫폼/채널/네트워크 소유·겸영'이 허용되어 수직 계열화 효과가 가능했기 때문이었다고 평가할 수 있다. 이러한 주장은 IPTV가 급성장하면서 다시 제기되고 있다. 최근 IPTV 성장의 주된 이유는 '모바일을 근간으로 한 결합 판매' 때문이다. 때문에 IPTV 사업자의 회계 분리 같은 제도 보완의 필요성이 제기되고 있고, 네트워크 독점에 의한 불공정 경쟁을 방지할 수 있는 '망 중립성' 관련 법제화도 요구되고 있다. 이와 더불

---

8 MBC의 대주주가 '방송문화진흥회'라는 별도의 법인이 된 것은 1988년 '언론기본법'이 폐지되고 '방송법'이 부활되면서 1980년 언론 통폐합 이후 KBS가 소유하고 있던 지분을 민간 영역으로 환원하지 않고 별도의 이른바 '공익 법인' 형태로 방송문화진흥회를 설립해 이곳으로 이관했기 때문이다. 방송문화진흥회의 법적 토대가 되는 '방송문화진흥회법'은 방송문화진흥회 조직에 관한 법이지 MBC의 방송을 규율할 수 있는 기구가 아니다.

어 '매체 간 균형 발전'이라는 원칙도 신규 사업자에게는 부담으로 작용하고 있다. 즉, 새로운 매체가 시장에 진입하더라도 기존 매체들과 공존하면서 서로 상이한 공익적 책무를 수행하게 해야 한다는 것이다.

(3) 정착 단계

초기 진입 과정에서 법 규정이나 인·허가 같은 구조적 진입장벽들이 주로 작동했다면 일단 시장에 진입한 이후에는 기존 사업자들이 선진입자의 이점을 활용해 구축한 전략적 진입장벽들에 부딪치게 된다. 그동안 우리 방송시장에서 신규 사업자의 시장 연착륙을 어렵게 만드는 전략적 진입장벽에는 대표적으로 '지상파 방송 재송신'과 '콘텐츠의 배타적 공급' 두 가지를 들 수 있다.

① 지상파 방송 재송신

지상파 방송 재송신을 둘러싼 갈등이 처음 제기된 것은 2001년 위성방송 스카이라이프 신규 진입 과정이다. 이후 모든 신규 미디어들이 부딪쳤던 대표적인 진입장벽이 바로 지상파 방송 재송신이라고 할 수 있다. 원래 지상파 방송 재송신은 유료방송 가입자들에게 지상파 방송을 무료로 제공해 난시청을 해결해주던 케이블 TV와 지상파 방송사 간의 공생 구조에서 시작되었다. 따라서 2007년 이전까지는 1997년 이후 지상파 방송 재송신을 선점하고 있던 케이블 TV와 지상파 방송 콘텐츠에 편승해 저비용으로 진입 초기 시장에 안착하고자 했던 신규 유료방송 플랫폼 사업자 간 갈등 양상이었다(이상우 외, 2000). 물론 그 이면에는 위성방송이나 위성 DMB를 통해 방송시장에 진입하려는 통신사업자를 견제하기 위한 지상파 방송을 비롯한 기존 방송사업자들의 견제 의도가 내재되어 있었다고 할 수 있다. 특히 권역별로 방송사업을 허가받은 지역 지상파 방송사들의 '지역성localism'을 보존해야 한다는 주장이 매우 강했다. 이러한 지역성 쟁점은 지역 기반의 정치 구도, 지역 간 균형 발전 같은 정치적·경제적 이슈들과 연관되어 사실상 지역성을 담보하기 힘든 디지털 융합 매체들이 시장에 진입하는 것을 견제하는 강력한 진입장벽 기제로 작용한 것이 사실이다. 하지만 지역성 문제는 중앙의 키스테이션key station 의존도가 매우 높은 우리나라 지역 지상파 방송사들의 역할과 성격에 대한 논쟁을 유발하기도 했다.

지상파 방송 재송신 문제로 가장 크게 고전했던 스카이라이프는 2004년 30여 개 지역 지상파 방송을 모두 송출하되 CASconditional access system를 통해 권역별로 수신을 제한하는 이른바 '권역별 재송신' 방식으로 지상파 방송사와 합의하게 된다. 권역별 재송신에 따라 처음 스카이라이프가 송출해야 하는 지상파 방송 재송신 채널 수는 '[KBS1(12개)+KBS2+EBS+MBC+SBS+지역MBC(19개)+지역민방(9개)]×2(HD/SD)=88개'였다. 이를 위해 당초 15개 중계기에 3개를 더 추가해 18개 중계기 중에 9개 중계기를 재전송에 투입했다. 하지만 2007년 이후 HDTV가 본격적으로 상용화되면서 권역별 재송신 방식은 가용 주파수 부족에 부딪치게 된다. 특히 2015년 이후 대용량 주파수를 필요로 하는 UHD TV 방송 시대에 들어서면서 'local to local' 방식은 더 이상 불가능한 상태라고 할 수 있다. 즉, HD 전환 이후 지상파 방송 SD 채널 송출을 중단해 권역별 재송신을 유지하고 있지만 향후 본격적인 UHD 시대가 열리게 되면 새로운 위성체를 추가하지 않는 한 권역별 재송신 방식 자체가 불가능하게 된다. 그나마 이러한 변형된 지상파 방송 재송신 방식조차 수용할 수 없었던 위성 DMB는 2010년 고전 끝에 시장에서 퇴출되었다.

이와 같은 지상파 방송 재송신 갈등은 2008년 IPTV가 등장하면서 새로운 양상으로 변하게 된다. 지상파 재송신 송출 여부가 아니라 지상파 방송사와 유료방송사업자 간에 대가 산정 문제로 쟁점이 변화된 것이다. 그 이유는 지상파 방송과 견고하게 배타적 관계를 유지해왔던 케이블 TV 외에도 위성방

표 2.4 ┃ 지상파 재송신 관련 갈등 경과

일자	주체	내용
2001	스카이라이프	· 스카이라이프 출범 시 전국 단위 재전송 문제로 비화 → '방송법' 개정을 통해 KBS1, EBS만 의무 송출 규정
2004	스카이라이프	· 권역별 재전송 타결
2005~2007	TU미디어	· TU미디어 재전송 문제 갈등 → 사업자 간 자율 계약
2008	IPTV	· 지상파-IPTV 간 가입자당 280원 과금 협상 타결 · 케이블 TV와 협상 결렬
2009.9	지상파 방송 3사	· CJ헬로비전 상대로 디지털 신규 가입자에게 '지상파 동시 재전송 금지' 가처분 소송 제기(1심 기각)
2010.9	서울지방법원	· 2009년 12월 18일 이후 가입자에 대한 지상파 저작권 인정 · 간접강제 불인정(지상파/케이블 항고)
2010.10	방통위	· 제도 개선 전담반 구성
2011.4	MBC, SBS	· 스카이라이프에 대한 수도권 HD 송출 중단
2011.6	SBS, 스카이라이프	· 재송신료 협상 타결
2011.6	법원	· CJ헬로비전 신규 디지털 가입자 지상파 방송 송출 중단 판결
2011.10	법원	· 지상파 방송의 CJ헬로비전에 대한 간접 강제권 수용
2011.11	케이블 TV SO	· 11월 24일 방통위 지상파 재전송협의체 협상 최종 결렬 · 11월 28일14시부터 KBS2 송출 중단
2011.12	케이블 TV SO	· SBS 채널 번호 변경 신청서 제출 · SBS 상대 부당이익 반환소송 제기(10억) · 지상파 방송 간접강제금 집행
2012.1	케이블 TV SO	· 1.16 KBS2 채널 HD/SD 송출 중단 · 1.17 지상파-CJ헬로비전 간 재전송료 타결, 송출 재개
2013.2	법원	· t브로드, HCN에게 CPS 합의 없이 재송신할 경우 1일 3천만 원의 간접강제금 지불 결정
2013	-	· 지상파 방송과 각 플랫폼 사업자 간 CPS 월 280원 합의
2014.7	지상파 방송	· 지상파 방송, 월드컵, 아시안게임 등 국민 관심 행사에 대한 콘텐츠 대가 요구 → 모바일 IPTV 월드컵 중계 블랙아웃
2014.11	종편 채널	· 플랫폼 사업자에 재전송료 요구
2014.4~12	지상파 방송 개별 SO	· 지상파 방송 3사 및 지역민방 vs. 개별 SO 소송 제기, 총 23건 (사안별로는 57건 계류 중)
2014.12	지상파 방송	· 지상파 방송 CPS 4천 원 인상 요구
2015.6	지상파 방송	· 지상파연합콘텐츠 플랫폼(CAP), 6월 1일 부로 푹 상품 가입자당 월 3900원으로 인상 요구 → 모바일 사업자들의 거부로 콘텐츠 제공 중단
2015.8	미래부, 방송통신위원회	· 지상파 방송 재송신 협의체 구성 운영

2015.9	울산지방법원	• 지상파 방송 손해배상 청구 건, JCN 울산방송의 전송망 이용료 청구 건 모두 기각
2015.12	미래부, 국회	• 미래부, '지상파 방송 재송신에 대한 정부 재정권한을 포함'하는 '방송법' 개정안 입법 실패
2016.4	지상파 방송, IPTV	• 지상파 방송 가입자당 월 430원 잠정 합의(?)

송, IPTV 그리고 최근에는 인터넷, 모바일 등 시청자들이 선택할 수 있는 다수의 유료방송 플랫폼들이 등장했기 때문이다. 여기에 2003년 이후 지속적으로 광고매출이 감소하고 경영 구조가 악화되면서 지상파 방송사들이 적극적으로 재송신 송출대가를 요구하기 시작한 것이다. 특히 2008년 시장에 처음 진입한 IPTV 사업자들이 지상파 방송사들의 재송신 거부로 인한 초기 시장 진입 실패를 우려해 가입자당 월 280원이라는 'CPS cost per subscriber'방식을 수용하면서 대가 산정 방식으로 전환되었다.

　이러한 대가 산정 방식은 지상파 방송 재송신을 둘러싼 갈등을 해소하기보다 더 심화시키게 된다. 가장 큰 이유는 지상파 방송사들이 요구한 대가가 합리적으로 계산된 것이 아니라 지상파 방송사들이 일방적으로 요구한 액수이기 때문이다. 지상파 방송사들이 2008년에 280원을 기준 대가로 제시한 근거는 '1만 원(연간 디지털방송의 지상파 콘텐츠 매출 기여 추정분) / 지상파 방송 3사 / 12개월=277원'이다. 하지만 이 같은 근거는 객관적으로 산정된 것이 아니라 지상파 방송사들이 일방적으로 제시한 것이다. 이에 대해 유료방송사업자들은 월 280원은 당시 지상파 방송사들의 경영 적자를 보전하는 데 필요한 비용을 역산해서 정해진 것이라고 반발하게 된다. 그러면서 유료방송사들은 지상파 방송을 재송신해준 결과 지상파 방송사들의 광고수익 증가, 송출비용 절감 등의 편익이 더 크다는 점을 강조하면서 본격적인 대가 산정 논쟁에 돌입하게 된다.

　이후 재송신 대가 산정과 관련해 지상파 방송과 유료방송사들은 각각 자신들에게 유리한 여러 편익요인들을 경쟁적으로 제시하고 있다. 지상파 방송사들은 지상파 방송 재송신이 난시청 해소를 통해 광고수익을 증가시키고 있는 반면에 유료방송 플랫폼 사업자들은 인기 있는 지상파 방송 채널 송출이 가입자 확대를 통해 수신료를 증가시키고 있고, 특히 지상파 방송 채널에 인접한 홈쇼핑채널의 송출수수료 수입을 극대화하고 있는 것이 사실이다(홍종윤·정영주, 2012). 하지만 이러한 편익과 비용에 근거한 대가 산정 합의는 다양한 변수들이 복합적으로 얽히면서 사실상 불가능한 일이다. 실제로 그동안 내시 균형Nash Equilibrium에 근거한 많은 대가 산정 관련 연구 결과들이 제시되었지만 어느 쪽으로부터도 당사자들의 동의를 받지는 못하고 있다(홍종윤·정영주, 2012; 이상규, 2008; 변상규, 2009; 김성환·이상우, 2014). 그 이유는 지상파 방송 재송신 대가를 둘러싼 지상파 방송사들과 유료방송사들 간에 공동의 목표가 공유되어 있지 않고, 양자 간에 대등한 협상력을 가진 합리적 행위자라는 공정성이 전제되어 있지 않기 때문이다(Binmore, 2005). 김성환과 이상우(2014)는 증분가치에 의한 대가 산정이 어려운 이유로, 정확한 비용자료 확보의 어려움, 비용자료를 근거로 한 대가 산정 과정에서 비효율적 유인 발생, 재송신 행위에 의한 양측의 증분비용이 매우 적다는 점 등을 들고 있다. 특히 내시 균형은 지상파 방송 재송신으로 발생하는 편익을 양측이 동등하게 배분한다는 것을 전제로 큰 이익이 발생한 사업자가 추가 이익의 1/2을 재전송 대가로 지불해야 한다는 것을 전제로 하지만 그러한 조건이 성립되지 못하고 있다는 것이다.

따라서 지상파 방송사와 유료방송사들은 대가 산정에서 자신에게 유리한 변수들을 점점 더 많이 제공하면서 갈등이 도리어 더 증폭되고 있다. 한마디로 이렇게 제시된 요인들을 두고 이해당사자들 사이에 합의를 도출하기 어렵고 특히 각 요인들의 가중치에 대한 객관적인 기준 설정이 불가능한 상태에서 모두가 동의할 수 있는 공식을 산출한다는 것 자체가 사실상 어려운 상태다. 실제로 표 2.5에서와 같이 지상파 방송사들과 유료방송사들은 각각 지

표 2.5 ▮ 지상파 방송사와 유료방송사가 제시한 지상파 방송 재송신 대가 산정요인들

	지상파 방송사	유료방송사
원칙	저작권에 기반한 대가 산정	SO의 송출 기여도 포함
고려 요인	유료방송가입자 유치, 결합상품 판매	광고매출 기여
	홈쇼핑송출수수료	채널 번호 배정
	디지털 제작비용 증가	디지털방송 설비투자비 절감
	디지털 전환 투자	난시청 해소 기여
	중계방송권료 증가	보편적 시청권 기여

표 2.6 ▮ 지상파 방송 재송신 대가 산정 관련 주요 연구 결과

연구	유료방송 기여 산정식	지상파 기여 산정식
조은기·문상철 (2010)	지상파광고수입 × 디지털케이블 TV 가입비율 × 난시청비율	지상파시청점유율 × 채널시청대가(c) + 지상파대역폭비중(6.9%) × (수신료 − 채 널시청대가) * 단, 채널시청대가 + 송출대가 = 수신료
이기태(2011), 안종철·이기태· 최성진(2011)	① 지상파광고수입 × 케이블 TV 점유율(a) × 난시청비율 ② 가구당지상파광고효과 × 케이블 TV 가입가구(b) × 난시청비율 ③ 지상파광고수입 × 케이블에서 지상파채널시청점유율	케이블가입가구 × 수신료 × 케이블에서 지상파채널시청점유율 × 12
홍종윤·정영주 (2012)	지상파광고수입 × 난시청비율	플랫폼가입가구 × 수신료 × 플랫폼에서 지상파채널시청점유율 × 지상파인접시 홈쇼핑송출수수료 / 지상파비인접시홈쇼 핑송출수수료(위성중계기임차료 + 전송 망사용료)

상파 방송 대가 산정과 관련해 자기에게 유리한 산정요인들을 제시하고 있다.

이렇게 제시된 산정요인들을 바탕으로 재송신 대가를 산출하기 위한 연구들이 적지 않게 이루어졌다. 표 2.6에서와 같은 연구자들이 산출해낸 공식들을 보면, 지상파 방송과 유료방송의 재송신으로 인한 증분가치를 각각 계산하고 있지만 연구자들마다 각각의 변수들과 관련된 실제 상황과 가중치에 있어 큰 시각 차이를 보이고 있는 것을 알 수 있다. 그 이유로 김성환과 이상우(2014)는 정확한 비용자료 확보가 어렵고, 비용자료를 대가 산정에 활용할

경우 비효율적 유인이 발생하고 실제로 재송신 행위로 인한 양측의 증분비용이 그렇게 크지 않다는 점 등을 들고 있다. 따라서 모든 이해당사자들이 동의할 수 있는 공식을 산출할 가능성은 거의 없다. 실제로 미국의 FCC도 여러 차례 산술공식을 제안했지만 모두 법원에서 패소한 것도 공식에 포함된 변수들에 가중치를 부여하는 데 주관적 판단이 개입될 수밖에 없다는 이유 때문이었다. 한국에서도 2011년 방송통신위원회의 대가 산정을 위한 전담반 논의나 2015년부터 2년 동안 방송통신위원회와 미래창조과학부가 공동으로 운영했던 '지상파 방송 재송신 협의체'에서 대가 산정 관련 논의 자체가 이루어지지 못했던 것도 바로 이 때문이라고 할 수 있다.

결국 지상파 방송 대가 산정은 본질적으로 이해당사자들 사이에 순편익을 어떻게 배분할지의 문제라고 할 수 있다. 하지만 명확한 순편익 계산 자체가 불가능한 상태에서 현실적으로 서로 양보할 수 있는 수준이 어디까지인가 하는 합의의 문제로 귀결될 수밖에 없다. 더구나 사업자들이 기존의 산정요인들 외에도 자신들에게 유리한 변수들을 지속적으로 추가 제시하고 있어 합리적인 대가 산정은 점점 더 어려워지고 있다. 실제로 지상파 방송사들은 물가상승률, 방송 표준 제작단가 상승, 연관 문화상품 인상률 같은 추가 변수들을 지속적으로 제시하고 있다. 여기에 정부가 직접 적정 대가를 제시하거나 대가 산정 기준을 정하는 것에 대해 사업자들의 시장 행위에 대한 지나친 간섭이라는 비판적 주장도 제기하고 있다. 즉, 정부의 역할은 구체적인 대가 산정 공식보다 몇 개의 변수들을 부여해 협상 가이드라인이나 협상 범위를 설정해주는 수준으로 제한되어야 한다는 것이다. 실제로 2017년 미래창조과학부와 방송통신위원회가 공동으로 운영했던 '지상파 방송 재송신 협의체'에서는 구체적인 대가 산정 공식이 아니라 포괄적 성격의 가이드라인만 제시할 수밖에 없었다.[9]

② 콘텐츠의 배타적 공급

지상파 재송신과 함께 작동하는 진입장벽이 콘텐츠의 배타적 공급 문제다. 한국에서 콘텐츠 공급과 관련된 최초의 갈등은 2004년에 있었던 스카이라이프에 대한 주요 MSP 채널들의 이탈이었다. 이 갈등은 외형적으로 MPP와 스카이라이프 간 채널 계약 문제인 것처럼 보이지만 실제로는 MSO를 중심으로 한 케이블 TV 사업자들이 경쟁 사업자인 위성방송의 정착과 성장을 견제하기 위해 계열 MPP들을 이탈시킨 것이라 할 수 있다(황근, 2007a). 이로 인해 권역별 재송신으로 겨우 지상파 재송신 장벽을 넘은 스카이라이프는 상당한 곤경에 처하기도 했다.

이 때문에 미국의 '프로그램 동등접근권Program Access Rule: PAR' 같은 법제도 도입 문제가 제기되기도 했다(황근, 2005b). 이를 교훈 삼아 IPTV의 경우 '멀티미디어방송사업법(IPTV법)'에 특정 플랫폼에게 채널을 독점 공급하는 것을 금지하는 규정을 포함했지만, '방송법' 규율을 받는 지상파 방송이나 주요 케

---

9 '지상파 방송 재송신 협의체'에서 도출한 '지상파 방송 재송신 협상 가이드라인'은 총 9개 조항으로 구성되어 있다. 먼저, 그 목적으로 '동시 재송신을 위한 협상을 원활하게 하기 위한 절차 등을 제시하여 방송시장에서 공정한 경쟁 환경기반 조성과 시청자 권익을 보호하는 것(제1조)'이라고 밝히고 있다. 이러한 목적 아래 '지상파 재송신 협상의 원칙(제2조)', '가이드라인의 효력(제2조)', '협상 절차(제4조~제6조)', '성실한 협상의무 위반에 대한 판단 기준(제7조, 제8조)' 등을 규정하고 있다. 그렇지만 대가 산정과 관련해서는 제8조 2항에 '대가 산정에서 현저하게 불리한 대가를 판단하는 기준을 판단한다'라고 규정하고, 1호와 2호에 광고 수익, 가시청 범위, 시청률 및 시청점유율, 투자보수율, 방송제작비, 영업비용, 유료방송 수신료, 지상파인접채널 홈쇼핑채널 송출수수료, 전송·선로망 등 송출비용, 방송사업자의 수익 구조, 물가상승률, 유료방송사업자의 프로그램 사용료 비중 등을 명시하고 있다. 특히 다른 사업자들 간에 체결된 대가 산정 요소 및 방식(3호)과 법원의 관련된 판결(4호)도 고려하도록 하고 있어 사실상 구체적인 대가 산정을 위한 가이드라인이라고 보기 어렵다. 도리어 재송신과 관련된 분쟁에서 발생할 수 있는 시청자들의 피해를 최소화하기 위한 사업자들 간의 협상 절차 및 협상 태도와 관련된 내용이 주를 이루고 있다고 할 수 있다.

표 2.7 ▎ 스카이라이프와 주요 MPP 간 채널 제공 관련 갈등 경과

일자	내용
2003.1	· 온미디어, 투니버스, 슈퍼액션, MTV의 스카이라이프 송출 중단
2003.1	· CJ 미디어, 홈CGV에 대한 스카이라이프 송출 중단
2003.3	· 스카이라이프, 온미디어와 CJ 미디어를 불공정거래행위로 고소했으나 증거 불충분으로 기각
2003.3	· 온미디어, Qwiny, ongamenet 위성방송 미런칭
2005.1.12	· CJ 미디어, m.net과 XTM에 대한 스카이라이프 송출 중단 발표
2005.1.18	· 스카이라이프, CJ 미디어 송출 중단 결정을 불공정행위로 공정거래위원회에 제소 (XTM 계약 만료 기간은 2005.12.31이고, m.net은 2004.12.31이지만 계약 종료 후 60일 간 최종 협상 기간 중에는 송출해야 함)
2005.1.24	· 씨넥서스, ABO의 스카이라이프 송출 중단 발표
2005.1.27	· 스카이라이프, CJ 미디어를 대상으로 '채널공급중단금지가처분' 신청서를 서울지방법원에 제출 · 방송위원회는 XTM의 채널 계약 기간과 m.net의 협상 기간 준수를 촉구
2005.2.2	· CJ 미디어, m.net과 XTM의 위성방송 송출 중단 철회 · m.net 재계약 여부 검토 · XTM 채널 송출 중단을 3월 이후로 연기
2005.2.15	· 스카이라이프, CJ를 비롯한 PP들의 위성방송에 대한 송출 중단 행위 배경에 태광 MSO의 압력이 작용했다는 이유로 공정거래위원회에 불공정거래행위 신고
2005.2.26	· CJ 미디어, XTM과 m.net 송출 중단, 스카이라이프와 CJ 미디어 상대로 '채널공급중단금지가처분신청' 제기
2005.3.7	· 법원, CJ 미디어의 XTM을 계약 종료일인 2006.3.1까지 공급하도록 판결
2005.4	· CJ 미디어는 CJ 미디어와 태광 MSO에 대한 소취한 조건으로 KMTV, 내셔널지오그래픽 송출 재계약
2005.4	· CJ 미디어, Food 채널 재계약 거부, Xports 위성방송 미런칭
2006.11	· CJ 미디어, KMTV를 오락종합채널인 tvN으로 장르 전환
2006.11	· CJ 미디어, tvN 스카이라이프 송출 중단 선언(신규 채널이므로 기존의 계약 기간을 준수할 필요 없다는 주장)
2007.	· 방송위원회, CJ 미디어에 송출 중단 중지 권고
2007.4	· CJ 미디어, tvN 4.30 이후 스카이라이프 송출 중단 통보
2007.5.2	· CJ 미디어, tvN 위성방송 스카이라이프 송출 중단

이블 TV PP들은 규율 대상이 아니어서 전혀 실효성이 없었다. 이후 2010년 월드컵과 2012년 올림픽을 SBS가 독점 중계하면서 국민적 관심이 높은 프로그램을 특정 방송사가 배타적으로 방송하지 못하게 하는 '보편적 접근권 universal access' 규정을 개정해야 한다는 주장이 제기되었지만 아직 구체적인 성

과는 이루어지지 않고 있다.

이러한 콘텐츠의 배타적 공급과 관련된 갈등은 최근에 인터넷·모바일 기반의 OTT 매체들이 급성장하면서 전체 미디어 시장으로 확전되고 있다. 대표적인 사례가 2014년 11월부터 MBC, SBS를 비롯한 지상파 방송사와 채널A, JTBC, MBN, TV조선, CJ E&M 등 주요 채널들이 구글과 광고수익배분율 합의에 실패하면서 '스마트 미디어렙Smart media Rep: SMR'을 통해 '네이버 TV캐스트'와 '다음 카카오'에게만 방송영상 클립을 제공한 것이다. 또한 2016년에는 모바일에 대한 지상파 방송 콘텐츠 제공이 중단되었고, 정부의 노력에도 불구하고 재송신 대가 산정은 접점을 찾지 못하면서 갈등이 전체 방송시장으로 확대, 증폭되고 있다.

특히 지상파 방송사와 유료방송 플랫폼 간의 재송신 갈등으로 방송이 중단되면서 시청자들이 피해를 보는 경우가 자주 발생하고 있다. 실제로 2011년과 2012년에 방송 중단 사태가 네 차례 발생했다. 그럼에도 방송 주무기관인 방송통신위원회와 미래창조과학부는 이를 중재할 수 있는 실질적인 권한을 가지고 있지 않아 갈등을 조정하기 어려운 것이 사실이다. 특히 정부의 조정 및 중재 역할에 대해 사업자들 사이에 큰 이견을 보이고 있어 법적 근거를 마련하는 일이 쉽지 않다. 실제로 정부가 입법 추진했던 재송신 분쟁에 대한 중재 권한을 부여하는 개정법안은 지상파 방송사들의 반대로 무산되었다. 이는 정부의 중재 조정이 기본적으로 협상 과정에서 불리한 사업자에게 유리하다는 전략적 판단 때문에 콘텐츠 주도권을 쥐고 있는 지상파 방송사들이 반대했기 때문이다. 이는 선진입 매체라고 할 수 있는 기존 방송사들의 경영 압박에 따른 수익 확대 전략이라고 할 수 있지만, 다른 한편으로는 최근 매체들 사이에 경쟁이 치열해지면서 콘텐츠 공급 문제가 위력적인 전략적 진입장벽이 되고 있음을 시사하는 것이다.

(4) 성장·도약 단계

앞에서 살펴본 것처럼, 신규 매체들이 초기 진입 단계에서부터 여러 진입
장벽을 극복하고 방송시장에 정착하는 것은 매우 어려운 일이다. 그 이유는
대부분의 매체들이 진입장벽을 거치면서 과도한 기회비용을 지출해 초기 확
산과 시장 정착에 실패하면서 경쟁력이 약화되어 중도 퇴출 혹은 열위의 매
체로 고착되어버리는 경우가 많기 때문이다. 그렇지만 한국 방송시장에서
예외적으로 기존 방송 매체들을 위협할 정도로 성장·도약 단계까지 도달한
매체가 있다. 2013년에 가입자 수 400만 명을 넘긴 위성방송 스카이라이프[10]
와 출범 6년 만에 1천만 명의 가입자를 돌파하고 현재 유료방송 주도권을 차
지하고 있는 IPTV[11]다. 따라서 기존 매체들의 진입장벽 전략의 중점 대상은
자연히 kt 계열의 유료방송 플랫폼 사업이 된다. 이렇게 성장·도약 단계에서
등장한 진입장벽이 'DCS 기술'과 '유료방송 합산규제'다.

① DCSDigital Convergence Service

2009년 이후 kt 계열의 유료방송 플랫폼들이 급성장한 요인은 여러 측면
에서 찾아볼 수 있지만, IPTV와 2009년 계열사로 편입된 위성방송 스카이라
이프 서비스를 결합한 OTSolleh TV skylife를 상용화하면서부터라고 할 수 있다.
OTS는 스카이라이프 기본 패키지에 IPTV VOD를 결합해 8천 원~1만 원대의

---

10 위성방송 스카이라이프의 가입자 수는 OTS를 1/2로 계산하면 2017년 상반기 기준 322만 가
  구다.

11 2017년 2분기 기준으로 IPTV는 1362만 가구, 케이블 TV는 1396만 가구로 거의 비슷한 수준
  이다. 현재 유료방송 가입자 변동 추세를 감안하면 2017년 하반기에는 두 매체 간에 이른바
  골든 크로스(golden cross)가 일어났을 것으로 추측된다. 그렇지만 매출액 규모는 2017년
  상반기 기준 IPTV가 2조 4300억 원, 케이블 TV 2조 1700억 원으로 이미 역전된 것으로 나타
  났다.

월 수신료로 두 플랫폼 서비스를 모두 이용할 수 있게 한 상품이다. OTS의 성공요인은 ① 상대적으로 저렴한 수신료로 IPTV와 위성방송 두 플랫폼을 모두 이용할 수 있다는 점, ② 양방향성이 결여된 위성방송 스카이라이프의 양방향성 보완, ③ 기후 등으로 인한 위성방송의 수신 불량 상태를 IPTV로 자동 전환 가능하게 해 수신 환경 개선, ④ 실시간 TV 시청 패턴과 VOD 등을 통한 재생 시청 패턴의 결합, ⑤ kt의 마케팅 영업력 활용 망 등을 들 수 있다.[12] OTS 출시 이후 KT의 유료방송 가입자는 2014년 6월에 최고 730만 가구에 달했고 그중 OTS 가입자가 230만 가구나 되었다. 출범 이후 2009년까지 정체 상태에 머물러 있던 스카이라이프 역시 OTS 도입 이후에 2백만 명 이상의 신규 가입자를 확보하면서 2013년 말에는 418만 명까지 늘어났다.

이후 kt가 2012년 DCS를 출시하면서부터 경쟁 사업자들의 견제가 시작되

표 2.8 ▮ DCS 관련 쟁점들

	스카이라이프	케이블 TV SO
기술 특성	• 위성과 인터넷 망이 결합된 융합형 신기술	• 신기술이 아닌 기존 기술들의 조합
법적 성격	• 새롭게 진화하고 있는 다양한 보조전송방식 중의 하나(SMATV, MMDS, Tving 등)	• '방송법'과 '전파법'에 규정된 위성방송사업 역무 위반 • 허가받지 않은 IPTV
시청자 편익	• 공시청 방식과 안테나 미설치 가입자 편의성 제고 • 도심 난청과 자연재해 장애 해소 • 디지털 전환 촉진	• 일부 음영 지역에만 소비자 편익 • 장기적으로 방송 플랫폼 다양성 저해
공정 경쟁	• 유료방송 유효 경쟁 제고 • 공동주택 내 공정 경쟁 활성화	• 방송법 역무 구분에 따른 공정 경쟁 침해 • 통신과 방송 연동 서비스로 통신사업자의 시장지배력 강화
서비스 도입 방식	• 기술 진화 추세에 맞춰 적극 수용 • 고시 개정을 통해 즉시 도입	• 매체 간 역무 구분 문제로서 전반적인 법 개정 우선 필요 • 수평적 규제체계 논의 • 유료방송 33% 합산규제 도입

---

12 물론 최근 들어 IPTV가 자체적으로 경쟁력 있는 채널을 많이 확보하고 있어, OTS 가입자는 전반적으로 줄어드는 추세에 있다.

었다. DCS는 인터넷 망으로 위성방송을 접속하는 방식으로 위성 매체의 물리적 한계를 해결해주고 양방향성을 보장해주는 기술이다. 하지만 전송 수단에 따라 방송 매체를 구분하고 허용하고 있는 현행 '방송법' 체계에서는 논란이 될 수 있는 전송 방법이었다. 법적으로 보면 위성방송은 기본적으로 위성체를 매개로 공중파를 통한 직접 서비스를 해야 하기 때문이다. 하지만 스카이라이프는 DCS가 위성과 인터넷을 결합한 융합형 신기술로서 도심 난청이나 자연재해 장애를 해소하는 등 시청자 편익을 증대할 수 있다는 입장을 고수했다(표 2.8 참조).

이러한 논쟁에도 불구하고 2012년 5월 스카이라이프가 DCS 상용화를 발표하지만, 케이블 TV 측의 이의 제기로 같은 해 9월 방송통신위원회가 서비스 중지를 명령하고 '방송제도연구반'에서 도입 방안을 논의하게 된다. 그 결과 2013년 1월 방송통신위원회가 다음과 같은 내용의 'DCS 등 방송사업자 간 기술결합서비스 정책방안'을 발표하게 된다. 첫째, DCS 등 방송 매체별 기술결합서비스를 국민편익 위주로 조속히 도입한다. 둘째, 도입 범위는 DCS뿐만 아니라 위성과 케이블 TV, 케이블 TV와 IPTV의 기술결합 등 모든 방송사업자 간의 기술결합서비스를 허용하도록 관련 제도 개선을 추진한다. 셋째, 제도 개선 방식은 '방송법'에 DCS 등을 허용하는 특례 규정을 두어 방통위의 승인을 받도록 한다. 넷째, 기존 DCS 가입자에 대해서는 정책 방향의 큰 틀 속에서 이용자 의사에 반하는 해지를 강제하지 않기로 한다. 그러면서 DCS 허용과 관련해 제기되었던 특수 관계자와 시장점유율 규제, 망 개방 등 공정 경쟁 환경 조성 문제는 입법 추진과 별개로 후속 과제로 계속 연구하겠다는 입장을 밝혔다. 이후 2013년 7월 신규 융합형 서비스 도입을 촉진하기 위한 '정보통신 진흥 및 융합 활성화에 관한 특별법(ICT 촉진법)'이 제정되면서 기존 법규 정비 이전이라도 ICT 활성화를 위해 한시적 허용이 가능하도록 했다. 이에 따라 홍문종 의원이 발의한 '기술결합서비스와 관련된 방송법 개정안'도 상정되었다.

표 2.9 ▎DCS 추진 경과

일자	주체	내용
2012.2	스카이라이프	· DCS 서비스 양재지사에 시범 적용
2012.5	스카이라이프	· 17개 지사에서 플랫폼 구축 · DCS 상품 상용화 개시
2012.8	케이블 TV	· 방송통신위원회 항의 'DCS 영업 중단 촉구' · 8.13 '비상대책위원회' 구성
2012.8.29.	방통위	· DCS 서비스 위법 판결 · 가입자 모집 중지 및 해지 권고 촉구
2012.9.13	스카이라이프	· DCS 서비스 중지 · 방송통신위원회 '방송제도연구반' 논의
2013.1.18	방통위	· DCS 서비스를 포함해 방송사업 간 기술결합서비스를 법 개정을 통해 허용 결정
2013.2.1	방통위	· 방송법 특례 규정을 통해 DCS 기술 도입 허용 결정 (법 개정 이전이라도 잠정 허용)
2013.7.	국회	· '정보통신진흥 및 융합 활성화에 관한 특별법' 제정
2013.8.6	홍문종 의원실	· '기술결합서비스'와 관련된 '방송법' 개정법률안 발의
2014.2	미래부	· '정보통신진흥 및 융합활성화에 관한 특별법' 발효

② 유료방송 합산규제

DCS를 둘러싼 갈등은 전송 수단에 따라 방송 매체를 허용하는 현행 '방송
법'의 특성상 불가피한 일이었다. 그렇지만 DCS를 둘러싼 갈등은 허용 가능
한 방송 매체의 기술적·법적 문제는 물론이고 방송시장에서의 공정 경쟁 같
은 포괄적 갈등으로 확대된다. 즉, kt의 IPTV와 스카이라이프의 급성장에 대
해 경쟁 사업자들은 DCS 허용을 반대하는 것에서 kt의 시장지배력을 제어할
수 있는 '유료방송 합산규제'를 요구하게 된다. 유료방송 합산규제가 'DCS의
연장전 혹은 두 번째 라운드'라고 하는 이유가 여기에 있다.[13] 유료방송 합산

---

13 실제로 유료방송 합산규제 법안이 최종 입법 과정에서 DCS와 유료방송 합산규제가 거래될
수 있을 것이라는 루머가 많이 돌았던 것이 사실이다.

표 2.10 ┃ '유료방송 합산규제' 이전의 유료방송사업자 규제 비교

구분	케이블 TV	IPTV	위성방송	유료방송 합산규제
소유겸영 규제	77개 방송 구역의 1/3	-	-	2014년 2월 폐지
시장점유율 규제	SO 가입 가구의 1/3	77개 방송 구역별 유료방송 가구의 1/3	-	유료방송 가입 가구의 1/3
채널 규제	지역(보도) 채널 허용, 직사 채널 허용	직사 채널 금지	직사 채널 허용	검토 중
요금 규제	상한 승인제	상한 승인제	정액 승인제	유지
특성	지역(보도) 채널 활용한 지역 여론 독점 방지(사실상 지역 독점)	고수익 지역 위주 영업(크림 스키밍) 방지	도서산간 음영 지역과 난시청 지역에 보편적 서비스	-

규제란 각각 다른 법에 의해 규제되고 있는 케이블 TV와 IPTV, 위성방송을 동일 서비스인 유료방송 매체로 규정하고 동일한 규제를 적용한다는 것이다. 동일 규제란 유료방송시장에서의 점유율을 특정 사업자(특수 관계 포함)가 1/3을 넘지 못하게 하는 것이다. 표 2.10에서 보는 것처럼 당시 유료방송 플랫폼들 사이에 규제 수준에 차이가 있었다.

이에 대해 유료방송 플랫폼의 동일 서비스 여부, 유료방송시장 공정 경쟁, 사전 규제의 위헌성, 가입자 제한 비율 33%의 적정성, 여론 다양성 침해 문제, 시청자 접근 선택성 제한 등 다양한 쟁점이 논란이 되었지만 경쟁 사업자들과 정치권의 압력으로 결국 '유료방송 합산규제'가 입법 추진되었다. 당초 정부의 입장은 '방송법'과 'IPTV법'을 합한 '통합방송법'에 이 규정을 추가한다는 입장이었다. 하지만 '통합방송법' 제정이 여러 이유로 불투명해지면서 '방송법'과 'IPTV법'에 합산규제 관련 조항을 개정·보완하고, 향후 정부가 입법 예고해놓은 '통합방송법'에 그 내용을 포함한다는 입장으로 전환하게 된다. 즉, DCS라는 신규 전송 수단에 대한 사업자 간 갈등이 '유료방송 합산규제'라는 법 규제 문제로 전이된 것이다. 정부가 사후에 여러 압박으로 추진하

게 된 것이라 할 수 있다. 결국 사업자들의 압박에 의해 이미 의원 입법되어 있던 '유료방송 합산규제'가 '통합방송법'을 대체하게 된 양상이다. 유료방송 합산규제는 경쟁 사업자들이 요구한 내용을 정부가 입법화함으로써, 사업자들의 전략적 진입장벽이 법 규제라는 구조적 진입장벽화된 사례라고 할 수 있다(황근, 2015a).

2014년 당시 합산규제와 관련해 발의되었거나 국회에 계류 중이었던 법안은 전병헌 의원이 발의한 'IPTV법' 개정안(2013년 6월 14일 발의), 홍문종 의원이 발의한 '방송법' 개정안(2013년 8월 7일 발의), 남경필 의원이 발의한 '방송법' 개정안(2013년 12월 4일)이다. 그리고 '방송법'은 아니지만 미래창조과학부가 2013년 12월 26일 공포한 '방송법' 시행령 개정안이 있다. 이들 법안을 비교 분석해보면 표 2.11과 같다. 전병헌 의원의 개정안과 홍문종 의원의 개정안은 각각 'IPTV법'과 '방송법'을 개정하는 것이지만 내용상으로는 합산규제를 목적으로 하고 있어 거의 동일하다. 법 개정의 취지 역시 유료방송시장에서 특정 플랫폼 사업자의 시장지배력을 억제하고 공정 경쟁 환경을 조성한다는 것으로 같다. 하지만 남경필 의원의 개정안은 법외 지역에서 사실상

표 2.11 ┃ 유료방송 점유율 관련 법률 개정안 비교

	전병헌 의원 개정안	홍문종 의원 개정안	남경필 의원 개정안	미래창조과학부 방송법 시행령 개정안
법률	IPTV법	방송법	IPTV법	방송법 시행령
규제 범위	전체 유료방송 가입 가구	전체 유료방송 가입 가구	시행령 위임	전체 유료방송 가입 가구
규제 대상	특정 IPTV 가입 가구(특수 관계 IPTV, 위성방송, SO 포함)	특정 SO 또는 위성 가입 가구 (특수 관계 IPTV, 위성방송, SO 포함)	특정 IPTV 가입 가구(특수 관계 IPTV만 포함)	특정 SO 가입 가구 (특수 관계 SO만 포함)
대상 지역	지역 (77개 SO 구역별)	전국	지역 (77개 SO 구역별)	전국
상한	1/3	1/3	시행령 위임	1/3

방송 서비스를 제공하고 있지만 어떤 경제적·사회적 규제도 받지 않고 있는 스마트 미디어를 유료방송에 포함하자는 취지를 담고 있어 두 법안과는 다소 차이가 있다. 또한 미래창조과학부의 방송법 시행령 개정안은 유료방송 시장에서 IPTV나 위성방송에 비해 강한 점유율 규제를 받고 있는 케이블 TV에 대한 규제 완화를 통해 산업 활성화를 도모하고 공정 경쟁 환경을 조성하겠다는 목적을 반영하고 있다.

하지만 유료방송 합산규제의 실효성에 대한 의문도 적지 않게 제기되었고, 제정 과정에서 내용적·절차적 정당성도 결여되어 향후 사업자 간 혹은 사업자와 정부 간 갈등만 더 증폭할 가능성을 내재하고 있었다. 실제 시행령 논의 과정에서 OTS 가입자를 비롯한 유료방송 가입자 계산 방법을 놓고 상당한 갈등이 지속되었고, 2015년 11월에 발표된 SKT와 CJ헬로비전 합병 논의 과정에서 '유료방송 합산규제 폐지와 인수합병 허용'을 동시에 추진하자는 등의 주장처럼 사업자들의 전략적 이해관계에 의해 아전인수격 해석과

표 2.12 ▌합산규제 관련 논의 경과

일자	내용
2013.1.	· 방통위 방송제도연구반에서 케이블 TV 측에서 kt 계열 유료방송 가입자 합산규제 요구
2013.2	· 방통위 '기술결합 서비스 수용을 계기로 시장점유율 등 규제합리화를 위한 제도 개선 방안 논의' 발표
2013.5	· '유료방송 규제체계 정비'를 정부 국정과제로 채택
2013.6	· 전병헌 의원 'IPTV법 제13조 수정안' 발의: IPTV 사업자와 위성방송 합산해 유료방송 가구 수 1/3로 규제
2013.8	· 홍문종 의원 '방송법 제8조 수정안' 발의: 위성방송과 IPTV 사업자 합산해 유료방송 가구 수 1/3로 규제
2013.9	· 스카이라이프 문재철 사장 '합산규제는 창조경제 역행' 기자회견
2013.8~9	· 국회방송공정성특위 유료방송 시장점유율 법안 관련 이해당사자 및 전문가 의견 청취
2013.11	· 국회 권은희 의원실 사업자 간 조정기구 제안
2013.12.4	· 남경필 의원, 유료방송 범위에 스마트 미디어까지 포함하는 'IPTV법' 개정안 발의

2013.12.10	· 미래창조과학부, 방송통신위원회, 문화체육관광부 3개 부처 '창조경제시대의 방송산업발전 종합계획' 발표, '동일 서비스 동일 규제' 적용 '유료방송 규제일원화'
2013.12~	· 국회 논의 지연(공영방송 지배구조 등 방송법 개정 갈등, 세월호 관련법 등)
2014.3~	· 미래부, 방송통신위원회 '유료방송 규제체계 정비 방안' 공동연구반 운영(워크숍, 공개 토론회 등 개최)
2014.10.28	· '유료방송 규제체계 정비 방향'에 관한 1차 토론회
2014.11.28	· '유료방송 규제체계 정비 법안'에 관한 2차 토론회 · '유료방송사업' 개념 도입, 동일 서비스 동일 규제 틀 적용(법 초안 마련)
2014.12	· 국회 미방위 법안소위 '합산규제 법안, 3년 일몰제' 논의
2015.1.6	· 2월 국회 '클라우드법'과 연계 통과 합의
2015.2.23	· 국회 상임위 통과, '합산규제 도입, 3년 일몰제'
2015.3.3	· '인터넷멀티미디어방송사업법' 일부 개정안 국회전체회의 의결
2015.4.14	· 미래부, 유료방송 합산규제 관련 '유료방송가입자수 산정, 세톱박스 기준' 발표
2018.1~	· '유료방송 합산규제' 일몰/연장을 둘러싼 사업자 간 갈등 · 유료방송시장 사후규제방안 추진

갈등이 반복될 가능성을 내재하고 있었다(황근, 2015b). 한마디로 유료방송 합산규제는 후발 사업자의 성장·도약 단계에서 경쟁 사업자들에 의해 제기된 대표적 진입장벽 사례라고 할 수 있다. 특히 무엇보다도 합산규제 대상이 사실상 위성방송과 IPTV를 함께 소유하고 있는 kt뿐이라는 점에서 '특정 사업자를 규제하기 위한 처분적 법률'이라는 비판도 받고 있다(황근·황창근, 2013).

4. 진입장벽이 방송시장에 미치는 영향

이처럼 진입장벽은 방송시장에서의 유효 경쟁을 억제하고 시청자들의 선택을 제한한다는 점에서 결코 바람직하다고 할 수 없다. 물론 방송의 공익성이나 공정 경쟁 등의 이유로 시장 진입이나 행위를 제한할 수는 있지만 그것이 먼저 진입한 방송사업자들의 이익을 보전하기 위한 것이라면 더욱 그렇다. 하지만 앞에서 살펴본 바와 같이, 우리 방송시장에서 작동해온 진입장벽들은 '방송 공익성'이나 '매체 간 균형 발전' 등의 명분을 표방하고 있지만 실제로는 사업자들의 기득권을 지키기 위한 목적에서 이루어지는 경우가 많았다. 그런 의미에서 한국의 방송시장에서 작동해온 진입장벽들은 다음과 같은 부정적인 영향을 미쳤다고 할 수 있다.

1) 유료방송시장의 왜곡

방송시장은 "방송이라는 재화 혹은 서비스가 교환가치를 가지고 거래되는 물리적 장소나 기구"라고 정의할 수 있다. 따라서 유료방송시장이 형성되기 위해서는 '방송이라는 서비스'와 '유료의 서비스'라는 두 조건이 모두 충족되어야만 한다. 오랫동안 우리 방송사업은 광고수입 같은 간접 수입에 크게 의존해왔다. 하지만 방송사업자가 급증하면서 광고처럼 규모의 경제에 의존하는 간접 수익 모델의 효용성이 약화되고 있음에도 불구하고 방송사업자들은 여전히 여기에서 벗어나지 못하고 있다.[14] 더구나 공영방송수신료나 유료방송시청료 같은 다른 수익원이 확대되지 못하는 상황에서 방송시장에서의 경쟁은 극단적인 제로섬 게임의 양상을 보일 수밖에 없다. 따라서 먼저 진입한

---

14 가장 대표적인 예가 지상파 방송사들이 지속적으로 추진해오고 있는 '광고 확대 전략'이다. 2003년 이후 지상파 방송사들의 광고수입이 줄어들고 경영 압박이 시작되면서 지상파 방송사들은 광고수입 확대를 위한 '낮 시간 및 종일방송 허용', '광고 규제 완화' 등을 지속적으로 요구해왔고 이는 대부분 정책적으로 허용되었다. 그럼에도 광고총량제와 간접광고 등을 대폭 허용하고, 아직 허용되지 않은 중간광고를 프로그램을 나누어 별도 프로그램 형식으로 제공하는 편법 등을 통해 광고수입 확대를 추진하고 있다. 그렇지만 지상파 방송의 광고수입은 지속적으로 하락해왔고, 최근에는 모바일, 인터넷 광고의 급성장으로 인해 더 급속히 위축되고 있다. 이런 상황에서 중간광고를 허용하더라도 지상파 방송의 광고수입은 늘어나기 어렵다는 것이 일반적인 전망이다. 결국 광고 외에 다른 수익원을 모색해야 함에도 불구하고 여전히 광고수입에 집착하는 모습을 볼 수 있다.

사업자들은 각종 진입장벽을 통해 신규 사업자의 시장 진입을 억제할 뿐만 아니라 방송사업자가 아닌 방송 유사 서비스 혹은 기존 경쟁 사업자들의 행위를 제한하려는 전략을 고심할 수밖에 없다.

높은 진입장벽을 가진 시장은 대체로 독과점 구조이거나 사업자들 사이에 상호 수직적/수평적으로 연계된 경직된 시장일 가능성이 높다. 그 이유는 대부분의 진입장벽들은 먼저 진입한 사업자가 비용 측면에서 경쟁 우위를 갖기 위해 만든 장애요인들이어서 시장에서 경쟁을 위축시키고 질적으로 왜곡하기 때문이다. 특히 방송시장은 방송 서비스를 이용한 대가와 확보된 수용자를 기반으로 광고나 홈쇼핑송출수수료, 모바일 이동통신·인터넷 부가서비스 등의 수익을 창출하는 '양면 시장'이라는 점에서 왜곡될 가능성이 더욱 높다. 그러므로 신규 사업자들 역시 먼저 진입한 사업자들과 마찬가지로 가입자 확보를 통한 간접 수익 모델을 모색할 수밖에 없다. 2000년대 초반 케이블 TV의 초고속인터넷 서비스나 최근 IPTV 사업자들의 이동전화 중심의 결합 판매가 대표적인 경우다. 이와 같은 비정상적인 수익 구조는 사업자들 사이에 가입자 확보를 위한 저가 가격 경쟁을 유발하고, 결과적으로 방송 서비스를 번들 서비스화하게 된다. 최근 우리 유료방송시장은 가입자 규모에 비례해 대가가 결정되는 홈쇼핑송출수수료에 전적으로 의존하는 기형적 시장으로 변질되고 있다. 2017년을 기준으로 홈쇼핑채널들이 유료방송 플랫폼에 제공하는 사용료는 1조 4093억 원으로, 전체 유료방송 매출의 24.3%를 차지하고 있고 그 비율도 매년 증가하고 있다. 즉, 유료방송사업자의 방송수신료는 정체되어 있는 반면 홈쇼핑송출수수료는 급증하고 있는 것이다. 특히 케이블 TV와 위성방송의 경우에 홈쇼핑송출수수료가 영업이익의 200%를 넘고 있어 사실상 사업을 영위하는 유일한 재원이 되고 있다. 바로 이러한 이유로 한국의 유료방송시장은 홈쇼핑사업자들이 상품 제조업자들에게 상품 소개 시간과 수용자를 팔아 판매수수료를 올리고, 유료방송사업자는 인기

그림 2.2 ▌유료방송시장의 이중적 양면 시장 특성

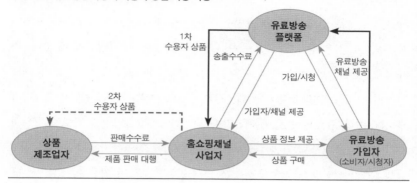

채널 인접 채널들을 통해 인기 채널 수용자의 시청 기회를 홈쇼핑사업자에
게 제공하고 송출수수료로 이익을 확보하는 '이중적 양면 시장' 형태를 띠고
있다고 할 수 있다(황근·최일도, 2014).

　이러한 이유로 방송시장에서의 경쟁 양상은 콘텐츠 경쟁이 아니라 저가
가입자 확보 경쟁이 중심이 되고 있다. 한마디로 한국의 유료방송사업은 이
용자를 대상으로 하는 'B to C' 사업 형태가 아니라 연관 사업자와의 거래를
통해 수익을 창출하는 'B to B' 형태로 전환되고 있다. 이처럼 홈쇼핑송출수
수료가 주도하는 우리 유료방송시장은 양면 시장에서의 간접 수익을 극대화
하기 위해 방송 서비스의 번들화가 가속화되고 있고, 이로 인해 가입자 확대
를 위한 저가 시장이 고착되고 있다. 최근 활발히 벌어지고 있는 유료방송
플랫폼 사업자들 간의 인수, 합병 추진 역시 이러한 가입자 확대를 통한 간접
수익을 늘이기 위한 목적에서 이루어지고 있다고 할 수 있다. 그 결과 지상
파 방송 재송신 대가나 홈쇼핑송출수수료를 둘러싼 사업자들 간에 갈등이
증폭될 수밖에 없다. 또한 유료방송시장에서의 성패가 시장이 아니라 정부
정책과 법원 판결에 의해 좌우되는 현상도 만연해지고 있다.[15] 이처럼 왜곡

된 유료방송시장의 구조적 속성은 궁극적으로 콘텐츠를 생산하고 제공하는 하류 시장으로 전이되고 있다. 방송 서비스의 대가로 직접 지불하는 수입이 절대적으로 적은 상태에서 방송 콘텐츠의 대가 역시 낮아질 수밖에 없다. 따라서 콘텐츠를 제공하는 PP들 역시 이를 광고수입으로 보전하기 위해 채널 런칭에 전력할 수밖에 없게 된다. 결과적으로 현재 한국의 유료방송시장에서 경쟁은 ① 유료방송 플랫폼들 간에 최대한 많은 가입자를 확보하기 위한 가격 경쟁, ② 경쟁력 있는 플랫폼(혹은 번호대)에 진입하기 위한 PP 간 런칭 경쟁, ③ 지상파 방송 재송신을 낮은 가격으로 확보하기 위한 정책적(법률적) 경쟁, ④ 새로운 전송기술 혹은 신규 매체를 진입시키기 위한 기존 사업자들 간의 정책적 갈등이 주도하고 있다. 이러한 경쟁 양상은 유료방송시장을 더욱 악화하는 악순환의 원인이 되고 있다. 특히 ③, ④의 경쟁은 시장이 아니라 정치적·정책적 성격을 내포하고 있어 방송시장을 더욱 황폐화하고 있다. 결국 현재 유료방송시장은 유효 경쟁이 불가능한 상태에서 프로그램 이용 대가가 프로그램 제작에 재투입되는 선순환이 아니라 생존 논리와 영리 추구에

---

15 그렇다고 법원의 판결이 지상파 재송신 문제를 해결하는 근거를 제공해주고 있지도 않다. 대표적인 사례가 2015년 9월 3일 울산지방법원의 'SBS, UBC vs. JCN 울산' 간의 손해배상 청구소송에 대한 판결이다. 이 판결에는 지상파 방송의 저작권법상 권리 침해와 유료방송의 전송망이용료 같은 송출비용을 모두 인정했다. 하지만 손해배상을 명하지 않고 두 건 모두 기각했다. 그 이유로 ① CPS 280원 통상이용료라고 인정하기 어려움, ② 난시청 해소 등 지상파 방송의 공공성 달성에 도움, ③ 재송신 대가의 상당액에 대해 부당이익 반환(전송망 이용료) 의무가 인정, ④ 원고가 피고의 방송 송출을 장기간 묵인 등을 제시하고 있다. 또한 JCN 울산방송의 손해배상 청구에 대해서는 '피고(지상파 방송)가 절감한 제반비용과 원고가 청구한 피고(지상파 방송)의 광고수익 중 14%에 해당되는 반환금액 간에 인과관계가 인정되지 않는다'는 이유로 기각했다. 그러면서 지상파 재송신과 관련된 합리적인 대가 및 비용 산출은 정부에서 산출해줄 것을 요구하고 있다. 그리하여 지금까지 법원의 판결이 지상파 재송신과 관련된 명확한 기준을 제시해주고 있다고 보기 어렵다.

매몰된 사업자들 간에 왜곡된 경쟁이 벌어지고 있는 것이다.

이론적으로 시장 성장을 유도하는 동력원은 ① 절대 가입자 및 이용자(혹은 이용 시간과 비용)가 늘어나는 경우, ② 새로운 자본이나 상품, 서비스 등이 시장에 투입되면서 파이가 커지는 경우, ③ 시장의 크기는 그대로지만 새로운 서비스가 개발되거나 질적으로 향상되는 경우다. 그런 의미에서 보면, 2000년 이후 한국의 유료방송 성장은 중계유선방송의 케이블 TV 전환으로 이용자 혹은 가입자가 절대적으로 늘어난 것과 위성방송, IPTV 등이 연이어 진입하면서 중복 가입자가 늘어난 것 때문이었다. 하지만 케이블 TV의 경우 '국민형', '보급형' 가입자들이 주를 이루고 있는 아날로그 가입자가 여전히 적지 않은 비중을 차지하고 있고, 이들과 경쟁하기 위해 디지털 방송인 위성방송과 IPTV 역시 가격 경쟁을 벌이면서 ARPU를 높이기 어려운 구조가 형성되어 있다. 특히 최근 들어 IPTV 사업자들 사이에 벌어지고 있는 '결합 판매 경쟁'은 저가 구조를 더욱 심화하고 있다. 결과적으로 현재 한국의 유료방송시장의 성장 동력은 사실상 한계에 도달한 상태라고 할 수 있다.

미국에서는 지상파 방송 재전송, 의무 전송, 프로그램 접근 규정PAR 등은 일종의 '점프 스타터jump starter'로, 후발 사업자들이 선진입 사업자들과 최소한의 유효 경쟁을 가능하게 하는 정책적 고려사항으로 간주되고 있다. 미국에서 지상파 재전송은 시장 경쟁과 공공 이익을 모두 충족하기 위한 강제허락제도compulsory license가 변형된 형태로 이해되고 있다(황근, 2009). 하지만 이러한 점프 스타터들이 한국에서는 도리어 신규 사업자의 시장 진입을 억제하는 진입장벽 기제로 작동하고 있는 것이다.

2) 우회·편법 진입

이렇게 진입장벽이 높다 보면 정상적인 방송시장 진입이 어려워질 수밖에

표 2.13 ▎새로운 매체 및 전송기술의 시장 진입 방법

매체·전송기술	추진 주체	진입 방법
IPTV	통신사업자	별도의 'IPTV법' 제정
8VSB	케이블 TV/종편 채널	규제기구 승인
MMS	지상파 방송	규제기구 승인
DCS	위성방송	ICT 특별법

없다. 따라서 새로 개발된 매체 혹은 전송기술들은 '방송법' 체계 아래의 인·허가가 아닌 우회·편법 진입을 더 많이 시도할 수밖에 없다. 실제로 최근 우리 방송시장에 진입을 시도한 매체 혹은 전송기술을 보면 이러한 현상을 엿볼 수 있다(표 2.13 참조). 이미 IPTV는 2008년 제정된 '인터넷멀티미디어방송사업법(IPTV법)'을 통해 방송시장 진입에 성공했다. 이는 방송시장에서의 진입장벽들을 피해 시장에 안착하기 위한 전형적인 우회 진입 방법이다. 물론 그 내용도 '방송법'에 비해 매우 높은 수준의 규제 완화 내용을 담고 있다. IPTV의 전국 사업자화, 대기업의 자회사 분리 규정 삭제 등을 통해 기간통신사업자의 방송시장 진입 용이성과 경쟁력 확보를 가능하게 하고 있다. 또한 실효성은 없었지만 기존 신규 방송사업자들이 크게 고전했던 전략적 진입장벽들, 즉 콘텐츠 동등접근, 지상파 방송 재전송, 프로그램 보편적 접근권 등과 관련해 파격적인 규정들도 포함하고 있다. 물론 경쟁 사업자인 케이블 TV를 염두에 둔 '권역별 1/3 가입자 제한' 같은 과도한 규제들도 있지만 전반적으로 이전에 진입한 유료방송 매체들이 고전했던 진입장벽들을 우회 진입한 것은 사실이다. 물론 진입 초기에 지상파 재송신 대가나 MSP의 배타적 채널 공급 등의 전략적 진입장벽들이 없지는 않았지만 이러한 법적 보호 아래 통신사업의 시장지배력을 바탕으로 유료방송시장을 급속히 주도해나가고 있다. 이처럼 우회 진입한 사업자가 유료방송시장 생태계에 긍정적인 영향을 미치기도 하지만 결합상품에 의한 저가 시장 고착화처럼 부정적 영향에 대

한 우려가 제기되고 있는 것도 사실이다.

한편 DCS처럼 기존 사업자의 전송 수단 개발 및 확대를 통한 시장 확대 전략은 기술적·법적 진입장벽 때문에 크게 고전하는 것을 볼 수 있다. 따라서 최근에 새로운 전송기술들은 인·허가 시스템을 회피해 정책적으로 승인을 받아 진입을 시도하는 경우가 늘어나고 있다. 케이블 TV의 8VSB 송출은 이미 허가되었고, 지상파 방송사들의 다채널방송 MMS도 사실상 허용된 상태라고 할 수 있다. 문제는 이 기술들이 방송시장에 미칠 영향이나 허가받은 기술적 역무에 적합한지에 대한 일관된 기준 없이 그때그때 편의적으로 허용되고 있다는 것이다. 그러다 보니 실제로 최근에 도입이 추진되었던 새로운 방송기술들의 시장 진입 양상을 보면 규제 형평성이 결여된 면도 있고 정책적 일관성 부족한 것이 사실이다. 또 편법 진입으로 인해 방송시장에서의 성패가 정치적 혹은 정책적으로 결정되면서 규제자와 피규제자가 연대하는 '철의 연대iron collision'나 규제기구의 '지대 추구rent seeking' 현상으로 사회적 비용이 증가하는 문제점도 발생하고 있다.

실제로 8VSB와 지상파다채널방송MMS은 허가 과정에서 사업자들 사이에

표 2.14 ∥ 8VSB 기술 허용에 대한 각 사업자의 이해득실

8VSB	입장	명분	속내
지상파 방송	적극 반대	중소 PP 소멸가능성	종편/MPP 위협
케이블 TV	적극 추진	아날로그 가입자 디지털 서비스 제공	지상파 재전송 대가 우회 디지털 전환 압박 완화
위성방송	적극 반대	디지털 전환 지연 및 포기	케이블 TV SO 견제
IPTV	반대	초기 소극적 반대 > 후기 적극 반대	
MPP	찬성	디지털 전환 대체 기술	상위권 채널 접근 용이
중소 PP	반대	중소 PP 소멸	중소 PP 채널 런칭 보장과 교환
종편 채널	적극 찬성	상위권 채널 진입	사실상 지상파 방송과 동등한 입지 확보
미래부	추진	디지털 전환 대체 기술	디지털 전환 압박 해소
방통위	(소극적) 찬성	디지털 대체 기술	종편 채널 지원

심각한 갈등이 있었던 것이 사실이다. 그런데 여기서 주목해야 할 것은 이러한 신기술을 둘러싼 각 이해당사자들이 겉으로 표방한 이유와 실제 이유 간에 차이가 있다는 것이다. 즉, 표면적으로는 공익적 관점에서 이유를 제시하지만 실제로는 경쟁 사업자의 사업 확장이나 경쟁력 강화를 우려하는 목적이 숨겨져 있다는 것이다(표 2.14 참고). 이는 앞에서도 설명한 바와 같이, 방송의 공익성이 강조되는 한국 방송시장의 특성에서 기인하는 것으로 자신의 이익을 공익으로 포장하는 현상이 일상화되고 있음을 보여주는 것이라 할 수 있다.

3) 기술적 진입장벽 구조화와 자발적 규제 산업화

앞서 설명한 단계별 진입장벽들은 외형적으로는 매우 다양해 보이지만 본질적으로는 '방송법'의 아날로그식 규제체계와 연관되고 있다는 공통점을 지니고 있다. 또한 대다수 진입장벽들이 기술적 문제와 연관되어 있어 '기술적 진입장벽'이라고 할 수 있다. 즉, 새로운 매체의 방송시장 진입 초기의 갈등들은 새로운 기술 혹은 매체들의 방송 여부를 놓고 벌어지는 기술적 갈등인 경우가 많다. 하지만 새로운 커뮤니케이션 기술을 둘러싼 갈등은 기술 원리가 아니라 기술을 둘러싼 사회 구성원들의 이익갈등(Slack, 1984), 즉 사회구성체들의 이익 혹은 주도권 다툼이다. 어쩌면 이는 '변화하고자 하는 세력force of change'과 '보존하려는 세력force of preservation' 사이의 대립일 수도 있다(Dutton·Blumler, 1984). 신규 매체의 인·허가를 통해 부여된 소유 구조 제한이나 공적 책무들과 각각의 매체들이 기술적 속성에 따라 별도의 책무를 부여받는 '매체균형발전론'이 위력을 발휘하는 이유도 여기에 있다. 한편 방송시장 진입 이후 부딪치는 가장 대표적인 전략적 진입장벽인 '지상파 방송 재송신' 문제도 '지역성'이라는 공익 이데올로기와 결부되면서 기술적으로 지역성을 담보

표 2.15 ▎단계별 진입장벽과 기술적 요인

단계	진입장벽	기술적 요인	사례
갈등	법제화	방송 매체 승인	DMB, IPTV
진입	인·허가	기술적 속성에 따른 공적 소유/책무	위성방송/IPTV
정착	지상파 재송신	권역별 재송신	위성방송, 위성 DMB
성장·도약	합산규제	DCS를 통한 결합 판매	kt/스카이라이프
	기술적 적합성 (매체별 역무적합성)	전송 수단·플랫폼 확장 (8VSB/MMS)	케이블 TV/지상파 방송

하기 어려운 신규 사업자들의 진입비용을 극대화하려는 전략이라고 볼 수 있다. 또한 위성방송의 '권역별 재송신' 역시 UHD TV가 상용화되어 대용량 콘텐츠 시대에 들어서게 되면 또다시 기술적 난관에 봉착할 가능성이 높다.

이러한 이유로, 기존 혹은 신규 매체들이 개발한 인터넷 기반의 융합형 매체 혹은 전송 수단들이 방송이 아니라 OTT 형태로 우회 진입하는 방법이 늘어나고 있는 것이다. 이는 앞에서도 설명한 바와 같이 초기 단계가 아닌 성장·도약 단계에서도 아날로그식 방송 개념과 부여된 역무적합성 문제로 갈등이 지속될 가능성이 높을 수 있음을 예측하게 한다. 물론 이 역시 표면적으로는 기술적 갈등인 것 같지만 그 이면에는 이해당사자들의 경제적 이해득실이 작동하고 있다고 할 수 있다. 실제로 표 2.15에서 보는 것처럼, 갈등·진입 단계뿐만 아니라 성장·도약 단계에서도 기술적 진입장벽들이 문제가 되고 있다. 이 때문에 한국의 유료방송사업자들은 시장에서의 경쟁보다 정부의 정책 결정에 대한 의존도를 스스로 높여가는 이른바 '자발적 규제 산업화'되고 있다. 이는 결국 한국의 방송영상산업이 콘텐츠로 승부하는 것이 아니라 정부의 육성 방안에 의존하는 국가주도형 산업에서 벗어나지 못하는 이유라 할 수 있다.

4) 정부 정책 지도policy mapping의 부재

이처럼 방송시장에서 사업자들 사이에 이익 충돌과 갈등이 증폭되고 있는
상황에서 정부의 정책 기조와 합리적 접근 방법이 매우 중요해지고 있다. 윌
슨(Wilson, 1980)의 정책모델이론에 따르면, 방송정책들은 다수의 대중이 비용
을 지불하고 혜택을 받는 KBS 수신료, 콘텐츠 제작 지원, 정부 광고 같은 대
중정책majoritan policy과 다수의 수용자를 위해 방송사들이 비용을 지불하는 지
상파 재송신 대가 같은 기업가적 정책entrepreneurial policy, 프로그램 사용 대가,
홈쇼핑송출수수료 광고 규제 같은 이익집단정책interest group policy으로 분산되
어 있다. 때문에 각각의 정책 유형에 따라 정부의 정책 추진 방법이 달라져
야 한다(황근·최영묵, 2000). 이 중에 오랫동안 우리 방송정책은 공익성이나 보편
적 서비스 같은 다수의 국민이 비용을 지불하고 또 수혜자가 되는 대중정책
이 주를 이루어왔다고 볼 수 있다. 그렇지만 디지털 융합 시대에 들어서 사
업자 간 이해관계가 첨예하게 대립하면서 이익집단정책이 늘어나고 있다.
이 과정에서 정부의 사업자 간 이해 갈등을 조정하는 역할은 점점 더 중요해
지고 있다. 특히 최근 들어 많은 사업자들이 자신들과 관련된 정책들이 정부
의 규제 혹은 정책 결정에 의해 전체 수용자가 비용을 지불하게 하여 혜택을
누리려고 하는 고객정책client policy으로 전환되기 위해 전력하고 있다. 즉, 방
송시장에서의 진입장벽들은 모든 국민이 비용을 지불하고 혜택을 누리는 '대
중정책'과 방송사업자들 사이에 이해가 부딪치는 '이익집단정책'이 복합적으
로 섞여 있음에도 불구하고 모든 정책 쟁점들이 국가가 주도적으로 문제를
해결하는 '고객정책화'되려고 하는 데 원인이 있는 것이다. 정부 정책에 의해
시장에서 사업자들의 성패가 결정되는 국가 규제가 방송정책의 중심에 위치
하게 된 것이다. 이는 결국 정책 유형에 따른 정책적 대응 방법의 차별화를
불가능하게 만들고 정책 우선순위 결정에 있어 합리성을 상실하게 만든다.

그림 2.3 ▌방송정책의 성격 변화

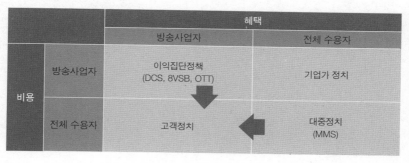

		혜택	
		방송사업자	전체 수용자
비용	방송사업자	이익집단정책 (DCS, 8VSB, OTT)	기업가 정치
	전체 수용자	고객정치	대중정치 (MMS)

특히 정부가 미디어 정책 전반에 대한 조감도가 결여되어 있을 경우에는 더욱 그러하다(그림 2.3 참조).

특히 '매체특성론'[16]에 바탕을 둔 '매체균형발전'[17]을 중시해온 한국의 경우

---

16 '매체특성규제론(media specific regulatory model)'은 '매체 규제는 각 매체가 가지고 있는 독특한 성격과 차이에 따라 차별적으로 이루어져야 한다'는 것이다. 특히 매체의 공적 책임은 그 매체가 가진 사회적 영향력의 크기와 제공되는 내용에 따라 차이가 있으므로 무조건적인 동일한 규제가 이루어져서는 안 된다는 비대칭규제론으로 이어진다. 특히 한국방송정책에서 비대칭 규제는 후발 사업자인 케이블 TV와 같은 유료방송사업자들을 보호하기 위한 논리로 사용되어왔다(윤성옥, 2011; 조연하, 2007). 하지만 최근 영향력이 급속히 감소하고 경쟁력이 약화되면서 도리어 지상파 방송사들이 매체 간 균형 발전이나 지상파 방송 매체 특성 등을 근거로 삼아 역으로 규제 완화 혹은 보호 정책을 요구하는 경향이 늘어나고 있다. 따라서 매체특성규제론에 바탕을 둔 비대칭규제론은 방송사업자들의 자기 이익을 정당화하기 위한 논리로 이용되고 있다는 비판을 받고 있다(김재영·강한나, 2007; 박규장·최세경, 2008; 최세경, 2015).

17 매체균형발전론은 '여러 개의 매체와 채널이 공존하면서 수용자에게 저마다의 영향력을 갖는 상태(김재영·강한나, 2007)로 다매체 환경에서 모든 매체가 각각의 매체 특성에 맞는 역할을 수행하면서 미디어 산업이 공존하게 하는 논리라고 할 수 있다. 매체균형론은 2000년대 이후 한국 방송정책의 기본 축으로 작동해왔다. 매체 간 균형 발전 개념은 1994년 '2000년 위원회' 보고서에서 '지상파 방송, 케이블 TV, 위성방송 간의 역할 분담'이라는 개념으로

정부의 정책적 개입이 전체 방송시장에 미치는 영향이 매우 커 사업자 간 갈등을 조정하는 정부 역할이 더욱 중요할 수밖에 없다.[18] 하지만 최근 정부의 방송정책들을 보면 체계적인 정책 지도가 없는 상태에서 정책 간 충돌 현상이 빈번하고, 이로 인해 사업자 간 갈등을 더욱 증폭하는 사례가 늘고 있다. 더 큰 문제는 이러한 정부 규제나 정책이 국회 혹은 정치권에 의해 주도되는 '정치적 고객정책political client policy'화 되고 있다는 것이다.[19] 그 결과 정부는 모든 사업자들이 사적 이익private interest을 공적 이익public interest으로 포장하는 이른바 '윤리적 선호ethical preference'를 내놓기 때문에 정책적 딜레마에 빠지는 경우가 많다(Block, 1996). 그러므로 정부나 규제기구가 '정책적 우선순위policy pri-

---

처음 제기되었고, 같은 해 '선진방송위원회' 보고서에서 '방송 매체 간 균형 발전'을 구체적인 정책 목표로 규정한다. 또한 1999년 '방송개혁위원회' 보고서에는 '방송 매체별 특성을 살리고 상호 보완관계를 유도함으로써 전체 방송의 균형 있는 발전을 도모'해야 한다고 서술하고 있다. 그리고 2001년 방송기획위원회에는 균형 발전의 구체적인 방안으로 '방송 매체 간 위상 정립' 및 '방송 매체 간 공정 경쟁'을 제시하고 있다(박규장·최세경, 2008 참조).

18 영국, 일본, 프랑스 등 주요 국가들의 지상파다채널방송 정책에서 '균형 발전 모델'이 주를 차지하고 있는 이유에 대해 박진우와 송영주(2014)는 지상파 공·민영방송 경쟁에서 민영방송이 우위에 서면서 방송시장 전체를 유료방송시장이 압도적으로 지배하는 구도가 고착되고 있기 때문으로 보고 있다. 그런 의미에서 후발 유료방송사업자들의 초기 시장 진입을 위한 비대칭 규제 논리가 아니라 이제 한국도 점점 위축되고 있는 지상파 방송을 비롯한 공영방송사의 위상을 정부가 보호해주는 공·민영 이원 구조 정착 관점에서 매체균형발전론이 변화될 가능성이 높다.

19 대표적인 사례로 정부입법이 아니라 의원입법으로 추진된 위성 DMB 관련 방송법 개정(2004), 유료방송 합산규제 법안(2015) 등을 들 수 있다. 그 이유는 정부가 입법 절차가 까다롭고 시간도 오래 걸리는 정부입법이 아니라 국회의원을 통한 의원입법을 선호하면서 정부부처에서 의원들을 통해 법안을 제·개정하는 이른바 '위임입법 혹은 대리입법'이 만연해지면서 최근 방송사업자들의 주된 로비 대상이 정부가 아니라 국회와 정치권으로 옮겨 간 것에 원인이 있는 것으로 보인다. 따라서 모든 사업자들이 국회와 정치권을 주된 로비 대상으로 삼으면서 많은 방송정책 사안들이 정치 쟁점화되는 경우를 자주 볼 수 있다.

ority'를 결정하는 것이 무엇보다 중요하다. 그렇지만 실제로는 정부의 정책 지도의 부재로 인해 공영방송 체계 확립, 지상파 재송신 제도, 유료방송시장 정상화 같은 주요 정책들을 둘러싼 갈등은 더욱 혼란스러워지고 있고 해결책을 찾기 어려워지고 있는 것이 사실이다.

5. 기술적 진입장벽의 구조화와 규제체계 개선

어느 영역이나 마찬가지로 방송시장에서 진입장벽의 작동은 자본주의 경제 시스템을 가지고 있는 나라에서 공통적으로 나타나는 현상이다. 또한 공익이나 공정 경쟁 관점에서 부분적으로 진입장벽이 필요할 수도 있고, 사업자 간 경쟁이라는 차원에서 불가피한 측면도 있는 것도 사실이다. 즉, 시장에서의 유효 경쟁과 수용자 후생이 긍정적인 측면이 많다면 진입장벽 자체가 문제되지 않을 수 있다는 스티글러 방식의 접근 방법이 나름대로 바람직하다는 평가도 가능하다. 문제는 진입장벽의 병폐를 최소화하고 소비자 후생을 극대화할 수 있는 정부의 정책 지도와 법제도적 미비라고 할 수 있다. 한마디로 우리 방송시장에서 진입장벽의 병폐가 높은 이유는 정부의 정책 부재와 제도적 한계 때문이라고 할 수 있다.

1) 아날로그 형태의 방송 개념 개선

'방송법' 제2조에 '방송이라 함을 방송프로그램을 기획·편성 또는 제작하여 이를 공중(개별계약에 의한 수신자를 포함)에게 전기통신설비에 의하여 송신하는 것'으로 정의하고, 구체적인 방송 유형과 방송사업자를 명시하고 있다. 따라서 새로운 매체를 허용하기 위해서는 법에 새로운 방송 개념이 추가

되어야 한다. 1993년 케이블 TV 도입을 위해 별도의 '종합유선방송법'이 제정되었고, 이 과정에서 공보처와 체신부 간 법적 관할권 경쟁이 발생한 바 있다. 실제로 이 갈등은 케이블 망 구축 방해, 중계유선방송 '지상파 방송 이시재송신 허용' 같은 노골적인 부처 간 갈등을 유발했다(황근, 2007). 1994년에 처음 논의되기 시작했던 위성방송은 2000년 '통합방송법' 제정을 통해 진입할 수 있었다. 위성 DMB 역시 '이동멀티미디어방송' 개념을 포함하는 '방송법' 개정안을 국회의장 직권상정이라는 방법을 통해 방송시장에 진입했다. 이 과정에서 기존 방송사업자들은 '통신사업자의 방송 진입' 혹은 '뉴미디어 난개발'과 같은 슬로건을 내걸고 반대했고, 신규 사업자들은 이에 대처하기 위해 과도한 '공적 책무'들을 약속하면서 초기 사업 추진에 큰 걸림돌이 되었다(황근, 2004). 이런 법적 진입장벽을 우회하기 위해 IPTV는 2009년 '방송법' 개정이 아니라 별도의 '인터넷멀티미디어방송사업법(IPTV법)' 제정을 통해 우회적으로 방송시장에 진입했다.

따라서 전송 수단에 따라 방송사업을 규정하는 아날로그식 방송법 체계를 네트워크, 플랫폼, 콘텐츠 3단계로 분리해 전송 수단에 따른 규제 차이를 해소함으로써 신규 방송 매체들의 진입 규제를 완화해야 한다는 주장이 오래전부터 제기되었다. 하지만 그러한 법체계 개선은 공익적 방송사업자와 상업적 방송사업자 간 역무 차별화 문제로 좀처럼 논의가 진전되지 못하고 있다. 정부가 추진해온 '통합방송법' 역시 완전한 수평적 규제체계가 아닌 '방송법'과 '인터넷멀티미디어방송사업법'을 통합하는 수준에 머물렀다. 또한 2014년 신규 방송 매체에 대한 법적 진입장벽을 해소하기 위해 ICT 특별법이 제정되어 '임시허가'제도를 도입했지만 스카이라이프가 추진하고 있는 DCS를 제외하면서 구체적인 성과가 없는 상태다.

이와 같은 현행 수직적 규제방식의 가장 큰 문제는 특히 융합형 서비스의 진입을 어렵게 만든다는 것이다. '방송법' 제2조 1항에서는 동영상/정지화상/

그림 2.4 ┃ 방송 관련법상의 방송 개념들

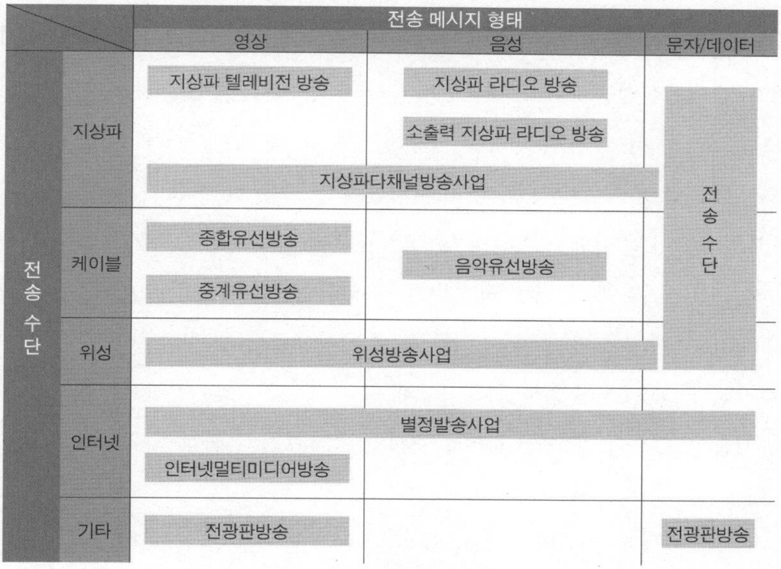

전송 수단		전송 메시지 형태		
		영상	음성	문자/데이터
전송 수단	지상파	지상파 텔레비전 방송	지상파 라디오 방송	전송 수단
			소출력 지상파 라디오 방송	
		지상파다채널방송사업		
	케이블	종합유선방송	음악유선방송	
		중계유선방송		
	위성	위성방송사업		
	인터넷	별정방송사업		
		인터넷멀티미디어방송		
	기타	전광판방송		전광판방송

데이터 같은 전송 형태에 따라 텔레비전 방송, 라디오 방송, 데이터 방송, 이동멀티미디어방송 등으로 구분하고 있다. 또한 '방송법' 제2조 2항에서는 전송 수단에 따라 지상파방송사업, 종합유선방송사업, 위성방송사업을 나열하고 있고, '중계유선방송사업', '음악유선방송', 심지어 '전광판방송'까지도 규정하고 있다. 이처럼 현재 '방송법'의 방송 개념은 전송 내용과 전달 형태, 전송 수단을 복합적으로 적용해 일일이 나열하고 있어 다의적이고 복합적일 수밖에 없다(황근, 2003).

따라서 새로운 융합형 매체들이 등장할 때마다 방송·통신 중에 어떤 규제를 받아야 하는지를 놓고 사업자 간 혹은 규제기구 간 갈등이 반복되어왔다. 최초의 갈등은 1990년대 말에 등장한 인터넷 방송에서 시작되었다. 당시에는 규제기구가 방송위원회, 정보통신부, 정보통신윤리위원회 등으로 분산되어 있어 규제 비일관성과 규제 중복 등의 문제점이 발생할 수밖에 없었다. 이를 해결하기 위해 '방송법' 제32조와 시행령 제21조 1항을 개정해 '방송사업자·중계유선방송사업자·전광판사업자가 전기통신회선을 통하여 "방송" "TV" 또는 "라디오" 등의 명칭을 사용하면서 일정한 편성계획에 따라 유통시키는 정보'만 공익성·공공성 등을 심의할 수 있도록 규정하도록 했다. 즉, 방송사업자들이 운영하는 인터넷 방송만 규제하고 '방송', 'TV' 같은 용어를 사용하고 있는 수많은 인터넷 방송들은 규제 대상에서 제외한 것이다. 한편 위성 DMB는 어렵게 '방송법' 개정을 통해 시장에 진입했지만 거의 같은 시기에 지상파 DMB가 출범하면서 지상파 방송 재송신 등의 진입장벽에 고전하다 기술적으로 더 우수한 모바일 매체인 스마트폰의 등장으로 결국 퇴출되었다.

이러한 갈등은 2004년 이후 IPTV 도입을 두고 재발된다. 특히 규제기구와 피규제 대상 사업자가 연대해 갈등하는 이중적 갈등 현상으로 증폭되면서 장기화되었다. 당시 방송 규제기구인 '방송위원회'는 준June, 핀Fimm 그리고 IPTV까지 통신망을 이용해 방송 서비스를 제공하는 '별정방송'으로 규정해 방송사업자와 동일한 인·허가 절차와 소유·내용 규제도 받아야 한다고 주장했다. 반면에 정보통신부는 이들 서비스는 통신과 방송 특성이 혼합된 것으로, 이용자 요청에 의해 정보를 제공하는 양방향 서비스이므로 새로운 '융합서비스'로 진입 규제는 물론이고 소유·내용 규제도 불필요하다고 주장했다. 심지어 방송 규제를 회피하기 위해 IPTV라는 용어 대신 'ICOD'Internet Content on Demand'라는 용어를 사용하기도 했다(홍기선·황근, 2004). 이후 이 갈등은 2008년 정권 교체 시기에 '인터넷멀티미디어방송사업법'이 제정되면서 일단락되었다.

이와 같은 아날로그 형태의 방송법 체계로 인한 갈등은 2014년 '통합방송법' 추진 과정에서 재연되었다. 정부는 통합방송법에 OTT 같은 VOD 서비스를 '비실시간 방송'으로 규정해 방송 규제 대상에 포함하고자 했다. 그렇지만 규제 실효성 등의 문제가 제기되면서 '네거티브·최소·자율 규제' 원칙이 정해졌지만 넷플릭스Netflix를 비롯한 글로벌 OTT 사업자들이 본격적으로 시장에 정착되게 되면 '비실시간 방송' 규제 문제는 다시 제기될 가능성이 높다. 실제로 이미 국회에서는 방송 시청 패턴 변화 등을 고려해 방송사업자를 스마트 미디어까지 확대 개편해야한다는 방송법 개정이 추진되고 있다. 또한 방송 소유 규제 완화의 보완책으로 제정된 '방송법' 제69조 '시청점유율' 평가에 VOD 시청률을 포함하는 방안도 갈등의 소지를 안고 있다.

2) 인·허가 제도 개선

진입장벽과 관련해 가장 많이 지적되고 있는 것 중에 하나가 방송사업자 인·허가 심사 방식이다. 한국에 지금 같은 민주적 방송 인·허가 제도가 도입된 시기는 그리 오래되지 않았다. 원용진(1998)은 한국의 방송정책을 시기별로 '억압적·흡수적 공공서비스 모델(1987년 이전)', '포섭적 공공서비스 모델(1987~1990년)', '포섭적 시장자유주의 모델(1991년~)'로 나누고 있다. 이는 우리 방송 규제가 국가 주도의 권위주의 방식에서 점차 국가 개입 정도가 낮아지는 추세를 보여준다. 실제로 1991년 SBS 허가 이전까지는 국가가 직간접적으로 방송을 통제하는 독점 구조였으며 인·허가 절차라는 것 자체가 있을 수 없었다. 더욱이 2000년 '통합방송법' 제정 이전의 '방송법'에는 방송사업자에 대한 허가·재허가 규정 자체가 없었다. 따라서 SBS는 물론이고 지역 민영방송 허가도 제도화된 법적 절차가 아니라 주무부처의 재량권에 의해 이루어졌다고 할 수 있다. 따라서 법적 진입 규제가 없었던 것처럼 보이지만 실제로는 정부가 필요에 의해 신규 사업자를 선정하는 매우 강력한 진입 규제가 존재했다고 할 수 있다.

지금과 같은 법적 인·허가 절차의 필요성은 1993년 종합유선방송사업자

표 2.16 ▐ 방송사업자 인·허가 심사 방식 비교

	RFP 방식	그랜드 컨소시엄 방식	개척자 우선 방식	2단계 면허 방식
내용	· 경쟁 사업자 간 공모를 통해 비교 기준 우위에 있는 사업자 선정	· 희망 사업자들 간 합의를 통해 공동 컨소시엄 구성 선정	· 기본 시설과 사업계획을 먼저 갖춘 사업자에게 사업권 우선 부여	· 일정 요건과 사업계획을 갖춘 사업자에게 예비면허 부여 후 일정 기간 관찰 후 본 면허 부여
장점	· 심사 기준의 공정성과 절차 정당성 확보 · 사업자 간 경쟁으로 서비스 질 향상 및 공익성 확보	· 과당경쟁으로 인한 자원의 낭비를 줄일 수 있음	· 정책 진행의 신속성 확보 · 산업적 손실 축소	· 희망 사업자 모두에게 공평한 기회 부여 · 산업적 손실 축소
단점	· 형식적인 페이퍼 워크 · 심사 기간 지연 · 허가 공정성 시비	· 지분을 둘러싼 참여 사업자 간 갈등으로 사업 효율성 저해 가능성	· 후발 사업자 진입 때까지 독점 폐해 가능성	· 대자본 시장 선점에 따른 부작용
국내 적용 사례	· 1990년 이후 허가 대상 방송사업자 전체	· 2000년 위성방송사업자 선정 때 경쟁 사업자에게 요구	· 2004년 위성 DMB 사업자 선정 시 부분적 고려	· 'ICT 특별법' 제정으로 적용 가능해짐

를 선정할 당시부터 제기되었다. 처음으로 공모를 통해 비교 우위 사업자를 선정하는 RFP Request for Proposals 방식이 도입된 것이다. 이후 방송사업자를 선정할 때는 대부분 이 방식이 사용되어 오고 있다. 이 방법은 사업자들이 제출한 사업계획서를 사전에 정해진 심사 기준에 근거해 심사한다는 점에서 절차적 정당성과 심사 객관성을 담보할 수 있고 경쟁을 통해 더 낳은 방송 서비스를 기대할 수 있다는 장점이 있다. 그렇지만 객관적이고 투명한 평가 기준을 마련하기가 쉽지 않고 신청자들이 비현실적인 장밋빛 사업계획서를 제출할 수도 있어 실효성과 적정성을 판단하기 어렵다는 단점도 있다. 더구나 '방송법' 제5조와 제6조에 규정되어 있는 허가 심사 기준들이 지나치게 포괄적이고 규범적인 원칙들로 되어 있어 실질적인 심사에 한계가 있는 것도 사실이다. 또한 심사자의 주관적 평가에 따라 점수가 부여될 수 있어 공정성

시비도 제기될 수 있다(김동욱, 2006). 이러한 심사의 자의성을 줄이기 위해 심사 항목을 세분화하고 항목별 배점 비율을 낮추고 계량 항목의 점수 비중을 낮추는 방안 등이 제시되고 있다(정인숙, 2002).

신규 사업자의 방송시장 진입을 용이하게 하기 위해 '그랜드 컨소시엄 방식'이나 '개척자 우선 방식', 예비면허 부여 후에 본 면허를 부여하는 '2단계 면허 방식' 등 다양한 방안들이 제기되고 있지만 아직 시행된 적은 없다(정윤식, 2014). '그랜드 컨소시엄 방식'은 2000년 위성방송사업자 선정 때 제안된 적이 있었지만 실현되지 못했고 '개척자 우선 방식'은 2004년 위성 DMB 사업자 허가 과정에서 부분적으로 고려된 적이 있다. 한편 '2단계 면허 방식'은 새로운 기술 개발을 이용하는 융합형 방송 서비스에 대해 '선 임시면허 부여 후 본 면허'를 부여하는 방식으로 2013년 'ICT 특별법'이 제정되면서 일부 수용할 수 있는 틀은 조성되었다고 할 수 있다. 하지만 'ICT 특별법' 내용에 명기된 '임시허가 조건'이 '기술 안정성' 같은 제한된 의미가 아니고 매우 포괄적이라는 문제점을 가지고 있다. 기술 발전을 통해 수용자 이익을 극대화하고 산업을 활성화한다는 'ICT 촉진법'의 법 취지와 달리 방송사업자 책무와 관련된 조건들로 확대 해석되어 적용될 경우에는 결국 '방송의 공익성·공공성'처럼 정치적으로 쟁점화될 가능성이 있다.

그러므로 새로운 매체들이 계속 등장하고 있고 엄격한 절차를 거쳐야 하는 방송법의 인·허가 절차를 우회하고 사실상 방송 서비스를 제공하고 있는 사업자들이 급증하고 있는 상태에서 현재의 인·허가 제도의 근본적 패러다임 전환이 요구된다. 완전한 '개척자 우선 방식'을 도입하지 않더라도 전반적으로 진입 규제를 완화할 필요가 있다. 실제로 법의 틀 밖에서 존재하는 경쟁 사업자들을 규제할 수 없다면 법 규제의 틀 안에 존재하는 사업자들의 규제를 완화하는 방향을 모색해야 할 것이다.

3) 수평적 규제체계로의 전환

방송 진입 규제 문제는 부분적인 법 개정이나 정책을 통해 해결할 수 있는 문제가 아니다. 특히 지금처럼 전송 수단이나 전송 내용에 따라 별도로 규제하는 수직적 규제체계를 가지고는 중복 규제, 규제 공백, 규제 형평성, 규제 회피, 규제기관 간 마찰 등의 문제들을 본질적으로 해결할 수 없다. 그러므로 전송망에 따른 역무 차별을 없애고 콘텐츠, 플랫폼, 네트워크 층위별로 동일 계층 사업자들에게 동일한 규제를 적용하는 수평적 규제체계로의 전환이 필요한 상황이다. 물론 수직적 규제체계가 규제 용이성이나 사업 지속성 등에서 장점이 없는 것은 아니지만 급속히 변하는 스마트 미디어 환경에서 규제 실효성이나 탄력성이 떨어지는 것이 사실이다. 즉, 융합형 신규 서비스들을 도입하는 과정에서 높은 규제비용과 행정비용이 발생하고 규제 불확실성으로 인해 투자유인을 저해하고 규제 신뢰성도 위축시키고 있다(박동욱, 2010). 따라서 수평적 규제체계 도입을 통해 시장 환경의 변화에 신속하게 대처하고 유사 또는 동일 서비스에 대한 규제 일관성 및 형평성을 제고할 필요가 있다.

그럼에도 불구하고 수평적 규제체계 도입은 현실적으로 난관에 봉착해 있다. 첫째, 방송 플랫폼의 특수성을 어떻게 인정할지의 문제다. 상업적 방송

표 2.17 ▌ 수직적 규제체계와 수평적 규제체계의 장·단점 비교

	수직적 규제체계	수평적 규제체계
장점	· 기존 서비스의 규제 안정성과 지속성 유지 · 수직 통합 지배적 사업자 규율 용이	· 시장 환경 변화에 유연하고 빠른 대처 가능 · 유사 또는 동일 서비스 규제 형평성 고려 · 계층 간 규제 일관성 및 산업분화 촉진 · 중복 규제 및 지원의 최소화 · 산업 융합 시 공정 경쟁 환경 조성 가능
단점	· 융합 등 시장변화 대응 한계 · 동일 또는 유사 서비스의 규제 차별 · 중복 규제와 중복 지원의 증대 · 융합 대응의 규제비용 증가 · 불공정 경쟁의 증가와 규제의 한계	· 기존 규제체계 개편 비용 필요 · 지배적 사업자 규율의 어려움

표 2.18 ▌ 수평적 규제체계

계층	서비스			규제 목표	주요 규제
콘텐츠	콘텐츠 공급 서비스	콘텐츠 서비스		공익성, 공정성, 다원성, 지역성 추구	내용 규제 공통 규제
		방송 서비스	-		
			채널서비스		
플랫폼	플랫폼 응용 서비스	지상파 방송	유·무선 플랫폼 (다채널멀티미디어)	공공서비스, 숙의민주주의, 소비자복지	진입, 소유 규제, 공정 경쟁 규제
		공영방송			
전송 (네트 워크)	접속제공서비스			보편서비스, 비용효율성 (자원 배분, 사회적 후생)	공정 경쟁 규제
	전송서비스(네트워크 보유·제공)				

사업자와 공익적 목적을 추구하는 방송사업자를 분리하는 문제는 수평적 규제체계를 도입하는 데 가장 큰 걸림돌이 되고 있다. 현실적으로 가장 높은 시장지배력을 가진 공익적 방송사업자 혹은 지상파 방송사들을 별도로 규정하게 되면 수평적 규제체계의 의미는 크게 반감될 수밖에 없다. 결국 문제는 수평적 규제체계에 포함되는 방송사업자 범주를 어떻게 할 것인가 하는 점이다. 더구나 공영방송에 대한 법규정조차 없는 현행 '방송법'의 한계로 인해 수평적 규제체계 도입을 둘러싼 갈등이 더욱 증폭될 가능성이 높다. 물론 정부가 '통합방송법' 추진과 관련해 전송 수단에 따른 방송 구분을 없애고 IP 기반으로 통합하겠다는 의지를 밝히고 있지만 이것이 실현될 수 있을지는 의문이다. 결국 이 문제는 기술적 문제가 아니라 사회적 합의의 문제라고 할 수 있다.

둘째, 진입·소유 규제 및 인·허가 등에 있어 사업자 간 형평성을 확보하는 문제다. 특히 수평적 규제체계가 제대로 작동하기 위해서는 '우회적bypass 방송시장 진입'을 예방할 수 있어야 한다(황근, 2013). 현행법에 따라 엄격한 진입 장벽을 거쳐 방송시장에 신규 진입하는 것에 비해 인수·합병을 통해 방송시장에 진입하는 것이 상대적으로 매우 쉽고 심사도 허술하다. 따라서 방송사업 인수·합병에 대한 승인 심사 절차나 기준을 신규 사업자 인·허가와 동일하게 맞출 필요가 있다(이한영, 2010). 방송·통합 융합 시대에 방송사업자 혹은 통신사업자가 새로운 서비스를 개발하거나 기존 서비스를 개발하는 것은 상대적으로 시간과 비용이 많이 들고, 특히 인·허가와 같은 진입장벽이 높은 경우에는 인수합병을 통한 시장 확대가 매우 효율적일 수 있다. 즉, 기존에 동일한 서비스를 제공하는 사업자나 보완적 성격의 사업자와 결합을 통해 진입하는 것이 효과적일 수 있다(Goldman et al., 2003). 하지만 기업결합을 통한 진입이 독과점을 형성해 경쟁을 제한하고 독점적 이윤을 확보하거나 경쟁업체를 축출해 시장지배력 강화를 목적으로 이루어질 경우에는 법적 규제를 받아야 한다(정상철, 2011). 물론 현행 '방송법'이나 'IPTV법'에 방송사업자 간 인수·합병과 관련된 제한 규정들이 있지만 사실상 매우 부실하다.

실제로 국내외를 막론하고 최근 방송사업자들이 가장 흔히 선택하는 전략은 수평적·수직적 확대, 즉 경쟁 혹은 연관 사업자를 인수·합병해 규모를 늘리는 것이다. 미디어기업 간 인수·합병은 1996년 미국 통신법 개정 이후 꾸준히 이루어져 왔고 최근에도 세계 곳곳에서 활발히 벌어지고 있다. 그 이유는 수평적 결합을 통해 '규모의 경제 효과'를 확대하고, 상·하류 시장의 연관 사업자에 대한 협상력을 높여 원가절감 효과를 거둘 수 있기 때문이다. 실제로 최근 성사되었거나 시도되고 있는 플랫폼 사업자 간의 대형 인수·합병은 급상승하고 있는 콘텐츠 사업자와의 대가 협상에서 우위를 확보하기 위한 목적을 담고 있다고 할 수 있다(조영신·최민재, 2014). 미국에서는 AT&T의 DirecTV, Comcast의 Time Warner Cable, T-mobile의 DISH Network 등 여러 인수·합병이 이미 승인되었거나 추진되고 있다. 유럽에서도 스페인 Telefonica의 Canal+ 인수, 프랑스 Numericable의 SFR 인수 등이 이루어졌다. 방송사업과 통신사업에서의 대형 인수·합병은 글로벌 트렌드가 된 듯하다.

그런 맥락에서 2015년 SKT의 CJ헬로비전 인수·합병 시도는 큰 의미를 지닌다. 이동통신 1위 사업자와 케이블 TV 1위 사업자의 결합으로, 규모나 질적인 면에서 이전의 합병 사례와 큰 차이가 있기 때문이다. 특히 이동통신 1위 사업자의 시장지배력이 방송시장에 전이되면서 발생할 수 있는 문제들을 놓고 갑론을박이 벌어진 바 있다. 따라서 심사 과정에서 방송의 다양성과 공익성 문제는 물론이고 유료방송시장에서의 공정 경쟁, 지상파 방송사나 프로그램 공급업자 같은 연관 사업자들에게 미칠 영향도 쟁점이 되었다.[20] 따라서 단순한 법적 소유·겸영 허용 범위나 시장점유율 같은 형식적인 평가만으로 승인심사가 이루어져서는 안 된다는 지적들이 제기되었다.

이 과정에서 신규 사업자의 허가심사와 인수·합병 심사 간의 비대칭 문제가 큰 쟁점이 되었다. 현행 '방송법'은 신규 사업자의 초기 시장 진입에 대해서는 공적 책무, 도덕성, 시장 경쟁 제한, 투자 계획, 시청자 보호 등 다양한 공익 요소들을 포괄적으로 심사하는 엄격한 허가심사제도를 규정하고 있다. 반면에 인수·합병 같은 소유·경영권 변동에 대한 심사 기준이나 절차는 상대적으로 느슨하다는 것이다. 실제로 이전에 있었던 대부분의 방송사업자 인수·합병 심사들이 소유·겸영과 관련된 법적 저촉 여부, 시장독점력과 공정 경쟁에 대한 계량적 판단, 자본능력 같은 정량적 사업운영능력 평가 등을 통해 무난히 승인되어 엄격한 진입 허가에 비해 상대적으로 장벽이 매우 낮다는 것을 알 수 있다.[21] 따라서 신규 방송사업자와 동일하게 인수·합병에 대한 '승인'을 '허가'로 변경해야 한다는 주장들도 제기되고 있다(강하연 외, 2012;

---

20 SKT와 CJ헬로비전 인수합병 의미와 심사절차 등에 대한 평가에 대해서는 황근(2016)을 참조하라.

21 실제로 2019년 들어 추진되고 있는 LGU+의 CJ헬로비전 인수합병은 2015년 SK의 인수합병 추진과 달리 여론은 물론이고 정부조차 매우 호의적인 태도를 보이고 있는 것이 이를 잘 보여주고 있다. 때문에 다른 IPTV사들도 케이블 TV MSO에 대한 인수합병을 적극 추진하고 있는 모습이다.

이한영 외, 2009; 김정미, 2014). 이는 방송시장 외부 혹은 다른 방송사업자가 인수·합병을 통해 방송시장에 우회 진입하는 것이 도리어 용이하다는 것을 의미한다. 이와 같은 우회진입에 대한 법적 보완이 이루어지지 않는다면 수평적 규제체계 자체가 무의미해질 수 있다. 물론 이를 위해 '선별적 진입 방식'에서 '원칙 허용 진입 방식'으로의 전환도 모색할 필요가 있을 것이다.

셋째, 앞에서 지적한 전송 수단에 따라 복잡하게 얽힌 방송 개념들을 단순화할 필요가 있다. 현행 '방송법'은 전송 수단을 기준으로 지상파, 케이블, 위성, 인터넷, 기타 등으로 구분하고, 메시지 형태에 따라 영상, 음성, 문자/데이터 방송으로 다시 구분하고 있다. 그리고 여기에 규정된 사업자만 시장에 진입할 수 있는 'positive 규제' 형태로 되어 있다. 따라서 새로운 유형의 방송 서비스의 진입이 원천적으로 쉽지 않은 상태다. 한마디로, 신규 융합형 매체들이 등장할 때마다 법 개정이라는 장벽을 돌파하기가 쉽지 않다. 그러므로 방송 개념을 단순화해 요건을 갖춘 사업자들의 방송시장 진입을 원칙적으로 허용하고 예외적으로 문제가 되는 사업자만 진입을 금지하는 'negative 방식'으로 전환할 필요가 있다(최승필, 2010). '원칙 금지·예외 허용' 방식에서 '원칙 허용·예외 금지' 인·허가 방식으로 바뀌어야 할 것이다. 이러한 '원칙 허용·예외 금지' 방식에는 규제 법에 특정한 제한 사항을 규정해 금지하는 '형식적 negative 규제'와 규제 대상의 금지요건을 완화해 사업자의 자유를 보장하는 '실질적 negative 규제'가 있다(윤석진, 2012).

3
—

OTT의 출현과 미디어기업들의 상생 전략

—

송민정

1. 들어가면서

스마트폰의 등장으로 촉발된 모바일 융합mobile convergence 현상으로 다양한 유형의 애플리케이션이 발달하면서 오버더톱over the top: OTT 서비스가 자리하기 시작한다. 특히 글로벌 인터넷기업들이 경쟁적으로 OTT 서비스를 내놓으면서 이는 방송통신 융합으로 혜택을 본 기존의 미디어기업과 통신기업에게 새로운 도전이 되었다. 이를 인터넷기업의 파괴적 혁신disruptive innovation이라고 부른다. 일부 기존의 미디어기업과 통신기업은 자사 가입자 유지를 위한 고육지책으로 맞불 전략을 추진하기도 한다. 즉, 이들은 자사 가입자가 모바일 인터넷에 접속했는데 해당 서비스가 없다면 외면받을 것이라는 위기의식 때문에 스스로 자사가 제공하는 기존 미디어 서비스를 파괴disruption하는 OTT 서비스를 내놓거나, 경쟁사나 신규 OTT와의 제휴를 통한 OTT 서비스 전략을 추진한다.

OTT는 인터넷기업들의 해석에 따라 다양하게 관찰된다. 개념 정의를 위해 가장 많이 이용되는 위키피디아에서는 OTT를 크게 OTT 콘텐츠와 OTT

메시징으로 구분하기도 한다. 전자의 경우에는 기존의 방송미디어 서비스를, 후자의 경우에는 기존의 통신서비스를 파괴하는 것으로 이해하면 좋을 것 같다. OTT(콘텐츠)는 기존 방송 및 통신사업자와 더불어 제3의 기업들이 인터넷을 통해 드라마나 영화 등 다양한 미디어 콘텐츠를 제공하는 인터넷상의 미디어 서비스를 총칭한다. 여기서 톱top은 원래 TV에 연결되는 셋톱박스set-top-box를 의미했다. 즉, OTT는 미국에서 나온 용어로서 초기엔 TV 셋톱박스 같은 단말기를 통한 무선인터넷 기반 동영상 서비스를 의미하다가 모바일 융합 시대를 맞으면서 셋톱박스 유무를 떠나 PC, 스마트폰 등의 단말기뿐만 아니라 기존의 통신기업이나 방송기업이 추가적으로 제공하는 인터넷 기반 동영상 서비스까지 모두 아우르는 의미로 사용되기에 이른다. 큰 그림으로 보면, 결국 모바일 융합이 방송통신 융합을 와해 내지 파괴한 것으로 봐야 할 것이다. 이러한 와중에 미국 방송통신위원회인 FCC는 FCC13-99 고시를 통해 OTT 콘텐츠를 온라인 비디오 유통기업Online Video Distributor: OVD으로 명명했다. OVD는 "범용 인터넷 또는 다른 방식의 IP를 수단으로 비디오 콘텐츠를 제공하는 주체"로 정의되었다. OTT 동영상이라고도 하는 OTT 콘텐츠의 대표 기업으로 넷플릭스Netflix를 꼽는다. 한편, OTT 메시징over-the-top messaging은 기존 무선통신 기업들에 의해 제공되고 있는 단문 메시지 서비스Short messaging service: SMS의 대안 서비스로 나온 인스턴트 메시징 서비스Instant messaging service: IMS를 말하며, 대표 기업으로 페이스북이 인수한 왓츠앱WhatsApp과 국내의 카카오톡 등이 있다.

이 장은 모바일 융합 시대에 새롭게 등장한 OTT 콘텐츠 유통기업의 파괴적 혁신을 관찰해 향후 미디어기업들의 상생 전략 방향을 제시하는 것이 목적이다. 따라서 OTT 콘텐츠만을 다루며, 이를 간단히 OTT로 명명하기로 한다. 우선은 스마트폰의 등장으로 촉발된 모바일 융합을 융합의 진화 차원에서 설명하고자 하며, 모바일 융합이 주가 되는 산업 생태계를 정의하고 대표

적인 파괴적 혁신 서비스인 OTT에 대해 유통 플랫폼 중심으로 논의하고자
한다. 또한, 유통에 있어서 대표적인 파괴적 혁신 사례로 넷플릭스를 소개하
고 모바일 융합 생태계의 수평화 현상으로 인해 새로운 틈새 미디어로 급부
상 중인 OTT에 대응해야 하는 미디어기업들의 상생 전략 방향을 제작과 유
통 간 상생 관점에서 제시하기로 한다.

2. 스마트폰으로 시작된 모바일 융합

1) 통신의 발전

한 기업이 독점하던 통신시장에 경쟁이 도입된다. 미국에서는 AT&T가 통
신시장을 독점하다가 1969년 MCI가 전용회선시장에, 1977년에는 장거리통
신시장에 진입하고, 1984년 AT&T가 분할되면서 시내전화시장에서도 경쟁
이 시작된다. 한국에서는 KT(구 한국통신공사)가 통신시장을 독점하다가 1991
년 국제전화(데이콤), 1994년 이동전화(신세기통신), 1996년 시외전화(데이콤),
1997년 시내전화(하나로통신), 1998년 초고속인터넷(두루넷)이 도입되고 경쟁
이 시작된다.

이러한 경쟁 환경에서 통신기업의 새로운 먹이 사냥이 시작된다. 미국 통
신기업들은 1990년대 초반 그동안 법적으로 금지되었던 비디오 시장 진입을
시도한다. 미국 연방정부는 비디오 다이얼톤이라는 새로운 제도를 도입해,
통신기업과 케이블 TV 기업 사이에 경쟁을 유도하는데, 1995년 인터넷이 상
용화되면서 통신기업들이 기존 전화망을 이용해 인터넷 접속 사업에 올인하
면서 광대역 '정보고속도로' 구축에 소홀해진다.

미국 통신기업들의 비디오 시장 진입에 놀란 케이블 TV 기업들은 케이블

망 업그레이드를 시작한다. 1990년대 후반부터 케이블 망 기반 초고속인터넷 접속서비스를 시작했고, 콕스Cox, 케이블비전Cable Vision, 타임워너케이블Time Warner Cable 등은 대규모 기업을 대상으로 인터넷 망을 통한 전화사업인 '인터넷 전화Voice over Internet Protocol: VoIP'에 진출한다. 2000년대 중반부터 무선통신사업에도 관심을 가진 일부 케이블 TV 기업들이 가상이동통신사업자Mobile Virtual Network Operator: MVNO 자격으로 휴대전화 시장에도 진출한다. 한국 케이블 TV 기업도 이와 유사한 경로를 밟아 1998년부터 인터넷 접속서비스를 제공하기 시작했고, 2006년부터는 VoIP를 제공하더니, 2012년부터는 MVNO가 된다.

한국에서 주로 '초고속인터넷'이라고 불리는 브로드밴드broadband 개념은 나라마다 차이가 있으나, 한국에서의 뜻은 '고속' 혹은 '고급통신서비스'다. 한국에서는 통신기업 중심으로 시작되었으나, 미국에서는 케이블 TV 기업들이 케이블 망을 이용해 통신기업보다 먼저 '초고속인터넷'을 제공하기 시작했다. 미국에서는 기존의 전화선과 모뎀을 이용하던 인터넷 상용화 초기와는 비교가 안 될 정도로 빠르게 인터넷 접속이 확산되었다. 이에 대응하는 미국 통신기업들은 기존 전화망에 x-DSL 기술을 적용해 인터넷 접속 속도를 높이다가 경쟁이 심화되자 FTTHFiber To The Home 방식으로 바꾸면서 각광받기 시작한다. 또한, 무선통신에서도 와이파이WiFi를 위시해 EVDOEvolution Data Only, HSDPAHigh-speed Download Packet Access, UMTSUniversal Mobile Telephone System 등 수없이 많은 광대역 기술이 지속적으로 개발되어 데이터 관련 서비스 활용의 전기를 마련하고, 최근에는 스마트폰 활성화에 맞춰 LTE 같은 4세대 무선망이 보급되었으며, 이제는 5G가 등장한다.

1983년에 소개된 휴대전화는 1986년까지만 해도 미국 내 가입자 수 2백만 명 수준이었으나 10년 후인 1992년에는 휴대전화 사용자 수가 천만 명을 상회한다. 당시 모토로라에서 출원한 최초 마이크로텍MicroTech 휴대전화 단말기 가격이 3천 달러였으나 이후 일반인들이 휴대전화를 사용하기 시작하면서 급속하게 개인 기기로 변했다. 특히 1996년 미국 통신법으로 무선통신 분야에 경쟁이 도입되자, 미국 무선통신업계는 1985년 매출액 1억 8천만 달러에서 10년 만인 1995년에는 87억 달러 시장으로 성장한다. 소비자의 선택 폭이 넓어지고 1996년 기준 월평균 사용료가 50달러 이하가 되면서 휴대전화는 대중화된다. 한국에서는 1984년에 무선전화서비스가 시작되었고, 1996년에 3개 PCS 사업자가 등장하면서 보편적 통신 수단으로 자리 잡는다. 이러한 휴대전화는 2005년을 기점으로 문자전송 이용이 늘고 데이터서비스 이용은 저조하다가 2007년 아이폰iPhone으로 촉발된 스마트폰 경쟁으로 급속히 증가하게 된다.

지금까지 간단히 언급한 통신미디어의 진화 뒤에는 거대하고 복잡한 산업 변화 과정이 존재한다. 미국의 경우 분할 전인 1980년대 중반까지 AT&T는 세계 최대 회사였고, 분할 이후 각 주州마다 지역전화사업자Regional Bell Operating Companies: RBOCS가 최대 기업이 된다. 거의 모든 대도시에는 전화사업자 소유의 거대하고 멋진 사옥이 있고, 작은 마을 번화가에도 우체국과 나란히 위치한 그 마을에서 가장 좋은 빌딩들 대부분이 전화사업자 소유이다. 알렉산더 그레이엄 벨Alexander Graham Bell의 전화 특허가 끝난 1887년에는 이미 15만 대의 전화가 보급되어 있었고, 그 후 1세기가 지나 미국에서만 1억 6천 1백만 회선이 사용된다. 미국 전화산업은 초기부터 규제 대상 독점사업 regulated monopoly이었다. 벨의 특허 기간이 만료되면서 여러 기업들의 공개경쟁 시기를 거친 후, 20세기로 넘어오면서 그 기업들은 벨에게로 흡수되고, 연방 및 주 정부가 전화서비스 규제정책을 마련했는데, 이는 전화서비스산업 구조를 형성하고 전화서비스 제공업자를 보호하는 역할을 했다. 규제 대상 독점사업자 AT&T는 서비스의 높은 안정성 및 품질을 유지하는 데 주력한다. 또한, 독점적 사업자 지위를 이유로 저소득층과 시골지역 고객들을 위한 적자 서비스 운영에 보조금을 지급하는 이른바 '보편적 서비스'라는 법적 의무를 지게 된다. 통신기업은 한동안 새로운 서비스를 요구하는 시장 변화에 소극적인 반응을 보였고, 전화산업 내에서는 기술자, 변호사 및 회계사 등이 가장 영향력 있는 직종이 되었다.

2) 방송의 발전

라디오가 처음 소개된 때는 전화가 기업 대상B2B 시장에서 일반 소비자 대상B2C으로 확대될 무렵이었다. 당시 새로운 발명품이었던 라디오도 '무선전화wireless telephony'로서의 용도가 확실하지 않았다. AT&T 중심 통신기업들은 라디오를 '전화의 확장'으로 보아 초기에는 라디오 방송 주파수 대역도 할당되지 않아 전파 간섭으로 인한 혼돈 시기를 거치면서 급기야 업계에서 자진해서 정부 규제를 요청하게 되는 독특한 규제 산업으로 발전하게 된다.

한편, RCA 중심 라디오 진영에서는 라디오를 '새로운 매체'로 인식하고, 프로그램이라는 새로운 영역을 개발한다. 라디오가 프로그램, 즉 라디오 콘텐츠를 필요로 하면서 우선적으로는 언론 영역인 신문과 직접적 경쟁관계에 서게 된다. 신문 뉴스를 라디오에서 읽는 것에 대해 신문사들이 처음에는 반대하다가, 서로 성격이 다른 매체로서 공존할 수 있다는 것을 깨닫게 된다. 신문은 종이를 이용한 공간 매체로서 뉴스를 자세하게 다루고, 라디오는 전파를 이용한 시간 매체로 '속보'와 함께 '짧은 뉴스' 매체로 발전하게 된다. TV가 등장하면서 라디오와 영화가 어려움에 당면하나, 기능적 특성과 정부 정책에 따라 공존하게 된다. 라디오는 '안방' 위치를 TV에게 양도하고 일차적 활동의 보조적 역할을 하거나 자동차 같은 이동 상황에서의 매체 역할을 하게 되고, 영화는 안방에서 TV를 보는 사람들을 극장으로 유인하기 위해 새로운 기술로 대응한다. 흑백에서 컬러, 시네마스코프로, 16mm 및 32mm로,

서라운드 사운드 시스템으로, 컴퓨터를 응용한 특수효과 등 지속적 개발과 응용을 거듭하게 된다.

한동안 최상의 지위를 누린 지상파 방송도 시간이 지남에 따라 새로운 도전을 받는다. 케이블 TV, 홈비디오 및 DVD, 위성 TV, 무선케이블 TV(MMDS와 LMDS), IPTV 및 인터넷을 이용한 새롭고 다양한 분배 기술들과의 지속적 경쟁을 피할 수 없게 된다. 미국의 경우 1980년대 기존의 3대 상업 TV 채널들과 유일한 공영방송 채널인 퍼블릭브로드캐스팅시스템Public Broadcasting System: PBS이 있는데도 영화사인 폭스Fox가 새로이 지상파 방송시장에 진입해 VHF 대역보다 저렴한 UHF 대역을 사용하는 방송사들을 계열사로 매입해 케이블 TV나 위성 TV를 통해 전송함으로써 기술적 어려움을 해결했고 뉴스든 오락 프로그램이든 간에 젊은 층을 대상으로 집중 공략해 경쟁적 TV 시장에서 자신의 위치를 찾게 된다.

케이블 TV 진영은 미국의 경우 TV 방송 초기인 1950년대부터 케이블 망을 이용해 지상파 방송 화질 향상을 목적으로 시장에 진입했다. 1970년대부터 동축Coaxial 케이블 망을 이용해 다채널을 통한 프로그램의 다양성을 확보한 케이블 진영은 HBO 같은 새로운 프로그램을 제공함으로써 대중에게 다가간다. HBO를 앞세운 케이블 채널 보급이 증가하면서 1980년대 중반에 43%를 상회하지만, 1970년대 중반에 보급된 홈비디오가 이후 1980년대 중반부터 급속하게 성장하면서 또 다른 경쟁이 시작된다. 1984년 HBO, 쇼타임ShowTime 같은 케이블 프리미엄 채널들이 0% 성장률을 기록하는 등, 케이블 TV와 홈비디오 간 기능적 대체 현상이 나타난 것이다. 초기엔 TV로부터 녹음해 원하는 시간에 보는 타임 시프팅time shifting이 VCR의 주된 용도로 보완재 수준이었으나, 점차 미리 녹화가 되어 있는 영화 테이프 등이 발달하면서 대체재 역할을 하게 된다. 한국도 예외가 아니다. 1995년 다채널의 케이블 TV 서비스가 시작되었고 유사한 경로를 밟는다.

케이블 TV는 정부 규제 아래에 있다. 미국 연방정부는 케이블 TV 운용사업자system operator: SO가 정하는 요금에 많은 관심을 보였는데, 시스템 구축 허가는 지방정부 권한에 속해 지방정부도 케이블 TV 관할권을 가진다. 컴캐스트Comcast, 타임워너케이블, 콕스, 케이블비전 등은 다중 운용사업자multiple SO라 불리며, 미국 내에서는 아직도 약 4천여 개 이상의 중소 규모 SO들이 자체적으로 프로그램 편성을 제공하는데, 이들에 대한 규제는 지역에 따라 차이가 있다. 지역 방송사 경우와 마찬가지로 일부 MSO들을 제외한 대부분은 다른 곳에서 제작된 프로그램들을 재전송하는 역할을 담당할 뿐이다. 한국의 경우에도 SO 허가는 정부 몫인데, 초기에는 전국을 77개 권역으로 구분해 1개 권역에 1개 SO를 허가했으나, 2002년 중계유선을 종합유선으로 전환하면서 42개 SO가 허가장을 받아 42개 지역에서 복점 사업자로 존재하게 되고 복점 지역에서 인수·합병이 성행하면서 동일 지역에서 인수·합병이 이루어지면 정부가 1개 SO 사업권을 회수함에 따라 2003년 말에 SO 사업자 수가 94개로 줄게 된다.

미국 위성 TV는 1980년대 초 다채널비디오시장 진입을 시도했으나 케이블 TV와의 경쟁에서 대체재 역할 탈환에 모두 실패하다가 1990년대 중반 아날로그 실패 경험을 바탕으로 케이블 TV 시장에 디지털 위성 TV로 재진입한다. 케이블 TV와 달리, 위성 TV는 전국 커버리지를 갖는 망이라는 장점을 활용해 케이블 TV보다 더 많은 채널을 더 저렴한 가격으로, 지역별로는 인기 스포츠 프로그램 패키지를 제공하고, VOD를 기다리는 시간을 단축하는 등 틈새시장용으로 개발해 성공을 거둔다. 미국 정부도 위성 TV가 케이블 TV와 경쟁을 통해 프로그램을 제공할 수 있도록 법적 근거를 마련해준다. 한국에서도 2002년 위성 TV 서비스가 시작되었다.

방송미디어가 발전하고 있지만 TV에서 가장 중요한 것은 아직도 시청자 규모이며, 이를 결정하는 요소는 콘텐츠다. 미국에서 TV 초기에 모든 프로그램은 생방송으로 제작되었고, 영화 제작은 할리우드 중심으로 자리를 잡았지만, 광고를 포함한 미디어 사업은 뉴욕 중심으로 이루어진다. TV 태동기에 영화업계는 자신들이 지원하지 않으면 새로 태어난 TV는 없어질 것이라는 기대를 가지고 TV를 배척했으나, 오히려 TV 프로그램을 제작하는 것이 좋은 사업이라는 것을 깨닫게 된다. 현재 높은 시청률을 이끌어내는 주요 시청 시간대 TV 프로그램을 제작하는 회사들의 수는 아주 제한적으로 집중되어 있으며, 동일 회사가 영화관 상영용 영화를 제작하고, 그 후에 비디오 대여(지금은 스트리밍 서비스)와 소수의 인기 케이블 TV 채널에 제공한다. 이러한 전통적 TV산업은 디지털화와 광대역화, 모바일화에 의해 또 다른 생태계 변화를 겪게 된다.

3) 컴퓨터와 인터넷의 발전

컴퓨터가 다양한 용도로 쓰이기 시작한 시기는 제2차 세계대전이 끝나 에니악ENIAC이 소개되었을 때다. '인터넷은 새로운 패러다임인가'라는 질문에 대해 1990년대 후반부터 다양한 저자들이 서로 다른 각도에서 인터넷을 정립하려고 시도했다. 이러한 현상들은 대개 초기에 나타났다가 사라지는데, 인터넷은 거의 모든 분야에서 지속적으로 재정립되었다. 이는 통신 영역인 네트워크 특성과 컴퓨터 영역인 정보처리 특성이 융합된 결과다. 따라서 컴퓨터와 인터넷을 함께 살펴볼 필요가 있다.

컴퓨터만 보면, 제2차 세계대전 동안 개발되어 1950년대만 하더라도 유아기에 있었다. 전산사업만을 주로 하던 IBM은 제2차 세계대전 직후 발주한 연구에서 컴퓨터의 세계 시장 규모를 고작해야 10~15대 정도로 전망했다. 비싸고 복잡한 기기는 그저 정부나 대형 기업에서나 필요할 것으로 생각했기 때문이다. 컴퓨터가 다른 기술인 반도체와 융합할 것이라고는 아무도 예측하지 못했으며, 컴퓨터 기술 초기에는 진공관 기반의 컴퓨터가 지속적으로 성장할 수 없다고 보았다. 왜냐하면 진공관은 너무 크고, 전력 소모가 심한데다가 열이 많이 나 타버리곤 했기 때문이다. 이후 그 대안으로 1940년대 후반에 개발된 트랜지스터가 있다. 트랜지스터 기반의 컴퓨터는 커지지 않고 더 많은 전력을 공급할 수 있었지만 여전히 비싼데다가 운용을 위해 특별한 기술자를 필요로 했고 정교하게 통제된 환경에서만 그 기능을 발휘할 수 있었다. 그러다가 1960년대 집적회로Integrated Circuit가 개발되면서 컴퓨터 소형화가 실현된다. 1개 칩 위에 수만 개 트랜지스터를 집적하는 것이 가능해졌다. 그리고 IC가 개발되면서 대규모 생산이 가능해졌다.

IC 발명과 대량생산 시설은 컴퓨터의 진화에 새로운 원동력이 되었다. 더 작아지고 더 빨라지고 더 저렴해지는 일이 동시에 가능해진 것이다. 소규모 그룹의 사람들이 이용할 수 있는 미니 컴퓨터가 개발되었고, 다른 지역에 여러 대의 컴퓨터를 설치하는 것이 가능해졌다. 1975년 MIT에서 알테어Altair 8800을 소개했으나 영향력이 미미하다가 1977년에 애플 컴퓨터가 소개되고, 1981년에 IBM의 퍼스널 컴퓨터Personal Computer: PC가 소개되면서 새로운 시장이 형성된다. PC 보급률은 1983년 10%도 안 되더니, 10년 만에 미국에만 7420만 대가 보급되었고, 세계적으로 1억 7300만 대가 보급되었다. 20년이 지난 2003년에는 전 세계 PC 보급률이 절반을 넘어섰다. 전화의 보급률이 60%에 이른 것이 1940년대, 즉 전화가 처음 소개된 이래 거의 70여 년 걸린 셈이고, 케이블 TV의 경우도 40여 년이 걸렸는데, PC는 전화나 케이블 TV에 비해 상당히 빠른 속도로 일반 가정에 보급된 셈이다. 1984년에 첫 매킨토시Macintosh(이후 맥) 컴퓨터가 나왔고 다음 해인 1985년 마이크로소프트Microsoft(이후 MS) 윈도우Windows 첫 버전이 소개되었지만 세 번째 버전이 나온 1990년에 이르러서야 대중적인 보급이 이루어졌다. 윈도우의 등장으로 당시 애플Apple의 맥은 그 시장성을 급속히 잃어버리기 시작했다.

PC도 전화와 마찬가지로 업무용에서 시작되었지만 대중이 사용하면서 중요한 오락 매체가 된다. 초기엔 TV 모니터에 연결해 사용하던 비디오 게임이 컴퓨터 모니터를 이용하는 PC 게임으로 바뀌고 메모리 칩 속도가 18개월마다 2배로 증가하면서 그 응용 범위도 확대되었는데 오히려 가격은 저렴해져 초기 데스크톱Desktop에서 랩톱Laptop, 태블릿Tablet PC, 팜톱Palmtop 식으로 소형화와 이동성이 첨가된다. 이처럼 PC는 1980년대 데이터통신 단말로서 사용되었지만, 1990년대 중반부터 인터넷에 접속된 인터넷 기기로 사용되면서 다양한 인터넷 서비스가 탄생한다. 전산 속도가 향상되고 값은 저렴해지면서 불과 몇 년 전만 하더라도 상상조차 할 수 없었던 분야에 PC를 이용하게 되고 스마트폰이나 태블릿 PC로 분류할 수 있는 아이폰iPhone 및 아이패드iPad 등이 등장하면서, 그동안 이동성의 제한을 받던 컴퓨터 기반의 데이터서비스가 무선 기반으로도 각광을 받는 결정적 계기를 마련하게 된다.

통신산업이 심한 규제를 받은 것에 비해 정보콘텐츠 산업(박창헌·송민정, 1999) 내지 인터넷콘텐츠 산업(송민정, 2001)은 거의 규제를 받지 않았으며, 컴퓨터업계를 재구축하려던 미국 정부의 규제 노력은 아무런 성과를 거두지 못했다. 일례로 1983년 AT&T 분할 결정 시기에 동일하게 IBM을 분할하려던 미 법무성의 시도가 취하되었고, 컴퓨터 산업에서의 법적 조치는 정부가 관여할 내용이 아닌 기업의 문제로, 한 기업이 다른 기업을 특허 위반이나 불법 복제와 관련해 제소하는 수준이다.

전화나 TV에 비해 컴퓨터 사용은 초기부터 상당 기간 사용법 습득 측면에서 만만한 작업이 아니었는데, 사용하기 힘든 이유는 크게 두 가지다. 즉, 컴퓨터는 무엇보다도 소프트웨어에 따라서 계산기, 워드프로세서, 워크스테이션, 우편함, 게임기 등 아주 광범위한 목적의 서비스를 제공하며, 지속적으로 버전이 업그레이드된다. 사용자는 새로운 시스템을 몇 년 사용하면 다시 새로운 시스템으로 업그레이드해야 한다. 한 하드웨어를 사용하는 동안, 사용자는 애용하는 프로그램의 새 버전이 소개될 때마다 몇 차례에 걸쳐 소프트웨어 업그레이드를 경험하는데, 그때마다 새롭게 사용법을 배우는 것이 필요하다. MS OS 8.0에서 볼 수 있듯이, 명령어를 사용하는 대신 아이콘을 이용함으로써 사용자의 인터페이스가 쉬워졌다고 하지만, 그것이 새로운 프로그램에 쉽게 익숙해질 수 있다는 뜻은 결코 아니다. 특히, 인터넷이 상용화되면서 모든 전기 시스템은 디지털 기술을 활용하도록 강요받았고, 니콜라스 네그로폰테Nicholas Negroponte의 예언처럼 모든 정보 세계가 비트bit를 통해서 하나로 합쳐진다. 즉, 오디오, 비디오 및 음성 데이터가 합쳐지는 것을 멀티미디어라고 부르기 시작한다. 멀티미디어는 비트를 혼합한 것에 불과하다.

융합convergence으로 인해 이제까지 별개이던 컴퓨터, 통신, 오락 및 소비자 기기 산업 부문들이 이전과 달리 서로 밀접하게 협력 및 경쟁하게 된다. 전혀 별개이던 산업들이 같은 사업을 위해 서로 경쟁하고 있는 것을 경험하게 된 지 벌써 30여 년이다. 서로 다른 영역의 기업들이 새로운 시장 진입을 위한 신기술 개발 비용과 위험 분담을 위해 협력하기도 한다. 인적 자원은 어느 기업이 단독으로 가져갈 수 있는 상황이 아니기 때문이다.

4) 융합 현상의 진화 단계

지금까지 순차적으로 언급한 통신, 방송, 컴퓨터 및 인터넷 산업 중심으로 융합 내지 컨버전스를 논의하기 시작한 시기는 대략 1980년대 초이며, 이 개념은 지속적으로 발전하는 기술/서비스의 영향을 받으면서, 그림 4.1처럼 대략 10년을 주기로 진화 양상을 띠게 된다. 여기서는 모바일 융합 다음 단계인 ICT 융합 패러다임에 대해서는 언급하지 않기로 한다.

권호영과 송민정, 한광섭(2015: 423)은 1980년부터 10년 주기로 융합 현상을 설명하고 있다. 먼저 1980년대 디지털 융합을 보면, 1970년대 말 MIT의

그림 3.1 ▮ 융합 패러다임의 진화 단계

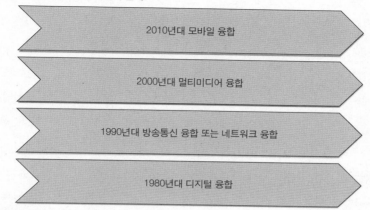

자료: 권호영·송민정·한광접(2015: 423) 재구성.

네그로폰테 교수가 컴퓨터의 영향으로 인한 미디어 산업 구조개편 모델을 제시한다. 이에 의하면, 인쇄산업과 영화·TV산업은 거의 독립적으로 존재하나 2000년 전후로 이 두 부문이 중복될 수밖에 없을 것으로 전망했다. 풀Pool 교수도 융합을 "매체 간 구분을 흐리게 하는 (전송) 방식의 두 가지 수렴 현상"으로 정의한다. 물리적으로 상이한 매체에 의해 전달되던 서로 다른 종류의 서비스들이 단일 매체에 의해 전달될 가능성과 기존에 한 매체에 의해서만 전달되던 특정 서비스가 장래에 물리적으로 상이한 여러 가지 매체를 통해 전달될 가능성이다. 즉, 멀티호밍multihoming도 융합 현상에 포함한다. 최근 유행하는 N스크린이 이러한 맥락의 구체적인 최신 사례이다.

1990년대 방송통신 융합 논의는 두 가지다. 방송통신 융합 중심으로 정보고속도로information superhighway 논의가 주류를 이루고 동시에, TV와 PC 융합과 아울러 차세대 정보기기information appliance 논의가 본격화된다. 초기 논의에서 미국 정부가 발간하는 대부분의 보고서들은 국가 차원의 정보 기반national information infrastructure 구축과 국제 정보망 구축 중심의 초고속 통신망에 대한 논의들이었는데 1990년대 중반 이후 정보고속도로 이야기가 자취를 감춘다. 그 이유는 통신기업들이 비디오 사업에 진입하기 위해 새로 초고속망을 구축하고 기존의 전화망을 이용해 인터넷 접속이라는 새로운 수익 창출 기회를 더 선호했기 때문이다. 같은 시기에 PC와 TV의 융합과 새로운 정보기기에 대한 논의가 절정에 이른다. 1996년 웹 TV를 개발한 디바Diba는 지니스 Zenith 브랜드로 내장 모뎀을 탑재한 넷비전Netvision(27인치 형)과 인테크Inteq(35인치 형)를 출시했고, 1997년 MS가 웹 TV를 4억 2천 5백만 달러에 매입하면서 컴퓨터 기업들의 가정용 TV 시장 진출이 활성화되었다. 하지만 이러한 TV와 PC 일체형 기기 간 융합 시도는 모두 실패했는데, 가장 큰 실패 이유는 유·무선 브로드밴드, 특히 광대역 모바일을 사용할 수 없었다는 점이다.

2000년대에는 인터넷 융합 내지 멀티미디어 융합 논의가 시작된다. 초기에 초점은 멀티미디어와 인터넷 중심의 디지털 전환이었다. 이 시기의 융합이란 빨라진 컴퓨터, 문자와 음향과 영상이 혼합된 멀티미디어와 유선 네트워크 기술 발달을 배경으로 한 다양한 기술과 서비스의 총체적 융합 현상이다. 이 시기에는 특히 융합이 예상보다 지연되는 것에 대한 비판적 입장들이 제기되었다. 예컨대 맥윌리엄스McWilliams는 어떤 특정의 신상품에는 다른 기술이나 새로운 기능이 합해져 있어야 할 뿐 아니라, 그 새로운 상품이 기존 상품을 대체할 때 융합이 이루어진다고 보았다. 일부에서는 그 대열에 끼고 싶지 않지만 방어 차원에서 어쩔 수 없이 이에 대응하는 전화사업자들의 입장 때문에 융합이 더디게 이루어진다고 보았다.

2010년대 모바일 융합의 특징은 브로드밴드화에 따른 유·무선망 통합과 저장기술의 엄청난 발달에 기인한 기기 다양화에 따른 이동성의 확대다. 특히 스마트폰의 도래로 음성보다 데이터를 더 중심에 두고, 유선시대 통신이 맡았던 역할의 상당 부분이 무선을 통해 기능적 대체가 이루어지게 되었으며, 이에 이동성 내지 휴대성이라는 편리함까지 가세되었다. 즉, 인터넷 패러다임이 모바일 패러다임으로 전환한 것이다. 특히 데이터 전송이 중심이 되면서 휴대전화 단말기는 음성 전송기술이라기보다는 더욱 광범위한 정보 전송 수단으로 자리 잡는다.

iOS 진영과 안드로이드 OS 진영의 경쟁으로 인해 보다 빠른 무선망 구축과 앱 프로세서, 시스템 아키텍처 발전이 단기간에 이루어졌고, 이는 스마트폰을 PC 수준에 버금가는 네트워크 단말기로 변신시켰다. 반면 기존의 데스크톱 PC 시장은 정체되었고, 랩톱 시장도 영향을 받기 시작한다. 즉, 휴대폰은 스마트폰이라는 이름으로 휴대용 컴퓨터가 되었고, 더 큰 화면의 태블릿은 노트북 역할을 상당 부분 수행하게 된 것이다. 그리고 이러한 변화의 소용돌이에 TV도 자리를 잡아가려 안간힘을 쓴다. 기존의 방송사업자와 경쟁사업자들 모두에게 TV 시장 선점이라는 사업전략으로 이어지기 때문이다. 대형 TV가 스마트폰이나 태블릿과 연결되고, TV에서도 필요한 기능은 온라인 스토어를 통해 마치 스마트폰 앱을 설치하는 것처럼 구현할 수 있게 되어, 기술적으로 TV는 더 이상 일방적으로 방송을 수신하는 수상기가 아니라, 소비자가 원하는 정보를 더 큰 화면에 즉각적으로 전달해주는 대형 스크린 정보 단말기가 된 셈이다. 하지만 TV 이용자는 이러한 제공에 아직 응답하지 않고 있다.

3. 모바일 융합 생태계의 파괴적 혁신, OTT

1) 생태계 개념과 모바일 융합 생태계

모바일 융합을 포함한 일련의 융합 과정을 거치면서 ICT 산업 가치사슬 value chain은 느슨해지는 과정을 거친다. 다시 말해, 기술과 서비스, 산업, 사업자 간 경계가 붕괴되고 산업 내, 산업 간 시장구조 변화로 인해 관련 기업들의 경영전략이 매우 복잡해지면서 전통적인 경영이론으로는 설명이 쉽지 않은 파괴적 혁신, 플랫폼Platform 같은 새로운 용어가 등장한다. 모바일 융합 시대가 되면서 애플과 구글이 창출한 개방형 생태계가 본격화된다. 많은 경영학자들에 의해 지난 수십 년간 생태계에 대한 정의가 이루어졌다. 무어나 이안시티와 레비엔, 펠토니에미 등(Moore, 2006; Iansiti·Levien, 2004; Peltoniemi, 2006)이 강조한 '기업 생태계' 개념의 공통점은 '상호 의존하는 기업들의 느슨한 네트워크다.

이안시티와 레비엔(Iansiti·Levien, 2004: 69)이 정의한 '기업 생태계'는 가치 창출 및 유통에 영향을 주고받는 공급업자, 유통업자, 외주 기업, 관련 제품과 서비스 제조업자, 기술 공급업체, 기타 조직들 간의 느슨한 연결망들을 말한다. 생태계의 건강을 위해서는 플랫폼 역할이 강조된다. 생태계의 공통 자산으로 정의된 플랫폼은 서비스, 도구, 기술 등의 형태로 나타나며, 생태계 내 구성원들이 성과를 높이기 위해 공동으로 활용할 수 있는 것이다. 예로 월마트는 자신들의 조달 시스템을 공급업자들에게 제공함으로써 고객 수요 변화에 대한 실시간 정보를 공유하며, 이로 인해 비용 우위를 제공한다. MS는 툴과 기술을 소프트웨어 업체들에게 제공함으로써 윈도우 OS를 널리 보급하는 데 적합한 프로그램 개발을 촉진할 수 있었고, 이는 윈도우 응용 프로그램의 안정적 공급을 가져오게 만들어 생태계를 건강하게 하는 데 공헌했다. 이처럼 플랫폼은 생태계 참여 기업들로 하여금 가치를 창출하고 전달하게 하는 매개자 내지 중추 역할을 한다.

인터넷이 발전하면서 통신, 방송, 인터넷 간 경계가 붕괴되고 'ICT 산업' 생태계가 중요해진다. 가치사슬을 CPND Content·Platform·Network·Device라고 불렀는데, 칸막이식 가치사슬 구조의 의미가 희석된다. 예로 노키아는 애플보다 스마트폰 시장에 먼저 진출했지만, 운영 시스템인 OS를 플랫폼으로 보지 못해 애플에 뒤처진다. 즉, 노키아의 OS인 심비안은 폐쇄형으로서 개발 환경을 제한해 개발자 참여를 제약한 반면, 애플의 iOS는 개발자들이 손쉽게 개발 환경에 참여할 수 있는 소프트웨어 개발 키트SDK를 제공하고 앱스토어를 결합해 개발자 참여를 독려하는 반쯤 개방된 생태계의 플랫폼 역할을 성공적으로 수행했다.

이처럼 생태계와 플랫폼은 불가분의 관계에 있다. 한국에서는 아직까지도 생태계가 대기업과 중소기업 간 상생 관점에서만 관찰되는 경향이 커서 동반 성장이나, 지역 클러스터 또는 창업벤처 육성 등과 연계되어 이해되어왔다. 세계적으로도 CPND 간 경계 와해 시각에서도 다루는 재화에 따라 제품, 기술, 서비스 플랫폼에 대한 논의로 국한되곤 한다. 생태계를 주창하는 학자들도 플랫폼을 생태계의 중요한 구성요소로만 파악해 플랫폼 기업이 어떤 전략을 추진해야 하는지 등에 대해 논의하기보다는 포식자predator 역할을 하는지 여부만 평가하는 정도다. 이안스티와 레비안은 플랫폼을 중추 기업이라고 언급하면서, 이들이 자신의 이익을 내세우는 지배자 역할만 하면 생태계가 파괴될 수 있음을 강조했다.

여기서는 모바일 융합 생태계를 CPND로 수직 계열화된 가치사슬의 붕괴로부터 관찰하고자 한다. 이해를 돕기 위해 벤투라팀 어낼리시스(2014)에서 제시된 느슨해진 M2Mmachine to machine 가치사슬을 소개한다. 그림 3.2(위)에서 보면, 기존의 M2M 가치사슬은 디바이스와 서비스 가치사슬로 종속적 모습이지만, 점차 느슨화 과정이 서비스 유통 가치사슬 영역에서 일어난다. 즉, 기존 가치사슬 영역에 수직으로 2개의 다른 유형으로 구분되는데, 하나는 디바이스 유통과 솔루션 개발 및 제공, 서비스 유통을 혼자서 모두 담당하는 모바일 네트워크 사업자MNO들이고, 다른 하나는 다른 참여자들을 끌어들여 최종재를 최종 이용자에게 제공하는 형태다. 전자가 폐쇄형이라면, 후자는 개방형을 지향하는 보다 느슨해진 생태계로 진전되고 있다고 보면 좋을 것 같

그림 3.2 ▌ M2M 가치사슬 '서비스 유통' 내 2개 가치사슬(위)과 플랫폼 구조(아래)

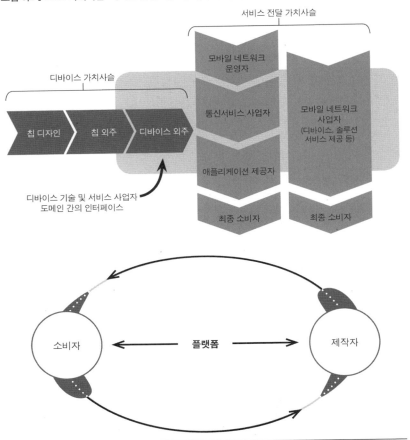

자료: http://www.telco2research.com/articles/EB_M2M-Embedded-Overview-Healthcare-Strategic-Options_
Summary

다. 후자의 경우만 보면, MNO는 네트워크 기업일 뿐이고, 커뮤니케이션 제 공자가 바로 보다 느슨해진 생태계의 플랫폼 형태를 띠며, 시장이 양면 시장 이라면 양쪽에 앱 제공자인 제작자와 최종 이용자인 소비자가 존재하게 되 는 것이다. 그림 3.2(아래)는 이를 수평적으로 나타낸 것이다.

2) 모바일 융합 생태계의 파괴적 혁신, OTT

현재는 구글 안드로이드와 애플 iOS를 중심으로 모바일 융합 생태계 간 경쟁이 진행되고 있다. 이는 기업 간 경쟁과는 다른 플랫폼 중심 생태계 간 경쟁을 의미한다. 모바일 융합 생태계의 파괴적 혁신은 그림 4.2의 M2M 가치사슬 변화에서 제시된 기존 모바일 네트워크 사업자가 제공 중인 서비스들을 새롭게 파괴하는 데서 시작한다. 대표적 서비스가 메시징이며, 앞에서 언급했듯이 이를 OTT 메시징이라고 부른다.

표 3.1에서 보면, 현재 세계를 이끌고 있는 모바일 융합 생태계의 4대 주역은 단연 구글, 아마존, 페이스북, 애플이다. 이들의 최초 제공 서비스는 모두 다르지만, 점차 같은 서비스 포트폴리오를 가져가고 있다. 구글은 검색 엔진, 아마존은 인터넷커머스, 페이북은 소셜미디어, 그리고 애플은 서비스가 아닌 커넥티드 디바이스를 제공한 사업자였다. 아마존을 제외한 3개 기업은 2013년 이미 메시징 서비스를 제공하기 시작했다. 역량을 가질 수 없는 페이스북은 왓츠앱을 인수했다. 이들은 모바일 융합 생태계 내에서 서비스 포트폴리오를 보다 확대해나가고 있다. 이처럼 서비스 영역을 확대하는 기업을 수평적 플랫폼이라고 부른다.

전 세계적으로 모바일 융합 생태계가 진전되면서, 표 3.1의 주요 인터넷기업 외에도 다양한 장르에서 OTT 기업들이 등장한다. 그림 3.3에서 나타나듯이, 서비스 포트폴리오를 넓게 가진 기업들을 생태계 기업들이라고 부르고, 특정 장르별로 서비스를 제공하는 기업들을 장르에 따라 VoIP/메시징 OTT, 콘텐츠 스트리밍 OTT, 컨텍스트 OTT 등으로 부르기 시작했다. 콘텐츠 스트리밍 OTT는 이 장에서 OTT 동영상이라고 부르기로 한다. 왓츠앱이 인수되기 전의 페이스북과 왓츠앱은 각각 메시징과 컨텍스트로 구분되었다.

이미 PC에서 구글이 '구글비디오'를 출시했으나, 콘텐츠 조달이 용이치 않

표 3.1 ▎모바일 융합 생태계 주역(구글, 아마존, 페이스북, 애플)의 OTT 서비스

고객 서비스	구글	아마존	페이스북	애플
접속 서비스	○	○	○	근간이 된 서비스
앱	○	○	○	○
TV와 비디오	○	○	○	○
음악	○	○	○	○
고객 클라우드 서비스	○	○	○	○
위치 기반 서비스	○	×	○	○
음성	○	×	○	-
메시징	○	×	○	○
생산성 서비스	○	×	×	○
소셜미디어	○	×	근간이 된 서비스	×
커머스	○	근간이 된 서비스	○	×
검색 및 발견 서비스	근간이 된 서비스	×	○	○

그림 3.3 ▎글로벌 OTT 기업의 유형화

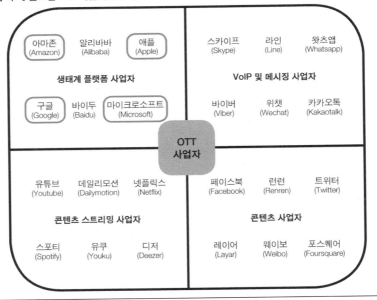

다가 2006년 유튜브를 인수해 현재 생태계 OTT로 부상했으며, 넷플릭스는 2007년 PC 스트리밍 서비스를 시작한 이후 지금까지 OTT 동영상의 경쟁 우위를 유지하고 있다. 한국에도 경쟁사인 '푹Pooq'과 제휴를 시도 중인 '옥수수oksusu'(기존 '호핀')가 선전하고 있으며, 넷플릭스가 2016년 1월 7일부터 한국 서비스를 개시했다. 또한, 검색 엔진과 메시징 서비스로 시작한 네이버와 카카오(다음과 합병)도 동영상을 제공하고 있어서 넷플릭스 같은 동영상 플랫폼을 버티컬 플랫폼이라고 부르는 것과 대조되게 포털 기반 동영상 서비스를 호리즌탈 플랫폼이라 부른다.

표 3.2를 보면, 버티컬 플랫폼이란 특정한 분야에 관심을 가지고 있는 이용자들을 대상으로 전문 장르인 음악, 동영상, 게임, 쇼핑, 뉴스, 교육 등 세부 분야로 나누어 한 분야에 대해 서비스를 제공하거나 검색, 커머스, 커뮤니티 등 기능 중 하나를 선택해 집중적으로 서비스하는 방식이다. 이에 비해, 호리즌탈 플랫폼은 네이버나 카카오처럼 다양한 서비스를 제공하는 사업자를 말한다. 버티컬 플랫폼은 호리즌탈 플랫폼보다 더 깊이 있는 정보 및 서비스를 제공하므로 버티컬 플랫폼이라고 칭한다고도 말할 수 있겠다.

표 3.2 ▮ 독립형 OTT의 유형: 버티컬과 호리즌탈 플랫폼 비교

버티컬 플랫폼	호리즌탈 플랫폼
깊이 있는 서비스 제공	포괄적인 서비스 제공
특정 분야에 집중된 트래픽	트래픽 다양한 특성 가지고 있음

한국의 독립형 OTT들은 주요 장르별로 버티컬 플랫폼과 호리즌탈 플랫폼으로 표 3.3과 같이 구분된다. 개인방송 등 동영상 장르만 보면, 호리즌탈 플랫폼으로 네이버가 제공하는 네이버 TV캐스트와 카카오의 TV팟이 있으며, 버티컬 플랫폼으로는 티빙과 아프리카TV, 쿠TV 등이 있다. 최근에 기존의 SK브로드밴드가 N스크린 차원에서 제공 중인 'Btv모바일'과 사라진 독립형

표 3.3 ┃ 한국의 독립형 OTT 경쟁 구도: 버티컬 vs. 호리즌탈

영역	네이버	다음 카카오	버티컬 플랫폼
음원 서비스	네이버뮤직	카카오뮤직	멜론, 엠넷, 지니
개인방송 영상 콘텐츠	네이버 TV캐스트	TV팟	티빙, 아프리카TV, 쿠TV
웹툰	웹툰	웹툰	레진코믹스, 미스터블루
금융/부동산	증권/네이버 부동산	금융 부동산	팍스넷, 직방
쇼핑	N쇼핑	쇼핑하우	지마켓, 옥션, 인터파크
기타	-	-	사람인, 비트윈, SK엔카

'호핀'이 합병해 2016년 초에 '옥수수'라는 이름으로 재탄생했다. 이는 아직은 IPTV 사업자 제공의 N스크린으로 분류되며, 티빙 같은 하이브리드형 OTT다.

한편 티빙은 2010년 케이블 TV인 CJ헬로비전 제공의 N스크린으로 시작했지만, 2016년 1월 CJ E&M 전용 서비스로 새롭게 출발하면서 독립형 OTT 동영상으로서 버티컬 플랫폼의 면모를 갖추게 된다. SKT의 CJ헬로비전 인수 불발로 외톨이가 된 티빙은 그동안 종합편성채널과 지상파 방송 등에서 콘텐츠를 수급받던 시스템에서 벗어나 CJ E&M 콘텐츠로 특화된 버티컬 플랫폼으로 변신하게 되었으며, 채널A, JTBC, TV조선 등 종합편성채널, YTN 등 뉴스 채널을 모두 중단하고, CJ E&M에서 공급하는 OCN, 슈퍼액션, 〈오늘뭐먹지〉 채널, 〈엠카운트다운〉 채널 등 다양한 오락 채널들만을 추가했다.

한국의 대표적 호리즌탈 플랫폼은 네이버 TV(구 네이버 TV캐스트)와 카카오 TV(구 다음 TV팟)다. 그림 3.4에서 보듯이, 이미 지상파 방송 연합이 제공하는 독립형 OTT 동영상인 푹이 버티컬 플랫폼으로 존재하며 옥수수와 제휴를 진행 중이다. 네이버 TV와 카카오 TV를 통해서도 송출되는 방송 PP들이 등장했다. 이는 스마트 미디어 렙Smart media Rep: SMR이 2014년 5월 '푹' 광고 판매와 함께 출범하면서 이루어졌다. 협상을 통해 2014년 12월에 푹의 지상파 방송 콘텐츠를 유튜브를 통해 제공하던 것에서 얼마 동안 국내 유통을 차단하고 네이버, 카카오(다음) 통합광고 판매를 개시해 SBS와 MBC가 SMR

을 통해 광고를 송출했지만, 한국 내 유튜브에서도 일부 드라마 같은 지상파 콘텐츠가 홍보용으로 전송되었다.

그림 3.4 ▮ 2015년 SMR을 통해 호리즌탈 플랫폼에 동시 송출된 채널 현황

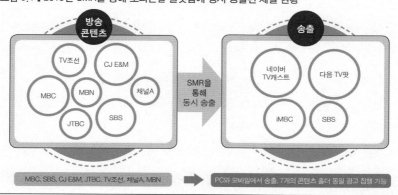

3) 모바일 융합 생태계 주역으로 부상 중인 OTT 동영상

동영상 서비스만 제공하는 버티컬 플랫폼 외에 호리즌탈 플랫폼도 OTT 동영상을 주요 서비스로 제공하면서 서로 경쟁하는 구도로 가고 있다. 2019년 초 현재 시점에서 TV산업의 주역은 아직은 유료 TV, 그중에서도 IPTV이다. 2000년대 중반까지만 해도 IPTV 산업은 초기 단계로서 용어 자체도 통일되어 있지 않았다. 실제로 유사한 서비스 형태를 의미하지만 미국과 한국의 경우는 IPTV, 유럽은 ADSL TV, 일본은 브로드밴드 방송으로 부르는 등 서로 다른 명칭을 사용하다가 2006년 ITU 산하 'IPTV 포커스 그룹Focus Group'이 공식 발족되고, IPTV 국제 표준을 위한 최초 지침이 발표되면서 새로운 산업으로서 탄력을 받는다. 2007년 말 1200개가 넘는 IPTV 기업들이 IPTV 국제 표준 확립을 위한 모임을 서울에서 가졌다. IPTV는 방송 영역에 통신

영역이 접목된 대표적인 방송통신 융합 서비스다. IPTV가 성장기를 맞이한 시점에 스마트폰이 전 세계를 뒤흔든다. 그 전부터 이미 IPTV의 모바일 TV화에 대한 논의가 있었으나 스마트폰 등장으로 기술 개발이 멈췄다. 미국의 경우, 2005년 정점에 이르다가 아이폰이 등장한 이듬해인 2008년부터 기울기 시작하더니 지금은 모바일 TV에 대한 논의가 아예 사라졌다. 그 대신 '커넥티드 TV' 내지 삼성전자가 작명한 '스마트 TV' 논의가 시작된다. OTT 동영상은 이제 스마트 TV 내에서도 앱 형태로 제공된다.

사실상 고정형 TV 콘텐츠를 이동형으로 시청하게 해야 한다는 필요성에 대해서는 스마트폰 등장 이전부터 이미 논의가 있었다. 또한, 이를 아우르는 일반 용어로 '모바일 TV'가 있으며, 이에 대한 연구와 논의가 IPTV 등장과 동시에 진행되었다가 스마트폰 등장으로 사라진 것이다. 그 당시 모바일 TV란 기존 통신 위주의 양방향성과 이동성을 특징으로 하여 비디오 중심의 동영상 서비스를 무선으로 제공하는 것을 의미한다. 미국 모바일 TV는 AT&T, 버라이즌Verizon, 스프린트Sprint, 티모바일T-Mobile 등의 통신기업 중심으로 제공하는 와이맥스 기반과 CDMA 기술을 보유한 퀼컴Qualcom의 미디어플로MediaFlo로 크게 양분되어 개발되었다. 당시 미국 통신기업들은 모바일 TV 제공을 위해 미디어솔루션 기업인 모비 TVMobiTV와의 제휴를 선택했다. 모비 TV는 1999년 창설해 캘리포니아의 에머리빌에 본부를 둔 비상장사인데, 통신기업 가입자들은 모비 TV 플랫폼을 이용해 휴대폰으로 생방송, VOD는 물론이고 콘텐츠를 다운로드해 저장한 다음 오프라인으로도 시청할 수 있었으나 다른 디지털 서비스에 비해 모바일 TV 보급이 더디었고, 세계 어느 지역에 비해서도 활성화되지 못했다가 스마트폰 기기의 등장으로 사라지게 되었다.

사라진 모바일 TV 역사를 미국 중심으로 소개한다. 2005년을 기점으로 모바일 TV에 대한 기대가 무르익어, 세계 시장 규모도 2008년 말 35억 달러에 달했지만, 2007년 아이폰 등장을 기점으로 2008년부터는 서서히 부정적인 예측이 나오기 시작하고, 2010년 10월 미디어플로가 사업 포기를 발표하면서 통신기업 중심 모바일 TV에 대한 논의는 일단락되었다. 미디어플로는 독자적 단말기와 주파수를 사용하기 때문에 단말기 제조기업과 통신기업의 협조를 얻기가 어려웠다. 이보다 먼저 디즈니 폰Disney Phone과 ESPN 폰ESPN Phone도 모두 실패했는데, 이 경우에도 모두 특정 서비스를 위해 별도의 단말기를 함께 구입해야 하는 부담이 경제 부진 시기에 소비자에게는 크게 작용한 것으로 판단된다.

2010년을 기점으로 통신기업과 퀄컴의 모바일 TV 진행이 주춤한 사이 미국 지상파 방송 기업들은 콘텐츠 판매 다각화를 위해 온라인 동영상 서비스 시장에 진출한다. 2010년 8월에 12개 방송기업들이 결성해 펄 모바일 TVPearl Mobile TV를 설립하더니 9월에는 30개 방송사들이 새로운 모바일500연합을 결성했다. 통신기업들과 마찬가지로, 방송사들도 방송 콘텐츠를 시청할 수 있는 디지털 플랫폼이 다양해지자 프라임 시간대 시청률 하락, 즉 광고수입 하락에 직면하면서 타개책으로 프리미엄 콘텐츠를 활용한 온라인 광고수입 향상 전략을 펴게 된 것이다. 당시 미국 방송사연합체인 오픈모바일비디오연합Open Mobile Video Coalition: OMVC이 뉴욕, 시카고 등을 포함하는 22개 지역에서 모바일 TV 서비스를 개시함으로써 이 시장을 둘러싼 방송통신 양 진영 간 대결이 이루어진다. 미국 방송기업의 모바일 TV 시장 진출에 대해 통신기업 AT&T는 광고수익 분배 등이 가능하다면 방송사들과의 협력도 충분히 고려할 수 있다는 입장을 취한 반면, 버라이즌이나 스프린트는 자사 서비스 강점인 양방향성 내지 업로드 기능을 적극 내세워 경쟁력을 높이려 했지만, 수많은 노력에도 불구하고 방송사업자들의 모바일 전략은 성공하지 못한다.

그러는 사이에 스마트폰 기기를 이용한 비디오 시청으로 모바일 트래픽이 현저히 증가했다. 시스코Cisco는 2010년에 모바일 트래픽이 40엑사바이트Exa-byte(1엑사바이트=10억 기가바이트)에 이를 것으로 추정했고, 2014년 비디오 트래픽이 총 모바일 데이터 트래픽의 66%에 이를 것으로 예측했는데, 이 같은 예측은 현재 현실이 되었다. 이러한 상황에서 인터넷 접속이 가능한 커넥티드 TV가 삼성전자를 위시한 TV 제조기업에 의해 출시된다. 삼성전자가 '스마트 TV'라는 이름을 내건 커넥티드 TV는 TV에 인터넷을 연결해서 TV로 인터넷 기반의 서비스를 이용할 수 있도록 하는 TV 서비스를 통칭한다. TV에 인터넷을 연결하는 방법은 크게 세 가지다. 이미 2000년대 중반부터 셋톱박스를 이용해 인터넷을 TV로 시청할 수 있도록 하는 다양한 OTT STB, 게임기 콘솔을 통해 인터넷에 접속한 후 동영상 등을 이용하게 하는 콘솔 STB, 그리고 TV 제조사 중심의 TV 셋Set 자체에서 인터넷에 직접 접속할 수 있도록 한 인터넷 내장형 TV 셋 등이다. 애플은 자체 OS 기반 STB를 제공 중이고, 구글은 자체 OS를 기반으로 STB와 인터넷 내장형 TV 셋 등을 출시한 바 있으나 아직 시장 성적은 좋지 않다.

대부분 커넥티드 TV 기업들은 초기에는 독자적인 콘텐츠 유통 플랫폼을 확보하는 방향으로 움직여 힘든 시간을 보냈다. 예컨대, TV 기기 제조사들은 그동안 '고객' 수준에 머물던 TV 기기 구매자들을 자사 서비스의 '이용자'로 전환해 마케팅 기업으로 탈바꿈하려는 의도를 보이면서 플랫폼이 아닌 파이프라인 모습을 보인 것이다. 오랜 쓰라린 경험을 통해 이들은 점차 생태계 플랫폼 역할을 지향하기 시작하면서 넷플릭스 같은 OTT들을 포용하기 시작한다.

박시Boxee, 로쿠Roku, 부두Vudu 등의 STB 커넥티드 TV 내지 OTT도 초기 웹 TV 수준의 OTT STB를 출시했다가 실패한 경험들을 가지고 있으며 현재로서는 미국에서 로쿠만이 STB OTT로 선전 중이다. TV 기기 제조사들이 2008년부터 인터넷 내장형 TV 셋을 내놓기 시작하면서 2004년부터 STB로 출발한 많은 STB OTT들이 STB를 포기하고 TV 기기 제조사가 제공하는 커넥티드 TV의 앱 마켓에 앱으로 입점하기도 한다. 한편, 넷플릭스의 경우에는 아예 STB 등의 기기 제공을 고려하지 않고 처음부터 앱 기반 서비스 플랫폼으로 시작했으며, 월정액으로 구독 기반의 SVOD subscription based VOD를 제공 중이다. 넷플릭스에 대해서는 뒤에서 언급한다.

한편 2010년 5월, TV가 인터페이스 기기인 구글 TV는 인텔, 소니, 어도비 Adobe, 베스트바이Bestbuy, 디시네트워크Dish Network 등의 전폭적 지지를 받고 출시되었으나 성공하지 못했다. 구글 TV는 방송 콘텐츠뿐만 아니라 인터넷이나 개인 콘텐츠를 동일한 이용자 인터페이스User Interface: UI를 통해 검색 및 재생할 수 있게 하여 거의 무한대의 콘텐츠 서비스 제공을 시도했으나, 이러한 만물상 같은 기능들이 고정 TV 시장에서는 외면당한 것이다. 구글 TV가 제시한 서비스들은 기존의 PC를 통해서나 스마트폰을 통해서 이미 다 누릴 수 있는 기능일 뿐만 아니라, 이용자의 능동성을 요구하기까지 한다. 하지만 고정 TV 시청자가 가진 고유의 수동적 습관이 스마트 TV로의 능동적 사용자 습관으로 쉽게 바뀌지는 않았다. 게다가 리모컨 자체도 단순해야 하는데 더 복잡해지는 양상을 띠었다. 즉, 커넥티드 TV를 위해서는 더 많은 기능을 제공해야 할뿐더러, 기존의 많은 리모컨들과의 관계도 정리해야 하는데 이런 일은 결코 간단하지 않다.

구글 TV 출시 이후에는 몇 개월 간 이를 관조하던 애플 TV는 TV를 컴퓨터화하는 것 자체가 바람직하지 않다는 입장을 고수하면서, 기존 고정 TV 경험을 일부 확장하는 제품 개념으로 뉴애플 TV New Apple TV를 개발했고 2010년 9월에도 여전히 STB로만 출시해 현재까지 제공 중인데, 시장 성과는 여전히 미미하다. 그래도 새 제품은 상대적으로 저렴한 가격(99달러)이고, 이전 STB 크기의 1/4 정도로 작게 만들었으며, 하드디스크를 제거하고 스트리밍 방식으로 콘텐츠를 재생토록 고안되어 콘텐츠의 '소유'보다는 '대여' 개념을 제시했으며, 특히 콘텐츠 불법 복제에 위협을 느끼는 콘텐츠 제공자들에게 좋은 파트너가 되는 계기로 작용했다. 2019년 초에는 아이폰 가입자들에게만 애플 TV가 제공하는 OTT를 제공하려는 움직임을 보이기 시작했다. 이유는 아이폰 가입자 수가 정체 상태이기 때문이다.

지금까지 간단하게 커넥티드 TV 역사를 설명했다. 시장의 주체가 초기 TV STB에서 스마트폰 OS 기반의 넷플릭스 같은 앱으로 전환되면서 이제 TV에는 전통적으로 제공하는 프로그램과 인터넷을 통해 제공되는 콘텐츠가 공존하는 시대가 도래하고 있다. 점차 커넥티드 TV나 모바일 TV 논의보다는 N스크린이나 OTT 서비스 논의가 이슈가 될 것이다. 사라진 통신기업 시도의 모바일 TV로는 2011년 8월 모비 TV를 축으로 한 미국 셀룰러 모바일 TV^{US Cellular Mobile TV}가 출시되었는데, 이는 앱을 이용해 생방송과 VOD를 즐길 수 있고 오프라인 시청을 위해 다운로드도 할 수 있는 서비스다. 가입자는 ABC, CBS, NBC, ESPN, 디즈니 채널, MTV, Comedy Central 등을 포함한 주요 채널의 톱 프로그램들을 시청할 수 있다. 그리고 뉴스, 스포츠, 엄선된 오락물과 스페인어 방송이나 어린이 방송 등 장르별 패키지도 제공되었다. 하지만 시장에서는 이미 잊히고 있다.

지금까지는 미국 중심으로 모바일 TV 및 커넥티드 TV 내지 스마트 TV의 발전 과정을 간단하게 살펴보았다. 한국의 경우에도 스마트폰 등장 전부터 이동통신기업 제공의 준^{June}(SKT 제공)이나 핌^{Fimm}(KTF 제공) 같은 모바일 비디오 서비스가 제공되었으나 비싼 통신비 때문에 성공하지 못했다. 당시에는 모바일 브로드밴드가 활성화되기도 전이어서 접속 속도가 느린데다가 콘텐츠도 매우 부족했다. 한국과 일본에서는 2005년부터 위성 DMB^{Digital Media Broadcasting} 서비스를 가장 먼저 제공했는데, 이는 라디오 방송의 디지털 전환 과정에서 비롯되었다. 1990년대 후반 라디오를 디지털화해 유럽과 미국에서 서비스한 것이 DAB^{Digital Audio Broadcasting}이고, 한국에서는 DAB를 라디오 중심에서 TV와 데이터 방송까지 멀티미디어 서비스로 확대해 DMB로 탈바꿈시킨다. 또한, 지상파 TV의 디지털 전송 방식에 대한 논의에서 파생되어 한국에서 2004년 말 지상파 DMB 도입 계획을 확정하고 2005년 3월에 수도권 지상파 DMB 6개 사업자도 선정했다. 지상파 DMB가 광고수익 모델을 도입함에 따라 유료 수익 모델로 가입자를 늘려가던 위성 DMB는 적자에 허덕이다 2012년 7월에 사업을 종료했고, 지상파 DMB는 이용자 수를 늘려가다가 스마트폰을 통한 방송 앱이 등장한 다음 2012년 이후부터 지상파 DMB 이용이 감소하면서 광고수입이 빠르게 줄어들고 있다.

아직 방송통신 융합과 모바일 융합은 현재진행형이다. 이용자들은 궁극적으로 N스크린 서비스 내지 OTT를 제공받게 되며, 기존의 TV 콘텐츠 유통에 적지 않은 영향을 미칠 것이다. 무엇보다도 앱으로 시작한 OTT 동영상이 TV로 이전하면서 TV 채널들의 TV 앱스토어 입점도 자연스레 진행되며, 양방향성을 가진 콘텐츠 제작도 점차 적극성을 띠게 된다. 이와 동시에 기존 유료 TV 기업들도 자사 유료 가입자들의 코드 커팅cord cutting을 최소화하기 위해 노력해야 한다. 특히, 로컬 TV 콘텐츠의 경쟁력을 강화하는 방향으로 대처하는 움직임을 보이면서 이들은 제작에도 뛰어든다. 미국 유료 TV 기업들은 컴캐스트를 중심으로 2010년부터 'TV 에브리웨어Everywhere' 전략으로 N스크린을 제공 중이며, 컴캐스트와 케이블비전 등은 자사 가입자들이 집 안에서 아이패드를 이용해 TV를 시청할 수 있도록 했다. 디시네트워크도 2013년 후반부터 아이패드용 TV 플랫폼을 제공하고 있다. 디시 가입자는 앱을 이용해 생방송 시청뿐만 아니라 자신의 DVR에서 녹화된 프로그램을 모바일 기기로 이전해 시청할 수 있게 되었고, 이어 타임워너케이블, 컴캐스트, 버라이즌의 파이오스 TVFiOs TV 등도 유사한 앱들을 개발하기 시작했으며 타임워너 소유 채널인 HBO와 디즈니 채널, 그리고 바이어컴Viacom의 채널 공급사들도 채널 단위로 자체 앱을 개발해 응수하게 된다.

4. 생태계의 수평화와 미디어기업의 기회

1) 생태계의 수평화

시장에서 융합 논의가 본격화된 시기는 1980년대 초이고, 융합 개념은 시간이 흐르면서 기술 및 서비스의 영향을 동시에 받으며 진화한다. 모바일 융합의 초기 파괴적 혁신은 주로 기존의 모바일 통신서비스를 파괴하는 데서 시작해 메시징, VoIP, 소셜미디어였지만 점차 그 서비스 영역이 확대되고 특히 LTE 등장으로 인해 OTT 동영상이 모바일 융합 서비스의 주역으로 부상하게 된다. 이러한 상황에서 모바일 융합 생태계의 수평화는 더욱 진전되고, 버티컬 앱으로 시작한 플랫폼이 호리즌탈 생태계 플랫폼으로 진화하는 모습을 보이기 시작한다. 이를 모바일 융합 생태계의 수평화horizontalization라고 부른다. 예컨대, 버티컬 소셜 앱으로 시작한 페이스북은 수평화에 따른 호리즌탈 플랫폼으로 이미 진화했고, 페이스북은 다양한 유형의 인수·합병을 진행했다. 대표 사례로 2014년에 페이스북은 왓츠앱이라는 벤처기업을 190억 달러(약 20조 3천 7백억 원)에 인수했다. 이 인수 계약은 벤처캐피털이 최대 지분을 소유한 신생업체로는 엄청난 금액인데다가 왓츠앱이라는 회사의 전체 직원이 55명인 것에 비해 인수 당시 월 사용자 수가 4억 5천만 명에 이르러 세상을 놀라게 했다. 페이스북의 왓츠앱 인수 배경에는 버티컬 앱에서 호리즌탈 생태계 플랫폼으로 거듭나려는 전략이 담겨 있다. 2015년 3월 13일 트위터도 이러한 차원에서 동영상 스트리밍 신생기업인 페리스코프Periscope를 인수했다. 월스트리트 저널에 따르면, 인수 가격은 최대 1억 달러로 추정된다.

2) 미디어기업의 기회 요소

글로벌 버티컬 앱들의 호리즌탈 플랫폼화 노력이 진행되지만, 기존 미디어기업들은 인터넷기업이 아니기 때문에 '생태계의 수평화'라는 시장 기회를 바로 채택하지 못했다. 호리즌탈 플랫폼이 되려고 다양한 인수·합병을 단행하는데 노하우를 가지고 의사를 결정하는 기업 대부분은 ICT 인프라를 가진 인터넷기업들이다. 한국에서는 네이버, 카카오와 네트워크를 가지고 있는 통신기업이 그 대상이다. 이처럼 기존 미디어기업들이 하루아침에 소프트웨어 기업으로 변신하는 것은 쉽지 않기 때문에, 이들과 경쟁하기보다는 상생 및 보완적인 자세를 취하면서 새로운 틈새시장 기회를 찾아가는 것이 중단기적으로는 바람직할 것이다. 모바일 융합 관점에서 보면, OTT 동영상 스트리밍은 유료 TV 미디어기업들이 제공하는 채널과 콘텐츠를 재이용하는 VOD 제공 이상이며, IPTV를 위시한 유료 TV와 새로운 OTT 기업 모두에게 기회로 여겨져야 하는 것은 이미 시작된 '모바일'이라는 혁신 요소에 다른 혁신 요소를 더해가는 작업이다.

생태계의 수평화를 바라보는 미디어기업이 갖게 되는 첫 번째 기회 요소는 '소셜'이라는 혁신 요소다. PC와 모바일의 갈림길에서 페이스북과 마이스페이스가 '소셜' 서비스에 '모바일' 전략 결합을 얼마나 빨리, 어떻게 차별되게 제공했는지 여부에 따라 승패를 달리했듯이, 유료 TV도 현재 VOD '다시보기' 차원에서 벗어나, '모바일'에 '소셜' 요소 장점들을 더해나가야 한다. 이것은 유료 TV 기업이 누릴 수 있는 절호의 기회이기도 하다. 왜냐하면 유료 TV는 독립형 OTT와 달리 고정 TV 기반의 방송 및 비디오 서비스를 제공 중이라 '소셜' 개념을 덧입힌 '세컨드 스크린second screen'서비스를 함께 제공할 수 있는 유리한 위치에 있기 때문이다. 세컨드 스크린은 유료 TV 방영 중에 모바일 디바이스를 다른 용도로 사용하게 하는 것이며, 동반 앱companion app 내지 '소셜 TV'라고 부른다. 이는 모바일 디바이스의 '세컨드 스크린'화로, TV 시청 중에 SNS를 통해 의견 교류에 동참하는 것인데, 아직 꽃을 피우지는 못하고 있다. 미국에서는 IPTV 기업들에 의해 선도적으로 개발되어, AT&T 유버스U-Verse에 IPTV 가입자가 관련 정보 검색 외에 순위 투표 등에 참여한다. 한국 케이블 TV의 모바일 앱인 티빙도 시험적이지만 선도적으로 여러 소셜 TV 실험을 진행했다. 미국이나 한국이나 아직은 시작 단계다.

생태계의 수평화를 바라보는 미디어기업이 갖게 되는 두 번째 기회 요소는 기존의 N스크린에 새로운 OTT 동영상 콘텐츠를 하이브리드hybrid로 제공해보는 것이다. 이미 유료 TV 기업들은 방어전략 차원에서 N스크린을 제공 중이며, 사실상 모바일 단말은 고정 TV와는 전혀 다른 인터페이스이기 때문에 완전히 새로운 시도를 해볼 필요가 있다. 모바일 단말의 특성상 실제로 동영상 일 평균 재생 시간은 10~15분 정도이며 재생 횟수는 5~8회로 많은 편이다. 따라서 일상생활 중간중간에 자투리 시간에 이용하는 모바일 이용 환경은 다수의 짧은 콘텐츠를 대량 소비하는 형태로 발전하리라 기대된다.

제한된 재생 시간과 비교적 많은 재생 횟수를 감안하면 고정 TV에서는 풀렝스full-length와 포퓰러 컬처popular culture 위주이지만 모바일 환경에서는 쇼트 서브 컬처sub-culture 중심의 콘텐츠가 더 어울린다.

2016년 기준 한국 유료 TV들은 모두 N스크린을 제공 중이다. IPTV의 경우 2011년 5월, KT가 가장 먼저 '올레TV모바일'을 시작했고, SK브로드밴드가 'Btv모바일', LG유플러스가 '유플러스HDTV'라는 이름으로 서비스를 시작했다. 최근에는 서브 컬처와 쇼트렝스 포맷을 제공하는데 다양한 지원을 하는 비즈니스 모델로 MCNmulti-channel network이 등장했다. 이미 다양한 장르의 유튜버들을 소속 크리에이터로 영입하기 시작한 CJ E&M 소속의 MCN 다이아TV가 하이브리드 요소를 기회로 잡은 대표 사례로 꼽히고 있다.

2015년 하반기부터 IPTV 중심으로는 MCN 소속 크리에이터들이 스낵 컬처 콘텐츠와 제휴하기 시작했다. 10월 LG유플러스가 자사 보유 LTE 비디오 포털에 MCN 큐레이션 서비스인 '파워 유튜버'를 직접 출시했다. 황당 카메라, 뷰티, 게임, 토크 일상 등 다양한 장르의 비디오와 양띵, 악어 등 트레져 헌터 MCN 소속인 인기 BJ들의 콘텐츠를 모바일에서 볼 수 있다. SKT도 같은 해 11월에 트레져헌터에 50억을 투자하고 '핫질'을 출시했으며, 우수 크리에이터 인큐베이팅 프로그램도 운영하기 시작했다. 한편, 2015년 12월 KT 올레TV와 CJ E&M 소속 다이아TV 간 콘텐츠 제휴가 시작되어 모바일 OTT 에 해당 콘텐츠가 입점했다. 이 제휴를 통해 올레TV 가입자들은 1천여 편의 다이아TV 콘텐츠를 무료로 볼 수 있게 되었고, CJ E&M이 올레TV 전용 콘텐츠를 제작하기에 이른다.

이처럼 기존 미디어기업들이 1인방송 유행을 기회로 포착하면서 쇼트렝스와 서브 컬처 콘텐츠를 창작하는 크리에이터들을 관리하고 지원하는 MCN 이 더욱 각광받기 시작한다. 모바일 환경에 더 적합한 콘텐츠를 확보해야 하는 유료 TV 기업들에게 MCN과 1인방송은 필요한 콘텐츠가 된 것이다. 이러한 현상은 다른 나라에서도 마찬가지다. 미국의 경우, 유튜브에서 시작된 MCN은 방송 및 통신기업들의 적극적 투자와 인수가 이루어지는 뜨거운 영역이 되었다. 예로 IPTV를 제공 중인 통신기업 AT&T는 MCN인 풀스크린 Fullscreen의 경영권을 3억 달러에 확보했는데, 그 이유는 모바일 환경에 맞는 OTT 강화를 위해 차별화된 서브 컬처 콘텐츠가 필요했기 때문이다. 10대에게 인기 있는 크리에이터를 보유한 풀스크린은 AT&T 의도에 가장 맞는 기업으로 2016년 5월 월정액 요금을 받는 SVOD 형태의 OTT '풀스크린 서비스'를 시작했다. 이렇게 MCN이 OTT를 제공하면 향후 MCN과 OTT 간 경계도 희미해질 것이다. 버라이즌도 2015년 10월 'go90'이라는 자체 OTT를 출시했고 MCN인 어썸니스 TVAwesomeness TV의 콘텐츠도 함께 포함하는 등 하이브리드 제공은 이미 대세가 되었다.

모바일 융합 소비자들의 니즈는 더 이상 하나가 아니다. 서브 컬처가 발달하면서 드라마 외에 엔터테인먼트, 쿡방, 게임방송 등을 좋아하는 소비자들이 원하는 콘텐츠가 다양해졌다. 흥미롭게도 이러한 소비자 니즈를 가장 잘 따라가고 있는 것이 바로 MCN 주도의 1인방송이다. 또한 모바일에 익숙한 10대, 20대가 좋아하는 콘텐츠 중 하나가 1인방송이므로 OTT를 제공하는 미디어기업 입장에서는 이를 놓칠 수 없다. 이에 더해, 그동안 콘텐츠 제작에 힘을 쏟지 못했던 통신기업에게는 보다 비용 효율적으로 콘텐츠 제작에 관여할 수 있는 세 번째 기회 요소가 주어진다. 즉, 하이브리드 제공을 위해 MCN과 손을 잡은 것 외에, MCN이 제공하는 콘텐츠 투자에 함께할 수 있고, 이는 향후 미디어콘텐츠 산업에서도 긍정적 효과를 기대할 수 있으며, 1인방송을 하는 크리에이터의 제작 환경도 보다 좋아질 수 있다. MCN 입장에서도 유튜브와 아프리카TV, 네이버 TV캐스트 등의 플랫폼뿐 아니라 N스크린을 제공하는 통신기업의 모바일 OTT 플랫폼을 또 다른 유통망으로 이용할 수 있어서 미디어 콘텐츠 유통시장 확장에 보다 유리하다.

5. OTT의 선구자, 넷플릭스

1) 넷플릭스의 OTT 전신인 DVD

1990년대 후반 DVD는 기존 방송 서비스에 대해 신매체로 자리매김한다. 그 예로 1997년 캘리포니아 스콧츠 밸리Scotts Valley에서 리드 헤이스팅스Reed Hastings와 마크 랜돌프Marc Randolph가 설립한 넷플릭스는 1998년 4월 14일, 직원 30명으로 우편 발송 방식의 DVD 배송 서비스를 시작한다. 이후 넷플릭스는 1999년 DVD 구매 제공을 중단하고 월정액 요금 기반 대여 제공으로 일원화해 2000년 영화 추천 시스템을 만들고 2002년 월정액 요금 수익의 20%를 가져가는 50여 개 영화사들과 계약을 체결한다(Funding Universe, 2012). 이후 추천 시스템 성공과 계약 수 증가를 동시에 경험하면서 2002년 5월 22일 나스닥에 "NFLX" 티커심볼Ticker Symbol(증권을 주식호가 시스템에 표시할 때 사용하는 약어)로 550만 달러를 한 주당 15달러에 출자했는데, 당시 회원 수는 60만 명이었다. 그림 3.5에서 보듯이, 1990년대 말 DVD 플레이어의 빠른 보급으로 인해 당시 미국 총 가구의 2/3에 해당하는 수가 DVD 플레이어를 보유했고, 이것이 OTT의 전신이 된다.

넷플릭스의 '시네 매치'라는 영화 추천 시스템은 이용자들의 이용 패턴을 비교함으로써 관심사의 유사성을 찾아내 유사한 이용 패턴을 가진 사람들에게 관련 영화를 추천해주는데, 가입자 시청 이력 데이터를 분석하여 자동으로 가입자가 좋아할 만한 영화를 추천해주는 것이 그 핵심이다. 이를 위해 넷플릭스는 수학, 컴퓨터 공학, 인공지능, 엔지니어링 기술 기반으로 가입자의 DVD 클릭 패턴, 검색어, 대여 목록, 평점을 분석해 회원 개개인의 취향을 알아내 회원들이 좋아할 만한 영화를 자동으로 추천해주고, 운영자는 이를

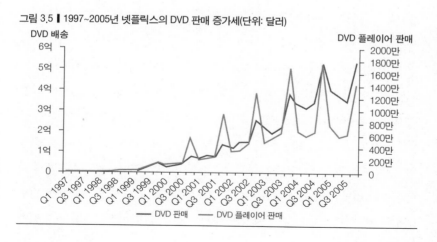

그림 3.5 ▌1997~2005년 넷플릭스의 DVD 판매 증가세(단위: 달러)

지역, 부사, 명사 장르, 기반, 배경, 제작자, 영화 내용, 타깃 연령대의 조합으로 로직화했다.

2) 다운로드(구매 방식)에서 스트리밍 서비스로 변신

2007년 1월 16일, PC에서 이용 가능한 인스턴트 스트리밍 서비스instant streaming service가 시작된다. 이를 기점으로 회원 수 750만 명을 기록해 전년 대비 15%나 급성장한다. 그 당시 넷플릭스 가입자들은 월정액 요금을 내고 1천여 개 영화와 TV 시리즈를 개인 PC로 온라인 시청할 수 있었다.

넷플릭스는 매달 7.99달러를 내면 무제한 영화와 TV 시리즈를 시청하게 했는데, 스트리밍은 이용 네트워크 대역폭에 따라 차이는 있지만, 거의 즉시 시청하는 방식이라 다운로드 방식과 차별되었으며, 특히 광고를 제공하지 않은 점이 큰 차별점이다. 그 이후 모방 기업들이 등장하면서 넷플릭스는 더 이상 동영상 스트리밍 시장을 주도하는 유일 기업이 아니게 되었다(Isaac, 2011).

표 3.4에서 보듯이, 2011년 넷플릭스의 경쟁 기업이 된 아마존은 '아마존 인스턴트 비디오Amazon Instant Video'를 '아마존 프라임Amazon Premium' 회원 대상으로, 10만 편의 영화와 TV쇼를 제공하며, NBC유니버설, 뉴스코프News Corporation, 디즈니 연합체인 훌루Hulu도 무료 동영상 스트리밍에 이어 월 7.99달러 '훌루 플러스Hulu Plus'를 출시했고, 오프라인 유통사인 월마트Wal-Mart도 스트리밍 기업인 부두를 인수했다. 그 외에도 표 3.5에서 보듯이, 2012년 파산 직전의 블록버스터를 인수한 미국 위성 TV인 디시네트워크는 '디시 월드Dish World' IPTV 서비스로 탈바꿈해, 가입자들은 블록버스터에서 디시 월드 IPTV인 200여 개 채널 프로그램을 무료로 시청할 수 있으며, 페이퍼뷰Pay Per View나 SVOD 기반 서비스를 제공받는다. 2012년 대형 마트에서 DVD 자판기로 DVD 대여 서비스를 제공한 레드박스Redbox를 인수한 버라이존도 2013년에

표 3.4 ▌2011년 기준 동영상 스트리밍 서비스의 경쟁 구도

서비스	아마존 인스턴트 비디오	아마존 프라임	블록버스터	훌루	훌루 플러스	넷플릭스
가격	·신규작: 3.99달러 ·일일 추천 콘텐츠 대여 시 0.99달러 ·콘텐츠 구매비는 15달러 이하로 책정	·연 회비 79달러 ·기본 프라임 서비스에 더해 동영상 콘텐츠를 무제한 이용 가능	·월정액 요금제로 1회 대여 가능한 SVS 수에 따라 월 10~20 달러 책정 ·스트리밍 서비스 이용 시 Dish Network 서비스 가입이 필요함	·무료(콘텐츠 에 광고가 포함되어 있음)	·월정액 요금제: 월 8달러 (일부 콘텐츠에 광고 포함)	·스트리밍 서비스의 기본 월정액 요금은 8달러이며 DVD 대여 포함될 경우 월 16달러 (대여 가능한 DVD 수에 따라 월정액 요금이 다르게 책정)
콘텐츠 제공업체 현황	·ABC, CBS 등 총 26개 콘텐츠 제공업체로 부터 콘텐츠 수급	·CBS, FOX 등 총 18개 콘텐츠 제공업체로 부터 콘텐츠 수급	·AMC, TNT, TBS 등 Dish Network 콘텐츠 공급업체와 Starz 등으로부터 영화 콘텐츠를 제공받고 있음	·방송국, 스튜디오 등 160여 개 업체로부터 콘텐츠를 제공받고 있음	·Hulu에 콘텐츠를 제공하는 업체와 동일	·Paramount Pictures ABC 등 20여 개 콘텐츠 제공업체로 부터 영화 및 TV 프로그램 콘텐츠 수급
보유 콘텐츠	·10만 편 이상의 영화, TV 프로그램 보유	·Fox가 제공할 2천여 편 이상의 콘텐츠 포함 시 1만 1천여 개 이상의 콘텐츠 보유	·스트리밍용 콘텐츠: 영화 3천 편+TV 프로그램 4천 편 ·DVD 대여: 10만 편 이상의 영화와 TV 프로그램 보유	·1700여 편 이상의 TV 프로그램과 1500여 편의 영화 콘텐츠 보유	·2천여 편 이상의 TV 프로그램과 1500여 편의 영화 콘텐츠 보유	·20만 편 이상의 영화, TV 프로그램 보유
비디오 게임	·서비스하지 않음	·서비스하지 않음	·주요 콘솔 게임기용 게임 3천여 개를 대여 가능함	·서비스하지 않음	·서비스하지 않음	·서비스하지 않음
TV 콘텐츠 이용 방식	·방영 후 다음 날 이용 가능	·내부 보유 콘텐츠만 이용 가능	·해당 없음	·방영 후 다음 날 이용 가능	·방영 후 다음 날 이용 가능	·내부 보유 콘텐츠만 이용 가능

영화 콘텐츠 이용 방식	·DVD 출시일부터 이용 가능	·내부 보유 콘텐츠만 이용 가능	·해당 없음	·영화에 따라 다름	·영화에 따라 다름	·DVD 출시 28일 이후부터 이용 가능
광고 여부	·없음	·없음	·해당 없음	·광고 제공	·광고 제공	·없음
콘텐츠 제공 방식	·대여 및 판매	·대여 및 판매	·대여	·대여	·대여	·대여
HD 서비스	·제공 중 (720p)	·제공 중 (720p)	·제공 중	·제공하지 않음	·제공 예정	·제공(720p/ 1080p)
지원 기기	·PC(Mac 포함), 인터넷 TV, 블루레이 플레이어, 셋톱박스, Kindle Fire	·PC(Mac 포함), 인터넷 TV, 블루레이 플레이어, 셋톱박스, Kindle Fire	·HD DVR, Facebook Instagram, DVD, 블루레이 디스크 이용 가능 기기	·PC(Mac 포함)	·PC(Mac 포함), 콘솔 게임기, 블루레이 플레이어, 셋톱박스, HDTV, DVR, 모바일 기기(iOS/ Android)	·PC(Mac 포함), 콘솔 게임기, 블루레이 플레이어, 셋톱박스, HDTV, DVR, 모바일 기기(iOS/ Android)

표 3.5 ▌ 2011년 기준 유료 TV의 N스크린 제공 경쟁

사업자	Cox	Dish network	Direc TV	Verizon	Cable vision	TWC	AT&T	Com cast
서비스명	Cox connect+	dish	DirecTV	FiOS Mobile	Optimum	TWCable TV	AT&T U-verse	Xfinity TV
AppStore 평점	1.5	2.5	4	4	3.5	3	3	3
실시간방송	×	Yes*	×	×	-	-	×	×
DVR 시청	×	Yes*	×	×	×	×	-	×
VOD	×	×	×	×	○	×	×	-
원격 스트리밍	N/A	Yes*	N/A	N/A	×	×	N/A	×
방송시간표 확인	○	○	○	○	○	×	○	○
채널 변경	○	○	○	○	×	×	×	○
리모컨	×	○	○	○	×	×	×	×
DVR 예약	○	○	○	○	○	×	×	○
DVR 관리	×	○	×	○	○	×	×	○
선호채널 설정	○	×	○	×	○	×	○	○

* Slingloaded DVR 기반.

레드박스를 동영상 스트리밍 서비스로 탈바꿈했다.

이에 넷플릭스는 DVD 제공 시기부터 시작된 고객 데이터 분석을 스트리밍 서비스 제공을 위해서도 계속했으며 더욱 정교화했다. 빅데이터 분석 기술이 발달하면서 넷플릭스의 알고리즘 성능 개선은 계속되었는데, 이를 위해 넷플릭스는 100만 달러(약 11억 원)의 상금을 걸고 '넷플릭스 프라이즈'를 개최해 한층 더 정교한 데이터 분석 기법을 선보이는 계기로 삼았다(Thompson, 2008). 3년간 186개국의 약 4만 팀이 참여했는데, 2009년에 우승한 벨코어스 프래그매틱 카오스Bellkor's Pragmatic Chaos 팀의 알고리즘은 알고리즘을 설명하는 문서만 92쪽에 달할 정도로 방대하다.

3) OTT 서비스 유통 단말, 지역 확대

넷플릭스는 스마트폰의 OTT 유통에만 머무르지 않는다. 2008년부터 게임 콘솔인 Xbox360, 플레이스테이션3나 블루레이 플레이어, TV 셋톱박스 업체들과 제휴한 넷플릭스는 동영상 스트리밍 서비스를 다양한 모바일 기기들을 통해 시청할 수 있도록 했다. 이를 위해 넷플릭스는 앱의 APIapplication programming interface를 공개해 다양한 단말 플랫폼에 탑재되도록 만들어 단말 플랫폼 개발 비용을 절감하고 단말별 출시 시점을 단축한다. 그 결과 넷플릭스는 2008년에 회원 940만 명을 조기 달성해 전년 대비 26% 증가를 경험한다. 2011년 넷플릭스를 개인 PC로 시청하는 사람은 42%, 닌텐도 위Wii로 이용하는 사람은 25%, 컴퓨터를 TV에 연결해 시청하는 사람은 14%, 플레이스테이션3를 이용하는 사람은 13%, Xbox360을 이용하는 사람은 12%로 집계되었다(한국콘텐츠진흥원, 2013).

새롭게 등장하는 다양한 디바이스들에 OTT 서비스를 멀티호밍한 넷플릭스는 인터넷에 접속된 TV 디바이스인 커넥티드 TV에도 동시 진출한다. 2010

년 구글이 구글 TV(2011년 안드로이드 TV로 API 개방)를, 삼성전자가 삼성스마트 TV를 출시하면서 커넥티드 TV가 본격화되는데 운영 시스템 파편화로 OS 경쟁이 가열되고, OS 안드로이드 TV, 로쿠, 웹 OS, 파이어폭스 OS, 타이젠 Tizen, 오페라Opera 등이 있다(Renesse, 2015). 비용과 편의성 측면에서 스트리밍 디바이스 중 셋톱박스와 USB 형태가 유통을 주도하기 시작했는데, 구글과 아마존이 대표적이다. 이 박스들에서 제공되는 OTT 서비스는 넷플릭스 외에도 훌루 플러스, HBO GO, 유튜브, ESPN, PBSKIDS 등 다양하다. 넷플릭스는 TV 셋톱박스인 로쿠를 시작으로 게임 콘솔인 닌텐도의 위, 소니의 플레이스테이션3, MS의 XBox360, 블루레이 플레이어들(소니, 파나소닉, 필립스 등), 인터넷 접속 HDTV들(삼성전자, LG전자 등), 홈극장시스템(파나소닉, LG전자, 삼성전자, 인시그니아 등), 스마트폰, 태블릿 PC(아마존 킨들파이어 플랫폼들, 삼성전자 등), DVR(티보 등) 등 거의 모든 단말에 선탑재preload된다.

넷플릭스는 해외로도 유통을 확대해간다. 미국 내 스트리밍 시장 경쟁이 치열해지면서 넷플릭스는 글로벌 전략을 계획한 다음 2010년 캐나다를 시작으로 캐리비언 및 남미 국가들에 진입해, 브라질에서부터 볼리비아, 칠레, 콜롬비아, 에콰도르, 페루, 베네수엘라, 멕시코로 확대한다. 특히 멕시코에서는 텔레비자Televisa, 티비아즈테카TV Azteca를 제공한다(Sosa, 2011). 2012년부터는 유럽으로 진출, 영국(월 5.99파운드)을 시작으로 아일랜드(월 6.99유로), 스칸디나비아 지역의 스웨덴, 덴마크 등으로 확장하고, 서유럽인 벨기에, 독일, 프랑스로 계속해서 진출하고, 이후 한동안 뜸하다가 2015년 호주, 뉴질랜드, 일본, 2016년 한국으로 진출하는 등 아시아 태평양 지역 진출을 본격화한다.

넷플릭스는 진출 대상국의 선호 콘텐츠를 파악하는 데 적극적이다. 해당 국가 이용자들의 선호 콘텐츠를 알기 위해 해적 사이트 데이터를 분석하는 등의 적극성을 보인다. 넷플릭스는 빅데이터 분석 기술 자산을 토대로, 예컨대 네덜란드 진출 시에는 토렌트 트래픽을 분석해 〈프리즌 브레이크Prison

Break〉등 인기 콘텐츠 리스트를 확보해 성공을 거두었고, 독일에서도 이와 비슷한 전략을 시행해 이용자 수가 넷플릭스 진출(2014년 9월) 이후 급증하여 1년 만에 2배인 420만 명 규모로까지 성장했고, 호주에서도 출시(2015년 4월) 3개월 만에 300만 명을 확보한다(박현수·민준홍, 2015). 또한, 2015년 9월 2일 아시아 태평양 최초로 일본 시장에 진출한 넷플릭스는 1개월 무료 기간을 내세워 마케팅을 제휴한 소프트뱅크Softbank 홈페이지, 판매점, 콜센터, 가전매장에서 가입 가능하게 했으며, 요금은 소프트뱅크 청구서에 통합 청구할 수 있도록 했고, 화질과 시청 가능한 디바이스에 따라 650엔~1450엔의 세 가지 요금제를 출시했다. 또한, 넷플릭스의 현지 콘텐츠 비중(10~20%)과 달리, 일본에서는 40% 확대 방침을 발표한다(Bloomberg, 2015). 이는 일본의 유료 TV 월정액 요금이 미국만큼 높지 않으며, 시청자들이 지상파 방송이 제공하는 무료 콘텐츠 중심으로 콘텐츠를 소비하고 해외 콘텐츠의 수요가 그다지 높지 않다는 판단에 근거한다. 실제로 2011년 일본에 먼저 진출한 훌루가 일본에서 고전한 주요 이유도 현지 콘텐츠 부재로 꼽히고 있다(Fierce Online Video, 2015).

4) OTT 콘텐츠 제작 및 투자

앞서 언급했듯이, 넷플릭스는 영화 추천 알고리즘을 개선하기 위해 외부 공모를 일찍부터 실시하여 알고리즘에 대해 정확도를 높였다. 콘텐츠 제작에 투자하기 위해서도 넷플릭스는 고객 데이터 분석 결과를 활용한다. 예컨대 이용자들이 1990년대 BBC의 미스터리 드라마를 선호한다는 것과 BBC에서 제작한 드라마를 좋아하는 경우 케빈 스페이시Kevin Spacey가 주연한 드라마나 데이비드 핀처David Fincher 감독이 제작한 드라마를 직접 찾아서 본다는 사실을 발견한다(박현수·민준홍, 2015). 이를 토대로 2011년에 스페이시 주연, 데 핀처 감독의 리메이크작인 〈하우스 오브 카드House of Cards〉가 제작된다(Kafka,

2011). 13개 에피소드로 이루어진 시즌 2편 제작에 1억 달러를 투자하여 2013년 2월 1일 시즌 1이 방영된다. 또한, 2006년에 폭스가 이미 취소한 시트콤 〈못말리는 패밀리Arrested Development〉가 리메이크되어 첫 번째 오리지널 코미디인 〈릴리해머Lilyhammer〉가 2012년 2월 6일 스트리밍되는 등 넷플릭스의 자체 제작 비중은 초기 5%에서 시작하여 점차 확대되어, 2015년 450시간 분량의 오리지널 콘텐츠 제작이 예상되었다(정윤미, 2015).

이러한 방식으로 넷플릭스는 다양한 현지 콘텐츠 제작에 관여한다. 프랑스에서는 현지어 오리지널 드라마 시리즈인 〈마르세이유Marseille〉를, 영국에서는 엘리자베스Elizabeth 2세 여왕을 주제로 한 〈더 크라운The Crown〉을 제작했고, 노르웨이, 콜롬비아 등지에서도 현지 킬러 콘텐츠 제작을 추진 중이다. 일본에서도 넷플릭스는 지상파 방송사인 후지티비Fuji TV와 공동제작 제휴를 맺어 13부작 드라마 〈언더웨어Underwear〉와 2012~2014년에 방영된 리얼리티쇼로 18부작 리메이크 〈테라스 하우스Terrace House〉를 만들고, 연예기획사인 요시모토홍업Yoshimoto Kogyo에 제작비를 지원하고 일정 기간 독점방영권을 갖는 협약도 체결했다(Market Realist, 2015). 한국에서 현지 콘텐츠 확보를 위해 넷플릭스는 봉준호 감독의 신작 〈옥자〉에 5천만 달러(약 577억 원)를 투자해, 제작사인 옥자SPC와 브래드 피트Brad Pitt가 이끄는 할리우드 중견 제작사인 플랜B엔터테인먼트가 공동 제작한다. 그 전에도 넷플릭스는 영화 〈와호장룡 2〉, 〈워 머신War Machine〉, 〈비스트 오브 노 네이션Beasts of No Nation〉 등에 투자한 바 있다(조선닷컴, 2015).

이처럼 넷플릭스는 오리지널 콘텐츠 전략이라는 이름으로 독점 콘텐츠를 자체 제작하거나 투자해 제공한다. 이는 자체 제작하거나 투자하는 콘텐츠를 자사의 유료 구독자들에게만 독점 제공하는 구조다. 각 국가별 사용자들의 흥미를 이끌어낼 수 있는 소재를 바탕으로 콘텐츠를 제작하는데, 최근 히트작으로는 영국에서 엘리자베스 2세 여왕의 이야기를 다룬 〈더 크라운〉이

표 3.6 ▮ 글로벌 OTT 사업자 대표 콘텐츠 및 오리지널 콘텐츠 전략

사업자	구분	대표 콘텐츠	오리지널 콘텐츠 전략
넷플릭스	순수 OTT	〈하우스 오브 카드〉, 〈데어데블〉, 〈제시카 존스〉 등	· 글로벌 사업자로서 미주, 아시아, 유럽 등 지역 시청자들의 수요에 맞추어 진출국 상황에 맞는 오리지널 콘텐츠 제작 · 오리지널 콘텐츠의 장르를 드라마에서 코미디, 다큐멘터리, 키즈, 영화까지 전방위 확대
아마존	순수 OTT	〈정글의 모차르트〉, 〈트랜스패런트〉 등	· 각국 고유 드라마 리메이크로 친근한 작품 제작 · 대표적인 영화감독을 영입해 독점 드라마 제작 계획 · 아마존 스튜디오의 활발한 영화 배급
HBO	기존 방송사업자	〈왕좌의 게임〉	· 600개의 오리지널 콘텐츠 제작을 목표로 삼고 있으며, 2016년 할당된 20억 달러의 예산 중 절반 이상을 오리지널 콘텐츠 제작에 투입
훌루	지상파 배경	최신 지상파 콘텐츠 서비스	· ESPN, ABC, 디즈니, 폭스 스포츠, 폭스 뉴스 등을 포함한 서비스 제공
유튜브	동영상 서비스	〈스케어 퓨디파이〉, 〈유니콤섬으로의 여행〉 등	· 유튜브 레드를 통해 유료 드라마 및 영화 제작 · 다양한 유료 채널 출시

있고, 한국에서는 봉준호 감독의 영화 〈옥자〉 제작비 전액을 투자하며 넷플릭스를 통해 독점 방영하는 계약을 체결했다. 2018년에도 약 80억 달러의 콘텐츠 비용을 지출하며 글로벌 OTT 시장을 선도해나갈 것이라고 발표하기도 했다. 표 3.6에서 보듯이, 이를 계기로 다른 OTT 기업과 기존 미디어기업의 OTT용 오리지널 콘텐츠 경쟁이 시작되었다(하나금융그룹, 2018).

6. 넷플릭스에 대응하려는 전통 미디어기업들의 움직임

1) 미국 전통 미디어기업들의 대응 움직임

폐쇄된 고정 TV에서 개방된 개인 TV로 시청자들의 관심이 이동한 오늘날, 이들을 움직이는 것은 더 이상 폐쇄형 파이프라인 내지 게이트웨이나 채널의 브랜드가 아니다. 패러다임의 변화로 뛰어난 콘텐츠 라이브러리와 제작역량, 오리지널 콘텐츠를 얼마나 보유하고 있느냐에 따라 미디어기업의 경쟁력이 결정된다. 넷플릭스의 부상으로 위기의식을 갖기 시작한 미국의 주요 전통 미디어기업들은 오리지널 콘텐츠 확보에 열을 올리기 시작했다.

넷플릭스에게 위기의식을 갖기 시작한 미국 전통 미디어기업들의 대응 움직임은 한마디로 맞불 전략이다. 인터넷 이용이 용이한 환경이 전제되면서 인터넷 동영상, 즉 OTT 동영상 시장 확대가 기업 가치 재평가로 이어지는 시장 상황을 직시하게 된다. OTT 확대로 미디어 플랫폼 경쟁은 더욱 치열해지고, 이에 콘텐츠 몸값이 오르게 되고, 이를 누구보다도 잘 아는 미국 전통 미디어기업들은 무엇보다도 오리지널 콘텐츠 확보를 위해 다양한 인수·합병을 단행한다. 이를 기업 경영 차원에서 해석하면, 콘텐츠 유통기업의 후방 통합이라고 하겠다. 마치 소비자 시장에서 이마트 등이 자체 브랜드 우유 같은 상품을 출시하는 것과 같은 맥락이다.

좀 더 자세히 설명하면, 케이블 TV나 IPTV 등 가입자 기반의 폐쇄형 게이트웨이 사업 영역 확장은 자연독점을 누리는 통신기업들에게 그동안 매우용이한 전략이었다. 이런 이유로 인해 유통기업인 유료 TV에게 그동안 콘텐츠 제작 역량은 시장을 바꾸는 경쟁력이 되지 못했다. 하지만 상황은 180도 달라졌다. 미국 유료 TV 기업들 눈에 이제 시청자를 움직이는 힘이 더 이상 게이트웨이나 채널 브랜드가 아닌 것이다. 정신을 차린 AT&T는 2018년 타임워너를 인수해 〈왕좌의 게임〉 같은 인기물을 보유한 HBO와 워너브라더스를 동시에 확보했고, 이를 토대로 하여 역으로 신규 진입한 OTT 경쟁사들을 압박한다. 한 예로 AT&T는 슬링TV Sling TV에 HBO 라이선스를 유지하려면 일정 수준 보증된 구독료를 지급하라고 제시한다. 슬링TV는 이를 거부했고, 결국 HBO 배포 권한을 잃게 된 슬링TV의 다음 수순은 자사 가입자 이탈이다. 그동안 콘텐츠 자체보다는 거래 골목만 지켜왔던 게이트웨이 기업인 AT&T가 오리지널 콘텐츠를 확보함으로써 자사가 획득한 유료 TV 가입자 수를 유지하거나 증가시키는 전략을 추진하고, 이와 동시에 신규 경쟁사를 압박한다.

이러한 전략은 유통 사업자에게만 제한되지 않고 있다. 예로, 태생이 콘텐츠기업인 디즈니조차도 픽사, 마블스튜디오, 21세기폭스 등을 인수해 〈어벤져스〉, 〈스타워즈〉, 〈아바타〉, 〈에일리언〉 시리즈 등의 인기 콘텐츠 판권을 확보하면서 잠재적 경쟁자인 넷플릭스를 공략할 준비를 갖추기 시작했다. 2019년부터는 아예 넷플릭스에 자사 콘텐츠 공급을 중단한다. 경쟁사 대비 콘텐츠 제작 능력이 낮은 기업은 점점 더 폭발적으로 증가하는 라이선스 비용을 감당하기 어렵게 된다고 디즈니는 보는 것이다. 따라서 디즈니는 콘텐츠 수급비용 증가로 인해 이익 마진이 줄어 넷플릭스가 결국 힘들어질 것이라고 확신하면서 넷플릭스의 비용을 압박하고 있는 것이다. 이처럼 미국 상황에서 볼 때, 유료 TV 유통기업이나 콘텐츠기업 모두에게 가장 중요한 핵심 경쟁력은 이제 '오리지널 콘텐츠 소유 유무'가 된 것이다. 따라서 넷플릭스의 미래도 오리지널 콘텐츠 확보에 달려 있다고 봐야 한다.

2) 한국 전통 미디어기업들의 대응 움직임

메기 효과라는 것이 있다. 미꾸라지들이 싱싱한 채로 오래 살게 하려면 수

조에 천적인 메기 한 마리를 넣으면 효과 만점이라는 것이다. 미꾸라지들은 메기에게 잡히지 않으려고 안간힘을 쓰므로 자동적으로 빨리 움직이게 되고, 그 결과 미꾸라지가 오래 싱싱하게 살면서 생기는 이득이 메기가 미꾸라지 몇 마리 잡아먹어 발생하는 손실보다 크다는 것이다. 한국 미디어 시장에서 넷플릭스는 메기다. 왜냐하면 그동안 부동자세를 유했던 전통 미디어기업들의 대응 속도가 다소 빨라졌기 때문이다. 유튜브와 넷플릭스의 한국 진출로 인해 한국 미디어기업들은 골머리를 앓기 시작했고, 메기에게 먹히지 않기 위해 달갑지는 않지만 OTT 서비스 제공과 1인 미디어를 배출하는 MCN 같은 비즈니스 모델이 불가피해졌다. 최근 옥수수와 푹의 협력이 이를 보여주는 신호다.

융합 패러다임 변화를 지켜볼 때, 현재 변화의 핵심 본질은 단연 모바일 환경이다. 콘텐츠 소비 환경이 스마트폰으로 옮겨 간 이상 코드 커팅 현상은 필연적일 수밖에 없다. 국내 방송통신위원회에 따르면, 이미 2015년에 스마트폰은 필수 매체 1위에 올라섰고, 모바일에 최적화된 클립형 콘텐츠가 급증했으며, 1인 미디어 등장으로 짧은 분량의 클립형 콘텐츠가 제작되면서 콘텐츠 제작과 유통의 구조적 변화가 불가피해진 것이다. 기존 유료 TV는 해지되는 코드 커팅까지는 아니라 해도 코드 셰이빙cord shaving을 겪게 된다. 코드 커팅은 더 이상 유료방송에 가입하지 않는 사람들을, 코드 셰이빙은 기본 패키지만으로 옮겨 가는 것을 말한다.

한국에서 클립형인 쇼트렝스 콘텐츠 소비뿐만 아니라 풀렝스 콘텐츠 소비도 급성장하게 만든 주인공은 2016년 1월부터 국내 서비스를 개시한 넷플릭스다. 국내 앱 조사업체인 와이즈앱에 따르면, 넷플릭스의 2018년 9월 국내 사용자 수는 90만 명으로 추산된다. 이 수치는 아직 옥수수, 푹 등에 비해서는 낮은 수준이나, 넷플릭스의 지난 3년간 성장률은 매우 놀랍다. 즉, 넷플릭스의 가입자 수는 3년간 235%, 시청 시간은 350%로 국내 타 플랫폼에 비해 급성장했다. 넷플릭스는 국내 시장에서 먼저 플랫폼 기업과 제휴해 가입자 수를 확장했다. 2016년 케이블 방송 플랫폼인 딜라이브가 넷플릭스를 OTT 셋톱에 탑재했고, 2017년 CJ헬로비전은 넷플릭스를 OTT 셋톱에 탑재하면서 TV를 통한 접근 편의성을 높였다. 2018년 5월부터는 LG유플러스와 제휴해 3개월 무료 이벤트를 실시하는 등 국내 후발 통신기업과도 손잡아 프로모션 전략을 펼쳤다. 이러한 플랫폼 제휴와 더불어 넷플릭스는 국내 콘텐츠 확보에도 적극적이다. 즉, 넷플릭스는 〈미스터 션샤인〉, 〈비밀의 숲〉, 〈라이브〉 등 2017년 4분기 스튜디오 제작 콘텐츠의 50%, 제이콘텐트리 600시간 규모의 콘텐츠를 확보했고, 〈킹덤〉, 〈범인은 바로 너〉 등 한국 오리지널 콘텐츠를 제작해 공급하기 시작한다.

이처럼 상황이 급속히 전개되지만, 2019년 초 기준으로 아이러니하게도 국내 유료방송 가입자 규모는 여전히 증가 추세다. 가장 큰 원인이라면 미국 대비 OTT 서비스의 가격 경쟁력이 높지 않다는 점이다. 실제로 미국 유료방송 ARPU(가입자당 매출액)는 80~100달러 수준이나 한국의 ARPU는 미국의 1/10 수준이며, 통신기업이 주도하는 IPTV는 인터넷, 스마트폰과의 결합상품을 통해 추가적인 가격 할인도 가능하다. 하지만 넷플릭스의 제작시장 개입으로 콘텐츠의 몸값이 오르고 있어서 유료방송 ARPU가 오를 가능성이 커지고 있다. 마진 압박을 받게 될 것이기 때문이다. 그렇다면 코드 커팅 현상을 마냥 배제할 수는 없는 상황이 전개될 것이다. 넷플릭스가 미국 드라마와 해외 콘텐츠 중심에서 벗어나 한국산 콘텐츠 확보를 통해 라인업을 강화하고 있기 때문에, 5G 같은 네트워크 품질이 더욱 발전해 OTT 시청 편의성이 TV에서도 향상되면 국내에서도 코드 커팅 현상이 나타날 것이다. 이에 옥수수는 IPTV 콘텐츠 및 VOD 중심으로 시장점유율을 확대하기 시작했고, LG유플러스는 팟캐스트, 아프리카TV 등 콘텐츠 중심으로 확대 전략을 취하기 시작했다.

이처럼 한국 시장에서 메기 역할을 한 넷플릭스에 대응하려는 국내 유통 기업 간 경쟁은 OTT 시장에서 더욱 치열해질 것이며, 그동안 '을'의 위치에 있던 국내 콘텐츠 제작사에겐 또 다른 기회로 작용할 것이다. 유통 경로가 그만큼 확대되었기 때문이다. 정신을 차리기 시작한 기존 미디어기업들의 콘텐츠 확보전과 아울러, 국내 IT 기업들의 진입도 만만치 않다. 이들도 콘텐츠 제작에 관여하기 시작했는데, 네이버는 자사 플랫폼인 V라이브에 안정적으로 콘텐츠를 공급하기 위해 YG엔터테인먼트, YG인베스트먼트에 투자를 진행했고, SK텔레콤은 SM엔터테인먼트와 손잡고 신규 음악 플랫폼을 만들기 시작했다. SK텔레콤은 2017년 70억 원, 2018년 150억 원의 콘텐츠 투자를 집행했다.

한편, 잘나가는 콘텐츠기업은 기회를 얻게 되었다. 넷플릭스를 비롯한 글로벌 OTT 기반의 한국산 콘텐츠 판매가 확대되었고, 이러한 넷플릭스의 한국산 콘텐츠 확보 전략이 콘텐츠기업에게 주는 기회는 무엇보다도 안정적인 유통 채널의 확보다. 넷플릭스는 전 세계 1억 명 이상의 가입자를 보유하고 있으며, 2017년 190여 개국에 진출했다. 거의 전 세계 시장에서 한국 콘텐츠기업은 국산 콘텐츠를 제공해 해외시장의 매출을 확보할 수 있다. 예로 넷플릭스를 통해 전 세계에 공급된 〈비밀의 숲〉은 ≪뉴욕타임스≫가 선정한 최고의 TV 시리즈 중 하나로 선정되었고, 〈범인은 바로 너〉는 총 25개 언어로 190개국에 제공되었다. 넷플릭스와의 계약만으로도 일정 수준의 수출 효과가 존재하는 것이다. 또한, 넷플릭스는 한국의 콘텐츠 창작자와 제작자에게 좋은 조건을 제시하고 있다. 이유는 콘텐츠 질을 높이는 전략을 수행하고 있기 때문이다. 따라서 콘텐츠 질 제고에 도움이 된다. 사전 제작 시스템, 지상파 방송사 대비 높은 제작비 책정 및 지급, 계약서에 의한 거래 등의 보다 선진화된 시스템을 도입해 그동안 열악했던 국내 콘텐츠 제작 환경을 개선하는 효과가 분명히 있다.

한편, 콘텐츠 제작사 입장에서 넷플릭스의 오리지널 콘텐츠 수주가 항상 득만 있는 것은 아니다. 자세히 보면, 오리지널 콘텐츠는 유통사가 판권을 소유하는 대신 일정 마진(보통 제작비 기준 20% 내외)을 보장받는 구조다. 제작비 회수 측면에서 리스크가 낮다는 장점이 물론 있지만, 콘텐츠 흥행으로 인한 보상도 없다는 점이 단점이 된다. 이는 그동안 슈퍼 '갑'이었던 지상파 방송사와의 계약 관행과도 사실상 다를 게 없다. 예로 스튜디오드래곤의 〈도깨비〉가 제작비 기준 GPM^Gross Profit Margin 50%를 달성했던 점과 비교해본다면, 흥행 콘텐츠 제작 시 실적 레버리지가 없다는 점이 단점이 된다.

그럼에도 불구하고 그동안 너무 열악한 환경에 있어서 더 이상 잃을 게 없는 한국 콘텐츠기업들은 넷플릭스의 오리지널 콘텐츠 수주를 긍정적으로 판단한다. 넷플릭스 같은 글로벌 기업들은 국내 기업 대비 높은 제작비를 지불한다는 측면에서 절대 이익 규모가 증가하는 점과 평균 제작비 증가가 기대되기 때문이다. 예로 2017년 6월에 개봉한 한국산 영화 〈옥자〉의 경우에 580억 원의 엄청난 제작비가 투입되었고, 2019년 1월 25일에 출시된 드라마 〈킹덤〉은 편당 제작비가 약 15억~20억 원이다. 두 작품 모두에 한국 기준으로 상상을 초월하는 최고 수준의 제작비가 투입된 것이다. 또한 케이블, 종편 채널에서 많은 드라마가 방영되고 있는데, 경쟁사인 지상파 방송과 넷플릭스 같은 글로벌 OTT 등의 콘텐츠 수주로 예상치 못한 신규 매출이 가시화되고 있다. 이와 같은 상황에서 오리지널 콘텐츠 제작 편수는 지속적으로 증가한다. 이미 상당한 수혜를 본 한국 대표 드라마 제작기업인 스튜디오드래곤과 제이콘텐트리는 넷플릭스 중심의 오리지널 콘텐츠를 방영하며, 수주 작품 수도 꾸준히 증가하는 것을 경험한다. 이러한 과정에서 미국보다는 다소 느리지만 결국에는 한국 미디어 시장에서도 콘텐츠 제작 경쟁력이 높은 기업들에 의해 미래 시장이 주도될 것이다.

7. 전통 미디어기업의 상생 전략

1) 하이브리드 서비스 포지셔닝

앞에서 플랫폼 유형을 버티컬과 호리즌탈로 나누어 설명했고, 미디어기업들이 순수 인터넷기업처럼 호리즌탈 플랫폼으로 발전하기에는 역부족이라고 설명했다. 또한, 버티컬 OTT 사례로 넷플릭스를 논했으며, 이러한 넷플릭스에 대응하는 전통 미디어기업들의 동향을 살펴보았다. 호리즌탈 플랫폼의 시작은 iOS 앱스토어App Store와 안드로이드 기반의 구글 플레이Google Play이며, 이들을 매개로 한 다양한 앱들이다. 이 버티컬 앱들 중 몇몇은 상당한 수익을 거두기 시작한다. 2015년은 앱 수익화에서 중요한 해가 되었다. 전 세계 iOS 앱스토어와 구글 플레이 합산 앱 매출액은 2014년 대비 25%나 성장했고, 특히 구독subscription 같은 인 앱 구매in app purchase 모델이 도입되면서 앱 퍼블리셔에게 더 많은 기회가 생겼다. 카카오 같은 신생기업은 OTT 메시징이라는 버티컬 앱에서 점차 호리즌탈 플랫폼으로 진화하는 모습을 보여준다. 국내에서는 주요 경쟁사인 네이버도 같은 행보를 보이고 있다. 네이버는 독점적으로 웹드라마 콘텐츠를 제공하기 시작했다.

소비자와 개발자가 구독 모델을 적극적으로 받아들이기 시작하면서 버티컬 앱 플랫폼인 동영상 스트리밍과 음악 스트리밍 앱들도 구독 방식을 이용해 엄청난 성공을 거두기 시작한다. OTT 동영상의 대표적 기업은 넷플릭스다. 버티컬 앱으로 발전하는 장르는 풀렝스와 포퓰러 컬처 중심인 기존 방송, 음악이 아직은 대세다. 특히 LTE의 발전과 함께 값싼 데이터 요금제가 출시되면서 모바일 동영상 및 음악 스트리밍 서비스를 이용하기가 더욱 쉬워졌다. 미국에서는 HBO나우HBO NOW, 쇼타임SHOWTIME 같은 앱의 매출이 부분적으로 유료 TV 해지 추세 덕분에 상승했으며, 넷플릭스는 iOS에 인 앱 구매 방식을 도입했다.

이에, 스낵 컬처 콘텐츠를 제공하는 유튜브도 점차적으로 폴렝스와 매스 컬처 내지 포퓰러 컬처 부문 확장을 위해 유튜브 레드YouTube Red를 출시했으며, 넷플릭스처럼 블록버스터 콘텐츠 제작에 관심 갖기 시작했다. 유튜브는 2015년 10월 21일, 미국 캘리포니아에서 열린 '유튜브 스페이스' 행사에서 이 서비스 출시했으며 구독료 가격은 월 9.99달러(애플 iOS 이용의 경우에는 12.99달러)로 미국에서 먼저 운영되었다. 유튜브 레드가 일반 유튜브와 다른 점은 광고 없이 동영상을 시청할 수 있다는 것과 오프라인 서비스를 제공하는 것이다. 스트리밍 방식으로만 동영상을 볼 수 있었던 기존 서비스와 달리 유튜브 레드 이용자들은 영상을 내려 받아 인터넷 연결이 끊긴 뒤에도 감상할 수 있다. 유튜브 뮤직키 서비스를 사용할 수 있고, 다른 창을 열거나 화면을 끈 상태에서 유튜브에 올라온 음악을 배경음악처럼 들을 수 있다. 유튜브의 자체 제작 콘텐츠도 일정 기간 독점적으로 볼 수 있다.

이 외에 아마존도 콘텐츠 비용을 절감하기 위해 '아마존 비디오 다이렉트'를 제공 중이다. 이는 콘텐츠 제작자가 직접 아마존 프라임, 인스턴트 비디오, 스트리밍 파트너로 등록해 아마존에 콘텐츠를 제공, 수익을 창출할 수 있다. 아마존은 아마존 다이렉트 타이틀 중 매월 상위 100개를 선정해 총 100만 달러의 보너스를 콘텐츠 제작자에게 지급하는 등 개방형 생태계의 주요 플랫폼 역할을 담당하고 있다. 하이브리드 서비스 제공을 시작한 유튜브 레드는 경쟁사인 넷플릭스의 유료 동영상 스트리밍 서비스나 애플의 유료 음악 서비스와도 경쟁하며, 일반 유튜브와는 전혀 다른 서비스로 변신 중이다. 2015년 음악 스트리밍 구독 방식도 우세해지면서 디지털 음악 다운로드 판매는 급감 추세다. 예로 스포티파이Spotify가 전 세계를 거의 석권했지만, 미국 음악 스트리밍 서비스를 주도한 것은 판도라 라디오Pandora Radio다. 이처럼, 전통 미디어기업들은 이제 하이브리드 서비스를 제공해야 하며, 이를 위해 신생 OTT나 MCN들과의 상생 전략은 필수다.

2) OTT 플랫폼의 양면 시장 생태계 조성

모바일 융합 생태계에서는 플랫폼 유형이 어떤 것이든 간에 단면 시장 내 플랫폼으로 시장을 확대하는 데는 이제 한계가 있다. 양면 시장 기반에서 비즈니스를 영위하는 플랫폼들이 등장했기 때문이다. 플랫폼의 유형이 버티컬이든 호리즌탈이든 양면 시장 기반 생태계를 건강하게 가져가려는 노력이 필요하다. 앞서 언급한 넷플릭스의 현지 콘텐츠 제작을 위한 콘텐츠 제작사와의 제휴, 알고리즘 개발을 위한 공모, 그리고 아마존의 '아마존 비디오 다이렉트' 등이 바로 양면 시장 생태계를 제공하려는 노력들이다.

한국 상황으로 돌아와보면, 넷플릭스 같은 한국형 버티컬 플랫폼으로 MBC와 SBS의 합작회사인 콘텐츠연합플랫폼이 제공하는 푹이 가장 대표적이다. 푹은 2012년 7월 무료 시범 서비스를 시작한 후 유료화(월 2900~5900원)로 전환했고, KBS도 합세해 콘텐츠를 함께 제공한다. 푹에서는 지상파 방송 3사가 제공하는 수십 개 방송채널들의 실시간 시청이 가능하게 되었으며, VOD로 다시보기가 가능하고, 시청 예약 기능도 있다. 콘텐츠의 차별화 필요성을 의식한 푹은 2015년 11월 '프리미어 12' 야구 중계를 독점 제공하기 시작했고, 2016년에 KBS, IHQ가 공동 제작한 웹드라마 〈페이지터너〉를 독점 서비스하면서 OTT가 자체 플랫폼에서 드라마를 독점 방영하는 최초 사례가 된다. 푹 이용자들이 〈페이지터너〉를 시청하고 난 뒤 KBS에서 6일 후부터 방영되고 방송 후에는 포털에서 클립으로 제공되는 형식인데, 이 드라마의 의미는 제작 참여자 간 기능적으로 역할을 분담했다는 점이다. 푹은 지상파 방송사, 독립 제작사와 협업해 단계적으로 서비스를 제공하려는 노력을 보였다는 점에서 양면 시장 생태계 내 상생 전략을 추진하려는 노력을 보이기 시작했다.

한국 내에 글로벌 OTT인 넷플릭스가 진입하면서 생긴 새로운 변화는 부동자세를 취했던 전통 유료 TV 가운데 하나인 IPTV가 'N스크린' 수준에서 탈피해 새로운 OTT 서비스를 제공하기 시작했다는 점이다. 미래를 너무 앞당겨서 일찍 시작한 독립형 OTT인 '호핀'은 실패 사례가 되는 듯 했으나, OTT 사업 경험을 토대로 자사 서비스인 IPTV N스크린 'Btv모바일'과 통합해 하이브리드 서비스 형태의 '옥수수'로 재탄생했다. 모바일 환경에 최적화된 스포츠 콘텐츠를 대거 확보하고 있다는 것이 '옥수수'의 최장점이다. 2016년 기준 실시간 18개 스포츠 채널과 스포츠 관련 VOD 15개 카테고리 등 총 33개의 국내 최대 스포츠 OTT 서비스로 자리매김하면서 국내 프로야구 리그와 해외 스포츠 리그인 MLB, EPL, 프리메라리가, 분데스리가, LPGA, KLPGA, UFC, WWE 등 국내의 모바일 OTT 플랫폼 중 가장 많은 33개 종목의 스포츠 경기를 제공한다. 이러한 콘텐츠 경쟁력을 토대로 양면 시장 기반의 생태계로 발전하려는 의지를 보이기 시작한다. 하나의 예가 푹과의 제휴다.

가장 최근에 실시된 2018년 정보통신정책연구원 설문조사에 따르면, tvN과 같은 CJ 채널 전체가 나오지 않으면 플랫폼을 바꿀 의향이 있다고 대답한 응답자가 52.0%였던 반면에 KBS나 MBC, SBS에 대한 동일 질문에 대해서는 각각 35.0%, 38.8%, 35.4%로 나타나, 지상파 방송의 영향력이 낮아지고 있다. 반면에 보다 트렌디하고 다양한 장르의 영상물을 시청할 수 있는 웹 오리지널 콘텐츠 시청 욕구가 증가하면서 OTT 플랫폼들의 시장 영향력이 점차 확대되고 있다. 그리고 가랑비에 옷이 젖듯이, 한국 OTT 서비스 이용률도 전체 인구의 약 35% 수준으로 증가했다. 정보통신정책연구원의 「2016년 방송시장 경쟁상황평가」 보고서에 따르면, 2016년 국내 OTT 시장 규모는 약 3070억 원으로 2015년 대비 약 19.1% 성장한 것으로 나왔는데, CJ E&M 산하 드라마 제작사인 스튜디오드래곤은 2018년 국내 OTT 시장 규모를 전년 대비 26.3% 증가한 7787억 원으로 추정하고 있다(하나금융투자, 2018).

한국 OTT 서비스 현황을 2018년 기준으로 보면, 통신기업 주도의 'IPTV 계열' 서비스와 주요 포털사업자들이 제공하는 '인터넷 VOD' 서비스로 대별된다. 초기 국내 OTT 서비스는 판도라TV, 곰TV 등 UCC^{user created contents}를 업로드하고 이에 대한 수입을 콘텐츠 업로더와 분배하는 데서 시작된 이후 유튜브가 한국 사이트를 출시했고, 카카오(구 Daum)가 'TV팟'(현재 카카오 TV)을 출시하며 VOD뿐만 아니라 실시간으로 개인이 방송 스트리밍을 제공할 수 있는 환경이 마련되었다. TV방송시장에서는 통신기업들이 IPTV를 통해 진입한 이후 VOD가 주요 수익원으로 자리 잡게 되었고, 그 이후 다양한 스마트 디바이스가 대중화되면서 케이블 TV인 CJ헬로비전이 모바일 OTT로 '티빙'을 출시했고, 지상파 방송사가 주도하는 푹, SK브로드밴드의 옥수수, 프로그램스의 왓챠플레이 등이 독립형으로 등장하면서 국내 OTT 서비스 시

표 3.7 ▌ 국내 OTT 서비스 현황

서비스명	업체명	주요 특징	기타
푹	콘텐츠연합 플랫폼	· 지상파 방송 동시 시청 · 영화 및 다양한 콘텐츠 제공 · 광고 없는 콘텐츠 제공 · PC, 모바일뿐 아니라 스마트 TV, 크롬캐스트 등 다양한 사업자와 제휴 · 이어보기 및 큐레이션 기능 제공	국내 OTT 중 유일하게 지상파 동시 시청 가능
티빙	CJ E&M	· Mnet, tvN 등 CJ의 드라마 및 예능 프로그램 서비스	CJ 자체 제작 프로그램 서비스
에브리온 TV	현대 HCN	· 무료 실시간 TV 서비스 · 종합편성채널, 보도채널, 스포츠 중계 전용 채널 등 200여 개 채널 서비스 · MCN 채널	무료 실시간 TV 서비스
왓챠플레이	프로그램스	· 외화, 드라마 중심 서비스 2만 3천여 편 · 특화된 사용자 취향 큐레이션 기능 · 제공되는 작품마다 감상평 별도 제공 · 광고 없는 콘텐츠 제공	한국형 넷플릭스 표방
넷플릭스	-	· 큐레이션 기능 제공 · 광고 없는 콘텐츠 제공 · 자체 제작 콘텐츠 풍부	전 세계 최대의 OTT

장이 점차 확대되기 시작했다. 현재 국내 OTT 서비스 시장은 표 3.7과 같다.

따라서 OTT 경쟁력을 가져가기 위해서는 양면 시장 기반의 플랫폼으로 진화해야 한다. 넷플릭스가 한국에 상륙한 초기에는 지상파 방송 프로그램을 포함한 한국 콘텐츠가 턱없이 부족했던 넷플릭스의 한국 시장 내 파급력이 크지 않을 것으로 대부분 전망했다. 하지만 그동안 OTT 서비스 전략에서 뒷짐 쥐고 있던 기존 미디어 업계에 넷플릭스의 등장은 이제 새로운 콘텐츠를 제작하거나 출시해야 하는 압력을 가하는 데 충분한 '메기' 역할을 하기 시작했다. 하나의 예로 항상 '을'의 역할만 담당했던 드라마 제작사들의 위상이 OTT라는 새로운 유통 활로로 인해 달라지고 있다. 넷플릭스의 양면 시장 기반 생태계 구축이 이런 변화에 한몫을 한 것이다. 그렇다면 전통 미디어기업들도 그들의 비즈니스 모델을 이제 바꾸어야 할 것이다.

3) 콘텐츠 제작기업과 OTT의 협력

한국의 OTT 콘텐츠 시장은 국내외 OTT 플랫폼 기업들 사이의 경쟁으로 인해 빠른 속도로 성장하기 시작했다. 미디어 소비자들의 동영상 콘텐츠 소비 패턴도 지상파 방송에서 케이블 TV, IPTV VOD, 그리고 OTT로 확장되었으며, 모바일 융합과 맞물려 시청 시간이 폭발적으로 증가하고 있다. 글로벌 시장에서는 넷플릭스가 새로운 강자로 급부상한 가운데 아마존, 유튜브 등의 인터넷기업들이 OTT 플랫폼 비즈니스를 영위하는 동시에 경쟁 전략의 일환으로 콘텐츠 제작 및 판권 투자에 공격적 행보를 보이고 있다. 이러한 OTT 생태계의 성장에 힘입어 콘텐츠 제작기업들은 유례없는 호황을 맞이한 것이다. 오리지널 콘텐츠를 바탕으로 충성도 높은 이용자 기반을 구축한 넷플릭스의 생태계 구축 사례와 같이 콘텐츠의 경쟁력이 곧 플랫폼의 경쟁력으로 직결되면서 양질의 콘텐츠에 대한 수요가 날로 높아지고 있다.

이제 콘텐츠 제작기업과 OTT의 협력은 필요조건이 되고 있다. 이에 기존 미디어기업으로서 판권 투자를 주로 하는 CJ E&M이 드라마 사업 부문을 물적 분할하여 전문 드라마 콘텐츠 제작기업인 스튜디오드래곤을 출범시켰다. 이 기업은 2017년 기준 국내 드라마 콘텐츠 시장점유율 20%(제작 편수 기준)인 국내 최대 드라마 제작기업으로서 제작 및 편성 단계에서 제작 원가의 70~80% 수준을 커버해 작품당 마진을 일정 부분 보장받고 있다. 스튜디오드래곤은 CJ E&M의 소속으로서 모회사 수요(tvN, OCN 등)를 중심으로 콘텐츠를 공급하는 동시에 지상파 방송과 OTT 영역으로 유통망을 확대하고 있다. 콘텐츠 제작 편수는 2017년 22편에서 2018년 40편까지 증가하면서 외형과 수익성이 모두 성장하고 있다.

스튜디오드래곤은 지난 수년 동안 지상파 방송으로의 콘텐츠 판매를 확대해왔는데, 이러한 역유통은 과거에는 전혀 기대할 수 없었던 협력 구조다. 또한, 최근에는 글로벌 OTT 플랫폼인 넷플릭스에 콘텐츠를 공급하고 있다. 2017년에 콘텐츠 4편을 판매한 바 있으며, 그중 〈화유기〉는 100억 원에 판매된 것으로 알려지면서 단가 상승에도 기여하고 있다. 또한, 중국에서의 OTT 유통을 위한 콘텐츠 판매도 지속적으로 증가해 OTT와 콘텐츠 제작기업 간의 상생이 가능해지고 있음을 방증하고 있다.

4

—

MCN 시장의 시작과 현재

—

조영신

1. 뜨거웠던 MCN 시장

뜨거웠다.

2014년 디즈니Disney는 메이커 스튜디오Maker Studio를 9억 5천만 달러에 인수했다.[1] MCNMulti-Channel Networks 시장에 거대 자본이 투입될 것이라는 전조였다. 2013년 5월 드림웍스Dreamworks가 어썸니스TVAwesomeness TV를 3천 3백만 달러[2]에 인수할 때와 확실히 다른 분위기다. 9억 5천만 달러와 3천 3백만 달러의 차이는 크다. 단 1년 사이에 벌어진 일이다. 2014년 12월 허스트Hearst가 어썸니스TV의 지분 25%를 인수하는 조건으로 지불한 금액이 8125만 달러였다.[3] 시장가치로 계산하면 약 3억 2천 5백만 달러다. 2014년 MCN 시장

---

1 https://www.nytimes.com/2014/03/25/business/media/disney-buys-maker-studios-video
   -supplier-for-youtube.html

2 https://variety.com/2013/digital/news/dreamworks-animation-buys-youtube-channel-
   awesomenesstv-for-33-million-1200432829/

은 그렇게 뜨거웠다.[4]

채 1년이 지나지 않아서 시장가치가 10배 가까이 올랐다.

2014년 12월에는 AT&T와 피터 처닌Peter Chernin이 공동으로 설립한 오터 미디어Otter Media가 풀스크린FullScreen의 경영권을 인수했다.[5] 2015년 7월에는 독일의 대표적 미디어기업인 프로지벤자트아인스ProSiebenSat.1가 콜렉티브 디지털 스튜디오Collective Digital Studio의 지분 75%를 8천 3백만 달러에 인수했다.[6]

이런 변화는 지표로도 확인된다. 그림 4-1에서 확인할 수 있듯이 대형 사업자들이 MCN에 관심을 가지기 시작하면서 몸값이 수직 상승했다. 투자 수익을 확보할 요량으로 벤처캐피탈Venture Capital: VC들이 달려들기 시작했다. 2015년 1~2월에 집행된 MCN 관련 VC의 투자 규모가 1억 달러를 넘어섰다. 2014년 2사분기 IoT 관련 스타트업에 대한 VC의 투자가 1억 3천만 달러 규모라는 점을 감안하면 이 시장이 얼마나 주목받고 있는지를 알 수 있다. 심지어 뉴스 사업자들도 MCN 시장에 관심을 가지기 시작했다.[7] VC들도 MCN 시장에 관심을 보였다. 투자 경쟁이 불붙은 것처럼 보였다.

---

3 https://deadline.com/2014/12/dreamworks-animation-hearst-awesomenesstv-sale-1201 320979/

4 2018년 비아컴(Viacom)이 어썸니스를 인수할 때 지불했던 금액은 2천 5백만 달러(약 280억 원)에 불과했다.

5 2014년 Otter Media는 Full Screen의 경영권을 확보했고 (https://venturebeat.com/2014/ 09/22/chernins-otter-media-buys-a-majority-stake-in-fullscreen-media/), 2018년 잔여 지분 을 모두 인수했다. (https://variety.com/2018/digital/news/att-chernin-j-v-otter-media-buys-out-re-maining-fullscreen-crunchyroll-owners-1202675621/)

6 https://variety.com/2015/digital/global/prosieben-collective-digital-studio-acquisition -1201535844/

7 워싱턴 포스트를 비롯한 북미의 뉴스사업자들도 앞다투어 bite형 영상 클립을 제공하기 시 작했다.

그림 4.1 ▍ 2013~2014년 MCN 투자 총액(단위: 100만 달러)

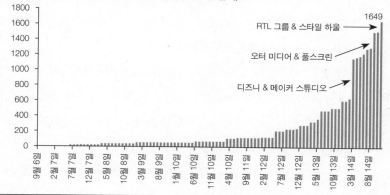

자료: Enders Analysis.

그림 4.2 ▍ 국내 대표적 MCN 사업자인 트레져헌터와 다이아TV(2015년 기준)

트레져헌터 대표 크리에이터		다이아TV 대표 크리에이터	
2015년 1월 설립 구독자: 850만 명 채널 수: 38개 누적 조회 수: 20억 뷰		2013년 6월 설립 구독자: 2701만 명 채널 수: 417개 누적 조회 수: 86억 뷰	
양띵(2개 채널) 구독자 2,013,278명	악어(3개 채널) 구독자 1,286,793명	대도서관(1개 채널) 구독자 1,015,012명	영국남자(1개 채널) 구독자 776,351명
김이브(1개 채널) 구독자 592,226명	스팀마블(2개 채널) 구독자 494,200명	씬님(1개 채널) 구독자 468,642명	쿠쿠크루(3개 채널) 구독자 410,041명
최고기(1개 채널) 구독자 384,771명		소프(1개 채널) 구독자 335,377명	

국내라고 다르지 않았다. 미국과는 1년 정도 시차가 있긴 했지만, 시장의 성장 속도에 비해서 관심도는 더 높았다. 국내에서도 일부 MCN 사업자를 두고 VC의 투자가 이어졌다. 국내 대표적 MCN 사업체인 트레져헌터Treasure Hunter는 2015년 5월 ㈜네시삼십삼분 및 국내외 VC 3개사로부터 총 67억 원을 투자받았고, 8월 11일에는 ㈜DSC인베스트먼트로부터 총 40억 원 규모의

신규 투자를 유치했다.[8] CJ E&M도 자사의 MCN 사업부를 확대해서 다이아 TV^{DIA TV}를 설립했고, KBS, MBC 등도 이 시장에 뛰어들었다. 2015년 당시 MCN에 대한 관심은 전 세계적 현상이었다.

뜨거웠던 열기는 한두 해가 지나면서 급속히 식어갔다. MCN이 시장에서 각광받았던 것은 MCN으로 상징되던 '밀레니얼 세대', 더 나아가 'Z세대' 열풍 때문이었다. 유튜브 현상의 하위 개념이었던 MCN이지만, 밀레니얼이 가장 선호하는 콘텐츠라는 평가는 이 시장을 점화시켰다. 그러나 유튜브 열풍과 밀레니얼은 남았지만, 사업으로서 MCN에 대한 기대치는 꺾였다. 크리에이터creator는 남았지만, MCN은 더 이상 '힙'하지 않다. 여전히 많은 사업자들이 이 시장에서 가능성을 찾고 있지만, 2015년 전후에 등장했던 1세대 MCN 사업자 가운데 게임과 키즈 등 일부 영역에서만 성장 스토리가 지속되었을 뿐,[9] 대부분의 MCN 사업자들은 좌초되거나 명맥만 유지하고 있다. 1세대를 극복한 2세대 사업자들도 크게 눈에 띄지 않고 있을 뿐만 아니라, 살아남은 이들도 유튜브 생태계에서 벗어나는 그림을 그린다. 심지어 이제는 콘텐츠 사업자가 아니라 마케팅 사업자가 되었다. 각광받는 크리에이터들은 지금도 등장하고 있고, 과거와는 달리 글로벌 시장에서 '먹히는' 개인이 등장했지만, 의미 있는 규모의 사업자는 등장하지 않았다. TV 프로그램 곳곳에서 1인 크리에이터가 약방의 감초처럼 등장하기 시작했을 뿐이다. 그렇게 채 몇 년이 되지 않아 MCN 시장의 명암은 분명해졌다. 이 글은 그 명암을 좇는다.

---

8 2017년에는 링크투인포테인먼트에서 150억 원을 유치했고, 레드플라이커뮤니케이션으로부터도 약 11억 원 정도를 투자받았다.

9 캐리소프트와 샌드박스는 상장을 준비 중이고 〈와이낫미디어〉와 〈72초TV〉는 추가로 투자를 받았다.

2. MCN 시장의 시작

MCN 생태계는 여전히 진행형이다. MCN마다 제작하는 콘텐츠의 종류나 길이가 다르고, 콘텐츠를 단순히 모아 콘텐츠 제작자를 관리하는 형태의 MCN에서부터 오리지널 콘텐츠를 제작하는 MCN까지 그 속성도 다양하고, 뷰티beauty와 게임 혹은 드라마 등 MCN마다 다루는 장르도 제각각이다. 따라서 MCN은 '원래' 이러하다는 식의 접근 자체가 불가능하기에 MCN 시장을 진단한다는 것은 무모한 단순화에 의한 오류 가능성을 인정한 시도다.

1) 유튜브에서 시작한 MCN

미국의 MCN은 유튜브의 성장 전략과 궤를 같이한다. 조금 과장되게 말하면 MCN은 유튜브란 생태계에서 시작된 자연 발생적 산물이다. 구글이 인수하기 이전부터 유튜브는 UCC와 UGC 영상이 주류를 이루는 OTT 계열의 플랫폼이었다. 가능성은 인정받았지만, 지속성과 성장성 면에서 의구심을 해소하지는 못했다. 다만 '열려 있다'는 키워드는 많은 사람들의 참여를 이끌어냈다. 이용자들이 앞다투어 자신들이 일상생활에서 촬영한 것들을 올렸고, 비영리 기구의 드러나지 않았던 교육 콘텐츠들도 올라오기 시작했다. 개별 콘텐츠로 보면 니치niche형이었지만, 그 니치들이 모여서 매스mass가 되었다. 그럼에도 상업적으로 매력적인 서비스는 아니었다. 콘텐츠의 증가는 제공 비용의 증가로 이어졌지만, 수익 모델은 없었다. 당시 콘텐츠의 성격 탓에 유료 서비스는 힘들었고, 광고주는 확신을 갖지 못했다.

구글은 유튜브를 인수한 후 다양한 방식으로 광고 실험을 진행했고, 현재의 트루뷰True View라는 광고 형식이 만들어졌다. 실제 광고를 본 사람들을 식별할 수 있게 되면서 광고주들이 조금씩 움직이기 시작했다. 유튜브가 조금

씩 대중화되면서 콘텐츠를 전문적으로 올리는 사람들이 등장했고, '그들만의 리그'에서 주목받는 이들이 등장했다. 이른바 유튜브 스타들이 탄생한 것이다. 뷰티 유튜버 미셸 판Michelle Phan, 게임 유튜버 퓨디파이PewDiePie 등이 대표적이다.

이 시점이 매우 중요하다. 유튜브가 본격적으로 광고주의 관심을 끌기 시작하자 이들을 유인할 수 있는 좀 더 전문적인 콘텐츠, 즉 오리지널 콘텐츠가 필요했다. 유튜브는 아직 유명 콘텐츠를 구매해서 틀어줄 이유도 상황도 아니었다. 이때 눈에 들어온 것이 유튜브 스타들이다. 이들이 만들어내는 '어디에서도 볼 수 없는' 콘텐츠를 조금 더 의미 있는 콘텐츠로 만들 수 있다면 TV 시장과는 다른 시장, 그리고 광고를 끌어올 수 있다고 생각한 것이다. 이것이 오늘날 유튜브란 한정사가 붙는 MCN이다. 새로운 광고시장의 가능성을 확인하고 이를 견인하기 위한 수단으로서 보다 전문화된 형태로 진화한 것, 그것이 바로 MCN이었던 셈이다.

그러나 국내는 북미 시장과는 다른 목적과 관계 속에서 MCN이 등장했다. 국내 MCN은 플랫폼 사업자 간의 경쟁으로 생성된 시장이다. 2013년 CJ E&M이 자체적으로 MCN을 구축하고 시장을 테스트했다.

첫 시작에 대해서는 이런 저런 주장이 있지만, 그럼에도 CJ E&M에서 시작했다는 것에 대해서는 이견이 없다. 당시 CJ E&M의 MCN 사업부를 이끌던 송재룡(현 트레저헌터 대표) 등의 의견을 취합해보면, 국내에서는 아직 유튜브 기반의 크리에이터들이 존재하지 않았다. 개인적으로 영상을 업로딩하는 이들이 없지는 않았지만 전문적으로 하는 이는 거의 없었다. 이 때문에 국내에서 MCN 시장의 근간이 되는 크리에이터의 시작은 아프리카TV의 BJBroadcasting Jockey였다. 시장 내에서 변화를 바라던 BJ들을 크리에이터로 영입해서 출발한 것이 CJ E&M의 MCN 사업부였던 셈이다. 당시 업계에서 MCN 사업부가 20억~30억 원의 매출을 기록했다는 소문이 돌면서 여러 사업자들이 MCN의 가능성을 수소문했다. 그러나 초기부터 MCN 사업이 독립적인 사업으로 여겨졌던 것 같지는 않다. 양띵(게임 방송으로 큰 인기를 끌고 있는 크리에이터) 등의 영향력을 활용해서 자사의 레거시 콘텐츠legacy content의 온라인 접점을 극대화하고 광고 가능성을 확인하기 위한 믹스업Mix-Up 전략을 추진했다. 자사의 콘텐츠 활용 극대화를 위한 수단으로 활용한 것이다. 이는 송재룡 대표가 독립해서 트레져헌터를 세운 이유이기도 했다. 유튜브가 주력 매체였던 미국과는 달리, 국내에서는 아직 유튜브의 영향력이 미미했기 때문에 MCN은 그저 업계 트렌드에 민감한 이들의 입소문을 타는 데 그쳤던 상황 탓도 있다.

그러나 2014년이 되면서 시장 상황은 확 달라졌다. 유튜브의 시장점유율이 70%를 넘었다. 네이버 등 기존 사업자들은 모바일 동영상 시장에서 점유율을 높일 돌파구가 필요했다.

그런 와중에 틈이 생겼다. 지상파가 유튜브에서 콘텐츠를 빼는 조건으로

그림 4.3 ▌ 2014년 동영상 시장 점유율

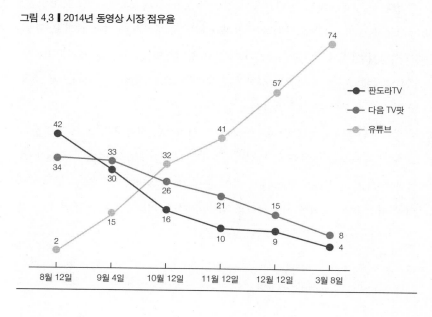

네이버와 다음과 독점적 콘텐츠 계약을 체결했다. 네이버와 다음은 이를 활용해 점유율을 조금 높였다. 2015년 6월에 발표된 DMC 미디어의 자료에 따르면 페이스북Facebook은 이용률 면에서 83%, 네이버 TV캐스트는 41% 증가한 반면에 유튜브의 이용률은 35% 증가하는 데 그쳤다.[10] 그리고 같은 해 7월 조사에 따르면 유튜브 총 체류시간은 PC 웹과 모바일 웹에서 지난해 5월 대비 각각 3%와 5% 증가하는 데 그친 반면에 같은 기간 네이버 TV캐스트는 PC 웹과 모바일 웹에서 각각 전년 대비 73%와 71% 증가했다. 다음 카카오의 TV팟 역시 27%와 70% 증가했다.[11]

그러나 네이버와 다음의 힘이 아니라 지상파의 힘에 의존한 성과였다. 장기적으로 지상파의 의존도를 낮추는 그림이 필요했고, 특히 모바일에 강점을 가진 콘텐츠여야 했다. 자연스럽게 MCN이 현실적인 대안으로 부상했다. 모바일 시장은 데이터 소모에 대한 우려와 이동 중 시청 등으로 인해 롱폼 콘텐츠long-form content보다는 가볍게 볼 수 있는 숏폼 콘텐츠short-form content가 대세였다. 지상파조차도 콘텐츠를 클립으로 쪼개서 제공하는 것이 모바일 시장이었다. 묘한 시점에 플랫폼 사업자와 콘텐츠 제공자가 서로 합의할 수 있는 지점이 생겼다. 여기에 국가가 나서서 청년실업 문제를 해소할 목적으로 1인 크리에이터를 육성하기 시작했다. 이래저래 MCN이 초단기적으로 주목받을 수밖에 없는 구조가 만들어졌다.

정리하면 미국은 UGC, UCC 등 개인형 서비스의 시장 확대 노력과 맞물려 그 수익 가능성을 확인한 뒤 본격적으로 MCN 시장이 만들어졌다. 반면에 한국은 온라인 동영상 콘텐츠의 수익성 등에 대한 면밀한 분석이나 두드러진 성공 경험 없이 플랫폼 사업자들의 경쟁과 청년실업과 같은 외적 조건이 결

---

10 DMC Media Report, 2015년 6월호.

11 DMC Media Report, 2015년 7월호.

합되어 MCN이 부상했다는 결정적인 차이가 있다. 자생적이지 못하기에 산업 기반이 허약할 수밖에 없다는 점은 향후 MCN 시장의 성장에 큰 걸림돌이 된다.

3. 지독한 성장통을 겪는 MCN

1) 영상산업의 일부로서 MCN의 위치

여타 영상산업 영역과는 달리 대형 사업자가 드문 MCN이긴 하지만 유튜브의 성장세와 함께 이용자의 시청시간을 점유하는 데는 성공했다. 초기에는 밀레니얼과 Z세대의 전유물처럼 간주되었지만, 이제는 시니어들의 이용량도 늘어나면서 연령을 초월한 산업 영역이 된 셈이다. 니치 시장에서 보편적인 서비스가 되었다는 점은 분명하다. 방송사업자와 영화사업자들도 모두 유튜브의 크리에이터와 직접 경쟁을 하거나, 이들을 포섭하기 위해 다양한 시도를 하는 것도 이 때문이다.

시청시간을 놓고 영상사업자들의 권력 쟁투가 본격화된 것이다. 한때 영상시장의 왕좌는 영화의 몫이었지만, 지금은 그 자리를 방송이 차지하고 있다. 그러나 이 자리의 주인은 언제가 바뀌게 되어 있다. 영상사업자들의 쟁투에서 권력이란 대중의 지지도와 일상에서의 근접성이다. 개별 상품으로서 단위 작품의 수익성은 여전히 영화가 높다. 하지만 일상 세계에서 사람들은 방송을 보고 듣고 논한다. 그래서 영화는 일상을 지배하지 못하고 가끔씩 즐기는 여흥이 되었다. 덕분에 방송은 화려한 대관식을 치를 수 있었다. 1939년 뉴욕 만국박람회에 TV가 등장한 시점으로부터 70여 년의 세월이 흘렀으니 TV도 이제 왕좌를 내어줄 때가 되었다. 왕좌의 새 주인이 MCN일 것이라는 전망도 있었다. 기대 속에서 출발했던 MCN이지만 결론적으로 그 성장세는 오래가지 못했다. 유튜브는 대중성을 확보했고, 억대 수익의 크리에이터들도 등장했지만 MCN 사업자들은 콘텐츠 사업자로서의 지위를 유지하는 데 어려움을 겪었다. MCN을 유튜브란 틀 속에서 보지 않고 영화를 비롯한 영상산업의 틀 속에서 보면 그 위치와 한계가 보다 분명해진다.

　방송이 영화시장을 대체하지 못했던 것처럼 MCN도 방송시장을 대체하진 못할 것이다. 다만 방송이 등장하면서 영화시장이 자신만의 성장 문법을 완성했던 것처럼 MCN의 등장은 방송사업자만이 가진 문법의 재규정을 강요하고 있다. 따라서 이 관계를 이해하는 것은 필요하다. 영상이란 이름으로 묶이긴 하지만, 세부적으로는 나누어진 것이고, 이 차이를 이해하지 못하면 꼬일 수밖에 없다. 방송과 영화는 모두 영상이다. 하지만 서로 절대 합일하지 못하고 넘지 못하는 선, 영상문법이라는 일종의 금계가 쳐져 있다. 방송의 영상문법과 영화의 영상문법은 다르다. 그래서 방송시장을 주름잡던 감독들이 영화시장에서는 제대로 이름값을 못했다. 〈다모〉의 이재규 감독은 〈역린〉[12]을 만들었지만 기대 이상의 성과를 거두지 못했고, 〈짝〉, 〈장미와 콩나물〉, 〈아줌마〉와 같은 대중 드라마로 흥행몰이를 하던 MBC 출신의 안판석 감독역시 〈국경의 남쪽〉을 제작했지만 주목받는 데 실패했다. 거슬러 올라가보면 이진석 PD는 〈체인지〉로, 이장수 PD는 정우성과 고소영을 주연으로 내세운 〈러브〉를 만들었으나 흥행에 실패했다. 오종록 PD도 〈첫사랑 사수 궐기 대회〉를 감독했으나 시장의 호응을 얻지 못했다. 〈LA 아리랑〉의 이상훈 PD도 〈돈 텔 파파〉와 〈마파도 2〉를 제작했으나 관객의 관심을 끌지 못했다. 정도의 차이는 있지만 기본적으로 방송을 주로 했던 PD들이 영화시장에서

---

12 〈역린〉은 관객 384만 명을 동원하면서 손익분기점은 넘은 것으로 알려졌다. 다만 TV시장에서 보여주었던 〈다모〉나 〈베토벤 바이러스〉와 같은 작품의 반열에는 들지 못했다.

는 제대로 운신하지 못하는 것처럼 보인다. 반대의 시도는 거의 없다. 다큐멘터리 쪽으로 가보면 영화와 방송을 동시에 하는 태준식 감독 같은 경우가 있지만, 그 외에는 영화를 전업으로 하던 감독이 TV 영상물 제작 기회를 부여받은 경우는 거의 없다고 할 수 있다.

하지만 영역을 넘어선 직업군도 있다. 바로 CF계다. 할리우드의 여러 연출자 중에는 광고감독 출신이 제법 있다. 〈에일리언Alien〉, 〈블레이드 러너Blade Runner〉 등 내로라하는 명작을 만들어온 리들리 스콧Ridley Scott은 세계 3대 광고제로 꼽히는 칸 광고제Cannes International Advertising Festival 그랑프리와 클리오Clio Awards 상에서 수상하며 세계적인 명성을 얻은 바 있다. 〈플래시댄스Flashdance〉, 〈나인 하프 위크Nine Half Week〉, 〈야곱의 사다리Jacob's Ladder〉, 〈로리타Lolita〉 등을 연출한 애드리안 라인Adrian Lyne〉 역시 광고감독 출신이고, 〈트랜스포머Transfommer〉 시리즈를 연출하며 엄청난 인지도를 얻은 마이클 베이Michael Bay도 칸 광고제와 클리오상 등에서 수차례 수상한 광고감독 출신이다. 광고와 경계선에 있긴 하지만, 뮤직비디오 감독 출신도 제법 있다. 〈세븐Se7en〉, 〈파이트 클럽Fight Club〉, 〈조디악Zodiac〉, 〈벤자민 버튼의 시간은 거꾸로 간다The Curious Case of Benjamin Button〉, 〈나를 찾아줘Gone Girl〉 등을 연출하며 세계적인 명감독으로 입지를 굳힌 데이빗 핀처David Fincher가 뮤직비디오 감독 출신이다. 그는 나이키 등 스포츠 브랜드 광고부터 흑백 이미지가 강렬했던 마돈나의 〈보그Vogue〉 뮤직비디오 등을 두루 연출했다.

이처럼 광고감독 출신들은 시장에서 나름 소기의 성과를 이루어냈다. 국내도 마찬가지다. 국내 광고 대상 수상 경력을 가진 박광현 감독이 2005년 〈웰컴 투 동막골〉을 연출해서 호평을 받았고, 광고와 뮤직비디오 분야에서 나름의 인지도가 있는 백종열 감독은 2015년 한효주 주연의 〈뷰티 인사이드〉를 제작해서 200만 관객을 돌파했다. 로맨스 영화 중에서는 최고의 관객 수였다.

약간의 무리수를 던져본다면, 영화와 방송은 영상문법이 달라서 방송감독이 영화시장에서 제대로 된 작품을 선보이기에는 시간이 걸린다고 해석할 수 있다. 반면에 광고는 그 특성상 영화와 방송을 넘나들기 때문에 문법상 차이가 없을뿐더러, 오히려 TV와 극장 모두 방영된다는 점에서 공통점을 가지고 있다고 볼 수 있다. 그래서 광고 출신 감독들이 영화시장에서 선방하고 있다. 영화와 방송은 다르다는 점, 이것이 MCN으로 불리는 새로운 현상을 이해하는 데 매우 중요한 지점이다. 이런 논리 체계를 확장하면 방송과 MCN[13]은 다르다고 해석될 여지도 있다. 실제로 MCN의 영역으로 분류되는 콘텐츠들은 방송과는 형식과 내용 면에서 다르다. 간명하게 표현하면 짧되 간결하다. 긴 것을 짧게 쪼갠 것이 아니라 짧은 그 자체로 하나의 완결성을 가지고 있다. 이처럼 현재 두 시장은 확연히 분리되어 있다. 앞으로도 이 두 시장의 결이 완연히 다르다면, MCN의 성장과 방송시장의 붕괴는 연속선상에 있지 않다는 이야기가 된다. 시간점유율 측면에서는 서로 경쟁해야 하는 관계지만, 본질적으로 업의 성격이 다르기 때문에 동일한 게임 시장은 아니다.

MCN 사업자가 영업을 하고 있는 그 시장은 인터넷이 기반한 온라인 시장이다. 모두 영상이란 이름의 공통분모를 가지고 있지만 개별 산업의 영역은 공고하다. 일부 MCN 시장에서 성장한 크리에이터가 방송에 출연하고, 방송인이 각자 개인방송을 열어 MCN 시장에 진입하기도 하지만, 개인 차원일 뿐이다. 도티와 마이린 혹은 캐리처럼 일부 개인방송이 케이블 채널에 소개되기도 하지만, 해당 채널의 특수성에 기반한 것이기에 일반적이라고 보긴 어렵다. 제작비와 틈새시장이란 문법이 허용된 시장이기에 가능했던 이야기다. 이른바 '크로스'가 대세라고 하더라도 영화와 TV 프로그램(일명 방송), 그리

---

13 MCN의 개념 등과 관련해서는 조영신, 「MCN 시장의 진화와 미래」, 네이버레터(2015.8), http://nter.naver.com/naverletter/73500 참고.

그림 4.4 ▌영화와 방송, 그리고 MCN의 윈도우

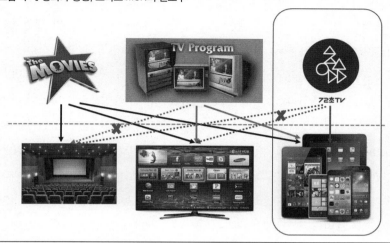

그림 4.4 ▌영화와 방송, 그리고 MCN의 윈도우

자료: 조영신, '2015 차세대 미디어 대전' 세미나 발표자료(2015.12.9).

고 MCN은 각자의 영역을 가지고 있다고 보는 것이 보편적이다.

영역은 개별 영상물의 성격을 규정한다. 성격이 규정된 시장은 자연스럽게 독자적인 사업 구조와 영업 패턴을 가지기 마련이다. '온라인 동영상'이란 용어가 존재하던 시장에서 MCN이란 독특한 작명의 콘텐츠가 등장했다는 것은 그 자체로 해당 영역이 독립된 시장으로 진화했다는 것을 의미한다. 영화, 방송 등의 콘텐츠가 재유통되는 시장에서 독자적인 콘텐츠가 진입하는 독립시장이 되었다는 의미다. 독립시장은 각자의 콘텐츠를 선보일 핵심 플랫폼을 가지고 있다. 영화는 극장이고 TV 콘텐츠는 방송이다. 영화의 첫 번째 윈도우1st window은 극장이고, TV 등은 후속 창구시장이라고 정리할 수 있다. 대부분의 수익은 첫 번째 윈도우에서 발생한다. 그래서 영화는 극장이란 플랫폼을 겨냥한 콘텐츠가 된다. 이와 유사한 논법으로 보면 방송물은 TV라는 플랫폼에 유통되는 콘텐츠다. TV 콘텐츠가 극장으로 옮겨 가지는 못한다. MCN으로 대표되는 온라인 콘텐츠는 첫 번째 윈도우를 온라인으로 삼는 콘

텐츠이며, TV나 영화시장으로 콘텐츠의 이동 가능성이 낮은 콘텐츠다.[14]

　조건이 콘텐츠의 성격을 규정한다. 영화는 기본적으로 글로벌 지향적이며, TV는 로컬(국가 단위) 지향적이다. 영화는 후속 산업인 TV와의 경쟁을 위해서 투자 금액을 키워, 로컬의 문화 장벽과 문화 할인을 뛰어넘어는 시도[15]를 했고, 반면 TV는 로컬 지역[16]에 천착하는 고유의 특성으로 영화와의 전면전을 회피했다. 1997년 할리우드의 평균 제작비가 3천만 달러[17]였던 반면에 2010년 TV 프로그램의 평균 제작비는 에피소드별로 약 3백만 달러였다.[18] TV 프로그램의 제작비가 영화 대비 현저히 낮은 것처럼 온라인도 TV에 비해서 제작비가 낮다. 일부 드라마의 분당 제작비는 높을 수 있지만 절대적인 비용으로 보면 영화 > TV > 온라인 순서다. 결과적으로 MCN은 영상 콘텐츠 중에서 가장 니치한 마켓이며, 가장 수익 구조가 낮은 영상산업[19]의 한 분야로 자리매김했다.

---

14 특정 콘텐츠의 아이디어나 포맷을 활용해서 TV 등에서 재생산할 수는 있으나 온라인을 겨냥하고 만든 콘텐츠를 지상파나 유료방송시장에 별도 편성을 한다고 해서 의미 있는 성과를 거두기는 힘들다. KBS 등이 일부 유사 콘텐츠를 심야시간대에 편성해서 테스트해보고는 있으나, 그럴 경우 온라인에 적용되는 개방성의 상당 부분을 포기해야 한다. 주류 방송시장에는 엄격한 콘텐츠 심의가 있기 때문이다.

15 조영신, 「무성영화에서 가상현실로: 영화의 길」, 영화진흥위원회 주최 '글로벌 ICT 영화산업의 새로운 패러다임' 2차 포럼 발표문(2015.7.24) 참조.

16 (영화가 애초에 글로벌 시장을 겨냥해서 제작되는 것에 대비한 것으로) 여기서 로컬은 개별 국가를 의미한다.

17 http://www.nytimes.com/1997/03/05/movies/average-hollywood-film-now-costs-60-million.html

18 https://en.wikipedia.org/wiki/Television_program

19 이와 관련해서는 조영신, '2015 차세대 미디어 대전' 세미나 발표자료(2015.12.9) 참조.

2) 니치로서 MCN 수익 구조

다수를 겨냥한다는 것은 그 자체로 규모의 게임을 하겠다는 의미다. 한 사람을 위한 콘텐츠는 그 한 사람이 지불할 수 있는 요금의 총합을 넘지 못한다. 때문에 적어도 일반적이라는 전제를 붙인다면, 즉 콘텐츠의 절대적 품질이라는 차원에서 보면 틈새형 상품은 매스형 상품을 뛰어넘지 못한다. 글로벌이란 매스를 겨냥한 영화와, 개별 국가 단위로 유통되는 방송과의 전쟁에서 방송의 품질은 영화의 품질을 뛰어넘을 수 없다. 물론 개별 작품의 단위로 보면 100억 원이 들어간 대하 드라마와 3억 원이 들어간 독립영화의 품질이 비교될 수 있겠지만, 3억 원이 들어간 독립영화는 매스를 겨냥하지 않았다는 점에서 직접적인 비교 대상이 될 수 없다. 또한, 아무리 유튜브에서 잘나가는 퓨디파이라도 그 수익을 영화의 주연과는 비교할 수 없다.

첫 번째 윈도우는 콘텐츠의 수익 구조를 결정한다. 영화는 한 편당 7천~8천 원에 달하는 관람료를 플랫폼 사업자와 나눈다. 플랫폼 사업자가 5:5 정도의 수익배분을 용인하는 것은 개별 콘텐츠의 가격이 높기 때문이고, 그 영화를 보러 온 사람들에게 팝콘과 콜라를 팔 수 있기 때문이다. 하지만 방송은 팔 수 있는 팝콘과 콜라가 없다. 그래서 대신 광고를 끌어들였다. 소프 오페라Soap Opera란 장르는 비누 사업자의 잦은 협찬 때문에 붙은 명칭이다. 유료방송시장이 열렸지만, 영화처럼 콘텐츠별로 가격을 책정할 수 없었다. 이미 시효가 떨어지고 영화 대비 품질이 낮은 콘텐츠를 모아서 제공하는 것으로 가치를 부여했다. 채널을 묶었고, 그 묶음을 정액제로 판매했다. 즉, 당시 영상산업의 대표 시장인 영화를 정점에 두고 하위 영역들은 새로운 사업 모델과 수익 구조를 개발시켜왔다. 지금은 이 맥락에 온라인과 MCN이 놓여 있다. 콘텐츠의 품질을 감안할 때 모든 수익 모델의 조건이 영화나 방송보다 열위하다. 유료라는 관점에서 보면 유료방송보다 제작비용이 낮아야 하고,

표 4.1 ▮ 매체별 광고단가

길이	페이스북	인스타그램	유튜브	링크드인	트위터
1초	0.01	0.01	0.001	0.07	0.005
2초	0.01	0.01	0.002	0.13	0.008
3초	0.02	0.02	0.003	0.20	0.016
5초	0.03	0.03	0.005	0.33	0.027
10초	0.05	0.05	0.01	0.67	0.053
15초	0.08	0.08	0.015	1.00	0.080
30초	0.20	0.20	0.03	2.00	0.160

자료: https://blog.silvermouse.com.my/2019/01/video-ads-cost-per-view-comparison.html

광고라는 관점에서도 광고비가 낮아야 한다. 다행히 비용을 줄여서 낮은 수익으로 버티고는 있지만, 진입장벽이 낮은 만큼 경쟁자의 출현도 빈번해 제작비용의 상승은 피할 수 없게 되었다. 경쟁은 수익 구조의 변화보다는 비용구조의 변화를 먼저 초래하기 때문이다.

앞서 미국의 MCN은 온라인 동영상 콘텐츠의 수익성을 확인하고 움직였으며, 광고시장이 작동한다는 것을 확인했고, 이를 보다 강화시키기 위해서 움직인 시장이라고 설명했다. 그럼에도 여전히 평균적인 수익성은 그들의 발목을 잡고 있다. 이른바 CPVCost Per View에 기초해서 보면 1백만 시청view이 이루어질 경우 해당 콘텐츠를 통해 얻을 수 있는 광고수익은 대략 300~2000 달러 정도다.

그래서 지속적으로 콘텐츠를 업로딩하지 않고, 간헐적으로 콘텐츠를 올리는 일반인들은 생활을 위한 수익을 확보하기가 쉽지 않다. 더구나 유튜브는 콘텐츠의 품질을 보증하기 위한 조건으로 수익배분 조건을 강화했다. 크리에이터가 영상에 포함된 광고로 수익을 올리려면 채널 구독자를 천 명 이상 보유하고 지난 12개월간 채널에 올라온 영상의 시청시간이 4천 시간 이상이어야 한다.[20] 요건을 갖추면 내부 심의를 통해 광고수익을 나눌 수 있는 '유튜브 파트너 프로그램'의 멤버가 된다. 천 명의 구독자와 4천 시간이란 조건을 갖추는 것 자체가 쉽지 않을뿐더러, 설사 조건을 충족하더라도 생각만큼 수익이 크지 않다. 백만 클릭을 기록하면 한화로 2백만 원 정도의 수익을 올린다고 알려져 있으나, 절대적인 모수를 확보하지 못하면 제대로 된 사업을 하기 힘들다는 이야기다. 이런 현상은 전 세계적이다. 어썸니스TV는 2014년 1~3사분기 합쳐서 3020만 달러의 매출을 기록했으며, 특히 3사분기에는 550만 달러의 매출을 기록했다. 그러나 이 수익은 드림웍스가 3사분기에 영화로 벌어들인 1억 4240만 달러에 비하면 형편없다. 비록 미래를 보고 투자하고 지원했지만, 현재의 그림으로는 지속할 수 없는 구조다.

물론 이런 시장에서도 스타는 출몰하고, 수익을 챙겨가는 이들도 나온다. 국내에서 크리에이터가 생계를 유지하려면 10만~20만 명 정도의 고정 구독자를 확보해야 한다고 보고 있다. 정성하, 포니신드롬, 웨이브야, 밴쯔, 영국남자는 수백만 명의 구독자를 확보한 유튜버로 수억 원의 수익을 올린다.

도티처럼 셀럽의 반열에 올라간 유튜버는 개인 수익을 넘어서 샌드박스라는 걸출한 기업 성장의 토대가 된 것도 사실이다. 그러나 자립할 수 있는 규모의 기업으로 성장하는 데 MCN은 한계가 많다. JTBC의 MCN 채널은 2019년

표 4.2 ▌ 국내 유튜브 크리에이터 순위

순위	유튜버	분야	구독자(명)	누적PV(건)
1	제이플라뮤직	음악	1천 65만	19억 6791만
2	정성하	연주	546만	15억 9395만
3	포니신드롬	뷰티	477만	2억 4534만
4	웨이브야	댄스	330만	11억 925만
5	밴쯔	먹방	307만	10억 1666만
6	떵개떵	먹방	303만	14억 189만
7	영국남자	일상	301만	7억 5319만
8	허팝	일상	298만	19억 4484만
9	보겸TV	일상	295만	12억 7100만
10	어썸하은	댄스	286만	4억 109만

기준: 2019년 1월 14일.

---

20 유튜브 파트너 프로그램은 2007년 등장해서, 2011년 국내에 도입되었으나 2017년 기준 현재와 같이 상향했다.

현재 단기간에 400만 가입자를 확보했고 광고수익 등을 얻었지만 그 수익으
로는 디지털 사업본부의 인건비도 감당하기 어렵다. 크리에이터에게는 잉여
의 기회가 될 수 있지만 규모 있는 기업으로서 성장하기 쉽지 않은 시대가 되

그림 4.5 ▮ 미셸 판의 MCN, ICON

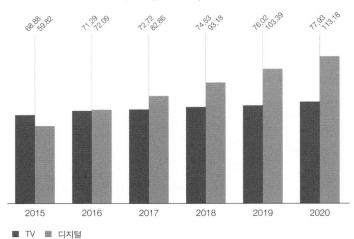

TV vs. 디지털 광고비 지출(단위: 10억 달러)

	2015	2016	2017	2018	2019	2020
TV	68.88	71.29	72.72	74.53	76.02	77.93
디지털	59.82	72.09	82.86	93.18	103.39	113.18

■ TV ■ 디지털

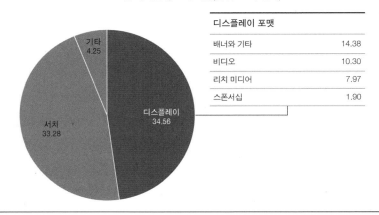

2016년 디지털 광고비 지출(단위: 10억 달러)

기타
4.25

서치
33.28

디스플레이
34.56

디스플레이 포맷	
배너와 기타	14.38
비디오	10.30
리치 미디어	7.97
스폰서십	1.90

었다. 즉, 전업 크리에이터는 가능하지만 상장기업이 되는 것은 쉽지 않다는 이야기다.

더구나 이제 막 시장에 진입한 'MCN 사업자'라면 이야기는 달라진다. 이미 시장을 선점한 사업자들은 그나마 수익성을 확보할 수 있지만 그렇지 못한 신생업체들은 광고료 등에서 콘텐츠 제작비용을 회수하는 것이 힘들다. 더구나 이미 지명도를 확보한 개인 크리에이터는 언제든지 MCN을 벗어나 독립적인 그림을 그릴 수 있다. 실제로 앞서 언급한 미셸 판은 2015년 3월 독자 MCN인 ICON을 설립했다.

4. 존재감을 잃은 MCN 시장

채 몇 년도 되지 않아 MCN의 열기는 식었다. MCN 시장은 북미에서 먼저 시작되었다. 산업화도 그들이 먼저다. 시장의 역동성과 불길은 한국이 더 강했다. 그러나 북미 시장에서는 더 이상 MCN을 논하지 않는다. 구글링을 해보더라도 MCN에 집착하는 건 국내 시장일 뿐이고, 그마저도 이른바 논객들의 설명에서나 찾아볼 수 있는 단어가 되어가고 있다. 크리에이터는 번성하고 있지만, MCN은 더 이상 '힙'하지도 '대중적'이지도 않다.

1) 시장의 조건

MCN 유형에 상관없이 유튜브를 중심으로 영상사업을 하고 있는 대부분의 사업자들에게 광고는 여전히 핵심 수익원이다. 커머스commerce나 협찬 등다양한 추가 수익 모델을 찾고 개발하고 있지만, 그럼에도 불구하고 광고수익은 이들의 기반이다. 그래서 광고시장의 규모를 파악해보는 것은 이들 사

그림 4.6 ▌구글의 광고시장 점유율(북미 시장 기준)

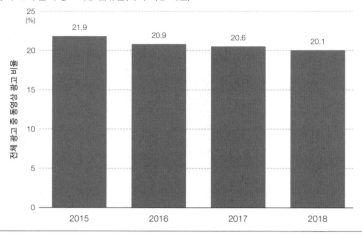

자료: https://www.statista.com/statistics/289666/youtube-share-of-total-ad-revenues-in-the-us/

표 4.3 ▌항목별 디지털 광고시장 성장 전망(단위: 10억 달러)

	2015년	2016년	2017년	2018년	2019년	2020년
모바일	31.69	45.95	57.44	68.93	77.89	86.84
디스플레이	16.18	23.60	29.62	35.47	40.08	44.68
ㅡ 배너, 리치 미디어, 스폰서십, 기타	13.29	19.14	23.75	28.36	31.98	35.61
ㅡ 비디오	2.89	4.47	5.87	7.11	8.11	9.08
서치	14.17	20.28	25.06	29.87	33.60	37.43
SMS/MMS/P2P 메시징	0.27	0.29	0.29	0.29	0.28	0.28
기타(광고, 안내책자, 이메일, 잠재고객 창출)	1.06	1.78	2.47	3.30	3.93	4.45
데스크톱	28.13	26.14	25.42	24.25	25.50	26.34
서치	14.67	13.00	12.38	12.31	13.27	13.94
디스플레이	10.73	10.96	11.24	10.72	11.43	11.95
ㅡ 비디오	4.79	5.84	6.68	7.29	8.18	8.88
ㅡ 배너, 리치 미디어, 스폰서십, 기타	5.94	5.12	4.55	3.43	3.25	3.08
기타(광고, 안내책자, 이메일, 잠재고객 창출)	2.73	2.18	1.81	1.22	0.81	0.45
계	59.82	72.09	82.86	93.18	103.39	113.18

업자의 지속성과 성장 가능성을 판단할 수 있는 핵심 지표일 수 있다.

일단 두 자료를 살펴보자. 2016년 근소하긴 하지만 전통의 TV 광고시장이 디지털 광고시장에 무릎을 꿇었고, 이 시점부터 격차는 벌어졌다. 하지만 영상이란 관점에서 보면 좀 더 세밀하게 분석해야 한다. TV는 동영상만 유통되는 단일 시장이지만, 디지털은 여러 형식과 포맷이 경쟁하는 복합 시장이기 때문이다. 영상으로 한정해놓으면 여전히 TV 광고시장이 우위라는 것을 알 수 있다. 2016년 기준으로 디지털 광고시장에서 비디오가 차지하는 비율은 14%에 불과하다. 절대 금액에서도 2016년 TV 광고가 710억 달러 시장인 데 비해서, 디지털 동영상은 100억 달러 정도(?)에 불과하다.

다른 수치를 하나 더 살펴보자. 추청치라는 점을 염두에 둔다면 절대값보다는 추세를 읽을 필요가 있다. 2020년 전체 디지털 광고시장은 1131억 달러 규모로 증가한다. 이 중 모바일 동영상 광고와 PC용 동영상 광고시장의 규모도 증가해서 179억 달러 규모로 전망된다. 2016년 대비 70% 이상 성장한 것이다. 그러나 전체 광고시장의 비율로 보면 15.86%에 불과하다. 2016년도 14%에 비해서는 증가했지만 비중이 그다지 높지 않다.

성장한 광고시장 중에서 유튜브가 조금 감소해 대략 20%의 점유율을 보일 것으로 전망하고 있다. 현재의 성장 추세를 반영하면 페이스북도 유튜브와 비슷한 규모의 동영상 광고 점유율을 보일 것으로 예상된다. 그렇다면 약 40~50%를 양대 기업이 차지하게 된다. 대부분의 MCN 사업자들이 유튜브의 광고수익에 의존하고 있다고 치면, 전체 디지털 광고시장의 20% 정도만 의미가 있다고 볼 수 있고, 그러면 그 절대 규모의 변동성이 낮다는 이야기가 된다. 2016년 100억 달러가 동영상 광고시장의 규모라고 한다면, 이 중 20%는 20억 달러 규모가 되고, 2020년 189억 달러 규모에서 20%는 37억 달러 규모가 된다. 절대 금액이 성장하고 있다고는 하지만 전체 디지털 광고시장의 규모 대비 MCN 영역이 차지하는 광고시장의 규모가 그다지 높진 않다. 모바일 시장의 성장만큼 과실이 커지는 것이 아니라 극히 제한적인 규모의 시장만이 온라인 동영상 시장을 차지하고 있고, 그 비중도 상대적으로 높지 않다는 것, 그 수익마저도 유튜브 등 일부 사업자가 차지하고 있다는 것은 분명하다. 이 시장에 대한 우려가 나오는 것도 뜬금없지는 않다.

이런 현상은 국내에서도 비슷하다. 동영상 광고시장의 규모가 조금씩 확대되고 있지만 기대만큼은 아니다. 엄밀히 말해서 국내 동영상 광고시장의 규모를 정확히 측정하는 것은 불가능하다. 광고수익의 상당 부분을 차지하고 있는 페이스북과 구글이 온라인 광고시장 매출 규모를 공개하지 않기 때문이다. 다만 업계 종사자들의 합리적 추정에 의하면 최소 5천억 원에서 최대 7천 5백억 원 정도의 규모라고 한다. 물론 1조 원까지 확장해서 추정하는 이들도 있지만, 이는 아웃라이어다. 이 중에서 유튜브와 페이스북이 4천억~5천억 원의 광고수익을 거두어들이고 있고, 지상파의 SMR이 1천억 원 정도의 수익을 가져간다. 그렇다면 남는 시장은 많아야 1천 5백억 원 정도다. 여기에 IPTV 사업자들의 VOD 광고수익이 대략 1천억 원 정도라고 한다면 5백억 원 정도가 남는다. 이 시장을 놓고 판도라TV나 아프리카, 곰TV 등이 경쟁한

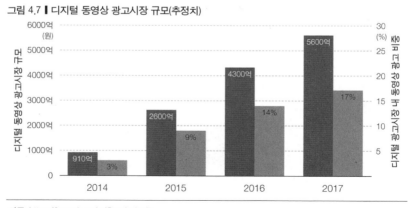

그림 4.7 ▮ 디지털 동영상 광고시장 규모(추정치)

자료: https://brunch.co.kr/@andycha/5

다. 그나마 다행인 것은 디지털 광고시장에서 동영상 광고가 차지하는 비율이 점진적으로 증가하고 있다는 점이다. 2014년 3%에 불과하던 동영상 광고시장이 2017년에는 17%가 되었다.

성장한다는 쪽에 의미를 두면 MCN형 사업자의 미래를 부정적으로 볼 이유는 없다. 반면 전체 디지털 광고시장에서 동영상 광고가 차지하는 비율이 제한적이고, 특정 사업자의 몫이 커지는 그래서 플랫폼 사업자의 지위가 강화됨에 따라 콘텐츠 쪽의 위상이 역설적으로 약한 상황에서는 MCN의 미래를 낙관적으로 보지 않을 수도 있다. 둘 다 가능한 답인 것이다. 다만 동일한 파이라고 하더라도 시장 참여자의 수에 따라서 그 몫은 달라진다. 100의 시장을 10개의 기업이 차지하는 것과 2개의 기업이 차지하는 것은 확률적으로 기대 수익이 달라지는 게임이다. 그럼 다른 질문을 해야 한다. 이 시장에 참여하는 사업자의 수와 규모다.

2) 조금 다른 조건

광고시장의 파이를 나누어 가지는 크리에이터(미국식으로 이야기하면 유튜버)가 늘어나고 있다. 차이라면 국내 시장이 조금 더 체계적으로 크리에이터를 양산하는 구조라는 것이다. 정부 부처는 물론이고 경기콘텐츠진흥원 등 유관기관에서 크리에이터 양성 프로그램을 기획 운영하고 있고, 대학 등에서도 전문 프로그램을 개설 운영하기 시작했다. 크리에이터 '백만양병설'을 주창하기도 한다. 여기에 개별 MCN 사업자들도 자체적인 육성 프로그램을 운영하면서 크리에이터들 그룹을 키우고 있다. 더구나 1세대 대형 크리에이터들의 성공담이 공개되었고, 젊은 세대의 취업 기회가 줄어들면서 상대적으로 진입장벽이 없는 이 시장에 대한 관심이 유례없이 높아졌다. 이른바 참여자의 숫자가 증가한 것이다. 파이가 증가한 상황이라고 하더라도 N의 숫자가 급작스럽게 늘어나면, 개별인 혹은 개별 사업자의 몫은 줄어든다. 평화롭게 각자의 역할을 다하며 몫을 가져가던 시장에서 제한된 재원을 놓고 늘어난 N들이 좀 더 심각하게 경쟁을 해야 하는 구도가 된 셈이다.

줄어든 몫을 커버하기 위해서 커머스를 장착하거나, 키즈 등 이른바 주목 받는 장르에 사람들이 몰려들기 시작한다. 캐리Carry(키즈 대상 1인 크리에이터)가 지배하던 시장에 수없이 많은 유사 키즈 사업자들이 등장하기 시작했고, 커머스가 가능한 뷰티 쪽이 특히 강세를 띠었다. 광고주들은 효율을 따진다. N이 증가한 시장에서 개별 크리에이터들의 효율은 감소하게 될 개연성이 높다. 그렇다면 효율을 따지는 광고주는 상대적으로 효율이 높은 대형 크리에이터나 대형 MCN 사업자들을 선택해야 할 당위가 커진다. 대도서관 등 몇몇 크리에이터의 광고시장 점유율이 높아지는 이유(일종의 큐레이션)다. 쏠림현상은 가속화된다. 음악시장에서 차트에 의존하는 비율이 높아지는 것과 마찬가지다.

이는 랭킹으로도 확인된다. 미국에서 가장 수익이 높은 크리에이터의 순위는 지속적으로 변하고 있다. 물론 1위는 퓨디파이가 장악하고 있지만, 2위부터는 등락이 반복되고 있다. 2013년에 상위권에 있던 크리에이터들이 2015년부터는 사라졌다. 일부 크리에이터들은 성장세를 기록하고 있지만, 그렇지 않은 이들이 물러나고 그 자리를 다른 이들이 차지한다는 것은 이 시장이 여전히 역동성을 보유하고 있다는 의미다. 반면에 국내 시장은 그렇지 못하다. 대도서관이나 도티, 밴츠, 양띵이 그대로 이 시장을 접수하고 있는 상황이다. 수없이 많은 크리에이터들이 이 시장에 진입하긴 하지만 여기서 번 수익으로만 먹고살 수 있는 크리에이터들은 제한적이다. 오히려 집중도는 더 높아졌다. 영국남자의 구독자 수 규모는 더 커졌다. 1백만 명을 훌쩍 넘기더니 3백만 명이 되었다. 대표 크리에이터들도 그렇다. 1백만 명을 넘기기 그토록 어려웠던 가입자 규모를 넘어선 크리에이터들이 늘어나기 시작했고, 최근에는 2백만 명 가입자도 눈앞의 이야기가 되고 있다. 늘어난 관심이

새로운 크리에이터에게 가기보다 기존의 유명한 크리에이터들에게 집중되
는 모양새다. 어제의 용사가 여전히 각광을 받고 있고, 신규 가입자는 MCN
등 사업자의 조력이 없으면 성장하기 어렵다. 그렇게 이 시장도 진입장벽이

표 4.4 ▌대표 유튜버 순위

순위	2013 이름/수익/연간 뷰	2014 이름/수익/연간 뷰	2015 이름/수익/가입자	2016 이름/수익/가입자
1	Pewdiepie/12ml/9.3b views	PewDiePie/7ml/3.7b views	PewDiePie/12ml/40ml	PewDiePie/15ml/49,756,391
2	Funtoys Collector (formerly DisneyCollectorBR)/8ml/7b views	BlueXephos/6.7ml/2.4b views	Smosh/8.5ml/ Fine Brothers/8.5ml/	Roman Atwood/8ml/10,152,692
3	YOGSCAST (formerly BlueXephos)/6.7ml/3b views	Smosh/5.7ml/3.1b views	–	Lily Singh/7.5ml/10,296,350
4	BluCollection/6.5ml/3.78b views	DisneyCollectorBR/5ml/1.6b views	Lindsey Stirling/6ml/	Smosh/7ml/22,474,510
5	Smosh/6ml /4.5b views	BluCollection/4.8ml/1.4b views	Rhett&Link/4.5ml/ KSI/4.5ml/	Tyler Oakley/6ml/8,087,829
6	JennaMarbles/4.3ml/1.7b views	JennaMarbles/4.3ml/1.4b views	–	Rosanna Pansino/6ml/7,398,450
7	TobyGames/4.2ml/1.8b views	TobyGames/4.2ml/1.6b views	Michelle Phan/3ml/	Markiplier/5.5ml/15,523,276
8	RayWilliamJohnson/4ml/2.9b views	RayWilliamJohnson/4ml/2.6b views	Lilly Singh/2.5ml/ Roman Atwood/2.5ml/ Rasanna Pasino/2.5ml/	German Garmendia/5.5ml/30,317,411
9	UberHaxorNova/3.5ml/1.5b views	UberHaxorNova/3.5ml/1.1b views	–	Colleen Ballinger/5ml/7,359,094 Rhett and Link/5ml/11,545,537
10	RealAnnoyingOrange/3.4ml/2.7b views	AnnoyingOrange/3.4ml/1.9b views	–	–

자료: http://www.dailymail.co.uk/news/article-4007938/The-10-Highest-Paid-YouTube-stars.html(2016)
https://www.forbes.com/sites/maddieberg/2015/10/14/the-worlds-highest-paid-youtube-stars-2015/#89d9fa031921(2015)
http://www.dailyinfographic.com/top-10-highest-paid-youtube-stars-infographic(2014)
https://www.celebritynetworth.com/articles/celebrity/the-25-highest-earning-youtube-stars/(2013)

높아지기 시작했다. MCN이 아니라 크리에이터의 영역에서도 미국 시장이 여전히 활력을 보이고 있는 반면 한국 시장은 이제 눈에 보이지 않는 벽이 생기기 시작한 것은 아닐까? 더구나 연예인들이 앞다투어 유튜브 시장에 뛰어들면서 일반인들이 주목받기는 더 힘들어졌다.

조건이 다르면 대응도 달라진다. 그런데 그 대응의 규모가 상이하다. 상대적으로 자유도가 있는 미국 시장은 체계적인 시장으로 진화하고 있는 반면 광고시장의 규모나 참여하는 크리에이터의 숫자 등 시장 내 불확실성이 증가하고 있는 국내 시장은 혼동이 지속되고 있다.

(1) 레거시에 의탁한 미국 사업자들[21]

대응은 그들의 위치에 따라서 달라진다. 미국의 대형 사업자들은 이제 레거시의 몸을 위탁한 사업자들이다. 모기업의 시장 전략에 따라서 선택할 수 있는 옵션이 다르다는 것을 의미한다. 디즈니는 메이커 스튜디오 인수 이후 대규모 구조조정을 단행했다. 2016년 일부 직원을 정리하는 데 그치지 않고, 2017년 메이커 스튜디오를 독립사업이 아닌 디즈니의 디지털 부서로 소속을 변경하고, 디지털 부서의 인원 80여 명을 정리했다. 메이커 스튜디오의 방향성도 디즈니 상품merchandise의 가치를 높이는 수단으로 메이커 스튜디오를 활용하겠다는 의지를 표명했다. 독립적인 사업으로는 수익성이 나오지 않는다고 판단했다는 분석이 나왔다. 디지털 미디어 시장의 가능성은 인정하지만, 광고 등의 사업 모델에 대해서는 의심을 지우지 못하고 있다는 반증이다. 비록 메이커 스튜디오가 다양한 방식으로 진전된 수익 모델을 선보이려고 애쓰고 있지만 콘텐츠 제왕인 디즈니의 입장에서는 성에 차지 않는 모양이다.

---

21 조영신, 「2017 미국의 MCN 시장을 이해하는 몇 가지 키워드」, ≪방송통신 심의동향≫, 14 (2017.5)에 기고한 원고를 일부 다듬었다.

창의적인 집단으로 알려져 있지만 의외로 디즈니는 구조적이고 시스템에 의해서 작동되는 방식을 선호한다. 지나치게 창발적인 MCN 사업이 낯설어 보였을 수도 있다. 가장 먼저 MCN 사업자를 인수한 대형 레거시 사업자이지만, 인수 이후에는 이 시장에 대해 보수적인 입장이다.

버라이즌Verizon이 어썸니스TV의 지분 24.5%를 인수하기로 결정한 것도 흥미롭다. 어썸니스TV도 미국의 10대를 대상으로 하는 MCN 사업자 중 하나이자 시장이 MCN을 인수하기 시작한 시발점이 사업자다. 2013년 드림웍스 애니메이션이 3천 3백만 달러에 어썸니스TV를 인수했다. 드림웍스가 어썸니스TV의 지분 51%를 가지고 있는 가운데, 2014년 허스트가 24.5%의 지분을 확보했다. 2016년 4월 버라이즌도 어썸니스TV의 지분 24.5%를 약 1억 5천 9백만 달러에 인수했다. 그러나 어썸니스TV의 최대 주주는 곧 바뀌었다. NBC유니버설NBC Universal이 38억 달러에 드림웍스를 인수한 것이다. 결국 2017년 어썸니스TV의 지분 구조는 NBC 51%, 버라이즌 24.5%, 허스트 24.5%인 셈이다. 이 구조는 어썸니스TV의 성격을 재규정했다. 대표적 MCN 사업자였던 어썸니스TV가 종합 콘텐츠 사업자로서 자리매김을 선언한 것이다. 인수 당시 어썸니스TV의 CEO인 브라이언 로빈스Brian Robins는 어썸니스TV를 넷플릭스Netflix, HBO와 같은 영역에 있는 레거시 콘텐츠 사업자로 규정했다. 더 이상 MCN 사업자로 머물지 않겠다는 이야기다. 대신 기존의 레거시 사업자와는 선을 그었다. 어썸니스TV의 장점을 내세워, 10대를 타깃으로 하는 종합 콘텐츠 사업자라는 점을 분명히 했다. 10대를 위한 영화도 제작하고, 방송 콘텐츠도 만들고, 출판사업도 하는 사업자라고 정의했다. 그리고 10대를 위한 MCN 사업'도' 하겠다고 말했다. 과거에 MCN'만' 하는 사업자였다면, 레거시 사업자의 품 안에 들어간 지금은 MCN'도' 하는 사업자가 된 것이다. 레거시에 포함된 사업자들은 레거시 사업자의 포트폴리오에 최적화하는 단계에 진입한 것이다.

반면에 국내 시장은 여전히 '맨땅에 헤딩하기'고 스타트업의 영역이다. 초기에 투자사 등으로부터 100억 원대 이상의 투자를 받은 사업자들도 있지만 대부분은 10억 원 내외의 투자를 받은 스타트업들이다. 레거시 사업자들은 스타트업을 인수하기보다는 직접 시장에 뛰어들었다. KBS는 예티로, MBC는 SMC로, SBS는 모비딕을 만들었다. MCN 시장을 사실상 견인한 다이아TV도 실상은 CJ E&M의 작품이었다는 점에 주목할 필요가 있다. 포트폴리오로 정리된 사업자는 시장의 방향성이 명확하다. 그러나 포트폴리오에 포함되지 않은 소규모의 독립사업자는 바람을 탄다. 그래서 국내 MCN 동영상 사업자들은 진화가 아닌 변신을 택한다. 어제와 오늘의 사업 모델이 달라지고 있고, 그 특색도 다르다.

캐리소프트는 MCN 사업자에서 캐릭터 수익을 기반으로 하는 콘텐츠 사업자로 변모했고, 딩고는 마케팅 사업자로 변모를 시도하고 있다. 72초TV는 모바일에서 벗어나 숏폼short form 동영상 콘텐츠 프로덕션 사업자로 변모 중이고, 이와 유사한 사업자로 와이낫TV가 있다. iHQ와 같은 레거시 콘텐츠 사업자들도 옥수수OKSUSU 등과 손을 잡고 모바일과 유료방송 모두 유통시킬 수 있는 시장을 찾아 나섰다. 미국의 모바일 동영상 사업자들이 레거시 관점에서 특화된 사업자로 그 위치를 분명히 하고 있다면, 한국의 사업자들은 각자 도생하는 구조인 셈이다. 그런데 수익성은 여전히 질문으로 남아 있다. 캐리소프트와 글랜스TV 등 MCN을 벗어났거나, 전통적인 의미의 MCN 사업자라고 할 수 없는 사업자들만 경영상 이익을 취하고 있을 뿐 대부분의 MCN 사업자들의 수익성은 악화되고 있다. 대표적인 MCN 업체인 트레져헌터가 47억 원 정도의 영업 손실을 기록했고, 업계에서는 메이크어스가 100억 원대의 영업 손실을 기록한 것으로 추정하고 있다.[22] 뷰티 영역에서 가장 주목받고 있는 레퍼리도 17억 원 정도의 손실을 기록했다.[23] 모기업의 포트폴리오에 편입된 사업자들이 미래를 염두에 두고 차근차근 전략적 선택을 할 수 있

는 반면에 스타트업 시장에 있는 이들은 조급하고 성급한 의사결정을 하게
될 개연성이 점점 높아지는 셈이다.

(2) 유튜브와 MCN?

미국의 유튜브는 TV로 가고 있다. 2017년 4월, TV가 되고 싶었던 유튜브
가 또 한걸음을 내디뎠다. 레거시 콘텐츠를 패키지화해서 월 35달러로 서비
스를 제공하기 시작한 것이다.

스마트 TV 시절부터 유튜브는 거실 시장을 동경해왔다. 안드로이드 TV를
만들고, 크롬캐스트를 만들고, 유료 콘텐츠Paid Content를 공급하고, 정액제 서
비스인 유튜브 레드YouTube Red를 선보이는 등 지속적으로 유료 사업자를 닮
아가려고 했다. 그러나 고객들을 설득하지 못했다. 거실은 거실만의 문법이
있었다. 그 문법을 채택한 것이 월 35달러 콘텐츠 패키지다. 온라인의 장점
을 유지하면서 레거시 콘텐츠로 무장해 좀 더 TV에 가까운 서비스로 모습을
바꾸었다.

유튜브가 TV를 닮아가고 싶어 한다는 것은 적어도 MCN 사업자들에게는
그다지 좋은 소식은 아니다. 전통적으로 MCN으로 알려진 신세대 미디어 콘
텐츠는 유튜브 생태계에서 벗어나지 못했다. 시작이 유튜브였고, 이용자 규
모 등에서 유튜브를 능가하는 플랫폼이 등장하지 않아 선택 옵션이 별로 없
었던 탓이다. '베젤Vessel' 등이 유료 서비스를 하겠다고 선언했지만, 상징적인
의미 이상으로 시장에서 의미 있는 선택을 받지 못했다. 버라이즌은 GO90를
선보였지만, 채 얼마 되지 않아 서비스를 접었다. 이런 상황에서 유튜브는 갈
수록 TV 친화적이 되어가고 있다. 자신이 머무는 곳의 주인이 자신이 아닌

---

22 http://www.bizwatch.co.kr/pages/view.php?uid=32333
23 뷰티 전문 기업인 레페리는 2018년 순익을 기록했다.

다른 곳을 쳐다보는 상황이니 MCN 사업자의 고민이 깊어질 수밖에 없다.

이런 대응에 일부 MCN 사업자들은 자체적인 플랫폼을 구축하러 나섰다. 그래서 등장한 몇 가지 옵션 중 하나가 바로 자체 플랫폼화다. 풀스크린이 대표적이다. 2016년 4월 풀스크린은 가입자 주문형 영상 서비스를 출시했다. 풀스크린은 모바일 웹뿐만 아니라, 모바일 앱, 그리고 크롬캐스트도 지원해서 접근성을 높였다. 월 구독료는 4.99달러다. 밀레니얼과 Z세대를 주요 타깃으로 설정했다. 그러나 시장 반응은 그다지 좋지 않고 냉담했다. 유튜브 의존도를 줄여야 한다는 절박감을 확인한 것 외에 소득이 없다.

비보Vevo도 마찬가지다. 비보는 소니뮤직과 유니버설뮤직이 뮤직비디오에 특화시켜 2009년 12월 설립했다. 유튜브 내 최고 인기 채널의 하나로 자리매김하는 등 대표적인 MCN 가운데 하나로 인정받고 있다. 이런 비보도 별도의 버티컬 서비스를 고민하기 시작했다. 비보 전용 모바일 앱을 발표하고, 이를 통해 개인 맞춤형 서비스를 이용할 수 있도록 한 것이다. 이 역시 유튜브 의존도를 줄여보려는 시도다. 그러나 이 모든 시도는 아쉽게도 시장에서 의미 있고 독립적인 사업으로 성장하지 못했다. 다만, 주어진 조건에서 다른 MCN 사업자 대비 경쟁력을 높이는 역할은 했다. MCN 사업자 간 차별화 경쟁의 일환으로 이해할 만한 대목이다. MCN 사업자들이 전략적 선택을 통해 유튜브 대비 협상력을 키우려는 노력을 지속적으로 하고 있는 셈이다.

그러나 국내 시장은 다르다. 오히려 이른바 1인 크리에이터 기반의 MCN 사업자들의 유튜브 의존도는 더 높아졌다. 무리수를 가진 조사 결과지만, 적어도 안드로이드 기반 앱 시장에서 유튜브는 절대적인 점유율을 확보하고 있다. 레거시에 속한 미국의 사업자들은 독립적인 플랫폼 경쟁을 펼칠 수 있지만, 유튜브의 압도적 점유율에 대항할 수 있는 국내 모바일 콘텐츠 사업자는 존재하지 않는다. 국내 MCN이 아프리카TV를 중심으로 성장했지만, 지금은 유튜브 의존도가 훨씬 높아진 상황이다. 네이버TV 등 일부 사업자들이 모바일 시장을 개척했지만, 레거시 콘텐츠가 진입한 시장에서는 1인 크리에이터 기반의 MCN 콘텐츠가 시장의 주목을 받지 못했다. 이용시간 자료를 보면 네이버TV나 옥수수 등에서는 레거시 콘텐츠 점유율이 80%에 육박하고 있고, 자연스럽게 MCN 콘텐츠는 밀려나고 있다. 그래서 한국의 모바일 콘텐츠는 유튜브와 협력적 관계라기보다는 종속적 관계의 성격이 강하다. 물론 구글이 적극적으로 이 시장을 개척하고 있고, 그 과정에서 모바일 콘텐츠 사업자들을 배려하고 양성하는 데 도움을 주긴 했지만, 그렇다고 개별 MCN들이 안정적인 수익을 거둘 수 있는 구조까지는 성장하지 못한 상태다.

(3) 커머스에 대한 다른 접근

이런 상황에서 커머스가 부상했다. MCN들을 붙잡아야 하는 유튜브는 새로운 수익 모델을 제시하기 시작했다. 유튜브들의 이탈을 막아야 한다. 그들에게 유튜브에 더 머물러야 한다고 이야기해야 한다. 이런 맥락에서 등장한 것이 페임비트Famebit 인수다. 페임비트는 온라인상의 '인플루언서', '1인 크리에이터' 또는 재능 있는 크리에이터들을 보유한 'MCN 기업'과 콘텐츠 제작을 원하는 '브랜드'를 연결해주는 사업자다. 구글이 MCN 사업자들에게 새로운 수익 모델을 제공해줄 수 있을지도 모른다는 소박한 희망을 품을 수 있게 되었다. 2014년 6월에 설립된 페임비트는 단기간에 성장해서 2015년 5월 디지털 마케팅 회사인 리페임REFAME을 인수했다. 리페임은 짧은 영상 콘텐츠를 제작해서 스냅챗Snapchat, 인스타그램Instagram, 바인Vine 등에 홍보하던 회사로, 페임비트는 리페임을 인수함으로써 디지털 마케팅 플랫폼으로서의 역량을 강화했다.

구글은 페임비트를 통해 이른바 스폰서십이나 브랜드 콘텐츠를 제작할 수 있는 물적 토대를 만들어주겠다는 의지를 제시했다. 그러나 문제는 남는다. 구글이 검색시장에서 본격적으로 광고 영업을 시작하면서 이른바 여타 광고 사업자들이 밀려나기 시작했다. 구글이 인플루언서 마케팅 연결에 나서면, 그동안 직접 연결을 통해 수익 비율을 높여왔던 MCN 사업자의 역량이나 영향력이 감소할 수 있다. 1인 크리에이터라면 굳이 MCN과 손잡지 않고 독자적인 그림을 그릴 수 있다. 구글, 유튜브, 1인 크리에이터에게는 좋은 소식이지만, MCN 사업자로서는 마냥 좋아할 수만은 없는 소식이다. 다만 구글의 참여로 인해 시장이 폭발적으로 증가한다면 이야기는 달라진다.

분명한 것은 광고 이외의 수익 모델에 대한 갈증과 갈망이 강하다는 것이다. 브랜드들도 광고 대비 효과를 찾아 인플루언서를 찾기 시작했다. 구글 입장에서도 광고만으로 MCN 사업의 수익성을 담보할 수 없으니, 새로운 수익 방정식을 만들어주기 위한 고민의 일환일 것이다. 유튜브의 TV화가 진행되면서 생긴 공백에 신규 사업자들이 플랫폼을 출시하면서 덤비고 있는 상황 아래 MCN들과의 결속을 유지 발전시켜야 한다. 그래서 유튜브 스타와 브랜드를 연결시키는 사업을 시작한 것이라고 생각할 수도 있다. MCN 사업자들도 같은 고민을 하고 있고, 이를 전략적으로 어떻게 활용할지를 고민하고 있는 중이다. 2016년 AT&T는 MCN 사업자인 풀스크린과 함께 소셜 인플루언서가 참여하는 프로그램인 헬로 랩Hello Lab을 발표했다. 헬로 랩은 10여 명의 유튜브 스타가 직접 비디오, 팟캐스트 등의 콘텐츠를 만드는 프로그램이다. 처음에는 1년 계획의 단기 프로젝트였으나, 2017년에 들어와서도 지속하기로 합의했다. 그만큼 인플루언서 마케팅에 대해서 기대치가 높다는 이야기다.

그러나 국내에서의 움직임은 반대다. 유튜브 의존도가 높아졌고, 오히려 MCN들의 협상력은 떨어졌다. 옥수수나 네이버TV 등에서 레거시와 경쟁할 수 없었던 MCN들이 갈 곳은 유튜브 등으로 입지가 줄어들었다. 유튜브가 아니라 MCN들이 스스로 살길을 모색해야 하는 상황이다. 북미 시장이 유튜브가 경쟁력을 확보하고 이탈하는 크리에이터 등을 유지하기 위한 목적이 강한 시장이라면, 국내 시장은 알아서 유튜브로 찾아 들어와 오히려 수익이 감소하는 시장이다. 광고에만 의존할 수 없었던 사업자들이 살길을 모색하러 나섰다. 무분별한 커머스 시장에서 안정적인 구조를 만들려고 노력하기 시작한 것이다. 네오터치 포인트가 자회사로 네오캡NeoCap을 설립해서 페임비트와 흡사한 콘텐츠 마케팅 사업에 나섰다. 최근 트레져헌터 등과 협약을 맺은 네오캡은 브랜드와 크리에이터를 연결시키는 작업에 나섰다. 인플루언서 마케팅을 보다 체계적으로 시작한 것이다. 이러한 움직임이 개별 사업자 영역에서 이루어지고 있다는 점은 주목할 만한 대목이다.

3) 글로벌에 대한 상이한 접근

글로벌 전략도 다르다. 엄밀하게 말해서 모바일 동영상 사업자에게 글로벌이라는 단어, 세계로 나간다는 표현은 어폐가 있다. 온라인의 모든 사업은 기본적으로 글로벌이다. 인위적으로 차단하지 않는 이상 온라인은 모든 이에게 열려 있기 때문이다. 따라서 온라인에 있는 모든 사업자에게 글로벌은 나가는 것이 아니라 준비하는 것이다. 언어를 준비하고 UI/UX를 개선하는 것 등이 그렇다. 그럼에도 나간다는 표현을 쓴다면 그것은 물리적으로 움직인다는 말이고, 국가별로 콘텐츠 구성 등을 차별화하겠다는 말이 된다. 바로 그 작업을 미국의 MCN 사업자들이 하기 시작했다. 30년 전 등장했던 콘텐츠의 현지화localization가 미국 MCN 사업자들이 외치는 글로벌화다.

여러 움직임이 있지만 가시적인 그림으로는 어썸니스TV가 유튜브 내에 어썸니스TV UK 채널을 개설한 것이 그 예다. 2016년 1월부터 한 달 동안 준비해서 2월에 개통한 이 채널은 매일 업데이트되는 것이 특징이다. 요일별로 올라오는 콘텐츠의 성격도 다르다. DIY, 뷰티, 엔터테인먼트, 코미디, 요리 등 다양한 콘텐츠가 업로드될 예정이다. 어썸니스TV UK의 콘텐츠들에는 10

대의 팝 문화, 패션, 스타일 등을 이해하고 있는 영국의 유튜버가 호스트로 출연한다. 한나 위턴Hannah Witton, 에밀리 캔햄Emily Canham 등이 참여하며 이들은 각각 유튜브 구독자 10만 명 이상을 보유한 유명 유튜버다.

미국 국내 시장만을 보지 않고 다른 시장에 어울리는 크리에이터와의 관계를 맺겠다는 이야기다. 규모를 키워서 낮은 수익성을 보완하겠다는 발상인 셈이다. 2016년부터 이야기했던 MPP도 결국 이와 동일한 맥락에서 튀어나온 발상이다. 역설적으로 글로벌로 가겠다는 표현이나, MPP를 하겠다는 말은 현재는 수익성이 너무 낮다는 것을 인정하는 다른 선언인 셈이다.

국내 시장도 글로벌을 찾는다. 그러나 콘셉트가 다르다. 개별 지역으로 최적화된 그림을 그리기보다는 국내 시장의 수익이 낮으니 일단 나가보자는 심상이 더 크다. 트레저헌터 등이 적극적으로 해외로 진입하고 있지만, 일단 해당 시장의 크리에이터를 확보하는 작업이 우선이다. 여기에는 언어적 장벽 등의 문제가 클 것이다.

정리를 해보자. 북미 시장의 MCN은 역동성은 유지하고 있지만 시장 참여자의 안정성이 유지되고 있는 시장으로 진화했다. 향후 차근차근 자신들만의 독특한 문법을 계승하면서 새로운 방향을 향해 체계적으로 움직일 준비가 되었다. 반면에 국내 시장은 시장 참여 사업자의 피로도가 높아지면서 역동성이 줄어들고 있다. 참여자는 급격하게 늘어나고 있지만, 이를 감당할 만한 시장으로 성장하지는 못하고 있다.

5. 생존을 위한 선택, 국내 MCN

콘텐츠를 정의한다는 것은 판단한다는 것이다. 광고와 방송물(혹은 영상물)이 엄밀히 구분되지 않은 시장에서 콘텐츠의 경계는 모호할 수밖에 없다. 모호

함은 또 다른 기회가 되기도 한다. 구분된 시장에서는 광고 제작과 영상 제작이 분리된 사업 영역이었지만, 모호한 시장에서는 광고와 영상의 경계를 오고 갈 수 있다. 유튜브에 올라온 영상물의 대부분이 콘텐츠라는 이름으로 호명되지만 실상은 마케팅을 위한 것임도 이러한 성격에 기인한 바가 크다.

1) 유튜브 대안 찾기

MCN은 플랫폼과 수익을 공유해야 하는 광고수익 이외에 독점 콘텐츠 제작 및 콘텐츠 관련 부가 사업을 추진하고 있다. 유료방송사나 통신사 등에 콘텐츠를 제공해서 콘텐츠 판매 수익을 확보하기도 한다. 일부는 오프라인 팝업 스토어나 스튜디오 운영, MCN 브랜드와 캐릭터를 활용한 부가 상품으로도 수익을 창출하려고 시도하고 있는 중이다. 지극히 팬덤 중심의 서비스라서 손이 가는 만큼 돈을 버는 상황이라 영업이익이 그다지 높지 않다. 중요한 건 독자적인 사업으로 MCN을 설립한 입장에서는 이러한 수익 구조가 그리 흡족하지 못하다는 것이고, 그런 상황이 지속되면 자연스럽게 불만이 높아질 수밖에 없다.

불만이 생기면 이를 해결하려는 움직임이 생긴다. 플랫폼 진영에서는 유튜브에 불만을 가진 MCN 콘텐츠를 가져와서 자신들의 플랫폼 사업을 할 수도 있다는 희망이 생기고, MCN도 그런 플랫폼이 등장하면 자신들이 좀 더 좋은 조건으로 이동할 수 있을 것이라는 기대를 품게 된다. 여기에 기존 인터넷 광고의 성장성이 둔화되는 대신 인터넷 동영상 광고시장이 급부상하고 있다. 페이스북이 이 시장에 진입하지 않을 이유가 없었다. 데일리 모션Daily Motion이나 바인 등 새로운 플랫폼도 시장에 진입했다. 급한 움직임을 보인 것은 베젤이었다. 베젤은 광고가 없는 유료 서비스를 선보이면서 오리지널 콘텐츠가 필요했다. 그래서 MCN 사업자들에게 좋은 조건을 내세우며 유튜브에 앞서 콘텐츠를 공개해달라고 요청했다. MCN 사업자들 입장에서는 새로운 환경이 조성된 것이다.

새로운 환경은 항상 새로운 계산과 전략을 필요로 한다. 첫째, 플랫폼 사업자들이 관심을 가질 만한 콘텐츠를 만들어내야 하고, 이를 통해 둘째, 플랫폼 확장을 도모해볼 수도 있다. 그리고 팬덤을 활용해서, 셋째, 머천다이징 등 부가 사업도 고민해볼 수 있다. 여기서 가장 중요한 것은 IP Intellectual Property다. 자신의 것이 없으면 부가 산업 등은 상상할 수 없으니, 당연히 오리지널 콘텐츠에 역량을 집중할 수밖에 없게 된다.

개별 사업자들은 자신들의 성격에 맞추어 이들 전략을 조합하기 시작했다. 과도할 정도로 단순화해서 설명하면 드림웍스가 3천 3백만 달러에 인수한 MCN 어썸니스TV는 외연 확장에 나섰다. 모바일이나 온라인 시장에 갇혀 있지 않고, 상단의 시장에 진출할 수 있는 그림을 그리기 시작한 것이다. 2013년 7월과 2014년 5월 미국 유료 케이블 채널인 니켈로디언 Nickelodeon을 통해 리얼리티 프로그램 〈어썸니스TV〉를 방영한 사업자이기에 가능한 상상력이다. 2015년 2월에는 넷플릭스에 자체 시트콤 〈리치 리치 Richie Rich〉를 공급했고, 3월에는 버라이즌과 OTT 서비스 콘텐츠 공급 계약을 체결했다. 또한 같은 달에 자체 제작한 영화 〈쇼벨 버디스 Shovel Buddies〉를 위해 Flim 360과 제휴하는 등 오리지널 콘텐츠 제작 역량을 강화하는 데 초점을 두고 있다.

풀스크린은 오리지널 콘텐츠의 해법을 크리에이터에서 찾았다. 그러나 1인 미디어 형태의 크리에이터에서 범위를 확장했다. 2015년 1월 영화 제작을 위해서 '풀스크린 필름 FullScreen Film'을 선보인 것이다. MCN 스타들을 모아서 영화 제작을 한다. 풀스크린 자체가 유튜브 스타인 프레드 Fred의 영화물 덕분에 성장한 사업자이고 보면 영화사를 설립한 것도 이해가 간다. 2월에는 레전더리 디지털 미디어 Legendary Digital Media와 제휴해서 유튜브 여성 스타인 그레이스 헬비히 Grace Helbig, 한나 하트 Hannah Hart가 등장하는 TV쇼 제작에 나섰다. 1970년대 TV물 '일렉트라 우먼과 다이나 걸Electra Woman and Dyna Girl'을 리메이크하여, 미국에서는 풀스크린이, 해외에서는 레전더리가 배급을 담당한다. 9월에는 자체 OTT 서비스 계획을 발표하면서 2016년부터 신진 작가/감독/배우가 등장하는 시리즈물/영화/팟캐스트를 제공하기 시작했다. 2014년 9월 AT&T가 풀스크린의 지분을 인수한 바 있어, 풀스크린 OTT에 대한 AT&T의 지원 여부도 관심을 끌고 있다. 장기적으로 풀스크린은 자체 콘텐츠를 확보하고, 독자적 플랫폼으로 진화하기 위해 고민 중이다.

어썸니스TV와 풀스크린이 상위 시장에 진출할 수 있는 오리지널 콘텐츠 확보에 의미를 부여하기 시작했다면, 메이커 스튜디오는 자사 콘텐츠의 지배력을 공고히 하기 위해서 유통을 선별하는 전략을 택했다. 디즈니는 자사 판권에 대한 권리에 엄격하다. 그런 디즈니가 인수한 메이커이니, 이들 역시 자사 콘텐츠의 가치를 높일 수 있는 방안에 집중하는 것은 당연해 보인다. 제일 먼저 시행한 방안은 독점 계약이다. 2015년 1월 동영상 사이트인 비메오Vimeo와 콘텐츠 독점 계약을 맺었다. 유튜브 의존도를 낮추고 콘텐츠 사업자의 자율성을 확보하기로 한 것이다. 디즈니의 콘텐츠 전략이 그대로 드러난 게임이다. 또한 디시Dish의 OTT의 서비스인 슬링TVSling TV에도 프로그램 파트너로 참여하기로 했다. 독점 계약을 위해 차별성을 가진 콘텐츠를 제작해야 하는 것은 당연하지만, 우선순위에서 유통을 강화하는 전략을 택했을 뿐이다.

TV의 드라마 등은 영화시장으로 옮겨 갈 수 있는 라인을 가지고 있지만, TV에서 유통되는 예능이 영화화되기는 힘들다. 그러므로 TV나 영화 등 상위 시장으로 진화할 수 없는 콘텐츠를 가지고 있을 경우에는 영역의 확장이 수직적 질서를 따르는 것이 아니라 수평적으로 향할 수밖에 없게 된다. 게임이나 뷰티 관련 업체들이 대표적이다.

머시니마Machinima는 게임이 주력인 MCN이다. 유튜브 외에 트위터, 페이스북 같은 SNS와 안드로이드/iOS 앱, 콘솔 등 다양한 경로를 통해 콘텐츠 유통에 나서고 있다. 2015년 2월에는 비메오와 일부 콘텐츠 독점 제휴를 체결했고, 3월에는 신규 OTT 업체인 베젤에 콘텐츠를 공급하기로 결정했다. 콘텐츠 품질 향상과 크리에이터 지원을 목적으로 하는 관리 프로그램 'Machinima Talent Products and Services'를 운영 중이다 2014년 1월에는 마이크로소프트MS와 엑스박스 원Xbox One 프로모션을 진행했고, 5월에는 혼다Honda와 스트리트파이터 게임 장면 동영상 관련 제휴를 체결했다.

2009년 12월 설립된 뮤직비디오 전문 MCN인 비보의 경우, 특성을 살려 음악 콘텐츠 관련 수익 사업을 진행했다. 비보는 모바일, TV, 콘솔 등으로 플랫폼을 확대 중이며, 2014년 9월 도요타 자동차 후원으로 오리지널 콘텐츠 'Triple V'를 발표했다. 11월에는 아티스트 개발사인 메이드 뮤직Made Music과 제휴하여, 해당 업체 소속 뮤지션의 영상을 독점 유통하는 유통 대행 사업을 시작했다. 유명 뮤지션의 콘서트를 실시간 생중계하거나 스폰서십 계약을 맺어, 인기 뮤지션의 자체 콘서트를 개최하는 등 공연 사업도 진행하고 있다.

유튜브의 뷰티 부문 최대 MCN이자, 2014년 1월 RTL에 인수된 스타일 하울Style Haul은 뷰티/패션 분야 마케팅 및 플랫폼 다양화를 추진했다. 2014년 6월 글로벌 메이크업 브랜드인 메이블린Maybelline과 공동 마케팅을 진행했고, 8월에는 의류업체인 팩선PacSun과 공동 캠페인을 진행했다. 이를 위해 2014년 10월에는 전前 AOL 광고 책임자를, 그리고 11월에는 구찌Gucci와 공동 프로젝트를 추진한 바 있는 상품개발 분야의 유력 인사를 영입했다. 2015년 12월에는 버라이즌의 모바일 OTT 서비스 Go90에 대해 독점 콘텐츠 계약을 체결하면서 플랫폼 다양화 전략을 가동했다. 스타일 하울은 크리에이터들과 Go90에서 독점적으로 공개되는 뷰티, 건강, 패션 등의 다양한 콘텐츠를 제작하기도 했다. 이렇게 MCN 사업자들은 유튜브 의존도를 낮추기 위해 노력했다. 그러나 이 또한 남의 나라 이야기다. 국내 사업자들도 유사한 전략을 취하려고 했다. 유튜브와 경쟁하기 위해 네이버, 다음 등이 새로운 영상 플랫폼의 출시 시점을 적극적으로 활용하고자 했다. 그러나 유튜브의 지배력이 더욱 공고해진 상황에서 이런 전략은 무용했다. 시장 규모가 크지 않은 상황에서 네이버, 다음이라는 대안이 수익성을 보장하지 못했기에 큰 의미가 없었다. 해외 시장을 염두에 둔 일부 플랫폼 다변화 전략이 도입되고는 있지만 시장에 미치는 영향 등은 경미했다. 대부분 성장을 위한 선택이 아니라, 최소한의 비용을 마련하기 위한 선택이기에 더욱 그렇다.

2) 상위 시장 진입하기

영화를 만들던 많은 스튜디오들은 방송의 시대가 열리자 TV 스튜디오로 전환했다. 시청자와 호흡을 같이하면서 만들었던 시장이다. 그러나 MCN 시장은 기존 방송사업자가 시장에 진입하기 이전에 자체적으로 새로운 시장이 형성된 곳이다. 그러므로 자연스러운 전환은 불가능하다. 이미 이 시장은 그 자체의 독립적인 문법이 만들어진 곳이고, 그곳에 진입하려는 것이기 때문이다. 반면에 이런 역설은 결과적으로 MCN 콘텐츠가 방송이나 기타 제영역으로 진입하는 것이 쉽지 않다는 것을 의미한다. 1인 미디어를 흉내 낸 〈마이 리틀 텔레비전〉이 성공했지만 일회성에 그쳤고 유사 장르로의 진화도 쉽지 않다.

그래서 확장성을 염두에 둔다면 1인 미디어가 아니라 기존 방송시장의 핵심 장르였던 드라마 등에 관심을 둘 수밖에 없게 된다. 1인 미디어는 변주 가능성이 약하지만 드라마나 예능은 변주 가능성이 높다. 즉, 단순히 윈도우가 아니라 요소 시장으로 진화할 가능성이 있다는 이야기다. 앞서 미국의 다양한 MCN 사업자가 오리지널 콘텐츠를 만들려고 하는 것도 IP를 확보해서 2차, 3차의 수익 가능성을 노린 것이라고 이해할 수 있다. 영화가 다양한 방송 콘텐츠 가운데 일부 장르를 선별적으로 수용하듯이, MCN 콘텐츠도 선별적으로 방송시장에 활용할 것이고, 그렇다면 1인 미디어보다는 드라마 같은 장르가 부각될 수밖에 없기 때문이다. 와이낫미디어나 72초TV 등이 적극적으로 숏폼과 롱폼의 경계에서 실험을 지속하고 있고, 더 나아가 케이블 시장에 진입하고자 하는 것도 이런 맥락의 하나라고 볼 수 있다.

그렇게 되면 미국 등의 기존 방송사업자들이 왜 MCN에 투자하거나 MCN을 인수했는지 알 수 있다. 또한 유력 케이블 방송사업자인 컴캐스트Comcast가 MCN에 특화된 유튜브형 플랫폼으로 워처블Watchable을 선보인 이유나 버라이즌이 OTT Go90을 선보인 이유, AT&T가 Go90에 자극받아 새로운 OTT를 선보이려고 하는 이유도 이해할 수 있다. 여기서 주목해야 할 점은 이들이 모두 케이블 방송 혹은 IPTV 등 레거시 방송사업자란 점이다. 이들이 강력한 유료방송 플랫폼을 소유하고 있는 상황에서 자신들의 시장을 잠식할 수도 있는 플랫폼을 출시했다는 것 자체가 이 시장의 역동성과 위기를 반영하고 있는 것이다. 더구나 이들 플랫폼이 젊은 층을 겨냥하고 있다면, 그 플랫폼을 채울 콘텐츠 역시 젊은 층의 취향에 맞고 그들과 호흡할 수 있는 콘텐츠여야 한다. 이때 그 콘텐츠는 전통적인 방송 콘텐츠 류는 아닐 것이다. 이들 서비스가 모두 모바일 지향점을 가지고 있는바 콘텐츠의 성격 역시 그에

그림 4.8 ▎MCN의 확장 가능성

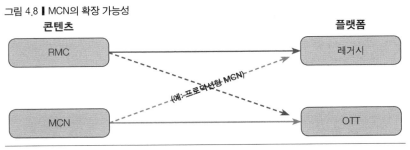

자료: 조영신, '2015 차세대 미디어 대전' 세미나 발표자료(2015.12.9).

부합해야 한다. 이러한 모든 것을 감안할 때 떠오르는 콘텐츠가 바로 MCN이다. 어느새 MCN은 모바일과 새로움의 대명사가 되어버렸다.

하지만 국내에서는 방송사업자들이 미처 학습하기도 전에 시장에 진입했다. 미국의 방송사업자들이 인수와 지분 참여 등을 통해서 저 영역의 운영을 넘겨준 데 비해, 국내 방송사업자들은 직접 운영을 하려다 대부분 실패하고, 지금은 SBS의 모비딕과 JTBC 정도만 명맥을 유지하고 있다. 역설적으로 이들은 모바일에 천착한다. 반면 국내 웹드라마형 콘텐츠를 생산하고 있는 MCN들은 상위 시장인 케이블 시장 등으로 진출을 꾀한다. 아직 TV 프로덕션 사업자로서 위상이 높지는 않지만, 지켜볼 만한 대목인 것은 분명하다.

3) 콘텐츠의 마케팅화

오리지널 콘텐츠는 단순히 콘텐츠를 제작한다는 것 이상의 의미를 가지고 있다. 바로 광고와 콘텐츠의 경계를 파괴할 수 있다는 점이다. 국내외에서는 이를 네이티브 애드native ad라는 의미로 각색하고 있지만, 그 의미 자체가 진부해졌다. 원래 광고는 프로그램과 구별되는 개념이다. 24시간이란 시간 틀 속에서 프로그램을 제작 유통시켰던 레거시 사업자는 프로그램과 프로그램 사이에 광고라는 형식을 집어넣어 프로그램과 광고를 구분했다.

하지만 온라인 시장은 프로그램이 아닌 콘텐츠가 유통되는 시장이다. 콘텐츠는 광고와 프로그램을 구별하지 않는다. 페이스북 등에도 콘텐츠는 유통되고 광고는 별도의 공간에 그냥 붙는다. 이런 상황에서 광고는 그 자체로 독립적인 콘텐츠여야 하고, 그것이 MCN 등이 제공하는 콘텐츠와 같이 수용되기 위해서는 형식상의 특성도 유사해야 한다. 모바일 초압축 드라마 〈72초TV〉가 시즌 2의 번외편으로 사실상 광고 콘텐츠를 제공한 사례를 통해 잘 확인할 수 있다. 프로그램의 형식을 그대로 유지하면서 광고란 내용을 포섭하는 행위, 이것은 독립적인 제작 역량이 없으면 불가능하다. 앞서 언급한 대부분 유튜브 광고의 수익이 프로그램 제작비용을 감당하지 못하는 분위기라면, 이런 식으로 새로운 수익원을 발굴해야 한다는 점에서 오리지널 콘텐츠 영역은 매우 중요하다.

그러나 광고주는 MCN 사업자의 오리지널에 의존하지 않았다. 처음에는 변주를 허용했지만, 최근에는 독립적인 콘텐츠를 만들어내고 싶어 한다. OB 맥주는 〈아오르비〉를 직접 제작하고, 이마트는 〈일렉트로맨〉을 제작한다. 심지어 이마트는 독자적으로 크리에이터를 모집하기도 했다. 유튜브 세대를 겨냥한 콘텐츠를 MCN 사업자를 경유하지 않고 직접 생산하기 시작한 것이다. 이렇게 되면 전문 마케팅 사업자가 아닌 MCN 사업자는 중소 사업자의 대행 역할만을 수행해야 한다.

6. MCN은 가고 크리에이터만 남았다

매년 국가는 새로운 직업을 분류하고 이름을 붙인다. 2013년 직종별 직업사전에 따르면 한국의 직업명은 총 1만 2565개다. 직업명 분류는 여러 가지 의미를 지닌다. 직업 분포도를 통해 산업의 진화 방향을 예측해볼 수도 있고, 직업의 구성 비율을 다른 나라와 비교함으로써 전 세계 시장에서 한국의 위치를 파악할 수도 있다. 또한 이름 붙이지도 못한 채 사라지는 수많은 일들 속에서 특정 직업명으로 기재된다는 것 자체가 그 영역이 산업적으로 성장할 수 있다는 의미이며, 국가가 지원할 수 있는 대상이 되었다는 의미이기도 하다.

2016년 영상 크리에이터와 MCN 사업자들이 각각 '미디어 콘텐츠 창작자'와 '창작자 에이전트'라는 이름의 새로운 직업으로 공식 인정을 받았다.

MCN 도입 3년 만에, 아프리카TV에서 BJ가 첫선을 보인지 10년 만에 새로운 직업으로 대접받은 것이다. 그만큼 시장이 커졌다는 이야기다.

미래 성장성은 있다고 평가받지만 여전히 수익성은 박하다. 최저 임금을 받지 못하는 크리에이티어가 넘쳐나고, 일부 대형 사업자들만 주목받고 있는 시장이다. 2013년에 시작된 이 영역이 5년 만에 시장 정리가 된 셈이다. 이런 맥락에서 연예인화되고 있는 일부 크리에이터와 뷰티 등 특정 영역의 부상이 결합되면서 인플루언서를 핵심으로 한 커머스 시장이 단기간 내에 부상하고 있다. 2015년이 브랜디드 콘텐츠에 대한 고민이 이루어진 한 해였다면 2016년에는 커머스가 핵심 과제로 부상한 셈이다. 여기에는 홈쇼핑 사업자가 크게 기여했다. 20여 년간 군림해오던 홈쇼핑 시장이 모바일로 이행되는 과정에서 인플루언서에 주목하게 되었고, 이에 대한 반응으로 온라인 쇼핑 사업자와 홈쇼핑 사업자들을 중심으로 인플루언서와 광고를 직접 연결하는 그림이 나오기 시작한 것이다. 인터파크는 라이브 온 쇼핑을, CJ오쇼핑은 1분 홈쇼핑이나 쇼크TV 등을 통해, GS 홈쇼핑과 현대 홈쇼핑은 먹방 등을 통해 모바일 동영상을 품었다. 소셜 커머스 업체인 티켓몬스터는 페이스북 라이브를 이용해서 동영상과 모바일을 연결시켰다. 이는 중요한 시점에서 의미 있는 시도다. 일단 수익성이 하락하는 홈쇼핑 사업자에게는 새로운 실험이라는 의미가 있다. 그러나 MCN 사업자에게는 자칫 실수로 시장이 무너질 수도 있는 맥락에서 대형 커머스 사업자들이 시장에 진입해 나름의 문법을 정리해주고 있다는 것이 더 큰 매력이다. MCN은 텍스트 시장의 블로그와 견주어볼 수 있다. 영상시장의 크리에이터는 블로그의 파워블로거로 생각해볼 수 있다. 초기 블로그 시장이 엄청나게 성장하면서 일부 파워블로그 등이 커머스와 연계했던 시절을 상기해보면 된다. 당시 파워블로그가 자신의 힘을 믿고 커머스를 속이는 등의 행위로 신뢰 기반을 잃었던 적이 있다. 그런 차원에서 보면 홈쇼핑처럼 관리가 가능한 사업자가 진입해서 커머스의 틀을 잡아주는 것은 매우 중요한 의미일 뿐 아니라 시장 내 존속 및 성장 가능성도 있다고 해석할 수 있다.

여전히 1인 미디어 시장은 성장한다. 전·후방 시장을 모두 포함해 총 11조 원의 시장이라는 평가까지 나오는 실정이다. 물론 샌드박스, 캐리소프트 등 한두 개의 MCN 사업자는 상장 수준까지 성장했다. 게임과 키즈라는 니치형 상품에 최적화된 영역이다. 역설적으로 MCN 사업자의 전문성이 드러난 영역에서 이루어진 결과다. 그 밖의 영역에서는 MCN은 5년 전보다 더 나아진 모습을 보이지 못하고 있다. 크리에이터는 더욱 넘쳐나지만, MCN은 이제 그렇지 못하다. 오늘날 MCN의 모습이다.

5
_

방송통신 융합 환경과 수용자:
개념의 진화와 정책 방향에 대한 평가

_

이남표

1. 서론

지금으로부터 30년 전의 미디어 환경을 회상해보자. 한 세대 전인 1980년
대 후반까지만 하더라도 방송은 곧 지상파 방송을 의미했다. KBS와 MBC의
몇 개 채널만이 방송의 전부였다.[1] 당연하게도 시청자의 채널 선택권은 매우
제한적이었고, 오늘날 널리 쓰이고 있는 '방송 플랫폼'이라는 용어 자체가 아
예 미디어 영역에서 존재하지 않던 때였다. 통신 역시 가정과 사무실에 놓인
유선전화가 사실상 전부였다. 1988년에 한국이동통신이 수도권과 대도시 지
역에서 아날로그 셀룰러 서비스를 제공하기 시작했으나 그해의 가입자는
784명에 불과했고, 아직 전국망조차 갖추지 못했던 시절이었다.

이후 30년 동안 미디어 분야에서 놀랄 만한 변화가 거듭되었다. 먼저 방송

---

[1] 약 30년 전인 1988년 당시 시청 가능한 TV 채널은 KBS1, KBS2, KBS3(교육 전문 채널로 현
재 EBS의 전신), MBC, 그리고 주한미군을 위한 영어방송 AFKN까지를 더하더라도 모두 5
개에 불과했다.

부문에서는 새로운 플랫폼들이 하나둘씩 등장하기 시작했다. 1995년 '뉴미디어'라는 이름을 내걸은 케이블 TV가 지상파 방송이 아닌 다른 형식의 방송 플랫폼을 최초로 출범시킨 이후, 2002년에는 위성방송 스카이라이프가 본방송을 시작하면서 또 하나의 방송 플랫폼을 더했고, 2008년에는 전통적인 방송의 일방향성을 뛰어넘어 '인터넷멀티미디어방송'이라는 이름으로 IPTV Internet Protocol TV가 시장에 진입했다.

통신은 유선전화망에서 이동통신으로 중심을 옮기면서 빠르게 성장했다. 특히 1990년대 중반부터 폭발적으로 대중화되기 시작한 인터넷은 유선과 무선을 아우르면서 여러 네트워크를 묶은 통신망의 대명사로 군림하기 시작했다. 이후 디지털 기술의 발전에 힘입어 아날로그 형식에서는 서로 뚜렷하게 구별되어 존재했던 텍스트, 음향, 영상을 하나의 웹페이지에서 함께 묶어 서비스할 수 있게끔 만들었다. 이에 따라 2000년대 초반부터 지상파 방송사들은 전통적인 방송 송신망이 아니라 자사 인터넷 홈페이지를 통해 방송 프로그램 다시보기 형태의 VOD 서비스를 시작했고, 이동통신사들도 비슷한 시기에 '준June' 또는 '핌fimm'이라는 이름의 모바일 콘텐츠 서비스를 3G망을 통해 제공하기 시작했다.

C-P-N-D로 요약되는 미디어 가치사슬에서 명확하게 구별되어 있던 방송과 통신이 디지털화와 인터넷의 성장에 힘입어 서로의 전통적인 경계를 넘나들게 되었고, 이는 방송과 통신의 '융합convergence'이라는 현상을 빚어냈다. 방송 콘텐츠가 통신망을 통해 제공될 수 있고, 이동통신용 단말기에서 통신과 방송 서비스를 함께 즐길 수 있게 되었다. 인터넷이라는 범용 통신망을 통해서 평범한 개인이 전 세계를 상대로 콘텐츠를 제작해 손쉽게 배포할 수 있으며, 그런 개인이 새로운 플랫폼을 만들어 서비스하는 것도 실제로 가능하게 된 것이다.

이처럼 이제는 상식이자 일상이 되어버린 새로운 미디어 환경은 우리에게 몇 가지 질문을 제기한다. 전통적인 미디어 수용자 개념은 여전히 유효한지, 아니면 전통적인 수용자 개념을 버리고 새로운 개념으로 대체하는 것이 바람직한지가 여전히 학술적·현실적 쟁점으로 남아 있다. 또한 방송은 공익성을 주된 가치로 삼아왔고 통신은 보편적 서비스의 제공을 정책 목표로 채택해왔다. 그리고 방송의 공익성과 통신의 보편적 서비스는 공통적으로 수용자 또는 이용자의 복지 증진을 지향한다. 그렇다면 오늘날 미디어 환경에서 수용자 복지 개념은 어떻게 구체화될 수 있으며, 이를 구현하기 위해 어떠한 정책 방향이 요구되는지를 논의할 필요가 있을 것이다.

이 글에서는 위와 관련해 크게 두 가지 방향으로 논의한다. 먼저 수용자 개념의 진화에 관해 주목할 만한 기존 연구들을 살펴보고, 이에 근거해 방송통신 융합 환경에서 수용자 복지 개념의 변화와 재구성을 종합해 정리할 것이다. 다음으로 2008년 방송통신 통합 정책·규제기구인 방송통신위원회(이하 방통위) 출범 이후로 최근까지 수용자 복지 정책이 현실의 미디어 정책 추진 과정에서 어떻게 나타나고 구현되었는지를 비판적으로 성찰해본다.

2. 미디어 환경 변화와 수용자의 진화

1) 수용자와 이용자

팔빅(Palvik, 2008: 56-57)은 '수용자audience'를 진화적 개념이라고 본다. 과거 지상파 방송의 시대 그리고 초창기 케이블 텔레비전의 시대에는 텔레비전 시청자와 라디오 청취자를 전형적인 '수용자'라고 부를 수 있었다. 이때의 수용자는 매개된 메시지의 수동적 수신자를 가리킨다. 따라서 신문이나 잡지를 읽거나 영화를 소비하는 사람들도 마찬가지로 수용자라고 부를 수 있다. 그러나 오늘날 디지털 환경에서 신문 독자와 텔레비전 시청자는 과거와는 달리 매우 능동적으로 행동한다. 따라서 팔빅은 오늘날의 보다 능동적이고 상호작용적인 미디어 소비자를 가리키기에 적절한 용어는 '수용자'가 아니라 '이용자user'라고 주장한다. 특히 인터넷 같은 공간에서는 수용자 대신에 이용자라는 개념으로 포착하는 것이 보다 적절하다고 본다. 송종길과 황성연(2009)도 2000년대 초반 주요 학술지 8종에서 방송통신 융합 현상을 다룬 논문 74개를 분석하면서 방송통신 융합 서비스는 종전의 미디어와는 달리 상호작용성과 실재감이 높기에 기존 커뮤니케이션 모델로는 포착하기 어렵고, 따라서 수용자에서 이용자로의 특성 변화가 두드러지게 나타나고 있다고 보았다.

그러나 리빙스턴(Livingstone, 2003)은 수용자 개념을 이용자로 완전히 대체하는 것에 의문을 제기한다. 그녀는 로저 실버스톤Roger Silverstone의 논의를 따라서 텔레비전이나 라디오같이 특정 시공간에 위치한 물질적 대상으로서의 미디어media-as-object와 뉴스나 드라마같이 특정 사회문화적 담론 안의 상징적 메시지인 텍스트로서의 미디어media-as-text를 구별한다. 대상으로서의 미디어를 강조하면 소비라는 맥락에서 미디어 이용use을 분석하게 되고, 텍스트로서의 미디어를 강조하면 미디어 콘텐츠의 텍스트성textuality이나 재현적 특성representational character을 분석하게 된다. 우리는 항상 텍스트로서의 미디어의 해석자이자 동시에 대상으로서의 미디어 이용자다. 따라서 인터넷 이용자 또한 언제나 특정한 텍스트를 이해하고 분석하며 다양하게 받아들이는 수용자의 모습도 여전히 가지고 있다는 것이다.

변하고 있는 미디어 환경에서 수용자라는 용어는 전통적인 라디오 청취나 텔레비전 시청 같은 활동을 가리키는 데만 적절해 보이며, 이용자라는 개념이 보다 다양한 참여 방식을 포착하는 데 유용하게 여겨지기도 한다. 그러나 리빙스턴은 '이용자' 개념이 과도하게 개인주의적이고 도구적이며 '커뮤니케이선'과의 관련성을 상실해 미디어 '이용자'를 세탁기나 자동차 '이용자'와 구별하기 어렵게 만든다는 한계가 있다고 지적한다. 따라서 '이용자' 같은 새로운 개념을 채택하기보다는 미디어와 커뮤니케이션 기술이 사람들 사이의 관계를 매개하는 다양한 방식을 어떤 하나의 용어가 포괄할 수 없다고 제안한다. 따라서 수용자가 무엇이냐고 묻는 대신에 관계적이거나 상호작용적 구성물로서의 '수용자'를 개념화하는 편이 낫다고 주장한다.

물론 새로운 미디어 기술은 미디어의 상호작용 형식을 확장할 가능성을 가지고 있다. 또한 기존의 대중 수용자를 참여적 이용자로 변동시킬 가능성을 지니고 있다. 오늘날 미디어 환경에서 수용자는 보다 선택적이고, 텍스트의 소비자일 뿐만 아니라 때때로 능동적인 생산자로 진화하기도 한다. 그럼에도 불구하고 수용자 개념을 손쉽게 이용자 개념으로 대체하는 대신에 역사적·문화적으로 특정한 기술적 형식뿐만 아니라 역사적·문화적으로 특정한 사회적 맥락에 의해 매개되는 사람들 사이의 다양한 관계에 초점을 맞추기 위해서 상호작용적 구성물로서의 수용자 개념화는 여전히 일정 부분 유효하다고 본다. 수용자는 무엇보다도 먼저 노동자, 이웃, 부모, 선생, 친구처럼 사람들 사이의 다양한 관계이기에 이용자라는 한 단어로 포착할 수 없다는 것이다.

수용자를 상호작용적 구성물 또는 복합적 존재로 보는 시각은 여러 곳에서 찾아볼 수 있다. 갠디(Gandy, 2002)는 수용자를 이중적 존재로 파악한다. 수용자는 한편으로 시장에서의 경제적 거래를 통해 자신이 원하는 상품과 서비스를 구매하는 소비자consumer이고, 다른 한편으로는 사회 구성원으로서 정치적·사회적·문화적 행위를 수행하는 시민citizen이다. 따라서 수용자의 이익이나 복지는 경제적 차원의 소비자와 정치적·문화적 차원의 시민을 모두 고려해야 한다(Ofcom, 2004). 새로운 미디어 환경에서 능동적 이용자를 강조하는 관점은 때때로 시민으로서의 수용자를 충분히 고려하지 않고 경제적 소비자의 선택 가능성을 과장하는 측면이 있다.

영국 방송통신 통합 규제기구 오프콤Ofcom의 현관에는 스스로의 사명을 "시민-소비자의 이익을 증진하기 위해 존재한다"라고 밝히고 있다. 미디어 정책의 궁극적 목표로서 수용자 또는 이용자 복지 증진을 시민과 소비자라는 이중적 개념을 통해 제안하고 있는 것이다. 규제기구 통합과 2003년 커뮤니케이션법Communication Act 2003 제정 과정에 관한 논쟁을 분석한 연구에 따르면, 이러한 오프콤의 사명은 처음부터 합의된 것은 아니었다(Livingstone, Lunt and Miller, 2007). 통합 논의의 첫 단계인 1998년 녹서에서는 시민이라는 개념을 제외하고 '소비자 이익'을 우선시했다. 이후 2000년의 커뮤니케이션 백서는 '소비자', '공중', '시민'이라는 세 개념으로 새로운 규제기구의 정책 틀을 포괄하려고 했으며, 2002년의 커뮤니케이션 법안에서는 오프콤의 기능을 규정하면서 '소비자'와 '시민'이라는 용어 대신에 '고객customer'이라는 개념을 제안하기도 했다. 결국 여러 국면에서 다양한 논쟁을 거쳐서 오프콤의 법적 책무로 정해진 것이 시민과 소비자의 이익 증진이며, 이는 방송통신 융합 환경에서 수용자 개념을 어느 하나로 단정하기보다는 양면적으로 파악하기 위한 논의의 결과물이기도 하다. 영국의 2003년 커뮤니케이션법이 규정하고 있는 소

표 5.1 ▌수용자에 관한 이원적 책무: 소비자 대 시민

소비자 정책 원리	시민 정책 원리
요구(wants)	필요(needs)
개인적 차원	사회적 차원
사적 이익	공익적·사회적 이익
선택의 언어	권리의 언어
단기적 초점	장기적 초점
훼손되지 않도록 하기 위한 규제	공익을 위한 규제
규제를 완화하려는 계획	시장 실패를 바로잡기 위한 계속적인 규제

자료: Livingstone, Lunt and Miller(2007: 629).

비자와 시민의 이원적 원칙은 표 5.1과 같다.

2) 수용자 진화와 미디어 정책의 진화

나폴리는 우리가 미디어 수용자 진화 과정의 한가운데에 있다고 말하면서 '진화'라는 생물학적 비유가 미디어 제도와 정책의 분석에서도 적절한 용어라고 본다. 미디어 산업이 환경 변화에 대응해 진화하듯이 수용자의 개념화도 환경 변화에 따라서 진화하고 있기 때문이라는 것이다. 그리고 오늘날의 미디어 진화를 구성하는 핵심 추동력은 기술적 변화이며, 그 핵심 현상은 미디어와 수용자의 파편화와 분절화 그리고 수용자 자율성audience autonomy이라고 주장한다(Napoli, 2010: 4~5).

당연하게도 새로운 미디어 환경의 상호작용적 능력은 과거에는 감춰져 있던 수용자 행동의 여러 차원에 관한 정보의 체계적인 수집과 분석을 가능하게 해준다(Napoli, 2010: 9). 전통적인 텔레비전의 시대에는 미디어 이용과 수용 과정이 분리되어 있었고, 특히 수용자의 해석 활동은 개인화되고 내면화되어서 관찰하기 어려웠다(Livingstone, 2004: 85). 다시 말해, 과거에는 전통적 TV 시청자가 어떤 프로그램을 이용하는지를 조사할 수는 있었으나 그 메시지를 어떻게 해석하고 받아들이는지를 파악하기는 쉽지 않았다. 반면에 오늘날 미디어 환경은 콘텐츠의 해석과 수용 과정을 관찰하기가 용이하다.

그러나 수용자의 미디어 소비와 이용에 영향을 미치는 기술적 변화를 그 자체만으로 떼어놓고 과대평가하는 오류는 피해야 한다. 넷플릭스 같은 범용 인터넷 망을 통한 OTT 서비스의 놀라운 성장에 찬탄하면서 전통적 TV 같은 레거시 미디어legacy media가 사라질 것이라고 예측하는 것은 아주 터무니없는 것은 아니지만 단편적이다. 따라서 나폴리는 수용자의 미디어 소비에 영향을 미치는 기술적 변화는 진화 과정에 영향을 미치려는 다양한 당사자들의 이해관계 갈등과 압력이 행사되는 보다 광범위한 제도적 맥락 안에 놓여야 한다고 강조한다. 수용자의 지배적 개념화는 핵심적인 제도적 이해관계자들, 즉 미디어기업, 광고주, 수용자 조사기관, 정책결정자 그리고 사회집단 사이에 이루어지는 협상의 결과물이라는 점을 인식하는 일이 중요하다는 것이다(Napoli, 2010: 15).

앞서 간략하게 다룬 영국의 2003년 커뮤니케이션법 제정 과정이나 규제기구 오프콤의 공적 책무에 관련된 수용자의 개념화는 이를 잘 설명해준다. 수용자를 소비자로 개념화할지, 고객으로 개념화할지 아니면 시민으로 개념화할지에 따라서 수용자를 바라보는 인식 틀과 그에 따른 정책 방향은 현격하게 달라진다. 따라서 수용자의 진화 또는 변화에 주목해야 하나 그 진화 과정을 제도적 맥락에서 이해하는 일이 필요하다.

방송통신 융합 현상은 미디어 수용자와 미디어 생산자 사이의 전통적 구별을 약화하고 있다. 이는 나폴리가 '미디어 시스템의 비제도화deinstitutional-ization'라고 부르는 현상을 심화한다. 확고한 지위를 누렸던 전통적 미디어 조직의 사회문화적 의미가 약화되고 있으며, 기존 미디어 제도의 현실 적합성도 함께 쇠락하고 있다. 따라서 미디어 공익론이 오랫동안 강조해온 미디어에 대한 시민의 접근권 문제를 새롭게 바라볼 필요가 있다. 시민이 미디어에 접근할 수 있는 권리를 보장해야 한다는 주장은 미디어 채널의 희소성에 기인하는 문제였다. 이제는 수용자와 분리된 소수의 미디어 채널이 콘텐츠 생산을 독점적으로 제도화하면서 강력한 사회적 영향력을 발휘했던 미디어 정경이 크게 변하고 있기 때문에 미디어 접근권 문제는 과거보다 훨씬 덜 중요한 문제로 바뀌고 있다.

물론 이 지점에서 나폴리가 시민·수용자의 미디어 접근권 문제가 커뮤니케이션 기술 발전을 통해 모두 해결되어 더 이상 관련 논의나 정책이 필요하지 않는 상황이 되었다고 판단하는 것은 아니다. 또한 변하는 미디어 환경에서 수용자 복지 문제를 시장 경쟁에 맡기면 자연스레 해결된다고 보고 있는 것도 아니다. 그가 제안하는 내용은 미디어 환경 변화와 그에 따른 수용자의 진화가 미디어 접근권이 담고 있는 문제의식보다 더욱 본질적인 목표인 '민주적 문화'를 달성할 새로운 가능성과 잠재력을 품고 있기 때문에 정책 방향의 전환이 필요하다는 것이다. 그것은 미디어에 대한 접근의 다음 단계에 해당하는 것으로, '수용자에 대한 접근'을 포함한다.

언론의 자유를 규정하고 있는 미국의 수정헌법 제1조의 본질적인 목적은 '민주적 문화'를 달성하는 것이고, 민주적 문화란 개인들이 스스로를 구성하는 의미 만들기 형식에 참여할 수 있는 공정한 기회를 갖는 것이다. 미디어 조직의 주요 기능이 점차 콘텐츠 취합aggregation, 추천recommendation, 검색search에 초점을 맞추는 환경에서 정책결정자의 초점은 재구성되고 있는 미디어 시스템의 커뮤니케이션 잠재력을 최대화하는 방식으로 수행되어야 한다. 미디어에 대한 접근 개념은 메시지를 제작하고 배포하는 수단에 대한 접근으로 끝난다. 반면에 다음 단계인 수용자에 대한 접근은 화자speaker의 메시지를 배급하는 능력의 규모, 그리고 그러한 능력을 어떻게 화자들 사이에 배분하는지를 포괄한다. 따라서 수용자에 대한 접근은 화자가 스스로를 표현할 권리를 넘어서는 것이며, 진정으로 민주적인 문화에서 필수 요소인 의견의 전파spread of ideas에 참여할 권리를 포괄하는 것이다. 똑같이 미디어에 대한 접근권을 가진 두 화자가 수용자에 대한 접근 차원에서는 커다란 차이가 있을 수 있다. 예를 들어, 뉴욕 시 같은 대도시의 방송사업자는 소도시의 방송사업자보다 훨씬 더 큰 수용자 접근권을 가진다. 대형 포털 사이트는 개인 블로그보다 훨씬 더 큰 수용자 접근권을 가진다. 이처럼 수용자에 대한 접근권의 차이는 광범위하게 존재하며 어느 정도는 피할 수 없는 현실이지만, 오늘날의 미디어 환경에서 매우 중요한 정책 쟁점이 되어가고 있다. 네트워크 중립성 문제나 웹 검색 엔진의 운영 프로토콜 문제는 모두 수용자에 대한 접근권

이슈로 포괄할 수 있는 것들이다. 수정헌법 제1조의 관점에서 볼 때, 네트워크 중립성 이슈는 온라인 공간에서 화자가 수용자들에게 도달할 권리에 관한 것이기 때문이다. 마찬가지로 웹 검색 엔진 운영 프로토콜 또는 알고리즘 이슈 또한 검색 엔진을 통해 수용자에 접근하려는 웹사이트의 수정헌법 제1조에 따르는 권리의 문제이기도 하다(Napoli, 2010: 165~168).

같은 맥락에서 리빙스턴(Livingstone, 2004: 76)은 공영방송 BBC가 디지털 환경에서 수용자에 대한 관계를 다시 성찰하고 있다고 말한다. 엘리트로 구성된 강력한 대규모 방송사가 국민을 교양하고 오락을 제공하는 대신에 온라인 공간에서 공동체들을 연결하는 촉진자가 되고자 한다는 것이다. 나폴리(Napoli, 2010: 168)는 전통적으로 미디어 조직과 수용자를 분리해왔던 기술적 장애물이 제거되고 있으며 메시지의 생산과 배급이 점차 비제도화되어 가는 미디어 환경에서 정책 목표 또한 비제도화 방향으로 전환되어야 한다고 지적한다. 정책결정자는 전통적 미디어 조직의 전통적 기능에서 눈을 돌려 개인 수용자 구성원들과 미디어 조직이 수용자에 대한 접근 능력의 관점에서 대등한 지위에 서는 미디어 시스템을 유지하고 증진하는 데 초점을 맞춰야 한다는 것이다. 수용자 진화에 따라 미디어 정책도 진화할 필요가 있다.

3) 방송통신 융합과 수용자 복지 개념

수용자 복지는 일반적 공익 이념의 하위 범주이자 동시에 미디어 공익 이념 구현의 실질적 내용이다(이남표, 2006). 추상적인 공익 이념은 수용자 복지의 실현을 통해서만 구체적으로 검증할 수 있기 때문이다. 방송통신 융합 환경에서 이는 여전히 타당하다. 방송과 통신은 오랫동안 서로 다른 영역에서 각기 발전해왔기에 방송은 공공성과 콘텐츠의 품질을 중심으로, 통신은 보편적 서비스의 제공을 중심으로 정책 목표를 설정해왔다. 그러나 이제 미디어 환경 변화에 따라 양자를 아우르는 수용자 복지 개념을 구성할 필요가 있다.

배선영과 이정우(2012)는 방송통신 융합 환경에서 수용자 복지 개념이 연구마다 다르게 제시될 뿐만 아니라 같은 의미의 구성요소에 대한 명명이 다르거나 다른 내용을 지시하는데도 같은 용어를 사용하는 일이 빈번해 개념적 정비가 요구된다고 지적한다. 예를 들어, 박은희(2006)는 '보편적 서비스'를 미디어의 접속을 방해하는 모든 기술적 요인을 해결하는 것이라고 설명하는 반면에 정애리(2007)는 '접근성'이라는 용어를 통해 비슷한 내용을 서술하고 있다는 것이다. 또 정애리(2007)는 '보편성'을 공공콘텐츠 개발이라는 뜻으로 사용하고 있는데, 이는 최세경 등(2008)이 제시한 '보편적 콘텐츠'와 개념적으로 유사하며 박은희(2006)가 쓰고 있는 '다양한 서비스'와 공통적인 내용을 갖고 있다. 따라서 배선영과 이정우(2012)는 2006년 이후 관련 학술지의 주요 논문들을 대상으로 수용자 복지에 관한 용어와 개념들을 추출해 이를 △ 공공콘텐츠 △ 다양한 콘텐츠 △ 접근 보편성 △ 저렴성 △ 미디어 리터러시 △ 이용편의성 △ 수용자 선택권 △ 네트워크 중립성 △ 안정성 △ 지적재산권 보호 △ 기술호환성 △ 불만처리 제고 △ 콘텐츠 동등접근 △ 메타데이터 권리 △ 공정이용권 △ 제한접근 수용자 권리의 16개 용어로 통일할 것을 제안한다(표 5.2 참고).

나아가 이들은 수용자 복지 개념의 구성요소들을 통합해 미래에도 사용 가능한 수용자 복지의 개념적 프레임워크를 제안하고 있다(배선영·이정우, 2012: 122~124). 각각의 구성요소를 살펴보면 당초 '공익'에서 시작된 개념이 '복지'의 개념으로 발달했다가 '권리' 개념으로 확장되고 있는 추세를 볼 수 있다. 출발 단계로 볼 수 있는 '보편적 서비스'는 누구나 이용할 수 있어야 한다는 공익주의의 산물이고 요금의 저렴성이나 미디어 리터러시, 이용편의성, 안정성 등은 수용자 복지의 측면이 강하다. 그리고 공정이용권이나 메타데이터 권리, 제한접근 수용자 권리 같은 것은 수용자 권리 확대 및 심화로 볼 수 있다.

표 5.2 ▌융합 환경의 '수용자 복지' 용어 통일 요약

	박은희(2006)	정애리(2007)		최세경 외(2008)
		콘텐츠	네트워크 및 기기	
공공 콘텐츠	(다양한 서비스) 공공의 이익에 부합하는 프로그램 제공	(보편성) 공공콘텐츠 개발 및 서비스 방안 마련	-	(보편적 콘텐츠) 공공콘텐츠 또는 시민으로서 생존·유지에 필수적인 콘텐츠로 설정
다양한 콘텐츠	(다양한 서비스) 수용자의 니즈를 반영하고 소수의견이나 소외계층에게도 필요한 프로그램 제공	(다양성) 유용성: 가치 있는 정보 활동이 이루어지도록 유용한 콘텐츠가 폭넓게 공급됨	-	-
접근의 보편성	(보편적 서비스) 미디어 접속을 방해하는 모든 기술적 요인을 해결	-	(접근성) 소외계층 지원, 공공 접근센터 확충	-
저렴성	(저렴한 서비스) 개인의 지불비용 최소화	(접근성) 합리적 요금	(접근성) 네트워크 및 기기 비용의 저렴성	-
미디어 리터러시	(유용한 서비스) 서비스의 질적인 이용을 가능하게 하는 미디어 리터러시 정책	(접근성) 디지털 리터러시	-	-
이용 편의성	-	-	(접근성) 이용편의성	-
수용자 선택권	-	(다양성) 맞춤형 개인 서비스 및 과금 체계	(다양성) 서비스 및 콘텐츠 패키징, 요금체계, 디자인의 다양성	(수용자 선택권) 수용자가 원하는 플랫폼에서 콘텐츠를 선택할 권리
네트워크 중립성	-	-	(보편성) 네트워크 중립성	(네트워크 중립성) 초고속인터넷사업자가 애플리케이션, 포털 등을 차별하지 못하게 함
안전성	-	(안전성) 개인정보 보호	(안전성) 유통의 안정성	-
지적 재산권 보호	-	(안정성) 지적재산권 보호	-	-
기술 호환성	-	-	(보편성) 기술호환성	-
불만처리 제고	-	(안정성) 수용자 불만처리 제고	-	-

콘텐츠 동등접근	-	-	-	(콘텐츠 동등접근) 수직 결합된 사업자의 주요 콘텐츠를 통한 경쟁제한행위 금지
메타 데이터 권리	-	-	-	(메타데이터 권리) 평판과 태깅의 원천데이터 이동성 보장
공정 이용권	-	-	-	(공정이용권) 2차적 이용권리
제한접근 수용자 권리	-	-	-	(제한접근 수용자 권리) 제한접근 시스템 내에서 콘텐츠에 대한 자유로운 이동, 개인정보의 공정한 사용과 처리 보장

자료: 배선영·이정우(2012: 123~124).

그림 5.1 ▮ 융합 환경의 수용자 복지 개념 프레임워크

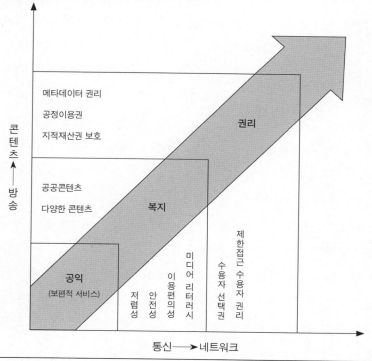

자료: 배선영·이정우(2012: 125).

그림 5.1에서 제안하고 있는 융합 환경의 수용자 복지 개념 프레임워크는 편의상 세로축과 가로축을 방송과 통신으로 구분하고 있지만, 화살표 방향으로 진행될수록 방송과 통신의 구분은 모호해지고 콘텐츠와 네트워크의 구분은 뚜렷해진다. 가령 네트워크 중립성 같은 이슈는 방송과 통신 양쪽 모두에서 제기될 수 있기에 어느 한쪽에만 해당하는 문제로 구분하기 어렵지만 확연하게 네트워크에 관련된 것이라는 사실을 알 수 있다는 것이다(배선영·이정우, 2012: 124~125).

정영주(2010)는 퀼렌버그와 맥퀘일(Cuilenburg·McQuail, 2003)의 커뮤니케이션 정책 패러다임을 모델로 삼아 수용자 복지 이념을 '정치적 복지', '사회적 복지', '경제적 복지'로 구분하고 각각의 복지 영역에서 추구해야 할 가치들을 제안한다. 정치적 복지의 구성 가치로는 △ 자유·독립성 △ 참여 △ 기본권 보호를 제시했고 사회문화적 복지의 구성 가치로는 △ 다양성 △ 보편성 △ 질 △ 사회문화적 역할 △ 지역성을 꼽았다. 그리고 경제적 복지의 구성 가치로 △ 경쟁 △ 발전 △ 소비자 보호 등을 들었다.

수용자 복지 이념에서 정치적 복지는 방송 영역에서 출발한 공익론에 뿌리를 두고 있고, 경제적 복지는 통신 영역에서 유래하는 것이다. 따라서 정치적 복지의 구성 가치는 수용자를 시민으로 보고 있고, 경제적 복지의 구성 가치는 수용자를 소비자로 규정해 후생에 초점을 맞추는 경향이 있다. 그러나 오늘날의 방송통신 융합 환경에서 정치적·사회문화적·경제적 복지 영역은 서로 배타적인 것이 아니다. 상호 연관되어 있고 보완적인 관계에 있으며, 특히 수용자의 존재 자체가 시민이자 소비자로서 중층적 존재다. 또 융합 미디어의 등장으로 인해 소비자와 시민 사이의 경계가 모호해지고 양자가 수렴되고 있다는 점에서 수용자 복지 영역도 경계를 넘나들며 그 개념이 확장된다고 볼 수 있다(정영주, 2010: 432).

흥미로운 사실은 주요 정책 참여자들을 대상으로 수용자 복지 이념의 구

표 5.3 ▌수용자 복지 이념의 구성 가치와 배경

구분	정치적 복지	사회문화적 복지	경제적 복지
이론적 배경	공익론 <————————> 산업론		
대상 영역	방송 <————————> 통신		
	무료방송 <————————> 유료방송		
수용자의 위상	시민 <————————> 소비자		
수용자의 권리	주권 <————————> 후생		
구성 가치	자유·독립성, 참여, 기본권 보호	다양성, 보편성, 질, 사회문화적 역할, 지역성	경쟁, 발전, 소비자 보호

자료: 정영주(2010: 432).

표 5.4 ▌수용자 복지 영역과 구성 가치 측정 내용

측정 이념	복지 영역	구성 가치	주요 내용
방송통신 융합 환경에서 수용자 복지	정치적 영역	· 자유·독립성 · 참여 · 기본권 보호	· 정치적 복지 영역은 민주주의 정치체제의 유지와 발전에 직접적으로 관련된 영역이다 · 이 영역에서 수용자는 공동체의 사안에 관심을 가지고 의견을 형성하며 판단을 내리고 공적 과제를 해결하는 시민이며, 공공재인 전파의 실질적 소유자로서 공민권과 참정권 등 기본권을 가진 주권자다 · 정치적 복지 영역은 전통적인 방송 영역에서 요구되어온 가치들과 관련이 깊고, 하위 가치(정책 목표)로는 자유·독립성, 참여, (시민의) 기본권 보호 등이 있다
	사회문화적 영역	· 다양성 · 보편성 · 질 · 사회문화적 역할 · 지역성	· 사회문화적 복지 영역은 사회적 공동체의 유지와 발전에 관련된 영역이다 · 이 영역에서 수용자는 사회 구성원으로서 공동체의 가치와 문화를 공유하고 융합 미디어로 인한 사회문화적 생활양식의 변화를 직접 생산하거나 수용하면서 미디어의 영향력과 상호 작용하는 주체다. 사회문화적 복지 영역의 하위 가치(정책 목표)로는 다양성, 보편성, 콘텐츠와 네트워크의 품질, 사회문화적 역할, 지역성 등이 있다
	경제적 영역	· 경쟁 · 발전 · 소비자 보호	· 경제적 복지 영역은 시장의 유지와 발전에 관련된 영역이다 · 이 영역에서 수용자는 미디어 상품과 정보의 소비자이며 서비스 이용자로서 편익을 극대화하는 후생의 차원과 더 관련되어 있다. 경제적 복지 영역은 전통적인 통신 영역에서 요구되어온 가치들과 관련이 깊고, 하위 가치(정책 목표)로는 경쟁, 발전, 소비자 보호 등이 있다

자료: 정영주(2010: 436).

표 5.5 ▎수용자 복지의 영역별 상대적 중요도 인식 순위

평가 영역	전체	방통위	국회	지상파	유료방송	통신	시민단체
사회문화적 영역	1	1	2	1	1	2	2
정치적 영역	2	3	1	2	3	3	1
경제적 영역	3	2	3	3	2	1	3

자료: 정영주(2010: 440).

성 가치의 상대적 중요도를 어떻게 인식하고 있는가를 조사한 결과, 사회문화적 영역의 구성 가치를 가장 중요하게 보고 있는 것으로 나타났다는 점이다(정영주, 2010). △ 방통위 △ 국회 △ 지상파 △ 유료방송 △ 통신 △ 시민단체의 6개 정책 참여자 집단을 대상으로 수행한 이 연구에서 전문가 집단별로 상대적 중요도 인식에는 차이가 있었으나 방통위, 지상파, 유료방송의 3개 집단 정책 참여자들이 공통으로 사회문화적 영역을 가장 중요하게 인식하고 있었다. 국회와 시민단체는 정치적 영역의 구성 가치를 중요하게 인식하고 있었으며, 통신만이 경제적 영역을 가장 중요하다고 꼽았다.

이 연구 결과는 향후 미디어 정책에서 수용자 복지를 어떻게 구현할지에 관해 적지 않은 함의를 제시한다. 따라서 지금부터는 현실의 방송통신 정책에서 드러난 수용자 복지 구현 방향을 살펴보고, 이를 비판적으로 평가해본다.

3. 방송통신 정책 방향과 수용자 복지

1) 방통위 출범과 융합 정책의 '신화'

1998년 12월 대통령 직속 자문기구 방송개혁위원회에서 최초로 '방송통신 융합' 논의를 공식적으로 시작한 이후, 2006년에 국무총리 산하 기구로 방송

통신융합추진위원회(이하 융추위)가 출범했고, 2007년에는 국회에서 관련 논의를 위해 방송통신특별위원회(이하 방통특위)를 구성했다. 융추위와 방통특위는 이질적인 이념과 정책 목표를 가진 방송과 통신을 단번에 법과 제도로 아우르는 방식 대신에 정책규제기구의 통합을 우선적인 목표로 택했다(국무조정실·방송통신융합추진위원회, 2008). 그 결과 2008년 3월 방송과 통신을 포괄하는 통합 정책·규제기구로서 방통위가 출범했고, 같은 해 11월에는 '방송통신 융합 미디어'를 내걸고 IPTV가 서비스를 시작했다.

이 항에서는 2008년 방통위 출범 무렵부터 방송법 개정을 통해 2010년 12월에 종합편성채널 4개 사업자를 승인하는 때까지, 다시 말해 제1기 방통위 기간에 전개된 방송통신 정책의 기본 방향을 수용자 복지 정책을 중심으로 살펴볼 것이다. 이를 위해 먼저 우리 사회의 방송통신 융합 시대의 도래라는 서사 속에 일종의 '신화myth'가 뒤섞여 있다는 점을 지적할 필요가 있다.

'방송과 통신의 융합'이라는 말은 지난 십 수년 동안 미디어 생태계의 변화를 가로지르는 용어로 군림해왔다. 이질적인 미디어 사이의 경계가 사라지고 새로운 환경이 열릴 것이며, 이는 산업적으로 새로운 동력이 될 뿐만 아니라 수용자의 선택권을 크게 확대하는 계기가 될 것이라는 낙관적인 전망이 한동안 유행처럼 번져나갔다. 그러나 우리 사회의 융합 논의에는 일종의 '신화'가 작동했다는 합리적 의심을 지우기 어렵다. 신화는 사회적으로 널리 통용되는 믿음이나 가치 또는 태도를 말하며, 이는 일종의 이데올로기이기 때문에 사실이나 진리가 아니라고 흔히 여겨진다(원용진, 1996: 190~191). 따라서 방송통신 융합 논의에 신화가 작동했다는 것은 사실 또는 진리가 아닌 어떤 믿음이나 가치가 미디어 정책 추진과 결정 과정에서 마치 진실인 것처럼 받아들여져 영향력을 미쳤다는 뜻이다.

그런데 신화는 단순히 '진실의 날조'라고 기각하는 것만으로는 충분하지 않은 것이다. 신화는 일상의 진부함을 뛰어넘어 또 다른 현실에 닿을 수 있는 통로를 제공해줌으로써 개인과 사회를 움직이게 만드는 이야기이며, 무엇보다도 정치철학자 알래스데어 매킨타이어Alasdair MacIntyre의 지적처럼 신화는 진리 또는 거짓true or false이라기보다 살아 있거나 죽은 것living or dead이기 때문이다(Mosco, 2004: 3). 만약 신화가 인간의 삶에 계속해서 의미를 주고 있다면, 주어진 시대의 집단적 정신 상태collective mentality의 중요한 부분을 표상한다면, 내적 모순에도 불구하고 계속해서 사회적으로나 지적으로 유지되고 있다면, 그것은 살아 있는 것이다. 따라서 신화를 이해하고 밝혀낸다는 것은 그것이 거짓임을 증명하는 것 이상을 요구한다. 이는 왜 신화가 존재하고, 왜 사람들에게 중요하게 받아들여지며, 사람들의 희망과 꿈에 대해서 무엇을 말하고 있는지를 밝혀내는 것을 뜻한다(Mosco, 2004: 29).

방통위의 출범 이전에 빚어진 IPTV법(인터넷멀티미디어방송사업법) 제정 과정의 논란은 '융합의 신화화'의 한 단면을 보여준다. 방통위로 통합되기 이전의 구방송위원회는 IPTV를 멀티미디어 '방송' 서비스로 규정한 반면에 구정보통신부는 방송사업이 아니라 전송 사업으로 간주해 광대역 '융합' 서비스로 규정했다(성숙희, 2008). 두 기관 사이의 입장 차이로 장기간 입법이 표류되었고 사회적 논란이 계속되었다. 결국 2007년 12월에 IPTV법이 방송법이나 전기통신사업법이 아닌 제3의 법으로 제정되었다. IPTV는 수용자에게 디지털케이블 TV와 질적으로 동일한 서비스를 제공한다. 그럼에도 불구하고 제3의 융합 영역으로 해석된 까닭은 새로운 것, 산업적 신성장 동력에 대한 집착이 빚어낸 일종의 신화라고 할 수 있다. 실제로 박근혜 정부에서는 IPTV법을 방송법 안에 통합하려는 방송법 개정안을 제출한 바 있다. 불과 수년 만에 IPTV는 제3의 '융합' 서비스에서 '방송' 서비스로 다시 규정된 셈이다.

새로이 출범한 방통위의 첫해 업무계획은 '방송통신 선진화를 통한 신성장 동력과 일자리 창출방안'이라는 제목을 걸고 있다(방송통신위원회, 2008b). 이에 따르면, 방송통신 산업은 "물리적 이동 등 에너지 소비를 절감시키고 신성장

표 5.6 ┃ 2008년 방통위 업무계획 주요 내용

중점 추진과제	세부 정책 목표
방송과 통신의 융합 선도	· IPTV 서비스 활성화: 일자리 창출 등 경제적 효과 · 방송통신 콘텐츠 진흥: 규제 완화와 지원 강화 · 효과적인 추진체계 정립
방송 서비스 시장 선진화	· 방송산업 성장 촉진: 대기업 진입 제한 완화, 겸영 규제 완화, 미디어 교차 소유 허용 통한 보도·종합편성 PP 확대 · 방송 서비스 활성화: DMB, 신규 영어 FM, 지역 방송 · 방송광고시장의 경쟁체제 전환 · 방송의 디지털 전환 촉진
통신서비스 투자 활성화	· 통신시장 투자 촉진 · 주파수 자원의 효율적 이용: 주파수 재배치 및 경매제 도입
해외진출 및 그린 IT 확산	· 방송통신 해외진출 지원 · 방송통신 분야의 그린 IT 확산

동력과 일자리를 창출하는 녹색산업"으로 규정된다. 그리고 중점 추진과제로는 △ 방송과 통신의 융합 선도 △ 방송 서비스 시장 선진화 △ 통신서비스 투자 활성화 △ 해외진출 및 그린 IT 확산을 제시했다. 그런데 중점 추진과제는 물론이고 세부 정책 목표에서도 수용자 복지와 직접적으로 관련된 정책 방향을 발견하기가 쉽지 않다(표 5.6 참고).

2008년 방통위 업무계획은 세부 정책 목표를 설명하는 곳곳에서 경제적 기대효과를 제시하고 있다. IPTV 서비스 활성화를 통해 향후 5년간 생산유발 효과를 통해 8조 9천억 원을 거두고, 새로운 일자리를 3만 6천 개 창출한다는 식이다. 방송의 디지털 전환으로 2조 9천억 원의 민간투자를 유도하고 디지털 TV 판매 등으로 15조 8천억 원의 내수 시장을 창출한다고도 밝혔다. 통신시장 투자 촉진으로도 2008년에 16조 원, 2009년 17조 원, 2010년에는 18조 원의 생산유발 효과를 창출할 것이라는 '장밋빛 기대효과'를 계속 나열한다. 종합적으로 2008년 업무계획에 따라 2012년에는 방송통신서비스가 6.8% 성장해 21조 4천억 원의 생산 증가가 나타나고, 기기와 인프라 등 전후 방산업 파급효과로 방송통신 산업 전체로는 116조 원이 넘는 생산 증가가 발생하며, 방송통신 분야에서만 양질의 일자리 4만 개를 창출할 것이라고 전망한다. 수용자 복지와 관련된 가치인 지역성 증진을 위해 지역 방송 활성화를 위한 정책 기반을 마련하겠다는 정책 목표가 포함되어 있기는 하나 지역 방송 자체 콘텐츠 제작과 유통을 활성화하겠다는 선언적 수준을 넘지 못하고 있다.

'경제위기 극복과 방송통신강국 구현을 위한 방송통신 10대 추진과제'라는 제목으로 발표한 2009년 방통위 업무계획에서도 여전히 수용자 복지 정책의 구체적인 내용을 찾기가 쉽지 않다. 정영주(2010)가 제시한 수용자 복지 이념을 구성하는 정치적·사회문화적·경제적 복지 영역의 11개 구성 가치 중에서 일부 항목과의 관련성을 굳이 찾아낼 수는 있다. 가령 10대 추진과제의 두 번째인 '고품질 디지털 미디어 활성화'라는 추진과제의 하위 항목으로 'IPTV 결합상품에 대한 요금할인 확대 유도'가 소비자로서 수용자의 편익을 증진하는 데 어느 정도 도움을 준다고 볼 수 있을 것이다. 그러나 10대 추진과제의 대부분이 2008년 방통위 업무계획의 정책과제와 마찬가지로 '산업 혁신', '일자리 안정' 같은 구호 아래에서 산업적 성장 정책에 기울어져 있다.

방통위가 여덟 번째 추진과제로 제시한 '방송의 공익성 강화'는 수용자 복

표 5.7 ▎2009년 방통위 업무계획의 정책과제

추진 전략	추진과제
미래 유망 분야인 미디어 산업 혁신	① 미디어 규제 개혁 ② 고품질 디지털 미디어 활성화 ③ 방송통신 콘텐츠 경쟁력 강화
일자리 안정을 위한 투자 촉진 및 해외진출 지원	④ 네트워크 등 투자 확대 ⑤ 전파자원의 생산적 활용 ⑥ 방송통신 해외진출 지원 ⑦ 통신사업자의 중소협력업체 상생협력 확대
국민적 에너지 결집을 위한 방송통신의 역할 강화	⑧ 방송의 공익성 강화 ⑨ 소통의 장, 인터넷의 신뢰성 제고 ⑩ 서민 생활 안정 지원

지 정책과 직접적인 관련성이 있다. 하지만 방통위가 방송 공익성 강화의 실제 내용으로 설명하고 있는 것은 "공익광고나 캠페인을 통해 당면한 경제위기를 극복할 수 있도록 특집 토론회 등을 개최하고, 경제활성화 관련 방송 프로그램 제작비를 지원한다"는 수준에 머물고 있다. 그 필요성 자체에 대한 논란을 제외하더라도 이러한 정책과제는 수용자 복지 정책과 거리가 멀다. 아홉 번째 추진과제인 '인터넷의 신뢰성 제고'도 마찬가지로 사회문화적 영역이나 정치적 영역에서 수용자의 복지를 증진하기 위한 정책 방향을 담고 있지 못하다. 방통위는 "TV 공익광고, 신문 기획연재, 포털 사이트 배너광고 등을 통해 범국민 윤리캠페인을 전개"하는 한편 "인터넷 게시판 본인 확인제 적용 대상을 확대"하겠다고 밝혔다. 인터넷 실명제의 확대 적용은 국민의 표현의 자유를 침해할 소지가 높다. 실제로 2012년 헌법재판소는 인터넷 본인 확인제(실명제)가 헌법상 표현의 자유와 언론의 자유를 침해하는 위헌 조항이라고 판단했다. 따라서 이 시기 방통위의 수용자 복지 정책에는 실질적 내용이 거의 없으며, 오히려 표현의 자유와 언론의 자유를 위축하는 정책을 남발했을 따름이라고 평가할 수 있다.

2009년에는 격렬한 사회적 논란과 여야 대립을 거쳐 신문법, 방송법, 언론 중재법, 정보통신망법 등 일곱 가지의 미디어 관련 법률 개정안이 국회를 통과했다. 이들 법안은 이명박 정부가 방송을 장악하고 인터넷 표현의 자유를 억압하기 위한 목적으로 발의한 것이라는 평가를 받으며 '미디어 악법' 또는 '언론장악법'으로 통칭되기도 했다(민주언론시민연합, 2017: 35). 미디어 관련 법률 개정으로 인해 방통위는 2010년에 종합편성채널 승인 기본 계획을 의결하고, 그해 12월에 'TV조선', 'JTBC', '채널A', 'MBN' 등 신문시장의 지배적 사업자 4개사를 종편사업자로 승인했다. 당시 정부 여당과 정책·규제기구인 방통위는 미디어법 개정의 이유로 방송과 통신 등 미디어의 칸막이가 사라진 새로운 미디어 환경을 배경으로 제시했다. 구체적인 정책 배경으로는 ① 지상파 독과점 해소, ② 유료방송 활성화를 위한 방송영상산업 활성화, ③ 콘텐츠 다양화와 시청자 선택권 증대(여론 다양성 증진), ④ 일자리 창출과 글로벌 미디어 경쟁력 강화 등을 밝혔다.

그런데 종편 채널 도입의 근거로 제시한 정책 배경에서도 일종의 신화화가 나타나고 있다(이남표, 2009). 먼저 '지상파 독과점'이라는 용어 자체가 특정한 가치판단을 이미 가지고 있는 말이다. 2009년 당시에 지상파 방송의 영향력이 컸던 것은 분명한 사실이다. 그러나 지상파 방송은 공영방송을 근간으로 하고 있으며 공공서비스 제공을 목적으로 하는 무료의 보편적 서비스이기 때문에 영향력이 큰 것 자체를 문제 삼는 것은 문제이며, 그나마 그 영향력도 빠르게 감소하기 있기 때문이다. 지상파 방송과 유료방송이 동일한 시장에서 동일한 방식으로 경쟁하는 상황 자체는 바람직하지 않다. 원칙적으로 공영방송은 시민으로서의 수용자에게 봉사해야 하는 것이고, 유료방송은 소비자로서의 수용자에게 서비스를 제공하는 역할을 해야 하기 때문이다. 이처럼 서로의 역할이 다르다면 두 서비스가 동일한 시장에서 경쟁하지 않도록 조정하는 것이 바람직하며(김재영·이남표·양선희, 2008: 80), 공영방송을 포함한 지상파 방송의 사회적 영향력 자체를 문제 삼는 것은 적절하지 않다.

또한 종편 채널의 도입이 방송 콘텐츠 다양화와 시청자 선택권 증대를 가져올 것이라는 판단은 또 다른 신화를 품고 있다. 많은 연구들이 지적하고 있듯이 채널 수의 증가와 콘텐츠 다양성은 비례하지 않는다(박소라, 2003; 유승관, 2003; 정영호, 2013). 많은 미디어 숫자가 미디어 다양성을 보장해주지 않는 까닭은 매우 경쟁적인 미디어 시장이 콘텐츠 측면에서는 과도하게 동질적일 수 있기 때문이다(Cuilenburg, 1998: 41).

사업적 파급력이 큰 종편 채널의 대규모 도입과 시장 진입은 산업 활성화뿐만 아니라 여론에 미치는 영향과 다양성 보장 등을 종합적으로 고려해야 할 사안이었다. 영국의 미디어 경제학자 G. 도일G. Doyle이 지적하듯이 '미디어 소유를 다루는 정책이 존재하는 이유는 무엇보다 경제가 아닌 다양성의 확보'이기 때문이다. 그럼에도 이명박 정부와 방통위는 대기업과 방송 진출이 용이한 수준의 자본력을 지닌 보수신문의 정치적·사회적 세계관의 동질성을 간과했거나 더욱 정확하게는 그러한 세계관으로 여론을 획일화하고자 시도한 것이다(민주언론시민연합, 2017: 38).

2) 제2기 방통위와 신화의 쇠락

2011년 3월, 제2기 방통위가 출범했다. 최시중 위원장이 제1기 방통위에 이어 연임함으로써 정책 방향이 크게 변하지 않을 것으로 예견되었고, 최 위원장은 취임사에서 'IT 선진국, 스마트 선진국'을 강조했다. 같은 해 11월 방통위가 발표한 '방송통신기본계획'은 제2기 위원회의 정책 방향을 선명하게 보여주었는데, 4대 핵심과제의 첫 번째와 두 번째로 '글로벌 ICT 허브 Korea 실현'과 '스마트 생태계 조성 및 신산업 창출'을 내걸은 것에서 알 수 있듯이 여전히 공공정책보다는 산업정책으로의 지향을 밝혔다(방송통신위원회, 2011b). 이런 정책 방향은 2009년 말 애플의 아이폰 국내 도입 이후 폭발적으로 나타나기 시작한 스마트폰 시장과 관련 산업의 성장을 따라잡기 위한 것으로도 볼 수 있다. 그러나 문제는 20대 세부과제에서 볼 수 있듯이 네트워크와 미디어 플랫폼에 대한 산업적 논의에 경도됨으로써, 수용자의 다중적 진화를 고려하지 못하면서 실제 정책 추진에서는 수용자를 소비자만으로 국한해 위축하고 있다는 것이다.

제2기 방통위는 4대 핵심과제의 하나로 '방송통신 이용자 복지 및 정보보호 강화'를 밝혔다. 이용자 복지 정책을 따로 떼어서 핵심과제로 설정한 것 자체는 제1기 방통위에 비해 수용자 복지 측면에서 진일보한 것이라고 해석할 수 있다. 그러나 문제는 구체적인 정책 방향이다. 해당 세부과제의 하나

표 5.8 ▮ 제2기 방통위 정책과제

4대 핵심과제	20대 세부과제
글로벌 ICT 허브 Korea 실현	① 지금보다 10배 빠른 네트워크 구축 ② 모바일 광개토 플랜 추진 ③ 미래 인터넷의 글로벌 허브로 도약 ④ 글로벌 신성장 동력 기반 강화 ⑤ 인터넷 기반 사회 대응역량 강화
스마트 생태계 조성 및 신산업 창출	⑥ 7대 스마트 서비스 활성화 ⑦ 혁신적 생태계 및 벤처 인프라 조성 ⑧ 방송통신서비스 경쟁 촉진 ⑨ 공정한 경쟁원칙 확립 ⑩ 방송통신 해외시장 진출 확대
디지털 선진방송 구현	⑪ 글로벌 미디어기업 성장 기반 마련 ⑫ 방송통신 콘텐츠 글로벌 경쟁력 제고 ⑬ 광고시장 확대로 미디어 산업 견인 ⑭ 방송의 디지털 전환 추진 ⑮ 고품격 청정 공영방송 구현
방송통신 이용자 복지 및 정보보호 강화	⑯ 통신서비스 요금 부담 완화 ⑰ 저소득층, 소외계층 지원 강화 ⑱ 방송통신서비스 이용자 권익 증진 ⑲ 인터넷 문화선진국 구현 ⑳ 사이버 세상 보안 기반 강화

인 '인터넷 문화선진국 구현'을 위한 수단으로 '아름다운 인터넷 세상 만들기' 운동을 전개하겠다는 것이 적절한지 의문이다. 이뿐만 아니라 '불법·유해 정보 유통 차단 강화'도 세부과제로 제시했는데 그 실질적인 내용은 제1기 방통위에서 추진했던 인터넷 본인 확인제의 강화와 같은 맥락이기 때문에 결과적으로는 인터넷 공간에서 표현의 자유를 위축하는 것이다.

제2기 방통위는 3년의 임기 사이에 많은 변화를 겪었다. 최시중 위원장이 임기 1년을 채우지 못한 채 측근 비리 의혹으로 사퇴했다. 잔여 임기 2년도 이명박 정부에서 박근혜 정부로의 교체 과정에서 각각의 정부가 선임한 위원장이 1년 안팎의 임기를 채우는 등 정책 추진의 안정성이 크게 흔들렸다. 특히 2013년 2월 출범한 박근혜 정부는 대통령 선거 공약에서 "ICT 생태계를 새로운 성장 동력으로 만들어 일자리를 창출하고 창조경제의 꽃을 피우겠다"고 강조하면서 "콘텐츠, 플랫폼, 네트워크, 기기 등 정보통신 생태계를 총괄하여 창조경제의 기반을 마련할 전담 조직 신설" 추진을 밝혔다. 이는 방통위의 기능을 상당 부분 분리해 신설 부처인 미래창조과학부(이하 미래부)로 이관하는 것을 포함했다.

정부조직 개편을 통해 2013년 4월 방송통신 정책을 관장하는 정부기관이 미래부와 방통위로 분리되었다. 방통위의 위상이 '방송과 통신에 관한 업무 수행'에서 '방송과 통신에 관한 규제와 이용자 보호'로 축소되었다. 방송 영역에서 △ 지상파 허가 △ 공영방송 이사 선임 △ 종편·보도채널 승인 △ 금지 행위 및 분쟁 조정을 제외하고 유료방송 정책을 포함한 대다수 정책 기능이 미래부로 이관되었다. 통신 영역의 경우에 이용자 보호와 분쟁 조정 역할을 제외한 모든 정책 기능이 미래부의 몫이 되었다.

방통위와 미래부로의 분리는 지상파 방송과 종편 채널 등의 허가·승인 사업자는 '규제' 중심의 방통위에서, 유료방송과 통신사업자 및 인터넷 영역은 '진흥' 중심의 미래부에서 관장하는 결과로 나타났다. 이명박 정부의 교육과학기술부와 지식경제부 및 방통위의 대부분 기능을 통합해 출범한 거대 부처인 미래부는 과학기술과 ICT 정책을 총괄하는 역할을 맡았는데, ICT 산업진흥 정책 속에 포함된 방송통신 분야에서 공공성·공익성 및 수용자 중심의 정책 목표는 실질적으로 소멸되었다(미래창조과학부, 2013).[2] 결국 '방송통신 융합'이라는 불과 수년 전의 환경 진단과 대응은 적어도 정책·규제 영역에서 실종

---

2 미래부(2013)는 업무보고에서 '과학기술과 ICT를 통한 창조경제와 국민행복 실현'을 비전으로 △ 창조경제 생태계 조성 △ 국가 연구개발 및 혁신역량 강화 △ SW와 콘텐츠를 핵심 산업화 △ 국제협력과 글로벌화 △ 국민을 위한 과학기술과 ICT 구현이라는 다섯 가지 전략을 제시했다. 그리고 다섯 가지 전략에 따라 모두 29개의 중점 과제를 밝혔는데, 그중 방송통신과 직접 관련된 것으로는 △ 방송산업 및 스마트 미디어 산업 육성 △ 가계 통신비 부담 낮추기만을 꼽을 수 있다. 두 과제의 정책 방향은 모두 수용자를 시민이 아니라 소비자로 간주하고 있다.

되어 지상파와 종편·보도채널은 축소된 방통위에서, 유료방송과 통신·주파수 정책은 미래부에서 관할하는 식으로 분리되었다.

분리되고 축소된 방통위는 2013년 업무계획에서 '국민에게 신뢰받는 공정한 방송 구현'을 첫 번째 비전으로 제시했다. 하지만 '방송의 공적 역할 강화'라는 정책과제의 수단으로 제시한 것들은 △ 방송언어 순화 △ 방송 심의 강화 등에 그쳤다. '미디어 다양성 증진' 또한 정책과제로 내걸었으나 주요 추진 정책은 △ 시청점유율 제도 개선 △ 경쟁상황 평가 △ 콘텐츠 다양성 유도 등으로 사회문화적 영역에서 수용자 복지의 실질적 가치를 달성하기에는 미흡했다. '시청점유율 제도 개선'의 경우에는 미디어 환경 변화를 반영해 스마트폰 등을 시청률 조사에 포함시키겠다는 것인데, 구체적인 성과 없이 논의만을 반복했다. '콘텐츠 다양성 유도'는 종편 채널의 편성 다양성을 재승인, 심사계획 마련 등을 통해 유도하겠다는 것이었으나 JTBC를 제외한 종편 채널은 이후로도 제작비 절감을 내세운 정치토크쇼 등 보도 프로그램 중심의 편성을 계속했다. 장르 다양성 확보 없는 보도 프로그램 중심의 편성은 '종합'편성채널이라는 명칭의 취지에 어울리지 않을 뿐만 아니라 윤성옥(2014)이 지적하듯이 '편성 분량으로 볼 때 종편 채널의 뉴스시사 프로그램은 풍요를 넘어 과잉이나 오염에 가까우며, 보수 성향 일색의 정보와 의견 제공으로 수용자의 여론 형성을 왜곡할 우려가 있다'고 할 수밖에 없다.

3) 수용자 복지 정책의 '형해화'

박근혜 정부 출범 2년차인 2014년에 제3기 방통위가 출범했다. 제3기 방통위는 '국민에게 행복을 주고 신뢰를 받는 방송통신 실현'을 비전으로 삼고, 주요 정책과제로 최우선 가치인 '방송의 공적 책임'과 '방송 서비스 활성화'에 노력하겠다고 밝혔다(방송통신위원회, 2014b).

표 5.9 ┃ 제3기 방통위 정책과제

7대 과제	세부 추진과제
방송의 공적 책임, 공익성 및 공정성 강화	① 방송의 공적 책임 제고 ② 공영방송의 활성화 ③ 방송의 여론 다양성 확보
방송 서비스 활성화: 제도 개선 및 기반 구축	④ 방송광고 제도 개선 및 산업 지원 ⑤ 신규 방송 서비스에 대한 적극적이고도 유연한 접근 ⑥ 방송 콘텐츠 기반 확충
방송통신 시장의 공정 경쟁 및 이용자 보호	⑦ 공정한 통신시장 질서 확립과 이용자 편익 증진 ⑧ 방송의 건전한 경쟁 및 시청권 보장
개인정보 보호 등 인터넷의 신뢰성 제고	⑨ 온라인상 개인정보 보호 강화 ⑩ 건전한 인터넷 문화 조성 ⑪ 위치정보 보호 및 이용 활성화
국민편익 및 경제혁신을 위한 규제 개혁	⑫ 방송통신 규제 개혁 ⑬ 분쟁 해결 활성화 및 심결 절차 개선
정확하고 객관적인 재난방송 등 안전망 구축	⑭ 정확하고 객관적인 재난방송 실시 ⑮ 방송재난에 대한 철저한 대비 ⑯ 인터넷을 통해 사회 안전에 기여
통일에 대비한 남북 방송협력과 해외진출 강화	⑰ 통일에 대비한 남북 방송교류 촉진 ⑱ 방송통신 해외진출 및 국제 네트워크 강화

　방송의 공적 책임을 제고하기 위한 세부 추진과제로는 △ 허가·승인제도 개선 및 방송평가 강화 △ 종편 채널의 공공성 강화 △ 방송언어 품격 제고를 제시했고, 공영방송 활성화를 위한 추진과제로는 △ 공영방송 재원 안정화 △ EBS 역할 강화를 꼽았다. 이러한 정책 목표는 2015년의 방통위 업무보고에서도 그대로 이어졌다(방송통신위원회, 2015). 2015년의 정책 목표 중 첫 번째는 '방송의 공적 책임, 공익성 및 공정성 강화'인데, 이를 구현하기 위한 과제로 △ 방송의 공적 책임 제고 △ 공정성과 품격 제고를 위한 방송평가 및 심의 개선 △ 미디어 다양성 및 시청권 보장 등을 제시했다.

　한편, 미래부는 2014년 업무보고에서 핵심 정책으로 3대 과제, 10대 중과제, 29개 세부과제를 제시했는데 '사회 전반으로 창조경제 확산', '창조경제 생태계 활성화', '창조경제의 글로벌화' 등의 정책 목표가 보여주듯이 구체적인 함의를 파악하기 어려우며, 방송통신 분야에 직접 관련된 세부과제는 △ 인터넷·방송 서비스 환경 혁신 △ 통신 이용자 보호 등에 불과했다(미래창조과학부, 2014). 미래부의 세부 정책과제에서 수용자 복지 정책 자체가 대체로 주변화되었고, 특히 시민으로서의 수용자에 대한 정책 목표는 아예 찾아보기 어려웠다.

방통위와 미래부의 정책과제를 정영주(2010)가 제시한 수용자 복지 이념의 구성 가치에 비추어 살펴보면, 수용자의 정치적 복지는 거의 다루지 않고 있고, 사회문화적 복지는 나열적으로 일부 가치를 포괄하며 있으며, 경제적 복지는 이용자 보호 차원에서 부분적으로 포함하고 있는 수준이다. 수용자의 정치적 복지는 방송통신의 자유와 독립성, 참여, 기본권 보호와 관련되어 있다. 그런데 방통위와 미래부의 정책과제는 지속적으로 정치적·사회적 논란을 가져온 공영방송의 지배구조 문제를 다루고 있지 않다. 박근혜 정부는 대선 공약에서 "공영방송의 지배구조에 정치권의 영향력 행사로 독립성, 중립성 침해 논란이 발생"한다고 진단하면서 "공영방송 지배구조 개편"을 추진하겠다고 밝힌 바 있다. 그러나 이를 추진해야 할 주무기관인 제3기 방통위의 정책과제 및 연도별 업무보고에서는 관련 내용을 찾을 수 없다.

수용자의 사회문화적 복지를 구성하는 다양성, 보편성, 질, 사회문화적 역할, 지역성과 관련해서 방통위는 관련 정책과제를 일부 제시하고 있다. 그러나 2015년 업무보고에서 밝힌 '공정성과 품격 제고를 위한 방송평가 및 심의 개선'은 자칫 언론의 자유와 표현의 자유를 위축할 우려가 있다. '방송언어의 품격 제고'는 방송의 질을 보장하기 위해 필요한 측면도 있겠으나 누가 어떤 방식으로 활용하느냐에 따라서 수용자의 복지 증진이 아니라 정치권력의 필요에 따라 방송 내용을 재단하고 길들이는 용도로 악용될 수 있다. '방송평가 개선'을 위해 '공정성 관련 심의규정 위반 시 감점 강화' 등의 정책 수단도 마찬가지다. 이명박 정부와 박근혜 정부의 방송통신 심의가 '심의를 빙자한 방송 유사검열과 청부심의의 남발'에 불과하다는 지적이 존재한다(민주언론시민연합, 2017: 48-56).[3] 이처럼 방송통신 심의와 심의기구의 공정성이 의심받고 있는 상황에서 공정성 심의를 강화한다는 것은 수용자 중심의 미디어 정책과는 거리가 멀다.

모든 정책과제는 특정한 이념적 가치를 배경으로 한다. 미디어 정책은 일차적으로 일련의 현상에 대한 평가를 토대로 하며, 그 평가의 배후에는 특정한 이념이 자리 잡고 있다. 정책이란 문제시되는 현실을 개선하려는 정책 의지의 실천적 표현이기에 언제나 상황에 대한 문제의식과 규범적이고 이상적인 가치를 전제하고 있다(김재영·이남표·양선희, 2008: 84-85). 그 사례로 이명박 정부의 현실 인식은 "국가경제의 새로운 활력이며 100만 개 이상의 새로운 일자리 창출이 가능한 방송통신의 성장을 위한 과감한 규제 철폐"(최시중 방통위원장 취임사)에서 찾을 수 있으며, 그에 따른 정책 목표로 '탈규제와 시장 자율을 통해 글로벌 경쟁력을 갖춘 미디어 그룹의 창출'을 내걸었던 것이다. 이러한 인식과 정책 방향이 방송통신 융합 환경을 산업적 시각에서만 바라보았고, 수용자 복지를 협소화했으며, 무엇보다도 산업적 차원에서도 약속했던 성과물을 얻어내는 데 실패했다고 비판적으로 평가할 수 있다.

그렇다면 제3기 방통위 정책 방향에서 나타난 박근혜 정부의 미디어 현실 인식과 정책 목표는 어떠한가? '국민에게 행복을 주고 신뢰를 받는 방송통신 실현'이라는 비전은 아무런 구체적인 내용을 담고 있지 않기에 언제 어디서나 당위적으로 올바른 말에 불과하다. '방송의 공적 책임을 높이고 방송 서비

---

3 심의를 빙자한 방송 유사검열과 청부심의 남발로는 ① 심의를 통한 '낙인효과', ② 유사검열을 통한 자기 검열의 내면화, ③ 표적심의를 통한 비판 언론 통제, ④ 청부심의와 심의기구의 권력 도구화 등의 사례로 나타났다. 박근혜 정부에서 방송통신심의위원회는 청와대의 여론 통제 도구로 활용되었음을 입증하는 생생한 자료가 최순실 국정농단 사건을 계기로 밝혀지기도 했다.

스 활성화'에 노력하겠다는 말도 마찬가지로 공허하다. 박근혜 정부가 내걸었던 '창조경제'가 실체가 불분명하다는 비판을 지속적으로 받은 것과 마찬가지로, 미디어 정책 방향 또한 나열적으로 여러 가지를 제시했으나 명확한 현실 인식이나 뚜렷한 정책 목표를 발견하기가 어렵다. 결국 방송통신 정책이 '형해화形骸化', 즉 형태만 존재하고 알맹이는 앙상한 모습으로 부실해졌다는 평가를 내리지 않을 수 없다.

4. 요약 및 결론

지금까지 방송통신 융합 환경에서 미디어 수용자 개념의 진화를 수용자 복지 중심으로 살펴보고, 한국 사회에서 2008년 방송통신 통합 정책기구인 방통위가 출범한 무렵부터 최근까지 수용자 복지 정책이 현실의 미디어 정책 추진 과정에서 어떻게 구현되었는가를 비판적으로 성찰해보았다.

먼저 미디어 환경 변화에 따라서 수용자 개념이 어떻게 진화하고 있는지를 검토했다. 오늘날의 보다 능동적이고 상호작용적인 미디어 소비자를 가리키는 말로 수용자 대신에 이용자가 적절하다는 문제 제기가 존재하나, 이용자 개념이 과도하게 개인주의적이고 도구적이며 커뮤니케이션과의 관련성을 상실한다는 비판이 있기에, 수용자 개념을 곧바로 이용자 개념으로 대체하기보다는 관계적이거나 상호작용적 구성물로서 수용자를 개념화하는 편이 바람직하다고 보았다. 수용자는 한편으로는 시장에서의 경제적 거래를 통해 상품과 서비스를 구매하는 소비자이고, 다른 한편으로는 사회 구성원으로서 정치적·사회적·문화적 행위를 수행하는 시민이듯이 이중적이고 복합적인 존재다. 또한 수용자의 미디어 소비와 이용에 영향을 미치는 기술적 변화를 그 자체만으로 과대평가하는 오류는 피해야 한다. 수용자의 지배적 개념화는 핵심적인 제도적 이해관계자들, 정책결정자와 다양한 사회집단들 사이에 이루어지는 협상의 결과물이라는 점을 인식하는 것이 중요하기 때문이다.

수용자 복지는 미디어 공익 이념 구현의 실질적 내용이기에 미디어 정책을 진단하고 평가하기 위해 매우 유용한 개념이다. 방송통신 융합 환경에서는 오랫동안 서로 다른 영역에서 발전해온 방송과 통신의 수용자 복지 개념을 포괄해 종합적으로 재구성할 필요가 있으며, 그동안 연구(자)마다 다르게 사용해온 수용자 복지 개념의 구성요소를 통합적으로 정리할 필요가 있다. 이에 대한 기존 연구들을 고찰함으로써 수용자 복지 개념이 공익에서 출발해 복지 차원을 거쳐 권리와 심화로 나아가고 있음을 알아보았다. 또한 수용자 복지 이념을 정치적·사회문화적·경제적 복지로 나누어서 각각의 구성 가치를 살펴볼 수 있고, 우리 사회의 주요 정책 참여자들이 수용자 복지 이념을 어떻게 인식하고 있는지를 기존 연구 검토를 통해 파악했다. 지난 이명박 정부와 박근혜 정부가 수용자 복지를 주로 경제적 차원에서 접근한 것과는 달리, 주요 정책 참여자 집단들은 사회문화적 영역의 수용자 복지를 가장 중요하게 인식하고 있는 것으로 나타났다.

마지막으로 현실의 방송통신 정책 방향을 수용자 복지 중심으로 세 국면으로 나누어 살펴보았다. 첫 번째 국면은 이명박 정부와 방통위가 출범한 2008년부터 2010년까지의 시기다. 이 국면의 특징으로는 방송통신의 융합의 '신화화'가 정책 방향에서 두드러지게 나타났다. 미디어 산업을 '신성장 동력'으로 신화화해 그 경제적 가치가 현실 인식과 정책 추진에서 과잉 재현되었다. 두 번째 국면은 제2기 방통위가 출범한 2011년부터 박근혜 정부가 출범한 2013년까지의 시기다. 이 국면에서 종편 채널이 방송시장에 진입했으며 정부조직 개편을 통해 미디어 정책을 관장하는 기구가 방통위와 미래부로 분리되었다. 방통위와 미래부의 분리는 방송통신 융합이라는 신화가 쇠락하는 현실을 명확하게 입증했다. 미디어 '규제'는 방통위가, '진흥'은 미래부가 각각 맡게 되면서 '융합' 대신에 'ICT 산업 생태계 조성과 창조경제'라는 비전이 등장했다. 이 속에서 수용자 복지 정책은 주변화되었다. 세 번째 국면은 2014년 제3기 방통위 출범에서 2016년까지의 시기를 아우른다. 박근혜 정부의 미디어 정책이 실질적으로 모습을 드러낸 이 국면에서 두드러지게 나타나는 현상은 수용자 복지 정책의 '형해화'다. '창조경제'를 떠맡은 미래부는 수용자 복지 정책을 특별히 제시하지 않았고, 제3기 방통위는 방송의 공적 책임과 방송 서비스 활성화 등을 내세웠으나 명확한 방향성이나 중장기적인 비전을 발견하기 어려웠다. '국민에게 행복을 주고 신뢰를 받는 방송통신 실현'이라는 제3기 방통위의 비전은 당위적인 말에 불과했으며, 나열적으로 제시한 몇몇 수용자 복지 정책에는 철학이 부재했다.

방송통신 융합 현상이 본격화된 이후로 미디어 정책과제에서 산업 발전과 신성장 동력, 일자리 창출과 창조경제와 같은 경제적 목표가 빈번하게 등장했다. 그러나 대부분의 장밋빛 전망은 실현되지 않았다. 정책 방향은 수용자의 진화를 따라잡지 못했을 뿐만 아니라 충분히 고려하지도 않은 것처럼 보인다. 방송의 공적 역할을 여러 차례 강조하면서도 정작 방송의 공적 영역이 어디까지인지를 명확하게 규정하고 있지 못하다. 공영방송의 정의와 책무에 대한 규정도 존재하지 않는다.[4]

지난 10여 년 동안 미디어 플랫폼이 크게 다변화되었고 콘텐츠 제작 환경

---

4 데브렛(Debrett, 2009)은 오늘날의 변화하는 미디어 환경에서 공영방송에 대한 정의를 그 역할을 중심으로 다섯 가지로 제안했는데, 이는 △ 무료 보편적 서비스 △ 공정한 저널리즘 △ 사회적 약자와 소수자의 이해 반영 △ 민족 문화와 정체성의 반영 △ 혁신적인 양질의 콘텐츠 제공이다. 한편, 전통적인 공공서비스방송(public service broadcasting: PSB)을 뛰어넘어 멀티 플랫폼 시대에 걸맞는 PSM(public service media)으로의 전환이 필요하다는 진단도 제기되고 있다(Jakubowicz, 2010).

과 방식도 놀랄 만한 변화를 보였다. 한편으로는 콘텐츠 제작과 플랫폼들 사이의 경쟁이 격화되고 있으며, 다른 한편으로는 글로벌 미디어 플랫폼의 영향력 확대에서 볼 수 있듯이 지배력의 쏠림 현상이 나타나고 있다. 이러한 변화를 진단하고 올바른 정책 방향을 수립하기 위해서 채택할 수 있는 방안의 하나는 리빙스턴(Livingstone, 2004)이 지적한 것처럼 디지털 환경에서 미디어와 수용자의 관계를 다시 성찰하는 것에서 출발하는 것이며, 나폴리(Napoli, 2010)가 강조한 것처럼 '민주적 문화'를 달성하기 위해 수용자 진화의 가능성을 '미디어 시스템의 비제도화' 현상에서 성찰하는 것이다. 기존의 미디어 제도와 정책은 오랫동안 문제를 반복적으로 나열해왔을 뿐이며 충분한 성찰에 이르지 못한 채 미디어 수용자를 형해화했다. 이에 따라 정책 방향이 한편으로는 신화화되고 다른 한편으로는 규제 편의적 수단에 그치고 말았다.

6
—

멀티 플랫폼 시대의 미디어 다양성

—

배진아

다양한 종류의 플랫폼을 통해 언제 어디서든 원하는 콘텐츠를 이용할 수 있는 멀티 플랫폼 시대가 열렸다. 플랫폼이 다양해지면서 콘텐츠를 이용하는 방식도 다양해졌으며, 플랫폼을 통해 전달되는 콘텐츠의 형식과 내용 역시 다양해지고 있다. 외면적으로 수많은 콘텐츠가 넘쳐나는 현재의 미디어 환경은 다양성의 가치가 실현될 수 있는 조건을 어느 정도 갖추고 있는 것으로 보인다. 그렇다면 다양성의 가치란 무엇일까? 다양한 사상과 의견이 소통될 수 있는 공론의 장을 마련함으로써 민주주의의 토대를 마련하고, 소수 계층이 소외되지 않도록 문화적 다원주의를 실현하는 것이 곧 다양성의 가치라고 할 수 있다. 그런데 수많은 플랫폼을 통해 수많은 콘텐츠가 범람하고 있는 오늘의 현실이 과연 이러한 다양성의 가치를 구현하는 방향으로 진화하고 있는가? 이 질문에 쉽게 답을 하기는 어렵다.

이 장은 멀티 플랫폼 시대라는 새로운 미디어 환경의 도래가 전통적인 미디어의 책무이자 정책 목표라고 할 수 있는 '다양성'의 가치에 어떠한 변화를 가져올지 점검하고 예측하려는 목적을 갖는다. 새로운 미디어 환경에서 새로운 도전을 받고 있는 미디어 다양성 가치를 다각적으로 검토해보고자 하는 것이다. 이를 위해 먼저, 멀티 플랫폼 시대라는 새로운 미디어 환경에 대해 점검하고, 전통적으로 미디어 다양성에 부여해왔던 사회적 의미와 필요성을 재검토하며, 미디어 다양성 관련 정책 사례를 점검해볼 것이다. 이를 토대로 멀티 플랫폼 시대에 미디어 다양성 가치가 지향해야 할 방향을 제안해보고자 한다. 둘째, 미디어 다양성의 세 가지 차원, 즉 구조·내용·이용의 다양성에 대해 각각 세부적으로 논의할 것이다. 각 다양성의 개념 정의와 측정 사례를 살펴보고 관련 규제로는 어떤 것들이 있는지 점검한다. 셋째, 구조·내용··이용의 다양성이 서로 어떻게 영향을 주고받는지 이들 간의 역동적 관계에 대해 논의한다. 구조·내용·이용 다양성의 관련성에 대한 기존 연구들을 살펴보고 이들 간의 역동적 관계가 향후 어떻게 변화하게 될지 예측함으로써, 향후 미디어 다양성 관련 정책을 수립할 때 고려해야 할 주요 쟁점을 도출할 것이다. 마지막으로 멀티 플랫폼 환경에서 미디어 다양성의 미래를 전망하고, 향후 멀티 플랫폼 환경에서 미디어 다양성에 관한 연구 및 정책의 방향을 제안하고자 한다.

1. 미디어 환경 변화와 미디어 다양성 가치의 변화

1) 멀티 플랫폼 시대의 도래

다매체 다채널 환경을 넘어서 멀티 플랫폼 시대가 도래했다는 점에 대해서는 이미 사회적으로 폭넓은 동의가 이루어져 있다. 멀티 플랫폼multi-platform은 게임에서 시작된 용어로서 여러 종류의 플랫폼에서 게임을 구동한다는 것을 의미하며, 이때 플랫폼은 하드웨어가 될 수도 있고 OSoperation system가 될 수도 있다(네이버 지식백과 게임용어사전). 이러한 정의에 비추어 볼 때 미디어에서 멀티 플랫폼 환경은 콘텐츠를 다양한 기기와 서비스를 통해 다양한 방식으로 이용할 수 있는 환경을 의미한다. 스마트 TV, 스마트폰, 태블릿 PC 등 스마트 기기 및 멀티미디어 기기의 확산, 미디어와 서비스의 융합, 커뮤니케이션의 융합, 플랫폼의 다변화 등은 이러한 멀티 플랫폼 시대의 확산을 견인하고 있다.

멀티 플랫폼 시대의 커뮤니케이션 환경은 인터넷(PC)과 미디어(TV), 커뮤니케이션(휴대폰)의 융합으로 설명할 수 있다. 인터넷과 TV의 결합(IPTV), 인터넷과 휴대폰의 결합(모바일 인터넷), TV와 휴대폰의 결합(모바일 TV)은 새로운 형태의 플랫폼을 가능하게 한다. 상품이 자유롭게 결합하면서 이전에는 생각지도 못한 새로운 형태의 미디어 플랫폼(하드웨어)과 서비스 플랫폼(OS)이 제공되고 있는 것이다. 이러한 일련의 변화는 '인터넷·미디어·커뮤니케이션의 대융합'으로 지칭된다(삼성경제연구소, 2009).

미디어 환경 변화는 미디어 시장에서 콘텐츠 및 서비스의 제공 방식에 변화를 초래하며, 이와 동시에 콘텐츠의 수가 양적으로 크게 증가하고 있다. 미디어 산업은 새로운 플랫폼 서비스를 끊임없이 개발하고 있으며 플랫폼 연계 전략과 개인 맞춤형 플랫폼 서비스 등이 제공되고 있다. 플랫폼 연계 전략이란 예전에는 전혀 별개의 이용 통로였던 플랫폼들을 이용자들이 자유롭게 넘나들면서 끊어짐 없이seamless 편리하게 이용할 수 있도록 하는 전략으로서 흔히 말하는 N스크린 전략이 이에 해당된다. 개인 맞춤형 서비스는 이용자들이 선호하는 채널, 장르, 포맷, 소재 등의 콘텐츠를 편리하게 이용할 수 있도록 우선적으로 제공하는 서비스로서 콘텐츠 큐레이션 서비스를 사례로 들 수 있다. 이러한 변화들은 콘텐츠의 양적 증가로 이어진다. 미디어기업들은 다양해진 플랫폼 서비스 방식에 부응하기 위해 더 많은 콘텐츠들을 생산하고 있으며, 이용자들이 직접 참여하는 이용자 생산 콘텐츠User Generated Content: UGC와 1인 생산 콘텐츠를 기획 유통하는 MCNmulti channel network까지 대중화되면서 미디어 시장에서 콘텐츠들은 그야말로 범람하고 있다.

미디어기업이 플랫폼 연계 전략을 적극적으로 도입하는 동시에 개인 맞춤형 플랫폼 서비스를 다양하게 개발하고 있고, 이에 따라 미디어 시장에서 콘텐츠의 수가 급증하는 등의 미디어 환경 변화에 따라 이용자들의 이용 행태도 함께 변화하고 있다. 가장 먼저 지적할 수 있는 변화는 미디어 이용 시간의 증가다. 미디어의 유형이 다양해지면서 예전보다 많은 시간을 콘텐츠 이용에 할애하고 있으며 특히 모바일 미디어의 발달로 시간과 장소의 제약이 줄어들면서 자투리 시간을 활용해 미디어를 이용하는 경우도 흔하다. 둘째, 복수의 미디어를 동시에 이용하는 동시 미디어 이용이 증가하고 있다. TV를 보면서 휴대폰으로 SNS에 접속해 친구들과 대화를 나누거나 컴퓨터로 문서 작업 등을 하면서 TV 혹은 라디오 채널을 이용하는 등의 행위는 이제 일반화되어 있다. 셋째, 여러 플랫폼을 자연스럽게 오고 가면서 동일한 콘텐츠 혹은 다른 콘텐츠를 자유로운 방식으로 이용하는 멀티 플랫포밍multi-platforming 이용도 확산되고 있다. 넷째, 미디어 스크린을 넘나들면서 콘텐츠를 이용하는 크로스 미디어 이용도 자주 발견할 수 있다. N스크린 이용이 크로스 미디어 이용의 대표적인 예다. N스크린 환경에서 이용자들은 더 이상 CD나 DVD 심지어 mp3 파일을 구매할 필요 없이 미디어를 넘나들며 원하는 콘텐츠를 원하는 장소에서 원하는 시간에 자유롭게 이용할 수 있다. 마지막으로 이용자가 계층, 연령, 취향, 선호 등에 따라 소수의 집단으로 나누어지는 분중화demassification 현상이 눈에 띄게 나타나고 있다. 다양한 콘텐츠가 미디어 시장에서 제공되어 콘텐츠 제공 차원의 다양성이 확보된다 하더라도, 이용자의 분중화가 심화되어 각 그룹별로 특정 유형의 프로그램을 집중적으로 이용하게 된다면 사회적 소통을 가로막는 장애요인이 될 것으로 우려된다.

이용 차원에서의 이러한 변화는 이용 행태의 측정을 더욱 어렵게 하고 있다. 동일한 콘텐츠라고 하더라도 사람마다 이를 접한 플랫폼이 각기 다르기 때문에 콘텐츠 이용량, 이용 점유율, 도달률 등을 정확하게 측정하는 일이 어려워지는 것이다. 예를 들어 드라마 한 편을 이용한다고 했을 때 본방송, 재방송, TV(케이블·IPTV), VOD, PC 인터넷(방송사 공식 사이트·네이버 TV캐스트·다음 TV팟 등), 모바일 서비스(티빙 등의 애플리케이션·포털웹 등) 등 접하게 되는 플랫폼은 이용자마다 모두 다르다. 또한 본방을 시청한 것과 VOD를 이용한 행위를 동일한 기준을 가지고 측정해야 하는 것인지, 각 시청 행위가 갖는 의미와 중요도를 평가하여 가중치를 주어야 하는지에 대해서도 논란의 여지가 있다.

이처럼 멀티 플랫폼 환경에서 발견할 수 있는 일련의 변화들(미디어 이용 플랫폼의 다변화, 개인 맞춤형 서비스의 진화, 미디어 콘텐츠의 양적 증가, 미디어 이용 방식의 다변화 등)은 기존의 미디어 다양성 가치에 대한 재점검을 요구하도록 하는 주요 요인이다. 미디어 콘텐츠와 플랫폼의 수가 증가하고 있는 상황에서 양적이며 외적인 의미의 미디어 다양성은 자연스럽게 증가할 것으로 예측되며, 이러한 점을 고려한다면 미디어 다양성 가치는 더 이상 사회적으로 정책적으로 중요한 의미를 갖기 어렵다. 그럼에도 불구하고 민주적 공론장 형성, 다양한 관점의 존중, 문화 정체성 증진, 이용자 선택권 확대, 문화적 표현의 다양성 증진 등 미디어 다양성의 가치 실현을 통해 달성하고자 하는 목표들은 여전히 사회적으로 중요한 의미를 지닌다. 미디어 콘텐츠의 양적·외적 다양성 확보가 다양성 가치가 추구하는 목표들을 충족하는 데 긍정적으로 작동할지에 대해서는 누구도 장담할 수 없다. 이에 새로운 미디어 환경에 적합한 새로운 미디어 다양성의 가치를 모색해야 할 필요성이 대두되는 것이다.

2) 미디어 다양성의 정의

미디어 다양성은 선택 가능한 미디어의 수가 많고, 특정 미디어의 이용이 집중되어 있지 않은 상태로 정의된다(방송통신위원회, 2014). 이 정의에 따르면 미디어 플랫폼이 증가하고 있는 현재의 미디어 시장 상황은 자연스럽게 미디어 다양성이 증가하는 방향으로 발전하고 있는 것으로 볼 수 있다. 그러나 단순히 선택 가능한 미디어의 수가 많다거나, 이용자들의 이용이 분산되어 있다고 해서 미디어 다양성의 가치가 실현되었다고 보기는 어렵다. 앞서 언급한 것처럼 다양한 의견이 교류될 수 있는 공론장의 형성, 문화적 다원성의 실현은 이러한 외형적인 조건이 만족되었다고 해서 자동적으로 달성될 수 있는 것이 아니기 때문이다. 따라서 단순히 사전적 의미에 의존해 미디어 다양성을 정의하기보다는 미디어 다양성의 가치와 철학, 현상을 좀 더 다양한 관점에서 고찰한 후 다양한 함의를 담아낼 수 있도록 광범위한 개념 정의를 도출할 필요가 있다.

미디어 다양성은 여러 차원에서 정의되는데, 와일드만과 오웬(Wildman·Owen, 1985)은 다양성의 차원을 접근의 다양성, 내용의 다양성, 사상의 다양성으로 제안한다. 접근의 다양성은 사상의 기본 토대로서 미디어가 사회현상에 대해 다양한 관점을 배제하지 않는 것을, 내용의 다양성은 수용자에게 제공되는 프로그램 유형의 다양성을, 사상의 다양성은 다양한 이념과 비판이 제공되는 것을 의미한다.

시장의 요구에 맞추어 이용자가 원하는 다양한 콘텐츠가 제공되는지 혹은 다원적 사회를 발전시키기 위해 필요한 공익적 콘텐츠가 다양하게 제공되는지에 따라 미디어 다양성의 개념은 반영적 다양성reflective diversity과 개방적 다양성open diversity으로 구분되기도 한다(Van der Wurff·Culienburg, 2001). 반영적 다양성은 수용자들의 기호와 시장 요구에 맞춰 주변의 다양한 의견과 주제가 미디어에 잘 반영되고 있는지에 대한 평가이고, 개방적 다양성은 수용자의 욕구와 상관없이 공익적 관점에서 다양한 내용이 시청자들에게 제공되고 있는가에 대한 평가다(유의선, 2009). 이러한 정의에 따른다면 반영적 다양성은 상업적 다양성으로, 반영적 다양성은 공익적 다양성으로 각각 명명할 수 있다.

한편 나폴리(Napoli, 2001)는 원천 다양성source diversity, 소유권 다양성ownership diversity, 내용 다양성content diversity의 세 가지 다양성을 언급한다. 원천 다양성은 정보 생산자의 다양성(미디어 인력의 지역, 성별, 교육 배경 등의 다양성)을, 소유권 다양성은 매체 소유 구조의 다양성을, 내용 다양성은 장르나 관점의 다양성을 의미한다.

유럽연합EU의 미디어 다양성 정책을 살펴보면, 다양성의 차원은 소유, 정보원, 콘텐츠의 3개 차원으로 구분된다. 소유 다양성과 정보원의 다양성은 앞서 나폴리의 분류에서 언급되었던 소유권 다양성 및 원천 다양성과 유사한 개념이며, 콘텐츠 다양성은 접근 가능한 콘텐츠의 다양성을 의미한다. 콘텐츠 다양성은 다시 외적 다양성과 내적 다양성으로 구분되는데, 외적 다양성은 독립된 미디어가 상호 경쟁할 수 있는 여건을 조성하는 것이며 내적 다양성은 각 미디어별로 내용상의 다양성을 확보하는 것이다(고주현, 2015).

정두남과 심영섭(2012: 147~149)은 공급원의 다양성, 내용물의 다양성, 노출의 다양성, 이용의 다양성의 네 가지 층위로 구분해 다양성을 개념화한다. 공급원의 다양성은 다양한 공급자가 존재하는 것으로서 소유 구조와 제작 인력의 다양성이 여기에 해당한다. 내용의 다양성은 다양한 사상과 관점, 문화, 장르, 지역 등이 반영되는 것을 의미한다. 노출의 다양성은 다양한 채널과 플랫폼을 통해 이용자가 프로그램에 접근하는 수평적 다양성과 동일한 채널 안에서 다양한 프로그램과 콘텐츠에 접근하는 수직적 다양성을 포함한다. 마지막으로 이용의 다양성은 이용자가 특정 미디어 혹은 특정 장르에 얼마만큼 의존하고 신뢰하는지에 관한 것으로서 이용 시간, 장소, 채널, 플랫폼,

상품 등에 대한 측정을 통해 평가할 수 있다.

　다양성 개념에 관한 그동안의 여러 논의들을 종합해보면, 미디어 다양성의 차원은 구조, 공급원, 내용, 이용의 차원으로 구분해볼 수 있다. 구조적 차원의 다양성은 미디어기업의 소유 구조가 얼마나 다원화되어 있는지, 그 결과 미디어기업에서 경쟁이 어느 정도 보장되는지를 의미한다. 공급원의 다양성은 미디어 콘텐츠를 기획하고 제작하고 유통하는 주체의 수가 얼마나 많은지, 그 결과 다양한 집단에 속해 있는 우리 사회 구성원의 의견과 취향을 고루 반영할 수 있는 조건이 갖춰져 있는지와 관련이 있다. 내용의 다양성은 미디어 시장에서 공급되는 콘텐츠들이 얼마나 다양한 장르, 포맷, 소재, 주제, 관점, 의견을 담아내고 있는지에 관한 것이다. 내용 다양성은 다시 상업적 다양성과 공익적 다양성으로 나누어볼 수 있는데, 상업적 다양성은 시장에서 요구되는 콘텐츠가 수적으로 충분히 제공되며 그 결과 얼마나 다양한 형식과 취향의 콘텐츠가 제공되고 있는지에 관한 것이다. 반면에 공익적 다양성은 시장의 논리에 의해 제공되지 못하는 소수 취향의 콘텐츠와 공익적 콘텐츠가 수적으로 얼마나 많이 제공되고 있는지, 그 결과 미디어 시장에서 소외되는 사회 구성원이 발생하지 않고 다원성이 실현되는지를 뜻한다. 마지막으로 이용의 다양성은 이용자들이 얼마나 다양한 미디어 콘텐츠를 다양한 방식으로 이용하고 있는지에 관한 것이다. 이는 다시 이용자 개개인의 이용 행태에 대한 내적 다양성과 이용자 집단 전체의 이용 행태에 대한 외적 다양성으로 나뉜다. 내적 다양성은 한 명의 개인 이용자가 얼마나 다양한 콘텐츠를 고루 이용하는지를 뜻하며, 외적 다양성은 이용자 집단 전체의 이용 행태를 살펴보았을 때 이용이 특정 콘텐츠에 집중되지 않고 고르게 분산되어 있는지의 정도를 의미한다.

3) 미디어 다양성의 가치와 미디어 정책

미디어는 우리 사회에서 중요하게 논의되어야 할 이슈가 무엇인지를 제안하고, 어떤 관점에서 그러한 이슈들을 생각하고 판단해야 할지와 관련해 정보와 비판, 해설을 제공하는 기능을 수행한다. 우리 사회의 구성원들이 의견과 가치관을 형성해나가는 데 중요한 영향을 미치는 것이다. 이렇듯 미디어 기업은 단순히 콘텐츠를 제작하고 유통함으로써 이윤을 추구하는 행위를 넘어서서 우리 사회의 규범과 관습, 가치관을 형성하는 데 지대한 영향을 미치고 있다. 따라서 미디어의 기업 행위는 단순한 이윤 추구 행위를 넘어서서 공익성, 공정성, 독립성, 균형성 등의 가치를 실현하기 위한 과정이 되어야 한다. 미디어와 관련한 많은 규제와 정책들은 바로 이러한 논리에서 기인하며, 미디어 다양성 개념은 바로 이러한 이유로 미디어 정책 과정에서 중요하게 취급되어왔다. 즉, 미디어는 사회 구성원들의 다양한 선호, 취향, 관점, 의견 등을 고루 담아내고, 다양한 가치들이 서로 자유롭게 소통될 수 있는 장을 마련함으로써, 궁극적으로 사회 구성원들이 결속하고 통합할 수 있는 기반을 마련해야 한다는 사회적 책무를 부여받고 있는 것이다.

맥퀘일(McQuail, 1992)은 미디어 다양성의 긍정적 효과로 세 가지를 언급한다. 사회 구성원의 문화, 의견, 취향의 차이를 반영한다는 점, 다양한 관점을 반영함으로써 사회 통합 및 문화 정체성 증진에 기여한다는 점, 이용자 선택권의 확대 및 경쟁으로 인해 콘텐츠 품질이 향상된다는 점이다. 그가 언급한 바와 같이 미디어 다양성은 다양한 정보와 의견의 교류를 통한 민주적 공론장을 형성할 수 있는 토대를 제공한다는 차원에서 민주주의의 기초가 되는 가치로 이해된다. 심영섭(2011)은 이러한 맥락에서 미디어 사업자에 대한 규제가 "다양한 의견과 관점이 여론 형성 과정에서 자유롭게 상정되고 논의되어, 다양한 집단의 공론이 하나의 사회적 합의로 이끌어질 수 있도록 하기 위한 것"이라고 지적한다. 또한 문화적인 차원에서 미디어 다양성은 계층, 지역, 성별, 연령, 종교 등 다양한 사회경제적 배경을 가진 개인들의 취향을 존중하고 이해관계를 반영함으로써 문화적 표현의 다원성을 확보할 수 있는 기반이 되기도 한다. 즉, 미디어를 통해 다양한 의견이 자유롭게 교환될 수 있어야 하고, 특정한 의견을 가진 사람들에 의해 미디어가 독점되어서는 안 되며, 미디어 이용으로부터 소외되는 집단이 없어야 한다는 것이 다양성 정책의 근간이 되는 철학이라고 할 수 있다.

이러한 미디어 다양성 가치를 실현하기 위한 미디어 정책을 살펴보면 미디어다양성위원회, 여론집중도조사위원회, 방송 프로그램 제작 지원 등을 들 수 있다. 첫째, 미디어다양성위원회는 '방송법' 제35조에 의거해 매년 방송사의 시청점유율을 조사하고 그 결과를 공표한다. 이 결과는 방송사업자의 재허가와 재승인 심사 등에 반영하며, 시청점유율이 30%를 초과할 경우 방송사업 소유 제한, 방송광고 시간 제한, 방송시간 일부 양도 등의 제재 조치를 명령할 수 있다. 둘째, 여론집중도조사위원회는 '신문 등의 진흥에 관한 법률' 제17조에 따라 설치 및 운영된다. 여론집중도조사위원회는 매년 신문, 텔레비전 방송, 라디오 방송, 인터넷 뉴스 등 여론 형성 과정에 영향을 미치는 4대 매체에 대한 여론집중도조사를 실시하고 있다. 조사 결과를 토대로 미디어의 과도한 집중을 막고 미디어의 다양성을 실현할 수 있는 정책 대안이 제시된다. 마지막으로 '방송통신발전기본법' 제12조에 의해 운영되는 방송사업자의 프로그램 제작 지원이다. 제작 지원은 경쟁력 강화 우수 프로그램과 다양성 강화 우수 프로그램을 대상으로 이루어지는데, 이 가운데 다양성 강화 우수 프로그램은 공공·공익 우수 프로그램, 어린이 프로그램, 해외 우수 프로그램 더빙, 국내 우수 프로그램 자국어 자막 등으로 세분화되어 공익적 다양성 구현에 기여한다.

독일에서도 우리의 미디어다양성위원회 정책과 유사한 다양성 보호 정책을 도입하고 있는데, '방송국가협약' 제26조에 따른 방송사업자의 시청점유율 상한선 제한 규정이 그것이다. 시청점유율 규제를 통해 방송시장에서 내용의 다양성과 소유의 다양성을 보장하고, 결과적으로 의견의 다양성을 보호하려는 것이다. 구체적으로 살펴보면, 시청점유율 30%를 초과하거나 25% 초과이지만 인접 미디어 시장에서 시장지배적 사업자인 경우 의견 다양성을 침해하는 것으로 본다(심영섭, 2011).

지금까지 미디어 다양성의 가치와 의미에 대한 기존 논의 및 미디어 다양성 보장을 위한 정책을 간단히 살펴보았다. 논의를 토대로 미디어 다양성의 가치를 정치적·사회적·문화적 차원 및 이용자 복지의 차원에서 다음과 같이 정리해볼 수 있다.

먼저, 미디어는 다양한 의견이 교환되는 자유로운 여론 형성의 장을 제공함으로써 민주주의의 발전에 기여해야 할 의무를 갖는다. 미디어가 특정한 정치적 견해를 가진 주체에 의해 독점된다면, 미디어 시장에서 다양한 정치적 의견이 소통되기 어려워진다. 미디어 시장에서 특정 정치적 견해가 지나치게 강조되거나 혹은 주류와는 다른 정치적 견해가 다루어지지 않는다면, 여론 형성 과정의 왜곡이 발생하게 될 것이다.

둘째, 미디어 다양성 가치는 성, 연령, 인종, 지역, 견해, 사상 등을 이유로 사회 구성원들을 차별해서는 안 된다는 사회적 함의를 담고 있다. 누구든지 다른 사람과 다르다는 이유로 미디어에서 차별받아서는 안 된다는 것이다. 미디어는 사회 구성원 모두를 동등하게 취급하는 미디어 다양성 가치를 실현함으로써 궁극적으로 사회 통합에 기여할 수 있다.

셋째, 미디어 다양성은 다양한 문화를 고루 반영함으로써 문화적 다양성을 구현해야 한다. 사회 구성원들의 다양한 취향과 욕구를 반영하고 문화적으로 다양한 콘텐츠를 제공해야 하며, 미디어 이용자들에게는 이를 자유롭게 누릴 권리가 있다. 문화적 다양성은 미디어가 내용 면에서 다양하고 참신한 소재와 주제를 다루는 동시에 형식 면에서 새롭고 창의적인 포맷을 도입하려 노력하는 과정을 포함한다. 문화적 다양성은 궁극적으로 창의성의 원천이며, 우리 사회에 문화적 풍성함을 가져다주는 중요한 가치라고 하겠다.

마지막으로 미디어 다양성 가치의 의의는 이용자 차원에서 선택을 확대한다는 점에 있다. 미디어 시장에 다양한 콘텐츠들이 제공된다 하더라도 자본의 논리에 의해 선택이 제한되거나 일부 이용자들에게 차별적으로 제공된다면 이용 차원의 다양성이 구현되었다고 보기 어렵다. 이용자들이 다양한 미디어 콘텐츠를 쉽게 이용할 수 있는 보편적 접근이 보장되는 동시에, 이용자들이 스스로가 원하는 콘텐츠가 무엇인지 자신에게 필요한 콘텐츠가 무엇인지 선별할 수 있는 능력을 갖추어야 할 것이다. 결국 이용자 차원에서 미디어 다양성 가치가 실현되기 위해서는 미디어 시장의 다원화를 넘어서서 다양한 미디어를 활용하고 즐길 수 있는 이용자들의 역량이 함께 요구된다 하겠다.

4) 멀티 플랫폼 시대의 미디어 다양성

앞서 3항에서 미디어 다양성의 정의와 가치, 정책적 의미에 대해 살펴보았다. 구조, 공급원, 내용, 이용 차원의 미디어 다양성 정의와 정치, 사회, 문화, 이용 차원에서 살펴본 미디어 다양성의 가치가 멀티 플랫폼 시대에도 여전히 같은 의미를 가질까? 근본적으로 미디어 다양성의 정의와 가치가 크게 달라지지는 않을 것이다. 미디어 다양성 개념이 갖는 근본적인 의미와 지향하는 바는 새로운 시대가 열리더라도 변화될 수 없는 근원적이고 본질적인 속성을 갖기 때문이다. 그럼에도 불구하고 멀티 플랫폼 시대는 여러 가지 면에서 미디어 환경에 큰 변화를 초래하고 있기 때문에 미디어 다양성 개념의 정의와 구조, 적용에서도 자연스럽게 수정이 요구된다.

미디어기업의 수가 증가함에 따라 미디어 시장에서의 경쟁이 커지고 있으며, 이에 따라 구조 및 공급원 차원의 다양성은 적어도 외적인 측면에서는 증가하는 것으로 보인다. 그러나 개념적인 의미의 구조 및 공급원 다양성이 실질적인 의미에서 의견 및 취향의 다양성을 담보하는지에 대해서는 좀 더 면밀한 검토가 필요하다. 구조 및 공급원 차원의 다양성 확대는 미디어 시장에서 제공되는 콘텐츠의 다양성에도 긍정적인 영향을 미친다. 적어도 상업적 다양성의 차원에서 내용적 다양성의 외연이 확대될 것으로 예상된다. 그러나 이러한 외연상의 변화가 공익적 다양성으로까지 이어질지에 대해서는 다소 회의적이다. 따라서 멀티 플랫폼 시대에는 상업적 다양성보다는 공익적 다양성에 좀 더 주목하고, 이의 실현을 위한 다양한 산업적·정책적 노력이 수반되어야 할 것이다.

이용 차원의 다양성이 어떻게 변화될지를 예측하는 일은 좀 더 복잡하다. 제공되는 콘텐츠가 다양해짐에 따라 이용자 개개인이 콘텐츠를 더 다양하게 이용하게 될지, 혹은 자신이 선호하는 관점과 취향의 콘텐츠만을 선택적으로 이용하게 될지 단언하기 어렵다. 또한 이용자 집단 전체를 살펴보았을 때, 특정 관점과 취향의 콘텐츠 이용에 집중될 것인지 혹은 다양한 관점과 취향의 콘텐츠를 고루 이용할 것인지 예측하기 어렵다. 가장 낙관적인 시나리오는 이용자 개개인이 콘텐츠의 풍요를 다양하게 누리는 동시에 이용자 집단은 다양한 콘텐츠로 분산될 것이라는 예측이고, 가장 비관적인 시나리오는 이용자 개개인은 특정 유형의 콘텐츠를 집중적으로 이용하는 경향을 보이는 동시에 이용자 집단 역시 특정 유형의 콘텐츠 이용에 집중될 것이라는 예측이다. 어떤 시나리오가 멀티 플랫폼 시대의 미디어 이용 행태를 더 정확하게 예측하게 될지 확인하기 위해서는 향후 더 많은 관찰과 분석이 요구된다.

한편 미디어 다양성의 가치는 멀티 플랫폼 시대에도 여전히 의미를 갖는다. 정치적·사회적·문화적 차원에서 미디어 다양성이 구현해야 할 가치는 미디어 환경의 변화에도 불구하고 지속적으로 유지되어야 하는 근본적인 가치이기 때문이다. 그러나 미디어 다양성에 대한 개념 정의가 수정되어야 하는 것과 같은 맥락에서 미디어 다양성 가치에 대한 의미 부여도 어느 정도 수정이 필요하다. 먼저, 다양한 정치적 관점과 견해가 소통될 수 있도록 하는 정치적 차원의 다양성은 플랫폼 수의 증가와 더불어 자연스럽게 증가할 수 있는 여건을 갖추게 될 것이다. 그러나 다양한 정치적 관점과 견해가 미디어 시장에서 균형 있고 공정하게 다루어질 것인가의 문제는 여전히 해결해야 할 과제로 남아 있다. 단순히 양적인 차원이 아니라 질적인 차원에서 정치적 다양성의 가치가 실현되고 있는지 점검해야 하는 것이다. 둘째, 사회 구성원을 차별하지 않고 동등하게 다루어야 한다는 사회적 다양성의 가치는 콘텐츠의 양적인 크기와 반드시 비례하지 않는다. 수많은 콘텐츠가 넘쳐날수록 사회 구성원 중에서도 주류에 속하는 특정 계층의 의견과 취향이 더 중요하게 반영될 가능성이 크다. 멀티 플랫폼 시대의 사회적 다양성 가치는 풍요로운 미디어 환경 속에서 소외되는 구성원들을 어떻게 포용할 것인가의 문제가 될 것이다. 셋째, 문화적 다양성도 같은 맥락에서 자연스럽게 증가할 것으로 예상된다. 더 많은 콘텐츠가 미디어 시장에 존재한다면, 더 많은 문화적 요구를 반영할 가능성이 훨씬 높아진다. 그러나 다양한 문화적 취향과 욕구를 반영하는 콘텐츠가 존재한다 하더라도 그것이 비슷한 질적 수준을 담보하지 못한다면, 그리고 접근과 이용의 차원에서 불평등하다면, 진정한 의미에서 문화적 다양성이 실현되었다고 말할 수 없다. 또한 수많은 콘텐츠들이 창의적인 아이디어를 담아내지 못하고, 새롭고 창의적인 포맷을 발전시키지 못한다면 문화적 풍성함이라는 다양성의 목표는 실현되기 어려울 것이다. 마지막으로 이용의 차원에서도 비슷한 맥락의 설명이 가능하다. 새로운 미디어 환경이 이용자들에게 더 많은 선택의 가능성을 제공할 것은 분명하다. 다만 이용자 개개인이 편향적인 선택을 하게 된다면 이용자 개인 차원의 내적 다양성은 실현되기 어렵다. 또한 콘텐츠의 성격에 따라 이용자 집단이 구분되고 각 집단이 특정 유형의 콘텐츠를 집중적으로 이용한다면, 선택의 가능성이 커진 풍요로운 미디어 환경은 다원주의를 구현하기보다는 사회 구성원 간의 단절을 초래할 것으로 우려된다. 이용자 개개인이 현명하게 미디어를 이용할 수 있는 능력media literacy을 갖추고, 미디어가 사회 구성원 간 소통의 도구로 활용될 수 있을 때, 이용 차원의 미디어 다양성 가치가 실현될 수 있을 것이다.

이와 같이 미디어 콘텐츠와 플랫폼의 수가 증가하고 있는 상황에서 양적·외적인 의미의 미디어 다양성은 자연스럽게 증가하고 있다고 할 수 있으며, 이전까지 통용되어오던 기존의 미디어 다양성 가치에 수정이 요구된다. 미디어 환경 변화로 인해 미디어 다양성에 대한 기존의 개념 정의 및 평가 방식에 변화가 필요한 것이다. 이 글의 목적은 멀티 플랫폼 시대에 미디어 다양성 개념의 정의가 어떻게 달라질지, 미디어 다양성의 가치는 어떻게 변화할지, 미디어 다양성 정책이 지향해야 할 방향은 무엇인지, 미디어 다양성과 관련해 어떤 연구들이 이루어져야 할지 등을 모색하고자 하는 것이다. 이러한 논의를 위해 다음 절에서는 구조·내용·이용 차원의 미디어 다양성에 대해 점검하고, 구조·내용·이용의 다양성이 서로 어떻게 영향을 주고받는지에 대한 기존 연구들을 살펴보고자 한다. 이를 토대로 멀티 플랫폼 시대의 미디어 다양성에 전망해보고, 향후 미디어 다양성에 관한 연구 및 정책 방향을 제안할 것이다.

2. 미디어 다양성의 차원

앞서 미디어 다양성에 대해 정의하면서 구조, 공급원, 내용, 이용으로 그 차원을 구분한 바 있다. 그런데 이 중에서 구조 다양성과 공급원의 다양성은 유사한 차원으로 이해되곤 한다. 미디어기업의 소유 주체와 미디어 콘텐츠의 공급 주체가 일치하는 경우가 많기 때문이다. 따라서 여기에서는 구조와 공급원의 의미를 모두 포함하여 좀 더 넓은 의미에서 구조 다양성의 개념으로 다루고자 한다. 다음에서는 구조·내용··이용 차원의 다양성이 어떻게 정의되고 측정되는지를 구체적인 측정 사례와 함께 살펴본다.

1) 구조 다양성

구조적 차원의 미디어 다양성은 다양한 콘텐츠가 제작 및 유통될 수 있는 시장구조가 갖추어져 있는지의 여부와 관련이 있다. 미디어 콘텐츠 제작 및 유통과 관련한 기업의 소유권이 얼마나 분산되어 있는지, 미디어 시장에 얼마나 많은 수의 플랫폼이 존재하는지 등이 그것이다. 공급자의 수, 플랫폼의 수, 시장점유율 지표 등은 구조적 차원의 다양성을 측정하는 데 적용되는 자료다. 이런 자료들을 활용하여 집중도Concentration Ratio: CR 지수 혹은 허핀달-허시만 지수Herfindahl-Hirschman Index를 계산해 집중의 정도, 즉 다양성의 정도를 분석하게 된다. 구조 차원의 다양성을 살펴보는 데 있어서 채널이나 플랫폼 자체의 증가보다는 소유 구조가 어떻게 변화하고 있는지를 살펴보는 것이 더 중요하다. 채널이 많다 하더라도 다수 채널을 독점하는 미디어기업이 존재할 경우, 특정 장르(취향, 관점)의 콘텐츠를 집중적으로 제공해 콘텐츠 다양성이 낮아질 수 있기 때문이다. 박주연과 전범수(2009)는 미디어 시장의 사업자 매출 규모를 중심으로 집중도를 추정해 경쟁의 정도를 살펴봄으로써 구조 차원의 다양성을 측정한 바 있다. 이들에 따르면 신문시장은 전국지를 중심으로 집중화되어 있으며, 방송시장은 지상파 위주의 소수 사업자를 중심으로 과점되어 있다. 이러한 집중 경향은 통합 시장에서는 다른 양상을 보이는데, 신문-방송 통합 시장에서는 상위 사업자의 시장집중도가 감소하는 경향이 있다. 또한 신문-방송-인터넷 통합 시장에서는 미디어 산업이 분산된 구조를 보이고 있는 것으로 나타났다.

이와 유사한 구조 다양성 측정의 사례로서, 방송시장에서 상위 3개 방송사(KBS 계열, MBC 계열, SBS 계열)의 시장점유율 집중도(CR₃)를 확인해보았다. 특히 지상파 방송 3사의 수직 결합이 구조 다양성과 어떤 관련이 있는지 확인하기 위해서, 결합사업자의 매출액을 포함해 각 방송사의 방송사업 매출액 점유율을 산출한 수치를 활용했다. 구체적인 수치는 방송통신위원회에서 발행한 2013년과 2015년, 2017년, 2018년『방송산업 실태조사 보고서』의 자료를 활용했다. 표 6.1에는 결합사업자인 지상파 방송 3사의 2011년부터 2017년까지의 시장점유율이 방송사업 매출액을 중심으로 정리되어 있다. 표를 통해 알 수 있듯이 KBS, MBC, SBS 등 방송 3사는 수직 결합을 통해 방송시장에서 사업매출액의 절반 이상을 점유하고 있다. 그런데 2011년 12월 종합편성채널이 등장한 이후 점유율은 점차 줄어드는 경향을 보인다. 2011년 61.8%이던 3사의 점유율은 2017년 49.1%로 감소했다. 이러한 변화에는 다

표 6.1 ▎지상파 방송 3사의 수직 결합과 시장점유율(%)

구분	결합사업자 계열 방송채널 사용사업 법인	방송사업 매출액 점유율						
		2011	2012	2013	2014	2015	2016	2017
KBS	케이비에스엔	27.3	25.7	24.5	23.6	23.6	23.1	22.7
MBC	㈜엠비씨플러스, ㈜엠비씨넷	16.8	15.05	15.3	14.7	15.0	15.0	12.9
SBS	에스비에스바이아컴(유), ㈜에스비에스플러스	17.7	17.4	16.9	17.7	14.2	14.6	13.6
3사 매출액 점유율 합계(CR₃)		61.8	58.1	56.8	55.9	52.7	52.7	49.1
전체 시장		100.0	100.0	100.0	100.0	100.0	100.0	100.0

주: SBS의 경우 합병 등으로 인해 시기별로 계열 방송채널 사용사업 법인이 달라짐. 이 표에서는 2017년 12월 기준의 계열 법인을 제시함.
자료: 방송통신위원회(2013, 2015, 2017, 2018) 재구성.

양한 원인이 있겠지만, 종합편성채널의 등장이 2012년이라는 점을 감안할 때, 새로운 채널의 등장이라는 미디어 시장의 변화가 구조적 차원에서의 집중도를 낮추는(다양성을 높이는) 결과를 초래한 것으로 해석해볼 수 있다.

구조 다양성에 관한 규제, 즉 미디어 소유 주체의 다양성을 확보하기 위한 규제로는 방송사업자의 지분보유 제한, 교차소유 제한, 방송사업자 간 겸영 제한 등을 들 수 있다. '방송법' 제8조 및 '인터넷멀티미디어방송사업법' 제8조를 살펴보면 이에 관한 내용을 찾아볼 수 있다. 먼저 '방송법' 제8조에 따르면 누구든지 지상파 방송 및 종합편성채널, 보도전문편성채널의 주식 또는 지분의 40%를 초과해 소유할 수 없다.[1] 대기업과 일간신문, 뉴스통신 사업자는 지상파 방송의 주식 또는 지분의 10%를, PP의 주식 또는 지분의 30%를 초과해 소유할 수 없다. 또한 구독률이 20% 이상인 일간신문은 지상파 방송, 종합편성채널, 보도전문편성채널의 주식 또는 지분을 소유할 수 없다. '인터넷멀티미디어방송사업법' 제8조에도 IPTV와 관련해 이와 유사한 법 규정이 명시되어 있다. 신문사 또는 뉴스통신사는 IPTV의 주식 또는 지분의 49%를 초과해 소유할 수 없으며, 대기업과 신문사, 뉴스통신사 등은 IPTV 콘텐츠 사업자의 주식 또는 지분의 49%를 초과해 소유할 수 없다. 이러한 일련의 구조 규제들은 콘텐츠를 제작하고 유통하는 공급원의 주체를 다원화함으로써 내용 및 이용의 다양성을 확보하기 위한 제도다.

2) 내용 다양성

내용적 차원의 미디어 다양성은 다양한 주제와 소재, 형식을 담은 콘텐츠

---

1 국가 또는 지방자치단체, 방송문화진흥회법에 의해 설립된 방송문화진흥회가 소유하는 경우 및 종교의 선교를 목적으로 하는 방송사업자에 출자하는 경우는 예외다.

가 수용자들에게 제공되고 있는지의 여부와 관련된다. 미디어 콘텐츠의 장르·포맷·취향·관점·의견·사상·소재·주제의 다양성이 이에 해당한다. 전통적으로 내용 다양성의 측정은 보도·교양·오락 등 다른 기능을 가진 프로그램을 고루 편성하고 있는지에 관한 것, 즉 장르 다양성을 중심으로 이루어져왔다. 이 외에도 장애인, 여성, 지역 등 방송 미디어에서 소외되는 계층을 위한 프로그램을 고루 편성하고 있는지의 여부, 즉 시청 대상의 다양성 역시 다양성 측정에서 중요한 부분을 차지한다. 이 밖에 미디어가 다양한 의견과 관점을 고루 다루고 있는가 하는 의견 다양성 역시 내용 차원의 다양성 측정에서 매우 중요하다. 다양한 장르의 콘텐츠, 다양한 계층을 대상으로 하는 콘텐츠가 제공된다 하더라도, 사회 구성원들의 다양한 입장과 이익을 대변할 수 있는 다양한 관점과 의견이 제공되지 않는다면 진정한 의미에서 다양성 가치가 구현되었다고 할 수 없기 때문이다.

이렇게 다양한 요소들을 중심으로 언급되어왔던 내용 차원의 미디어 다양성은 크게 형식과 내용, 관점의 차원으로 다시 세분화된다. 형식의 차원은 다양한 장르와 포맷의 콘텐츠가 수용자에게 제공되고 있는가를, 내용의 차원은 미디어 콘텐츠가 얼마나 다양한 소재와 주제를 다루고 있는가를, 관점의 차원은 미디어 콘텐츠가 얼마나 다양한 의견과 사상, 취향을 반영하고 있는가를 각각 의미한다. 다양성에 관한 기존 연구들을 살펴보면 형식 차원의 다양성을 실증적으로 분석한 연구들은 많이 찾아볼 수 있지만 내용 차원에서 다양성을 분석한 연구는 상대적으로 많지 않다. 성욱제(2012)의 논문에서는 국내 미디어 다양성 연구에 대한 메타분석을 실시했는데, 80편의 논문 중 62편은 공급 차원, 8편은 이용 차원, 10편은 공급과 이용 차원의 다양성을 다루고 있었다. 즉, 순수한 의미에서 '내용 다양성'을 다룬 연구는 거의 없었는데, 이러한 분석 결과에 대해 그는 내용 다양성이 풀기 어려운 문제이기 때문이라는 이유를 든다. 관점과 아이디어는 시대와 상황에 따라 바뀔 수 있는 속성을 지녔으며, 다양성을 측정하는 것이 매우 어렵기 때문에 현실적으로 내용 다양성을 분석하고 평가하기 힘들다는 것이다.

다음에서는 강형철(2007)의 「탐사보도 프로그램의 내용 다양성에 관한 연구」 및 윤영철 등(2015)의 「의견 다양성을 통해 본 언론매체의 이념적 지형도」라는 제목의 논문을 통해 내용 다양성의 측정과 평가 사례를 간단히 살펴보도록 하겠다. 먼저, 강형철(2007)의 연구에서는 주제 및 등장인물의 분포를 중심으로 다양성 지수HHI를 산출해 탐사보도 프로그램의 내용 다양성을 분석했다. 1994년부터 2002년까지의 탐사보도 프로그램의 HHI 변화를 산출했는데, 시기별로 큰 변화 없이 지속적으로 비슷한 수준의 다양성 수준을 유지하고 있는 것으로 나타났다. 즉, 케이블 방송의 도입(1995년)이나 위성방송 개시(2002년) 등의 경쟁 요인이 탐사보도 프로그램의 다양성에 주목할 만한 영향을 미치지 않았다. 윤영철 등(2015)의 연구에서는 언론 미디어를 중심으로 관점(의견 및 이념)의 차원에서 다양성을 직접 측정하고 국내 언론사들의 다양성 수준을 지표로 분석해 제시하고 있다. 관점 다양성viewpoint diversity이란 미디어 콘텐츠가 사회 각계각층의 다양한 의견을 반영하고 있는 정도를 의미한다(유의선, 2009: 51). 이 연구에서는 관점 다양성을 내적 다양성과 외적 다양성으로 구분한다. 내적 다양성은 개별 언론사가 얼마나 다양한 관점과 의견을 다루는가, 즉 언론사 내의 의견 다양성을 의미하며, 외적 다양성은 각 언론사의 이념적 위치가 얼마나 고르게 분포되어 있는가, 즉 언론사 간 이념적 지향점의 다양성을 의미한다. 이들의 연구에 따르면 국내 언론사들의 내적 다양성은 대체로 유사한 수준이며 방송사의 내적 다양성이 신문사보다 다소 높았다. 또한 방송의 외적 다양성은 크지 않은 반면 신문의 경우 다양한 이념적 지형을 보이는 언론사가 존재했다. 특히 인터넷 뉴스의 경우 극단적인 보수·진보 성향을 보이는 언론사들이 발견되었으며, 그 결과 외적 다양성이 높은 것으로 나타났다.

내용 다양성을 확보하기 위한 규제로는 편성 규제와 채널구성 규제, 그리고 내용심의 규제가 있다. 먼저 '방송법' 제5조 및 제6조에 따르면, 방송은 국민의 화합과 민주적 여론 형성 등을 위해 지역, 세대, 계층, 성별, 신념, 인종 등에 있어 차별을 두지 않아야 하며 갈등을 조장해서는 안 된다.[2] 또한 '방송법' 제69조에는 다양성 가치 구현과 관련한 방송사의 책무에 대한 내용이 제시되어 있다. 방송사업자는 방송 프로그램을 편성함에 있어 공정성·공공성·다양성·균형성·사실성 등에 적합하도록 해야 한다('방송법' 제69조 제1항). 그리고 종합편성을 하는 방송사업자는 정치·경제·사회문화 등 각 분야의 사항이 균형 있게 표현될 수 있도록 해야 하며('방송법' 제69조 제2항), 보도와 교양, 오락 프로그램이 조화를 이루도록 편성을 해야 한다('방송법' 제69조 제3항). 또한 국내 제작 프로그램을 일정 비율 이상 편성하고('방송법' 제71조), 외주제작 프로그램 역시 법에서 정한 비율 이상을 편성해야 한다('방송법' 제72조).

한편 채널 간 외적 다양성을 보장하기 위해 채널의 구성에 있어서 다양성을 확보하도록 규정하고 있는데, DMB 사업자는 특정 방송 분야에 편중되지 않고 다양성이 구현될 수 있는 편성을 해야 한다는('방송법' 제70조 제1항) 내용이 그것이다. 또한 특정 방송 분야로 편중되는 것을 방지하고 다양성을 구현하기 위해 지상파, 공공, 종교, 장애인, 공익 채널 등을 반드시 포함하도록 채널의 구성과 운영을 제한하고 있다('방송법' 제70조 제3항, 제4항).

---

2 '방송법' 제5조(방송의 공적 책임) ② 방송은 국민의 화합과 조화로운 국가의 발전 및 민주적 여론 형성에 이바지해야 하며 지역 간·세대 간·계층 간·성별 간의 갈등을 조장하여서는 아니 된다. '방송법' 제6조(방송의 공정성과 공익성) ② 방송은 성별·연령·직업·종교·신념·계층·지역·인종 등을 이유로 방송 편성에 차별을 두어서는 아니 된다. 다만, 종교의 선교에 관한 전문편성을 행하는 방송사업자가 그 방송 분야의 범위 안에서 방송을 하는 경우에는 그러하지 아니 하다. ⑤ 방송은 상대적으로 소수이거나 이익 추구의 실현에 불리한 집단이나 계층의 이익을 충실하게 반영하도록 노력하여야 한다.

방송 심의를 통해서 내용 차원의 다양성을 확보하기 위한 노력이 이루어지기도 하는데, '방송 심의에 관한 규정' 제7조 10항에는 "방송은 다양한 의견과 사상을 적극적으로 다루어 사회의 다원화에 기여하여야 한다"고 적시되어 있다. 이 밖에 제31조 '문화의 다양성 존중' 조항에는 "방송은 인류 보편적 가치와 인류문화의 다양성을 존중하여 특정 인종, 민족, 국가 등에 관한 편견을 조장하여서는 아니 되며, 특히 타민족이나 타문화 등을 모독하거나 조롱하는 내용을 다루어서는 아니 된다"라는 내용이 포함되어 있다.

3) 이용 다양성

이용 차원의 다양성은 미디어의 이용이 특정 콘텐츠나 플랫폼, 채널에 집중되지 않고 다양하게 분산되어 있는지를 의미한다. 콘텐츠가 얼마나 다양하게 노출되었는가의 '노출 다양성', 콘텐츠가 얼마나 다양하게 소비되고 있는가의 '소비 다양성'으로 명명되기도 한다. 이용 다양성의 측정은 이용자 규모의 도달률·점유율을 통해 측정할 수 있다. 측정의 단위는 장르, 관점, 채널/플랫폼 등이 다양하게 적용된다. 장르 단위에서 살펴보면 이용자들이 다양한 장르의 콘텐츠를 고루 이용하고 있는가를 의미하며, 관점의 차원에서는 다양한 관점의 콘텐츠들이 여러 이용자들에 의해 분산 이용되고 있는지를 뜻한다. 또한 채널/플랫폼 단위에서는 다양한 채널과 플랫폼의 콘텐츠를 다양하게 이용하고 있는지를 의미한다.

여론집중도조사위원회(2016)의 뉴스 이용집중도는 이용 차원의 다양성 측정의 사례다.[3] 표 6.2에는 여론집중도위원회 보고서에 제시된 집중도 지수가

---

3 미디어 다양성과 미디어 집중, 이 두 개념은 종이의 양면과도 같은 의미를 지닌다. 이 때문에 성욱제(2010)의 연구에서는 미디어 다양성을 실증적으로 측정하고 분석하는 일이 어렵

표 6.2 | 매체별 및 매체 합산 뉴스 이용의 다양성(집중도)

집중도 지수	신문	TV	라디오	인터넷 뉴스	매체 합산
1	조선일보	KBS	MBC	네이버	네이버
2	중앙일보	MBC	KBS	다음	KBS 계열
3	동아일보	TV조선	SBS	네이트	조선일보 계열
CR_3	54.4	51.8	76.8	85.2	44.1
HHI	1229	1539	2490	3638	988

자료: 여론집중도조사위원회(2016).

제시되어 있다. CR_3[4]를 기준으로 각 매체별 집중 수준을 살펴보면 인터넷 뉴스의 집중도가 가장 높고 그다음은 라디오, 신문, TV의 순이다.[5] 즉, 달리 말하면 뉴스 이용의 차원에서 TV가 가장 다양성 수준이 높고, 그다음은 신문, 라디오, 인터넷 뉴스의 순이라고 할 수 있다. 한편 HHI를 기준으로 각 매체 이용의 집중 수준을 살펴보면 인터넷 뉴스, 라디오, TV, 신문의 순으로 나타나 CR_3와는 순위가 다소 다르다. CR_3가 상위 3개 언론사의 집중 정도를 의미하는 반면 HHI는 전체 언론사들의 점유율 분포를 근거로 산출되기 때문에

다는 이유를 들어, '미디어 다양성'의 문제를 '미디어 집중'의 문제로 치환해 논의를 전개한 바 있다. 같은 맥락에서 임정수(2004)는 미디어 다양성 대신 '미디어 집중현상'이라는 개념을 적용하면서, 그 하위 차원으로서 경제적 집중현상(소유 채널 수, 수입, 생산량, 수용자의 크기), 콘텐츠 집중현상(콘텐츠 포맷, 아이디어), 수용자 집중현상(프로그램 단위, 채널 단위)을 제안했다.

4 CR_3는 가장 규모가 큰 상위 3개 언론사가 전체 뉴스 이용에서 차지하는 비율을 뜻한다.

5 인터넷 뉴스 부문에서 분석 단위를 결정하는 데 있어 네이버, 다음 등 포털 서비스를 언론사로 볼지의 여부에 대해 논란이 있을 수 있다. 여론집중도조사 보고서에서는 포털 서비스를 뉴스를 제공하는 언론사로 보는 경우 및 언론사로 보지 않는 경우를 구분해서 집중도 지수의 수치를 제시하고 있다. 포털 서비스를 언론사로 보는 경우에 그렇지 않은 경우보다 집중도 지수가 높게 나타난다. 여기에서는 포털 서비스를 언론사로 보는 경우의 수치만을 제시했다.

이들 두 지표에 근거한 집중 수준에 대한 평가는 다르게 나타날 수 있다. 한편 각 매체별 뉴스 이용 점유율을 합산하여 이용집중도를 산출한 결과도 표에 제시되어 있는데, 각 매체별로 살펴보았을 때보다 집중도가 낮아지는, 즉 다양성이 높아지는 것을 확인할 수 있다.

이용자들의 미디어의 이용 행위 자체를 규제하는 것은 현실적으로 거의 불가능한 일이다. 그러나 미디어의 사후적 성과라 할 수 있는 시청점유율을 근거로 다양성을 확보하기 위한 규제제도가 존재한다. 미디어다양성위원회의 시청점유율 규제가 그 대표적인 예다. 앞에서 언급한 것처럼 미디어다양성위원회는 방송사업자의 시청점유율을 조사 및 산정하고('방송법' 제35조의4), 특정 방송사업자의 시청점유율이 30%를 초과할 경우 방송통신위원회는 해당 방송사를 대상으로 방송사업 소유 제한, 방송광고 시간 제한, 방송시간의 일부 양도 등의 조치를 취할 수 있다('방송법' 제69조의2). 특히 신문과 방송을 겸영하는 사업자에 대해서는 신문 영향력을 시청점유율로 환산해 합산한 합산 영향력 지수를 적용함으로써, 방송뿐만 아니라 신문시장까지 포괄해 여론의 다양성을 보장하기 위한 장치를 두고 있다. 이러한 규제제도는 미디어 이용 행위에 대한 행태 규제로 볼 수 있는데, 최근에는 소유 규제·진입 규제 중심의 구조 규제에서 사후적 행위를 근거로 하는 행태 규제로 패러다임의 무게 중심이 이동하고 있는 추세다(정두남·심영섭, 2012에서 재인용).

3. 구조-내용-이용 다양성의 관계

앞서 제2절의 2항에서는 다양성의 차원을 구조, 공급원, 내용, 이용의 4개 차원으로 제안한 바 있으며, 3항에서는 구조와 공급원 차원을 하나로 묶어 구조, 내용, 이용 다양성의 정의와 측정 사례, 규제제도에 대해 살펴보았다.

그림 6.1 ▌ 미디어 다양성의 차원

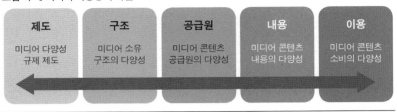

제도	구조	공급원	내용	이용
미디어 다양성 규제 제도	미디어 소유 구조의 다양성	미디어 콘텐츠 공급원의 다양성	미디어 콘텐츠 내용의 다양성	미디어 콘텐츠 소비의 다양성

이러한 논의들을 토대로 다양성의 차원을 조금 더 확장하면, 제도-구조-공급원-내용-이용 차원으로 제안할 수 있다(그림 6.1 참고). 미디어 다양성을 확보하기 위한 규제제도는 구조, 공급원, 내용 등에 다양한 방식으로 영향을 미치지만, 그중에서도 미디어 시장의 구조와 공급원 다양성에 가장 직접적으로 영향을 미친다. 또한 미디어기업의 소유 구조의 다양성은 미디어 콘텐츠를 제작·유통하는 공급원의 다양성과 밀접한 관련이 있다. 미디어 콘텐츠의 공급원이 다양하다면 콘텐츠의 내용이 다양해질 것으로 기대되며, 이러한 내용의 다양성은 다시 소비의 다양성으로 연결될 가능성이 높다. 물론 이들이 선형적, 일방향으로만 영향을 미치는 것은 아니며, 사람들이 다양한 콘텐츠를 이용하게 되면(이용 다양성) 미디어기업은 더욱 다양한 소재와 형식의 콘텐츠를 제작할 동기를 갖게 되는 등(내용 다양성) 반대 방향으로 영향을 미치기도 한다. 미디어 다양성은 이렇듯 하나의 연결고리 속에서 어느 한 부분이 변화하면 다른 부분이 영향을 받는 방식으로 유기적인 구조 속에서 끊임없이 변화해나가는 것으로 이해할 수 있다.

여러 차원의 다양성이 서로 어떻게 관련되어 있는지에 대해서는 기존 연구에서 많은 관심을 가져왔다. 주로 정책적인 목적에서 한 차원의 다양성을 규제함으로써 다른 차원의 다양성이 어떻게 달라질지를 예측하기 위한 연구들이 대부분이다. 그런데 여러 차원의 다양성 간의 관계를 역동적으로 분석한 연구는 거의 찾아볼 수 없으며, 구조 다양성과 내용 다양성, 내용 다양성과 이용 다양성 간의 관계에 대한 분석이 대부분이다. 다음에서는 기존 연구들에서 구조-내용, 내용-이용 다양성의 관계에 대해 어떠한 분석 결과를 도출했는지 살펴보고자 한다. 이와 함께 멀티 플랫폼 시대의 주요 이슈라고 할 수 있는 구조 다양성과 콘텐츠 품질의 관계, 그리고 다양성 규제가 실질적인 다양성에 미치는 영향 등에 대해 논의할 것이다.

1) 구조 다양성과 내용 다양성

방송에서 채널의 증가는 방송시장 구조의 중요한 변화다. 방송시장에서 채널의 등장이 실제 프로그램의 내용 다양성에 미치는 영향에 관한 기존 연구들을 살펴보면, 방송사의 수가 많아질수록 프로그램의 다양성이 커진다는 연구 결과와 채널의 증가로 인해 특정 유형, 취향, 관점의 프로그램이 많아지기 때문에 궁극적으로는 내용의 다양성을 저해한다는 연구 결과가 혼재한다. 1970년대 미국의 방송시장을 배경으로 하는 연구들을 살펴보면, 여러 논문들이 방송시장에서 경쟁이 증가할 때 시청자들에게 제공되는 프로그램의 내용 다양성이 증가한다고 주장한다(Greenberg · Barnett, 1971; Litman, 1979; Dominick · Pearce, 1976). 이후 애트워터(Atwater, 1984)의 연구에서도 뉴스 프로그램을 대상으로 구조 다양성과 내용 다양성 간의 관계를 분석했는데, 방송국의 수가 많아질수록 뉴스 프로그램에서 다루는 뉴스 아이템의 수가 증가하는 것으로 나타났다. 이와 달리 국내 연구들에서는 케이블 방송의 도입으로 채널이 증가하면서 지상파 방송의 장르별 편성 다양성이 줄어들거나(이은미, 2001), 프라임 타임대의 장르 다양성이 줄어드는 것으로 분석되었다(임성원·구세희·연보영, 2007). 2000년대 이후 국내에서 이루어진 여러 연구들에서도 경쟁의 증가가 다양성에 부정적인 영향을 미치는 것으로 나타났다(박소라, 2003; 박소라·양현모, 2006; 유승관, 2003; 정인숙, 2007). 공영방송 중심의 소수 채널 환경에 상업방송이 들어오면서 프로그램의 수는 양적으로 증가했지만 제공되는 프로그램의 유형, 취향, 의견 등은 오히려 집중되는 경향이 발견된 것이다. 특히 상업방송사는 다양한 프로그램을 제공하는 것보다는 높은 시청률로 수익을 극대화하는 데 더 큰 관심을 갖기 때문에 인기 있는 특정 장르와 포맷의 프로그램을 집중적으로 더 많이 제작하는 경향이 있고, 따라서 결과적으로 채널의 증가는 내용 다양성의 증가에 기여하지 못한 것으로 해석된다.

이처럼 구조 다양성과 내용 다양성의 관계에 관한 기존 연구들은 서로 상반된 연구 결과들을 도출하고 있다. 이에 관해 유의선(2009: 48)은 지금까지의 소유 규제와 다양성에 관한 연구는 메타분석을 통해 양 변인 간의 상관성을 개략적으로 유추할 수 있지만, 다양성에 영향을 미치는 다른 주요 변인들이 간과되거나 무시되어 결국 소유자의 다원화가 미디어의 다양성과 어떤 합리적인 인과관계를 갖고 있는지 입증하는 데는 실패했다고 지적한 바 있다.

한편 최근 국내 방송시장의 큰 변화 요소 중 하나인 종합편성채널의 등장은 구조적 차원의 다양성 증가를 의미한다. 이러한 구조 다양성의 증가가 방송시장에서 내용 다양성의 증가로 이어졌는지에 대해 몇몇 실증적 연구가 이루어졌다. 드라마 장르에 국한해 포맷 다양성을 분석한 연구에 따르면(한국콘텐츠진흥원, 2014), 종합편성채널의 등장 및 드라마 자체 제작 PP(tvN, OCN 등)의 확대는 드라마의 장르, 대상 시청자층, 방송횟수와 방송시간, 제작비 규모 등 포맷 요소의 여러 차원에서 다양성을 증가시킨 것으로 나타났다. 또한 예능 콘텐츠를 대상으로 하는 다른 연구에서도 종합편성채널 등장 이후 지상파와 tvN, 종합편성채널 등은 예능 콘텐츠를 편성하는 데 있어 각기 다른 차별화 전략을 추구하는 경향이 있으며, 그 결과 전반적으로 다양성이 증가한 것으로 분석되었다(표시영·유세경, 2016). 송인덕(2016)의 연구에서도 종합편성채널 등장 이후 주요 방송채널이 주시청 시간대에 제공하는 프로그램 장르의 수직적·수평적 다양성이 증가했으며, 이와 더불어 시청자의 노출 다양성도 증가한 것으로 나타났다. 이와 달리 종합편성채널의 등장이 방송시장에서의 내용적 다양성에 별 영향을 미치지 못했다는 연구 결과도 있다. 조은영과 유세경(2014)은 종합편성채널 개국 이후 방송뉴스 보도의 다양성을 분석했는데, 주제의 다양성, 취재의 다양성, 관점의 다양성 차원에서 지상파 채널과 종편 채널 간에 유의미한 차이가 나타났지만 그 차이가 크지는 않았다. 이들은 종합편성채널의 등장이 보도의 다양성을 제한적으로 증가시켰다는 결론을 도출하고 있다. 조익환과 이상우(2012)는 종합편성채널 등장 이후 지상파 방송 3사 프라임타임의 다양성 및 종합편성 4개 채널의 다양성을 분석했는데, 지상파 방송 3사는 종합편성채널 등장 이후 다양성에 별 변화가 없거나 오히려 감소했다. 종합편성채널 역시 전체 방송시장에서의 다양성에 기여하지 못하고 지상파 방송과 동일한 장르의 프로그램을 집중 편성하고 있었다.

한편 경제학적 접근을 통해 구조 다양성과 내용 다양성의 관계를 분석한 연구들도 있다. 힐러 등(Hiller, Savage and Wandman, 2015)은 혼합 로짓 모형Mixed Logit Model을 적용해 시장구조와 미디어 다양성의 관계를 분석했는데, 독립 방송사의 수가 줄어들면 미디어 다양성 차원의 시청자 복지가 감소하는 것으로 나타났다. 김원식과 이상우(2006)도 공급의 다양성이 내용의 다양성을 담보하는지 확인하기 위해 경제적 모형 분석을 시도했는데, 소유 규제의 완화가 미디어의 다양성에는 기여하지만 그것이 내용의 다양성으로까지 연결되지는 않는 것으로 나타났다.

이와 같이 소수 채널·다채널 등 미디어 환경에 따라서, 예능·드라마·보도 등 장르에 따라서, 그리고 분석 방법에 따라서 구조 다양성과 내용 다양성의 관계에 대해 다른 결론이 도출되는 경향을 발견할 수 있다. 기존 연구들이 다른 결과를 도출하는 이유는 크게 세 가지로 설명이 가능하다. 첫째는 시장 환경의 차이다. 1970년대 미국 방송시장은 지상파 채널 위주의 소수 채널 구조였으나, 2000년대 이후 한국의 시장은 케이블 등 유료방송이 이미 도입된 이후 다수 채널이 경쟁하는 구조다. 소수 채널 상황에서 경쟁 증가가 갖는 의미와 다수 채널 상황에서 경쟁 증가가 갖는 의미가 다르게 나타난다고 볼 수 있다. 둘째, 연구 결과의 차이는 경쟁에 대한 조작적 정의에서 비롯되기도 한다. 경쟁은 주로 채널의 증가로 정의되는데, 어떤 연구에서는 전체 시간대를 대상으로 하고, 또 다른 연구에서는 프라임타임을 대상으로 분석하기도 한다. 전체 시간대를 대상으로 할 경우 채널 증가가 다양성 증가에 긍정적인 영향을 미치지만, 프라임타임대로 한정할 경우 채널 간 편성 경쟁이 극대화됨으로써 오히려 다양성이 감소되는 결과를 가져오기도 한다. 셋째, 내용 다양성에 대한 개념 정의에 따라 연구 결과가 다르게 나타나기도 한다. 장르나 포맷을 중심으로 다양성을 보았을 때는 경쟁이 증가한다는 결과가 도출되기 쉬우나 소재·주제·의견의 다양성으로 분석했을 경우 경쟁이 오히려 감소하기도 한다.

지금까지 살펴본 것처럼 구조적 차원의 경쟁 증가가 반드시 내용의 다양성을 보장하지는 않지만, 최근의 연구들 특히 종합편성채널 등장 이후의 데이터를 분석한 몇몇 연구들에서는 경쟁 증가가 어느 정도 내용 다양성의 증가와 관련이 있는 것으로 나타났다. 하지만 이들 연구는 주로 콘텐츠의 장르, 포맷, 서비스 방식 등 외형적인 차원의 다양성에 주로 관심을 가져왔다는 특징이 있다. 이러한 외형적 차원의 내용 다양성 확보가 취향과 관점의 다양성이라는 질적인 차원의 다양성으로 연결될지에 대해서는 더 많은 연구가 이루어져야 할 것이다.

김원식과 이상우(2006)는 미디어 소유 집중과 콘텐츠 다양성의 상관관계가 명확히 밝혀지지는 않았다고 지적하면서, 복수의 플랫폼을 소유한 독점적 사업자는 최대 이윤을 얻기 위해 자발적으로 다양한 유형의 콘텐츠를 제공하게 된다고 지적한다. 구조적인 수준에서 독점 기업이 다양한 내용의 콘텐츠를 제공할 수도 있는 것이다. 반면 다수의 경쟁하는 기업이 존재하더라도 지나친 경쟁으로 인해 유사한 장르 및 포맷의 콘텐츠를 제공할 수도 있다. 따라서 구조적인 수준에서 다양성 조건(경쟁 구조)을 갖추는 것이 반드시 내용 차원의 다양성을 보장한다고 볼 수는 없다. 오히려 과점 상태에서 적정 수준의 경쟁이 발생할 때 양질의 다양성이 구현될 수도 있다. 단, 이러한 과점 상태의 이상적 다양성을 구현하기 위해서는 과점 기업에 대한 적정 수준의 다양성 책무를 부과하는 제도적 장치가 뒷받침되어야 할 것이다.

최근의 플랫폼 다변화 경향은 기존 연구에서 다루었던 '채널 증가'와는 성격이 다른 혁신적인 변화이며, 따라서 플랫폼 다변화라는 구조적 변화가 미디어 콘텐츠의 내용 다양성에 미치는 영향은 예전과는 다른 양상으로 나타날 것으로 예측된다.

2) 내용 다양성과 이용 다양성

앞에서 살펴본 것처럼 2012년 말 종합편성채널이 등장하면서 장르, 포맷, 소재 등 적어도 형식적인 차원에서 내용 다양성이 증가하고 있다. 이러한 내용 다양성의 증가는 과연 자연스럽게 이용 다양성의 증가로 이어지고 있을까? 이를 확인하기 위해 최근 주요 채널의 시청점유율 변화 추이를 살펴보았다. 그 결과가 그림 6.2에 제시되어 있다. 그림에서 볼 수 있듯이 종합편성채널의 등장 이후 지상파 및 지상파 PP 채널의 시청점유율은 점차 감소하는 반면 종합편성채널의 시청점유율은 점차 증가하는 경향을 보인다. 지상파 3사 계열의 시청점유율은 종합편성채널 등장 이전 71.9%에서 이후 2013년에는 64.2%로 줄어드는 등 7.7%p가 감소했다. 결과적으로 시청점유율을 중심으로 살펴보았을 때 종합편성채널이 방송시장 전체의 이용 다양성을 증가시켰다고 할 수 있다. 이는 지상파 계열 채널 시청의 일정 부분이 종합편성채널

그림 6.2 | 주요 채널의 시청점유율 변화 추이

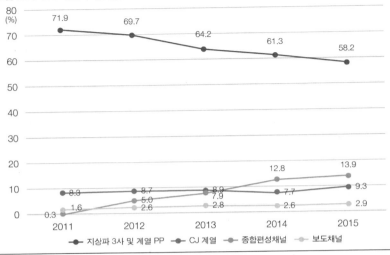

자료: 방송통신위원회(2016).

로 이동한 결과라고 할 수 있다. 종합편성채널의 등장은 내용 다양성의 증가
를 초래했으며, 이는 다시 이용의 다양성 증가로 연결된 것으로 설명할 수 있
다. 즉, 미디어 시장에 콘텐츠 제공 기업이 많아지고(구조 다양성), 그에 따라
제공되는 콘텐츠의 수가 많아지면(내용 다양성), 채널별 이용 점유율(이용 다
양성)은 낮아지게 된다고 하겠다. 적어도 외형적인 수치에 따르면 구조 다양
성과 내용 다양성, 이용 다양성은 서로 영향을 주고받는다고 볼 수 있다.

그러나 구조 다양성과 내용 다양성이 이용자들 수준에서 이용의 다양성으
로까지 연결되지 못할 것이라고 보는 시각도 있다. 제작 주체가 다양하고 그
결과 다양한 내용의 콘텐츠가 제공된다 하더라도 선택적이고 경제적인 이용
을 추구하는 이용자들의 이용 다양성을 보장할 수는 없다는 것이다(정영호,
2013). 이용자들은 채널 수가 늘어나면서 프로그램 선택의 폭이 커지더라도
자신이 선호하는 프로그램 장르만을 선택해서 시청할 가능성이 동시에 증가

하기 때문에(Youn, 1994), 오히려 이용 다양성이 감소할 가능성이 있다는 것이다. 특히 이용자 개인의 차원에서 볼 때, 다양한 콘텐츠가 제공되는 환경은 자신이 선호하는 유형·취향·관점의 콘텐츠를 선택적으로 이용하는 것을 더욱 용이하게 한다. 이용자들이 편식적인 이용 행위를 추구한다면, 개인 단위에서 이용 다양성은 감소할 수밖에 없는 것이다. 따라서 구조 및 내용의 차원에서 미디어 다양성이 구현된다 하더라도 그것이 보다 궁극적인 다양성 정책의 지향점이라 할 수 있는 이용의 다양성으로까지 연결되기 위해서는 또 다른 차원에서 정책적 노력이 요구된다고 하겠다.

3) 구조 다양성과 콘텐츠 품질

멀티 플랫폼 시대에는 콘텐츠를 공급하는 제작 주체와 콘텐츠를 유통하는 플랫폼 사업자가 많아지면서 미디어의 구조 다양성이 자연스럽게 증가할 것으로 예측된다. 이러한 미디어 환경 변화와 더불어 콘텐츠의 품질이 어떻게 변화할지에 대한 관심도 함께 높아지고 있다. 구조 다양성의 증가는 콘텐츠의 품질과 어떠한 관계가 있을까? 구조적 차원에서의 다양성 증가는 콘텐츠 시장에서의 경쟁을 극대화하고 그 결과 좀 더 경쟁력 있는 고품질의 콘텐츠가 대량으로 공급될 수 있을까? 혹은 과도한 경쟁으로 인해 선정적이고 자극적인 콘텐츠의 공급이 증가하게 될까? 이러한 질문들이 제기되는 것이다.

이에 답하기 위해 종합편성채널 등장 이후 콘텐츠 품질 평가지수[KI]의 변화를 확인해보았다. 콘텐츠 품질 평가지수는 시청자들이 직접 시청한 프로그램에 대해 품질을 평가한 것으로서, 콘텐츠의 질적 성과를 측정할 수 있는 여러 척도 중 하나이다. 표 6.3에서 볼 수 있는 것처럼 프로그램 공급원의 증가(종합편성채널의 도입)와 함께 기존 방송사의 품질 평가지수는 낮아지는 경향을 보인다. 새로운 채널이 도입됨에 따라 경쟁이 심해지면서, 기존의 방송사

표 6.3 ┃ 프로그램 품질 평가지수 변화 추이

	2011	2012	2013	2014	2015	2016	2017	2018
KBS1	7.54	7.53	7.48	7.48	7.47	7.34	7.34	7.29
KBS2	7.23	7.29	7.21	7.16	7.13	7.15	7.12	7.06
MBC	7.12	7.08	7.07	7.07	7.02	7.11	7.10	7.13
SBS	7.18	7.22	7.16	7.13	7.09	7.18	7.25	7.16
TV조선	-	6.85	6.89	6.90	6.89	6.89	7.00	7.00
JTBC	-	7.06	6.91	7.14	7.34	7.65	7.72	7.41
채널A	-	7.31	7.15	7.05	7.06	7.09	7.09	7.16
MBN	-	6.85	6.93	6.96	7.00	6.91	7.00	7.02

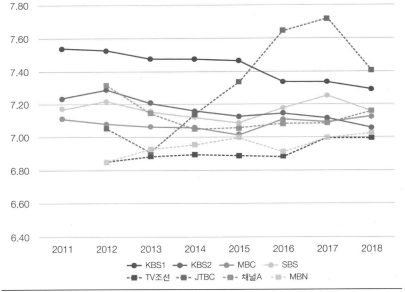

자료: 정보통신정책연구원(2014, 2018).

들은 고품질의 전략보다는 선정적이고 자극적인 소재의 저품질 전략을 시도
한 것으로 조심스럽게 추측해볼 수 있다. 한편 새롭게 시장에 등장한 종합편
성채널의 품질 평가지수는 낮은 수준에서 출발하지만 2년 만에 곧 기존 사업
자들과 유사해지고 있다. 특히 JTBC의 경우 시장에 도입된 이후 품질 평가지

수가 계속 높아진 결과 2016년부터는 KBS를 비롯한 지상파 방송보다 더 높은 수치를 기록하고 있다. 미디어 시장에 신규 진입한 사업자들은 대체로 초반에 높은 품질보다는 선정성과 화제성 위주의 콘텐츠 전략을 추구하며, 시장에 자리 잡은 이후 고품질 전략을 추구하는 경향이 있는 것으로 알려져 있는데, 종합편성채널의 전략도 여기에서 크게 벗어나지 않은 것으로 해석된다. 반면 지상파 방송의 품질 평가지수는 종합편성채널이 도입된 2012년 이후 소폭이지만 지속적으로 하락하고 있다. KBS의 경우 이러한 경향이 뚜렷하며, SBS의 경우는 2015년을 기점으로 평가 수치가 다시 높아지고 있다. 이러한 변화 추이 분석을 통해 확인할 수 있는 것처럼, 시장에 새로운 콘텐츠 제공 기업이 등장할 경우 단기적으로 콘텐츠 품질 수준은 전반적으로 하향 평준화될 가능성이 있다. 즉, 구조 다양성의 증가는 전반적인 콘텐츠 품질 제고에 기여하기보다는 궁극적으로 콘텐츠의 품질 저하를 통해 시장에 부정적인 영향을 미칠 가능성이 있다. 그러나 장기적으로 새롭게 진입한 콘텐츠기업이 고품질 전략으로 전환할 경우 시장 전반의 고품질화를 견인할 수 있는 가능성도 함께 존재한다.

플랫폼 다변화와 같은 시장의 변화가 콘텐츠의 품질을 높이는 데 기여한다고 보는 입장도 있다. 미국 시장의 사례를 보면, 2015년 미국에서 제작된 고품질의 시리즈물이 409개인데, 이 중 44개는 스트리밍 서비스(넷플릭스, 아마존 등)가 직접 발주한 것이다. 미디어기업들은 플랫폼 협상력에 기여하는 고품질의 콘텐츠를 확보하기 위해 적극적으로 노력하기 때문에, 미디어 시장에서 플랫폼 서비스 기업의 증가는 궁극적으로 콘텐츠 품질에 긍정적인 영향을 미친다는 것이다(이준웅, 2015). 그런데 국내의 멀티 플랫폼 환경에서 미디어기업의 전략은 미국의 사례와는 조금 달라 보인다. 공격적으로 고품질 전략을 통해 경쟁력 있는 콘텐츠를 확보하기보다는 투자를 최소화하면서 안정적인 수익을 확보하는 전략을 취하는 경향이 더 크기 때문에, 결과적으로 전반적인 콘텐츠 품질은 오히려 하락하는 결과를 초래하는 것이다.

시장의 수요-공급의 원칙에 따르면, 멀티 플랫폼 환경에서 콘텐츠의 품질은 최고 수준의 소수의 고품질 콘텐츠와 유해 정보에 가까운 다수의 저품질 콘텐츠로 양극화될 것으로 예측해볼 수 있다. 소수의 고품질 콘텐츠는 글로벌 시장을 공략해 거대 기업에 의해 제작되는 드라마, 공영 미디어에 의해 제작되는 명품 다큐멘터리 등을 들 수 있다. 이러한 고품질 콘텐츠들은 높은 투자에 따른 이익의 규모가 어느 정도 보장되어 있는 영역에서, 그리고 공영 미디어 등이 기업의 이미지를 제고하거나 공적 책무를 실천하기 위한 목적에서 주로 제작된다. 미디어 시장 전체에서 제작되는 콘텐츠 규모에 비례해서 보았을 때 이러한 고품질 콘텐츠는 소수에 불과하다. 반면 넘쳐나는 플랫폼을 채우기 위해서 제작되는 수많은 콘텐츠들은 대부분 비용 투자를 최소화하면서 이익을 추구하는 콘텐츠들이다. 높은 품질로 승부하기보다는 참신한 아이디어와 새로운 형식으로 시청자들을 설득하는 콘텐츠들이며, 선정적이고 자극적인 내용이 담기는 경우도 적지 않다. 특히 MCN 콘텐츠 등 새로운 플랫폼에서 새롭게 등장하는 콘텐츠의 경우 적정 수준의 품질을 유지하기 위한 제도적 장치가 마련되어 있지 않은 것이 현실이다. 단순히 품질의 높고 낮음을 떠나서, 어린이와 청소년에게 유해한 콘텐츠에 대해서는 적절한 여과 장치가 필요한 시점이다.

4) 규제와 다양성

기존 문헌을 살펴보면 미디어 다양성에 대한 규제제도가 미디어 콘텐츠의 내용 다양성에 미치는 영향에 대한 연구들을 발견할 수 있다. 도미니크와 피어스의 연구(Dominick·Pearce, 1976) 및 오웬의 연구(Owen, 1977)에 따르면 강력한 규제정책은 프로그램 다양성에 긍정적인 영향을 미친다. 즉, 다양성 확보를 위한 소유 규제 및 편성 규제는 실제 프로그램의 내용 및 편성의 다양성에 영향을 미친다. 그러나 다른 몇몇 연구(Le Duc, 1983; Shak, 1990)에서는 규제정책이 실질적인 다양성 증가와 별 관련이 없다는 결과를 도출하기도 한다. 김원식과 이상우(2006)는 경제 추리 모델을 적용하여 규제와 내용 다양성의 관계를 예측했는데, 전송 플랫폼에 대한 규제는 내용 다양성에 영향을 미친다고 볼 수 없으며 PP 사업자에 대한 규제를 통해 콘텐츠 다양성이라는 정책 목표를 달성할 수 있다고 보았다.

미디어 다양성 가치를 실현하기 위한 규제제도는 구조, 내용, 이용의 차원에서 다각적인 방식으로 이루어진다. 그동안의 다양성 관련 규제제도는 소수 채널 환경에서 미디어에 부여된 사회적 책무와 관련이 있다. 소수의 과점적 미디어는 다양한 장르와 형식의 콘텐츠에 다양한 취향과 선호, 관점, 사상 등을 담아내야 한다는 것이 다양성 정책의 주된 목표였다고 할 수 있다. 그렇다면 채널과 콘텐츠가 양적으로 급격히 증가하고 있는 현재의 멀티 플랫폼 시대에도 이러한 다양성 정책은 여전히 유효할까? 다양성을 확보하기 위한 규제 및 정책은 여전히 유지되어야 하는가? 변화되어야 한다면 어떤 방향으로 진화해야 할까?

질문에 답하자면, 먼저 멀티 플랫폼 환경에서도 다양성 정책은 여전히 유효하다고 할 수 있다. 정치 민주주의, 사회 통합, 문화적 다원성, 이용자의 선택권 확대 등 다양성이 추구하는 가치의 중요성이 새로운 미디어 환경에서 가치 절하되어서는 안 되기 때문이다. 그럼에도 불구하고 다양성 가치를 실현하기 위한 방법은 예전과 달라질 수밖에 없다. 콘텐츠 제작 주체의 다원화와 플랫폼의 증가 등 미디어 환경 변화로 인해 양적인 차원, 외형적인 차원에서 다양성이 확대되었다면, 질적인 차원 및 내면적인 차원에서 다양성 가치가 실현될 수 있도록 하는 정책을 더욱 적극적으로 도입할 필요가 있다. 미디어 시장에서 제공되는 콘텐츠의 수가 많아졌다 하더라도 그것이 소수 취향에 소구하는 콘텐츠, 소외계층을 위한 콘텐츠, 공익적 콘텐츠의 확대를 의미하는지에 대한 점검이 필요하다. 또한 수많은 콘텐츠들이 정치적으로 다양한 시각을 담아내고 있는지, 미디어를 통해 목소리를 내는 데 있어서 특정 집단이 소외되지는 않는지, 다양한 콘텐츠들이 궁극적으로 사회 통합에 기여하는지, 다양한 색깔의 문화들을 포용하고 있는지, 이용자들이 실제로 다양한 미디어들을 다양한 방식으로 자유롭게 활용하고 있는지 등이 질적이고 내면적인 의미의 다양성이 될 것이다.

미디어 다양성의 여러 차원 중 구조, 내용, 이용의 차원에서 다양성에 대해 살펴보고, 각 차원의 다양성이 서로 어떻게 영향을 주고받는지에 대해 기존 연구들을 토대로 정리해보았다. 앞서 언급한 것처럼 이러한 여러 차원의 다양성은 규제 → 구조 → 공급원 → 내용 → 이용의 다양성으로 연결되는 선형적인 인과관계가 아니라 각 차원의 다양성이 서로 피드백을 주고받으며 변화하는 역동적이고 순환적인 관계로 이해하는 것이 바람직하다. 채널이나 프로그램의 내용과 형식은 수용자들의 선호도에 따라 달라지고, 이익을 추구하는 미디어는 수용자들의 의견이나 이해를 반영할 수밖에 없기 때문이다(정영호, 2013: 240). 정영호(2013)는 여러 차원의 다양성이 역동적 관계에 있기 때문에 구조적 차원의 규제를 완화하고 내용적 차원의 규제를 적정 수준에서 유지함으로써 산업적 차원의 경쟁을 보장하고 내용 차원의 다양성 가치를 확보할 수 있다고 주장한 바 있다. 다만 규제의 적정 수준은 어느 정도가 적합하며 규제정책을 통해 구현하고자 하는 다양성 가치의 실체가 무엇인지는 시대의 흐름에 따라 달라지는 것이므로, 미디어 환경 변화에 대한 민감한 통찰을 통해 규제의 방향을 제대로 만들어가는 일이 중요하다.

4. 멀티 플랫폼 환경과 미디어 다양성

1) 멀티 플랫폼 시대의 미디어 다양성에 대한 전망

멀티 플랫폼 환경에서 미디어 다양성은 어떻게 변화하게 될까? 콘텐츠의 홍수 속에서 미디어 다양성 가치는 자연스럽게 실현될 수 있을까? 미디어 다양성은 미래 미디어 환경에서 더 이상 중요하지 않은 가치로 잊히게 될 것인가? 새로운 환경에서 미디어가 지향해야 할 더욱 중요한 가치로서 주목받을 것인가? 멀티 플랫폼 시대의 미디어 다양성에 대해 여러 가지 추측이 가능하다. 여기에서는 미디어 다양성의 미래에 대해 긍정적인 관점과 부정적인 관점에서 각각 예측해보고자 한다. 긍정적 관점의 전망을 극대화하고 부정적 관점의 예측을 예방하고 보완하는 방향으로 미디어 다양성 관련 연구가 이루어지고 관련 정책이 입안된다면, 미래 미디어 환경에서 성공적으로 미디어 다양성 가치를 실현할 수 있을 것이다.

먼저 긍정적 관점에서 바라보면, 멀티 플랫폼 환경에서는 많은 수의 기업이 미디어 산업에서 주체로 활동하게 될 것으로 예측된다. 신문, 방송, 라디오 등 고전적인 미디어뿐 아니라 인터넷이나 소셜 미디어 등 뉴미디어가 확산되면서 미디어 산업의 주체가 되는 기업의 수는 기하급수적으로 증가하고 있다. 즉, 구조적 관점에서 콘텐츠를 제작하고 유통하는 주체가 많아지면서 자연스럽게 구조적 다양성, 공급원의 다양성이 증가하게 될 것으로 예측해볼 수 있다. 내용의 차원에서도 다양한 플랫폼의 성격에 맞는 다양한 장르, 포맷, 소재, 주제, 관점의 콘텐츠가 기획·제작·유통되면서 자연스럽게 전체적인 내용 다양성이 증가하는 결과가 초래될 것이다. 또한 다양한 공급원들은 각기 자신들의 관점에서 다양한 이용자들의 취향과 욕구에 부응하는 다양한 콘텐츠들을 제공하려 할 것이다. 즉, 내용적 차원에서도 콘텐츠의 풍요 속에서 자연스럽게 내용 다양성의 가치를 구현할 수 있을 것으로 기대된다. 그리고 미디어 시장에서 제공되는 콘텐츠의 수가 많아지고 콘텐츠를 이용할 수 있는 플랫폼이 다변화되면, 결과적으로 이용자들의 선택권은 더욱 확대된다. 이용자들이 개인의 취향과 여건에 맞춰 다양한 콘텐츠를 선별적으로 이용함으로써 이용 차원의 다양성도 함께 증가하게 되는 것이다.

반면 부정적 관점에서는 멀티 플랫폼 환경에서 플랫폼의 수가 많아진다 하더라도 일부 거대 미디어기업이 여러 플랫폼을 동시에 소유하면서 전체 미디어 시장에서 독점 및 과점적 구조를 형성하게 된다고 본다. 이 경우 구조적 차원에서 실질적인 다양성은 확보되지 않으며 일부 거대 미디어기업으로의 집중이 발생한다. 미디어기업의 숫자가 많다 하더라도, 결국 같은 자본에 의해 소유된다면 구조 다양성 내지 공급원의 다양성이 실현되었다고 보기 힘든 것이다. 내용 다양성의 차원에서 살펴보면, 상업적 동기에 의해 플랫폼이 발전하면서 수요가 적거나 수익 모델이 없는 일부 콘텐츠가 제공되지 않을 우려가 있다. 사회적으로 수요가 큰 포맷, 관점, 주제의 콘텐츠만이 대량 생산됨에 따라 콘텐츠의 풍요 속에서 정작 실체적인 다양성을 찾아보기 어렵게 되는 것이다. 즉, 미디어 시장에서 제공되는 콘텐츠들이 대부분 획일적인 관점, 취향, 사상을 지향한다면 다양성과는 거리가 더 멀어질 뿐이다. 또한 제공되는 콘텐츠의 수가 많아지면서 이용 차원에서도 선택의 범위가 넓어진 것처럼 보이지만, 개인 수용자들이 특정 유형의 콘텐츠를 편향적으로 소비한다면 이용의 다양성은 오히려 감소하게 된다. 집단의 차원에서도 다양한 콘텐츠를 자신의 취향과 욕구에 맞게 다양하게 소비하지 못하고 특정 콘텐츠에 이용이 집중된다면 진정한 의미의 이용 다양성 목표를 달성할 수 없다. 콘텐츠의 풍요 속에서 이용이 세분화·분극화된다면 사회적 커뮤니케이션이 단절될 우려가 존재하며, 이 경우 다양성 가치가 지향하는 정치적 민주주의, 사회적 통합, 문화적 다원성 등의 목표를 달성하기 어려워진다.

2) 멀티 플랫폼 환경에서 미디어 다양성 연구의 방향

멀티 플랫폼 환경은 미디어 산업의 구조, 내용, 이용의 차원에서 많은 변화를 가져올 것이며, 미디어 다양성 연구에도 여러 가지 의미에서 새로운 함의를 던져준다. 향후 미디어 환경 변화와 더불어 미디어 다양성에 관해 어떤 연구들이 이루어져야 할까? 다음에서는 멀티 플랫폼 환경에서 미디어 다양성 연구의 방향을 제안해보고자 한다.

첫째, 예전의 미디어 다양성 가치가 새로운 미디어 환경에서도 지속될지에 대해 새롭게 점검하고 가치를 정립하는 연구가 필요하다. 그동안 다양성 정책의 궁극적 목표는 민주주의의 실현, 사회 통합, 이용자의 선택권 확대, 커뮤니케이션 소외계층의 포용 등이었다. 이러한 가치들은 물론 미디어 환경이 변화한다고 해서 달라지거나 그 중요성이 줄어드는 것은 아니다. 그러나 미디어가 이러한 가치의 구현을 더욱 용이하게 하는 방향으로 진화하고 있는지, 혹은 그 반대 방향으로 나아가고 있는지에 대한 점검은 필요하다. 이러한 점검을 통해 기존의 미디어 다양성 가치에서 더욱 중요하게 강조되어야 할 부분이 무엇이며 수정되어야 할 부분이 무엇인지에 대한 해답을 구할 수 있을 것이다.

둘째, 멀티 플랫폼 시대의 미디어 다양성 개념을 새롭게 정의하고, 하위 구성요소를 정립하는 연구가 요구된다. 이전의 미디어 다양성이 소유 구조, 공급 주체, 장르, 포맷, 관점, 이용의 차원에서 정의되었다면, 미래 미디어 환경에서도 여전히 이러한 개념 정의가 유의미할지에 대한 점검이 필요하다. 단순히 '미디어의 수가 많고 이용이 집중되어 있지 않은 상태'를 넘어서 미래 지향적인 미디어 다양성 가치를 담아낼 수 있는 개념 정의가 이루어져야 할 것이다.

셋째, 미디어 다양성의 가치 정립, 개념 정의와 더불어 미디어 다양성을 어떻게 측정하고 평가할지 방법론적인 차원의 연구도 뒷받침되어야 하다. 미디어 플랫폼이 많아지고, 미디어 콘텐츠의 형식과 소재가 다양해지고, 미디어 이용 행태가 복잡해지면서 구조, 내용, 이용 차원에서 다양성을 측정하는 일이 점점 더 어려워지고 있다. 미디어 다양성을 둘러싼 다면적인 현상에 대한 분석과 검토가 선행되어야 하며, 이를 토대로 미디어 다양성을 평가하고 측정할 수 있는 방법을 제시하는 연구가 요구된다. 빅데이터 분석이나 컴퓨터를 활용한 내용 분석 등과 같은 새로운 연구 방법은 형식적이고 양적인 차원을 넘어선 질적인 차원의 다양성 측정을 가능하게 할 것으로 기대된다.

넷째, 구조, 공급원, 내용, 이용 등 여러 차원의 미디어 다양성 간의 상호관계를 이해하기 위한 실증적인 연구가 누적되어야 할 것이다. 미디어 다양성 가치의 실현을 위해 어떤 제도와 정책이 가장 효율적인지 확인하기 위해서는 여러 차원의 미디어 다양성 간의 역동적인 관계를 파악하는 작업이 선행되어야 할 것이다.

3) 멀티 플랫폼 환경에서 미디어 다양성 정책의 방향

미디어 환경 변화에 따라 미디어 다양성 정책의 방향에도 수정이 불가피하다. 미디어 다양성의 가치, 정의, 측정 방법 등에 관한 일련의 연구들은 미디어 다양성 정책의 방향을 수정하기 위한 기초 작업이 되어줄 것이다. 그렇다면 멀티 플랫폼 환경에서 미디어 다양성 정책은 어떠한 방향으로 수정되어야 할까? 새로운 미디어 환경에서 대두되는 몇 가지 이슈를 중심으로 멀티 플랫폼 환경에서의 미디어 다양성 정책의 방향을 제안해보고자 한다.

먼저, 미디어 환경 변화와 더불어 외적·양적 다양성은 자연스럽게 증가할 것으로 예측되는 반면, 내적·질적 다양성은 오히려 감소할 것으로 우려된다. 미디어기업의 수, 미디어 시장에 제공되는 콘텐츠의 장르나 유형, 이용자들의 콘텐츠 선택권 확대 등이 외적·양적 다양성이라면, 미디어기업의 실질적인 소유 주체의 집중, 미디어 콘텐츠의 관점과 사상, 소수 취향·소외계층 콘텐츠의 제공 여부 등은 내적·질적 다양성에 해당한다고 할 수 있다. 외적·양적 다양성에 집중하다 보면 정말 중요한 미디어 다양성의 가치를 잃게 될 우려가 크다. 미디어 다양성 가치의 지향점을 분명히 하고, 내적·질적 다양성을 제고할 수 있는 미디어 정책이 수립되어야 할 것이다.

둘째, 멀티 플랫폼 환경에서 상업적 다양성(수익 모델에 근거해 이용자들이 요구하는 콘텐츠가 다양하게 제공되는 것)은 시장의 논리에 의해 자연스럽게 달성될 것으로 기대된다. 반면 공익적 다양성(사회적으로 보호되어야 할 다양한 가치와 관점이 제공되는 것)은 시장의 논리에 의해 배제될 가능성이 크다. 따라서 미디어 다양성 정책에서는 향후 외면적으로 드러나는 양적 다양성보다는 미디어 다양성의 실질적인 내용을 풍요롭게 하려는 노력이 더욱 적극적으로 이루어져야 할 것이다. 이를 위해서는 공영 미디어의 역할이 더욱 중요해지며, 그 밖에 독립·대안 미디어의 실질적 지원, 사회적 소수자·약자의 미디어 접근권 확대 등이 실현되어야 한다(남시호, 2010). 상업적 영역에서 제공되지 않는 콘텐츠는 단순히 소수 취향, 지역, 공적 이슈의 콘텐츠에 국한되지 않는다. 이용자들의 잠재된 동기와 욕구에 소구하는 동시에 새로운 소재와 주제, 형식을 담아내는 콘텐츠들을 통해 이용자들에게 다양한 미디어 경험을 제공할 때 진정한 의미의 공익적 다양성이 실현될 수 있다. 그리고 공익적 다양성을 구현하는 과정에서 공영 미디어의 책무와 역할이 더욱 강조되어야 할 것이다(Hoffmann, Lutz, Meckel and Ranzini, 2015).

셋째, 멀티 플랫폼 환경에서는 개별 미디어 내에서의 다양성보다는 여러 플랫폼을 모두 포괄하는 통합된 미디어 시장에서의 다양성을 더욱 중요하게 고려할 필요가 있다. 동일한 콘텐츠라고 하더라도 이용자들은 각각 다른 플랫폼을 통해 이용하기 때문에, 하나의 단일 미디어 시장 안에서의 다양성은 큰 의미가 없다. 통합 미디어 시장의 다양성을 고려하는 정책을 수립하기 위해서는 무엇보다 먼저 다양한 미디어 플랫폼의 속성을 이해하고 전체 미디어 시장의 범위를 결정하는 일이 선행되어야 한다. 이와 더불어 플랫폼을 넘나드는 새로운 미디어 이용 행태를 이해하고, 그러한 이해를 바탕으로 보다 실질적인 의미의 미디어 다양성을 구현할 수 있는 정책을 만들어나가려는 노력이 필요하다.

넷째, 콘텐츠의 수와 콘텐츠를 이용할 수 있는 플랫폼의 수가 지속적으로 증가하면서 미디어 다양성 실현의 조건이 충족되는 것처럼 보이지만, 이로 인해 이용자는 세분화·분극화되고 궁극적으로 이용자 집단 간의 커뮤니케이션 단절이 우려된다. 미디어 다양성 정책의 목표인 민주적 공론장 형성, 다양한 문화적 표현, 소수 계층 보호, 지역문화 보호 등의 가치가 이용의 다양성 차원에서 실현되고 있는지에 대한 세심한 평가와 점검이 요구된다.

참고문헌

서장

Jenkins, Henry. 2006. *Convergence Culture: Where Old and New Media Collide*. New York University Press.

Latour, Bruno. 2005. *Reassembling the Social: An Introduction to Actor-Network-Theory*. Oxford University Press.

Wall, Barbara. 2019. "Dynamic Texts as Hotbeds for Transmedia Storytelling: A Case Study on the Story Universe of The Journey to the West." *International Journal of Communication* 13:2116~2142.

Williams, Raymond. 1974. *Television: Technology and Cultural Form*. Routledge.

제1장

강원택. 2008. 『한국정치 웹 2.0에 접속하다』. 서울: 책세상.

금혜성. 2011. 「정치인의 SNS 활용: 정치적 소통도구로서의 트위터」. ≪한국정당학회보≫, 제10권 2호, 189~220쪽.

김경미. 2006. 「인터넷이 집합행동 참여에 미치는 영향」. ≪한국사회학≫, 제40집 1호.

김용철·윤성이. 2005. 『전자 민주주의: 새로운 정치패러다임의 모색』. 서울: 오름.

매일경제 기획팀·서울대 빅데이터 센터 지음. 2014. 『빅데이터』. 서울: 매일경제신문사.

배영. 2008. 『UCC와 네트워크 사회』. UCC 문화미디어 & 융합기술연구소 세미나 자료집.

백욱인. 2001. 「네트와 사회운동」. 홍성욱·백욱인 엮음. 『2001 사이버스페이스 오디쎄이』. 서울: 창작과 비평사.

송경재. 2009. 「웹 2.0 정치 UCC와 전자민주주의: 정당, 선거 그리고 촛불시민운동의 시민참여를 중심으로」. ≪담론 201≫, 11권 4호, 63~91쪽.

_____. 2010. 「인터넷 시민운동의 양식의 변화와 의미」. ≪사회이론≫, 통권 제38호.

_____. 2011. 「이슈형 사이버 커뮤니티 네트워크의 시민참여: 2008년 촛불시위를 중심으로」. ≪국가전략≫, 17권 2호.

_____. 2014. 「소셜 네트워크 서비스(SNS) 사용자는 참여적인가?: 미국의 정치 참여 유형과 SNS」. ≪한국과 국제정치≫, 제30권 3호, 59~94쪽.

_____. 2015. 「네트워크 사회의 시민참여 변화: 바텀업과 탑다운의 상호작용적 시민참여를 중심으로」. ≪시민사회와 NGO≫, 제13권 1호.

송태은. 2018. 「인공지능의 정보생산과 프로퍼갠더 효과」. 국제문제연구소 워킹페이퍼 No.77.

신진욱. 2008. 『시민』. 서울: 책세상.

아고라폐인들. 2008. 『대한민국 상식사전: 아고라』. 서울: 여우와 두루미.

오택섭. 2018. 『팩트체킹 저널리즘의 최근 연구동향과 과제』. 2018년 사이버커뮤니케이션학회 춘계 정기학술대회 자료집.

윤성이·장우영. 2008. 『청소년 정치 참여 연구: 2008년 촛불집회를 중심으로』. 한국정치학회 건국 60주년 기념세미나 자료집.

이원태. 2007. 「동영상 UCC와 대통령선거: 미국과 한국의 인터넷 캠페인 사례와 쟁점」. ≪사이버커뮤니케이션학회보≫, 제22호, 167~235쪽.

이현우. 2008. 『정치 참여 유형으로서의 촛불집회: 대표성과 변화』. 2008 건국 60주년 기념 공동학술대회, 7~26쪽.

장우영. 2006. 「정치적 기회 구조와 사회운동: '총선연대'와 '노사모'의 사이버액티비즘을 중심으로」. ≪정보화정책≫, 제13권 3호, 49~68쪽.

장우영·송경재. 2010. 「뉴미디어와 ICTs/Leadership 정당: 현대정당의 변화와 지속」. ≪21세기정치학회보≫, 제20집 2호, 1~30쪽.

정연정. 2004. 「영리한 군중(Smart Mobs)의 등장과 디지털 정치 참여」. ≪국제정치논총≫, 제44집 2호, 237~259쪽.

조진만. 2011. 「정보화가 정치 참여에 미치는 효과: 경험적 분석」. ≪한국정치학회보≫, 제45권 4호, 273~296쪽.

조희정. 2011. 「2011년 중동의 시민혁명과 SNS의 정치적 매개역할」. ≪한국정치연구≫, 제20집 2호.

최민재·양승찬. 2009. 『인터넷 소셜미디어와 저널리즘』. 서울: 한국언론재단.

Arterton, Christoper. 1987. *Teledemocracy: Can Technology Protect Democracy?* Newbury Park: SAGE.

Barber, Benjamine. 1998. *A Place for Us: Hoe to Make Society Civil and Democracy Strong.* Hill and Wang.

_____. 2000/2001. "Which Technology for which Democracy? Which Democracy for Which Technology?" *International Journal of Communications Law and Policy, Issue 6.*

Bimber, Bruce. 2003. *Information and American Democracy: Technology in the Evolution of Political Power.* United Kingdom: Cambridge University Press.

Castells, Manuel. 2001. *The Internet Galaxy: Reflections on the Internet, Business, and Society.* Oxford: Oxford University Press.

Chadwick, Andrew. 2006. *Internet Politics: States, Citizens, and New Communication Technologies.* New York & Oxford: Oxford University Press.

Crozier, Michael, Huntington, Samuel & Watanuki, Joji. 1975. *The Crisis of Democracy.* New York: New York University Press

Dalton, Russell. 2009. *The Good Citizen: How a Younger Generation Is Reshaping American Politics*. Washington: CQ Press.

Davis, Steve, Elin, Larry & Reeher, Grant. 2002. *Click on Democracy: The Internet's Power to Change Political Apathy into Civic Action*. Boulder: Westview.

Görig, Carsten. 2011. *Gemeinsam einsam*. 박여명 옮김. 2012. 『SNS 쇼크: 구글과 페이스북 그들은 어떻게 세상을 통제하는가』. 서울: 시그마북스.

Han, Jong-woo. 2012. *Networked information technologies, elections, and politics : Korea and the United States*. 전미영 옮김. 2012. 『소셜 정치혁명 세대의 탄생: 네트워크 세대는 어떻게 21세 기 정치의 킹메이커가 되는가?』. 서울: 부키.

Hardt, Michael & Negri, Antonio. 2005. *Multitude: War and Democracy in the Age of Empire*. 조 정환·정남영·서창현 옮김. 2008. 『다중: 제국이 지배하는 시대의 전쟁과 민주주의』. 서울: 세종서적.

Hill, Kevin A. & Hughes, John E. 1998. *Cyberpolitics: Citizen Activism in the Age of the Internet*. Boston: Rowman & Littlefield Publishers, Inc.

Inglehart, Robert. 1997. "Postmaterialist values and the erosion of institutional authority." in Joseph S. Nye Jr., Philip D. Zelikow & David C. King (Eds.), *Why People don't trust government* (pp.217~236). Cambridge: Harvard University Press.

Kalathil, Shanthi & Boas, Taylor C. 2003. *Open Networks, Closed Regimes: The Impact of the Internet on Authoritarian Rule*. Carnegie Endowment for International Peace.

Kedzie, C. R. 1997. *Communication and Democracy: Coincident Revolutions and the Emergent Dictator's Dilemma*. Santa Monica, California: RAND.

Kling, R. 2007. "What is Social Information and Why Does it Matter?" *The Information Society: An International Journal*, 23(4):205~220.

Kluver, Randolph, Jankowski, Nicholas, Foot, Kirsten & Schneider, Steven. 2007. *The Internet and National Election*. London & New York: Routledge.

Levine, Peter. 2000. "The Internet and Civil Society." *Philosophy and Public Policy*, 20(4).

Loader, Brain. 2007. *Young Citizens in the Digital Age*. New York: Routledge.

MaCaughey, Martha & Ayers, Michael D. 2003. *Cyberactivism: Online Activism in Theory and Practice*. New York: Routledge.

McLuhan, Marshall. 1964. *Understanding Media: Extension of Man*. MA: MIT Press.

Mejias, Ulises. 2011. "The Twiter Revolution, Must Die." http://blog.ulisesmejias.com (2016/08/ 11).

Naisbitt, John. 1982. *Megatrends: Ten New Directions Transforming Our Lives*. USA: Warner Books.

Ndavula, John & Mberia, Hellen. 2012. "Social Networking Sites in Kenya: Trigger for Non-Institutionalized Democratic Participation." *International Journal of Business and Social Science*, 3(13):300~306.

Norris, Pippa. 2011. *Democratic Deficit: Critical Citizens Revisited*. Cambridge: Cambridge University Press.

Painter, Anthony & Wardle, Ben. 2001. *Viral Politics: Communication in the new media era.* London: Politico's Publishing.

Putnam, Robert. 2000. *Bowling Alone: The Collapse and Revival of American Community.* New York: Simon Schuster.

Rheingold, Howard. 2002. *Smart Mobs: The Next Social Revolution.* Perseus. 이운경 옮김. 2003. 『참여군중』. 서울: 황금가지.

Rodan, Farry. 2003. "Embracing electronic media but suppressing civil society: authoritarian consolidation in Singapore." *The Pacific Review,* 16(4):503~524.

Sander, Thomas. 2005. "E-associations? Using Technology to Connect Citizens: The Case of Meetup.com." *Annual meeting of the American Political Science Association.*

Shirky, Clay. 2008. *Here Comes Everybody: The Power of Organizing Without Organizations.* USA: Penguin Books. 송연석 옮김. 2008. 『끌리고 쏠리고 들끓다』. 서울: 갤리온.

_____. 2011. *Cognitive Surplus.* USA: Penguin Books. 이충호 옮김. 2011. 『많아지면 달라진다』. 서울: 갤리온.

Sunstein, Cass. 2007. *Republic.com 2.0.* Princeton University: Princeton University Press.

Tapscott, Don. 2008. *Grown Up Digital: How the Net Generation Is Changing Your World.* McGraw-Hill. 이진원 옮김. 2009. 『디지털 네이티브: 역사상 가장 똑똑한 세대가 움직이는 새로운 세상』. 서울: 비즈니스북스.

Tocqueville, Alexis de. 2004. *Democracy in America.* Library of America.

Toffler, Alvin. 1980. *The Third Wave.* USA: Bantam Books.

제2장

강하연 외. 2012. 「자유무역시대의 방송통신 공익성 규제에 대한 통상차원의 평가 및 시사점」. ≪정보통신정책연구원 기본연구≫, 12.

고민수. 2006. 「방송사업허가제의 정당화논거에 관한 비판적 고찰」. ≪공법학연구≫, 제7권 제1호, 239~266쪽.

김동욱. 2006. 「방송사업자 허가 재허가 관련 방송법 적용사례 분석」. 최병선 엮음. 『실제적인 정책학 교육의 지원과 정부 차원의 정책지식관리체제의 구축을 위한 정책사례 개발연구』. 대영문화사.

김성환·이상우. 2014. 「증분가치 비교에 따른 지상파채널 재송신 대가의 합리적 산정방안」. ≪산업조직연구≫, 제22권 제4호, 171~196쪽.

김재영·강한나. 2007. 「매체균형 발전과 지상파 역차별의 실체」. ≪방송과 커뮤니케이션≫, 제8권 제2호, 59~79쪽.

김정미. 2014. 「시장개방과 융합에 따른 공익성 심사 개선방향 연구」. ≪사이버커뮤니케이션학보≫, 통권 제31권 제1호, 124~162쪽.

김정현. 2011. 「통신시장에서의 진입장벽 평가체계 연구」. ≪안암법학≫, 제34권, 713~758쪽.

김창규. 2005. 『한국방송허가/재허가 제도에 관한 연구』. 방송위원회.

박규장·최세경. 2008. 「한국 방송정책으로서 매체균형발전론에 대한 평가」. ≪한국방송학보≫, 제 22권 제4호, 49~91쪽.

박동욱. 2010. 「융합환경에서의 방송통신사업 분류체계와 진입 규제」. ≪경제 규제와 법≫, 제3권 제2호, 102~122쪽.

배용수. 2006. 『규제정책론』. 대영문화사.

변상규. 2009. 「유료방송 매체를 통한 지상파 재전송의 후생효과연구」. ≪한국언론정보학보≫, 통 권 48권, 63~89쪽.

성욱제. 2013. 「지상파 방송사업 허가·재허가 제도 개선 방안 연구」. ≪방송문화연구≫, 제25권 제1 호, 135~161쪽.

송시강. 2008. 「통방융합 하에서 기업결합의 법적 쟁점」. ≪경제 규제와 법≫, 제1권 제1호, 35~56쪽.

원용진. 1998. 『한국 언론민주화의 진단: 1987-1997년을 중심으로』. 커뮤니케이션북스.

윤석진. 2012. 『원칙허용 인허가 제도 관련 법리적 심화연구를 통한 법령 입안심사 기준의 도출』. 한국법제연구원.

윤성옥. 2011. 「지상파 방송 규제에 관한 비판적 고찰」. ≪언론과 법≫, 제10권 제1호, 29~62쪽.

이상규. 2008. 「지상파채널 재전송의 적정 가격 산정 방안」. ≪사이버커뮤니케이션학보≫, 제25권 제4호, 199~222쪽.

이상우 외. 2000. 「다채널 방송시장에서의 프로그램 접근에 관한 연구: 미국과 한국사례의 비교 분 석」. ≪한국방송학보≫, 통권 제20-1호.

이한영. 2010. 「한국의 방송 서비스 공익성 심사에 관한 고찰 : 미국과 영국의 사례를 중심으로」. ≪통 상정보연구≫, 제12권 제1호, 179~202쪽.

이한영 외. 2009. 「방송통신 융합에 따른 공익성 심사제도의 글로벌 스탠다드 연구」. ≪방송통신위 원회 지정연구≫, 2009-01.

정상철. 2011. 「콘텐츠산업에서의 인수합병(M&A) 사례분석과 시사점」. ≪한국문화관광연구원 기 본연구≫, 2011-5.

정윤식. 2014. 「미디어환경변화와 유료방송 규제체계의 정립」. 한국방송학회 주최 '유료방송법제 통 합의 기본 원칙과 방향' 발표문.

정인숙. 2002. 「1990년 이후 방송사업자 인허가 정책에 대한 평가」. ≪언론정보학보 통권≫, 제18 호, 199~229쪽.

조연하. 2007. 「지상파 방송에 대한 방송 법제와 정책의 허실: 매체특성론적 관점에서의 방송심의의 합리적 차별성」. 언론정보학회 주최 학술대회 발표문, 23~48쪽.

조영신·최민재. 2014. 「미디어환경변화에 따른 미국 방송사업자들의 미래 전략」. ≪방송과 커뮤니 케이션≫, 제15권 제4호.

최병선. 2000. 『정부 규제론』. 법문사.

최세경. 2015. 「누구를 위한 매체균형 발전인가?: 정책목표와 정책도구 간 정합성 분석을 중심으로」. ≪방송과 커뮤니케이션≫, 제16권 제3호, 53~91쪽.

최승필. 2010. 「규제 완화에 대한 법적 고찰: 인·허가 및 신고, 등록제도와 네거티브 규제를 중심으로」. ≪공법학연구≫, 제12권 제1호.

피카드(G. R. Picard)·전범수. 2004. 「방송 산업에서의 진입장벽과 경쟁정책」. ≪방송과 커뮤니케이션≫, 제5-1호, 6~28쪽.

한국개발연구원. 2004. 『진입장벽의 실태분석 및 효과적인 감시·규율방안』. 한국개발연구원.

한병영. 2010. 「시장 진입장벽의 발생원인에 관한 고찰」. ≪경영법률≫, 제21권 제1호, 361~408쪽.

홍기선·황근. 2004. 「방송통신 융합에 대응한 정부 정책 평가: 규제기구간 갈등을 중심으로」. 뉴미디어방송협회 주최 제9회 방송통신포럼 '방송통신 융합의 정책이론과 실제' 발표문.

홍종윤·정영주. 2012. 「지상파 방송 재송신 대가 산정을 위한 손익요인 도출 및 이익형량에 관한 연구」. ≪언론정보연구≫, 제49권 1호, 259~294쪽.

황근. 2003. 「디지털 시대에 대비한 방송법 개정 논의의 방향과 한계: 방송위원회 방송법 개정안 분석을 중심으로」. ≪방송문화연구≫, 제15권 제2호.

_____. 2004. 「위성 DMB 도입 관련 쟁점 분석과 평가」. ≪미디어 경제와 문화≫, 제2권 제2호.

_____. 2005a. 「방송 규제현황과 이슈」. ≪Law&Technology≫, 제1권 제2호.

_____. 2005b. 『유료방송 시장에서의 공정 경쟁과 시청자 복지』. 한국뉴미디어방송협회 정책 자료집, 6~40쪽.

_____. 2007a. 「유료방송시장 콘텐츠 현황 및 평가: 케이블 TV와 위성방송의 채널구성을 중심으로」. 한국언론학회 2007 봄철 정기학술세미나 발표문.

_____. 2007b. 「멀티플랫폼 시대의 콘텐츠 활성화 방안」. ≪방송과 콘텐츠≫, 2007 가을호.

_____. 2008. 「방송 콘텐츠시장의 진입 규제와 쟁점」. 한국방송학회-KISDI 공동주최 'IPTV 콘텐츠 사업 규제제도: 현실과 대안' 세미나 발표문.

_____. 2009. 「유료방송 시장에서의 선순환공정 경쟁 문제: 지상파 재전송과 콘텐츠 동등접근을 중심으로」. ≪정보법학≫, 제13권 제2호, 173~203쪽.

_____. 2013. 「스마트 미디어 시대의 규제체계」. 한국방송학회 봄철 방송학회 발표문.

_____. 2015a. 「유료방송 합산규제 입법평가와 과제」. 한국언론학회 2015 봄철 정기학술대회 특별 섹션 '유료방송 시장점유율 규제의 대체수단 연구' 세미나 발표문.

_____. 2015b. 「SKT-CJ헬로비전 인수합병에 따른 쟁점과 정책과제」. 한국언론학회 주최 '방송통신 플랫폼 간 융합과 방송시장의 변화 : 서비스, 이용자, 그리고 정책적 고려사항' 기획세미나 발표문.

_____. 2016. 「미디어 융합 시대 방송사업 인수·합병 심사제도 개선 방안 연구 '공익성 심사' 제도를 중심으로」. ≪방송과 커뮤니케이션≫, 제17권 제3호, 49~90쪽.

황근·최영묵. 2000. 「사회조합주의 방송정책모델에 관한 연구」. ≪한국방송학보≫, 제14권 제1호, 469~516쪽.

황근·최일도. 2014. 「유료방송시장의 재원배분 구조와 홈쇼핑채널」. 한국방송학회 '유료방송 생태계와 홈쇼핑채널' 세미나 발표 논문.

황근·황창근. 2013. 「미디어 규제 법제와 입법적 쟁점: 방송법상 시장점유율 규제를 중심으로」. 한국언론학회 주최 '디지털환경에서 유료방송 생태계의 주요 쟁점' 특별세미나 발표문.

Barendt, E. 1993. *Broadcasting Law: A Comparative Study*. N.Y.: Clarendon Press.

Binmore, K. 2005. *Natural Justice*. Oxford Univ. Press.

Block, W. B. 1994. *Telecommunication Policy for the Information Age*. M.A.: Harvard Univ. Press.

Dutton, W. H. and Blumler, J. G. 1989. "A Comparative on Information Society." in J. L. Salvagio (ed.). *The Information Society: Economic, Social and Structural Issues* (pp.63~88). N.J.:Lawrence Earlbaum Associates.

Goldman, Calvin S., Gotts, Ilene Knable and Piaskoski, Michael E. 2003. "The Role of Efficiencies in Telecommunication Merger Review." *Federal Communication Law Journal*, 56.

Ingber, S. 1984. "The Marketplace of Idea: A Legitimizing Myth." *Duke Law Journal* (February), pp.1~91.

Slack, J. D. 1984. *Communication Technologies: Conceptions of Causality and the Politics of Technological Intervention*. N.J.: Ablex Publishing.

van Kranenburg, H. 2002. "Mobility and Market Structure in the Dutch Daily Newspaper Market Segments." *Journal of Media Economics*, Vol.15, Issue 2, pp.107~123.

Wallace, H. 1936. "Monopolistic Competition and Public Policy." *American Economics Review*, Vol.26, Issue 1, pp.77~87, Supplement Paper and Proceedings of the Forty-eighth Annual Meeting of the American Economic Association.

Wilson, J. Q. 1980. *The Politics of Regulation*. N.Y.:Basic Books.

제3장

권호영·송민정·한광접. 2015. 『디지털미디어경영론』. 커뮤니케이션북스.

네이버. 2015.6.19. 「넷플릭스의 글로벌 진출 현황」. 인터넷산업연구실 보고서. http://nter.naver. com/naverletter/59886

넷매니아즈(Netmanias). 2012.6.7. 「넷플릭스 자사 전용 CDN을 구축하기 시작!」 [Netflix CDN: Open Connect CDN (Netflix Cache)] http://www.netmanias.com/ko/post/blog/5516/netflix-cdn/ netflix-cdn-open-connect-cdn-netflix-cache

넷플릭스 웹사이트 www.netflix.com

박창헌·송민정. 1999. 『정보콘텐츠 산업의 이해』. 커뮤니케이션북스.

박현수·민준홍. 2015.11.4. 「넷플릭스, 아시아 진출의 의미와 전망」. ≪Issue & Trend≫. 디지에코. KT경제경영연구소.

서기만·장재현. 2012.4.18. 「차세대 미디어 산업이 살려면 콘텐츠 유통의 변화 필요하다」. ≪LG Business Insight≫. LGERI리포트, LG경제연구원.

송민정. 2001. 『인터넷콘텐츠산업의 이해』. 진한도서.

_____. 2003. 『디지털 미디어와 콘텐츠의 이해』. 진한도서.

_____. 2010. 「플랫폼흡수 사례로 본 미디어플랫폼 전략 연구: 플랫폼 흡수 이론을 토대로」. ≪사이

버커뮤니케이션학보≫, 27(2). 사이버커뮤니케이션학회.

_____. 2011. 『모바일컨버전스는 세상을 어떻게 바꾸는가』. 한스미디어.

_____. 2012. 「비즈니스 모델 혁신 관점에서 살펴본 스마트 TV 진화에 관한 연구」. ≪Telecommu-nications Review≫, 22(2):168~187.

_____. 2013.1. 「방송통신사업자의 스마트 미디어 전략에 대한 탐색적 연구」. ≪방송공학회지≫, 18권 1호.

_____. 2013.3. 「망 중립성 갈등의 대안인 비즈니스 모델 연구: 양면 시장 플랫폼전략의 6가지 전략 요소를 근간으로」. ≪Journal of Cybercommunication Academic Society≫, 제30권 1호, 191~237쪽. 사이버커뮤니케이션학회.

_____. 2015.6. 「생태계 관점에서 본 'IoT 기반 스마트홈의 플랫폼' 유형」. ≪자동인식보안≫, Vol.20, SN.230.

_____. 2015.7. 「포스트 스마트폰 시대의 스마트 미디어 발전 방향」, ≪자동인식보안≫, Vol.20, SN.231.

_____. 2015.8. 「N스크린에서 MCN(Multi Channel Network)으로 진화하는 소셜 TV」. ≪자동인식보안≫, Vol.20, SN.232.

_____. 2015.12. 「넷플릭스, 동영상 스트리밍 기업인 넷플릭스의 비즈니스 모델 최적화 연구: 비즈니스 모델혁신 이론을 토대로」. ≪방송통신연구≫. 방송학회.

_____. 2019.2. 「[특집 구성] 넷플릭스 하다: 메기일까 상어일까, 넷플릭스의 미래와 한국방송」. ≪월간방송작가≫. 한국방송작가협회.

스마트 미디어포럼. 2014. 『스마트 미디어의 이해』. 미래인.

스트라베이스. 2014.11.25. 「Netflix, 2015년 대규모 해외 진출 예고. 가장 유력한 후보지는 "호주"」. ≪News Brief≫.

신영증권. 2017.2.2. 인터넷 동영상 플랫폼.

아틀라스. 2014.10.14. 「獨 DT, IPTV 플랫폼에 넷플릭스 통합. 유럽 내 OTT 동영상 영향력 급증세」. ≪Digestive Daily News≫.

_____. 2014.12.1. 「美 넷플릭스, 현지화 전략 앞세워 글로벌 사업 가속화」. ≪동향과 시사점≫.

_____. 2015.2.3. 「美 넷플릭스, 내년초 국내 방송시장 진입. 가능성과 파급효과」. ≪동향과 시사점≫.

윤석훤·김사혁. 2011. 「미래인터넷 산업생태계」. ≪정책연구≫, 11-31. 정보통신정책연구원.

이주성. 2013. 「새로운 기술 패러다임의 키워드: 제한적 개방혁신, 기술생태계, 역혁신, Technology Strategy」. ≪동아비즈니스리뷰≫, 135호.

이철원. 2008. 『개방형 혁신 패러다임으로 경제 발전의 효율성을 높이자, 과학기술정책, 정책초점』. 한국과학기술정보연구원.

정윤미. 2015.9.11. 『미디어, 넷플릭스의 한국 진출이 반가운 이유』. 미래에셋증권.

조선닷컴. 2015.11.11. 「넷플릭스, 봉준호 신작 '옥자'에 제작비 전액 투자」. 조선닷컴.

주윤경. 2011. 「경제사회 발전을 이끄는 IT생태계 전략」. ≪IT정책연구시리즈≫. 정보화진흥원.

최병삼. 2010. 「성장의 화두, 플랫폼」. ≪경영노트≫, 제80호. 삼성경제연구소

하나금융그룹. 2018.4.6. 스튜디오드래곤.

한국스마트홈산업협회. 2015.9. 「Netflix 진출로 가열되는 일본 OTT시장 경쟁 동향과 전망」. ≪스마트 TV 이슈리포트≫, 제32호.

한국인터넷진흥원. 2013.6.10. OTT 서비스, Net Term.

_____. 2014/2015/2016. 인터넷백서.

한국콘텐츠진흥원 미국사무소. 2013.8.1. 미국 콘텐츠 산업 동향.

Associated Press. 2012.1.25. "Netflix begins expansion in Latin America." *The New York Times*. available at http://www.nytimes.com/2011/09/06/business/global/netflix-begins-expansion-in-latin-america.html

Baldwin, C. Y. & Woodarc, C. J. 2009. "The Architecture of Platforms: A Unified View." in A. Gawer (Eds.) *Platforms, Markets and Innovation* (pp.19~44). Cheltenham, UK: Edward Elgar Publishing.

Beyers, T. 2012.1.25. "Three stocks that could heat up thanks to the Netflix meltdown." *Daily Finance*. available at http://www.dailyfinance.com/2011/11/14/3-stocks-that-could-heat-up-thanks-to-the-netflix-meltdown/

Bloomberg. 2015.8.28. "Can Netflix become Must-see TV in Japan?".

Borrelli, C. 2009.8.4. "How Netflix gets your movies to your mailbox so fast." *Chicago Tribune*. available at http://articles.chicagotribune.com/2009-08-04/entertainment/0908030313_1_dvd-by-mail-warehouse-trade-secrets

Cusumano, Michael A. 2010. *Staying Power, Six Enduring Principles for Managing Strategy & Innovation in an Uncertain World (Lessons from Microsoft, Intel, Apple, Google, Toyota & More)*. Oxford University Press.

Digital TV Europe. 2015.8.28. "Amazon to rival Netflix in Japan".

eMarketer. 2014.11.14. "Netflix takes two-thirds of Over-the-Top video subscriptions in Latin America".

Fransman, M. 2007. The New ICT Ecosystem-Implications for Europe, Kororo.

FierceOnlineVideo. 2015.8.5. "Netflix will succeed in Japan, but China is a whole other ball-game".

FierceOnlineVideo. 2015.7.30. "Netflix, Hulu subscriber churn should be a concern for OTT providers, research firm says".

Financial Times. 2015.9.1. "Japan offers Netfilx its Asian debut".

Flacy, M. 2011. "Starz planning HBO GO clone alter Netflix deals expires 2." *Digital Trends*. available at http://www.digitaltrends.com/home-theater/starz-planning-hbo-go-clone-after-netflix-deal-expires/

Funding Universe. 2012.1.25. available at http://www.fundinguniverse.com/company-histories/Netflix-Inc-company-History.html

Gawer, A. (Ed.) 2009. *Platforms, markets and innovation*. Cheltenham, UK: Edward Elgar Publishing.

Gunnarsson, Tony. 2015.4.23. Forecasting the new era of OTT video. OVUM.

_____. 2015.6.26. Media streamer content strategies. OVUM.

Helft, M. 2007. "Netflix to deliver to the PC." *The New York Times*, Retrieved January 25, 2012. available at http://www.nytimes.com/2007/01/16/technology/16netflix.html?pagewanted=1

Henshaw, A. 2012. "Netflix company history." *eHow*, Retrieved January 25, 2012. available at http://www.ehow.com/facts_5489980_netflix-company-history.html

Iansiti, M. & Levien, R. 2004. *The Keystone Advantage: What the New Dynamics of Business Ecosystems Mean for Strategy, Innovation, and Sustainability*. Harvard Business School Press.

Isaac, M. 2011.9. "From Apple to Vudu: Eight Netflix alternatives compared." *Wired*. available at http://www.wired.com/gadgetlab/2011/09/netflix-alternatives/2/

Kafka, P. 2011. Netflix Bets Big On House Of Cards But Swears It's Not a Strategy Shift: Q & A With Content Boss Ted.

Kopytoff, V. G. 2012.1.25. "Shifting online: Netflix faces new competition." *The New York Times*. available at http://www.nytimes.com/2010/09/27/technology/27netflix.html

Market Realist. 2015.9.18. Netflix: Partnering with Softbank for launch in Japan.

McMillan, G. 2011.10.28. "Netflix stills tops online video viewing … kind of." *TIME*. available at http://techland.time.com/2011/10/28/netflix-still-tops-online-video-viewing-kind-of/

Midwinter, John. 1994. "Convergence of telecommunications, cable and computers in the 21st century: A personal view on the technology." In: Crossroads on the information highway: Convergence and diversity in communications technologies, Institute for Information Studies.

Moore, James F. 1993. "Predators and prey: The new ecology of competition." *Harvard Business Review*, 71(3):75~83.

_____. 1996. *The Death of Competition: Leadership & Strategy in the Age of Business Ecosystems*. New York, Harper Business.

_____. 2006. "Business ecosystems and the view from the firm." *The Antitrust Bulletin*, 51(1): 31~75.

Ojer, T. & Capape, E. 2013. "Netflix: A New Business Model in the Distribution of Audiovisual Content." *Journalism and Mass Communication* (September), 3(9):575~584.

Peltoniemi, Mirva. 2004. "Business Ecosystem as the New Approach to Complex Adaptive Business Environments." Frontiers of e-Business Research, pp.267~281.

_____. 2004. Cluster, Value Network and Business Ecosystem: Knowledge and Innovation Approach, Mimoe, 1-9. (Conference "Organization, Innovation and Complexity: New Perspectives on the Knowledge Economy", University of Manchester, Sep. 2004).

Peltoniemi, Mirva. 2006. "Preliminary theoretical framework for the study of business ecosystems." *E:CO*, 8(1):10~19.

Renesse, Ronan de. 2015.6. Smart TV Operating System: Winners and Losers, 2012-19, OVUM.

Richwine, L. 2011.10.10. Netflix CEO Hastings ends Qwikster before it starts. Reuters. available at http://www.reuters.com/article/2011/10/10/netflix-dvd-idUSN1E79909D20111010

Roth, D. 2009. "Netflix Everywhere: Sorry Cable, You're History." *Wired.* available at http://www.wired.com/techbiz/it/magazine/17-10/ff_netflix?currentPage=all

Sarandos. 2012.1.25. AllThingsD. available at http://allthingsd.com/20110318/netflix-bets-big-on-house-of-cards-but-swears-its-not-a-radical-departure-qa-with-content-boss-ted-sarandos/

Stelter, B. 2011.11.21. "Netflix to back arrested development." *The New York Times.* available at http://www.nytimes.com/2011/11/21/arts/television/netflix-to-back-arrested-development.html

Thompson, C. 2008.11.23. "If you liked this, you're sure to love that." *The New York Times.* available at http://www.nytimes.com/2008/11/23/magazine/23Netflix-t.html?pagewanted=all

Tiwana, Amrit, et al. 2010. "Platform Evolution: Coevolution of Platform Architecture, Governance, and Environmental Dynamics." *Information Systems Research*, Vol.21, Issue 4.

Wilson, T. V. & Crawford, S. 2012.1.25. How Netflix works? How Stuff works?. available at http://www.electronics.howstuffworks.com/netflix.htm

제4장

Barnes, B. 2014.3.24. "Disney Buys Maker Studios, Video Supplier for YouTube". available at https://www.nytimes.com/2014/03/25/business/media/disney-buys-maker-studios-video-supplier-for-youtube.html

Bloom, D. 2014.12.11. "Hearst Buys 25% Of DreamWorks Animation's AwesomenessTV In Diversification Deal". available at https://deadline.com/2014/12/dreamworks-animation-hearst-awesomenesstv-sale-1201320979/

Cheredar, T. 2014.9.22. Chernin's Otter Media buys a majority stake in Fullscreen Media. available at https://venturebeat.com/2014/09/22/chernins-otter-media-buys-a-majority-stake-in-fullscreen-media/

DMC. 2015.12.14. 「2015 DMC Report: 디지털 미디어 & 마케팅 결산 전망 보고서」. available at https://www.dmcreport.co.kr/content/ReportView.php?type=Market&id=8903&gid=3

Roettgers, J. 2018.1.24. "AT&T-Chernin J. V. Otter Media Buys Out Remaining Fullscreen, Crunchyroll Owners". available at https://variety.com/2018/digital/news/att-chernin-j-v-otter-media-buys-out-remaining-fullscreen-crunchyroll-owners-1202675621/

Spangler, T. 2017.7.8. "ProSieben Acquires Control of Collective Digital Studio, Invests $83 Million in Online Video". available at https://variety.com/2015/digital/global/prosieben-collective-digital-studio-acquisition-1201535844/

Wallenstein, A. 2013.5.1. "DreamWorks Animation Buys YouTube Channel AwesomenessTV for $33 Million". available at https://variety.com/2013/digital/news/dreamworks-animation-buys-youtube-channel-awesomenesstv-for-33-million-1200432829/

국무조정실·방송통신융합추진위원회. 2008. 『방송통신 융합 추진 백서』.

김재영·이남표·양선희. 2008. 「공영방송의 정체성 탐색과 이명박 정부의 방송정책에 대한 비판적 고찰」. ≪방송문화연구≫, 20권 1호, 69~95쪽.

미래창조과학부. 2013. 『2013년도 업무보고: 과학기술과 ICT를 통한 창조경제와 국민행복 실현』.

_____. 2014. 『2014년도 업무보고: 상상·도전·융합을 통해 미래를 여는 창조경제』.

_____. 2015. 『2015년도 업무보고: 과학기술·ICT 혁신을 통한 역동적 창조경제 실현』.

_____. 2016. 『2016년도 업무계획: 과학기술·ICT 기반 창조경제를 통한 성장 동력 창출 가속화』.

_____. 2017. 『2017년도 업무계획: 과학기술·ICT 혁신으로 지능정보사회 선도』.

민주언론시민연합. 2017. 『이명박·박근혜 정권 시기 언론장악 백서』.

박소라. 2003. 「경쟁 도입이 텔레비전 프로그램 장르 다양성에 미치는 영향에 관한 연구: 1989년 이후 지상파 방송 편성표 분석을 통하여」. ≪한국언론학보≫, 47권 5호, 220~250쪽.

박은희. 2006. 「융합 환경에서의 수용자 복지 정책유형과 추진과제」. ≪방송연구≫, 겨울호, 85~110쪽.

방송통신위원회. 2008a. 『경제위기 극복과 방송통신강국 구현을 위한 방송통신 10대 추진과제』.

_____. 2008b. 『방송통신 선진화를 통한 신성장 동력과 일자리 창출방안』.

_____. 2009. 『새로운 10년을 선도하는 방송통신 2010 핵심 과제』.

_____. 2010. 『2011년 방송통신 핵심과제』.

_____. 2011a. 『2012년 방송통신 핵심과제』.

_____. 2011b. 『방송통신기본계획』.

_____. 2013. 『2013년도 업무계획』.

_____. 2014a. 『2014년도 업무계획: 국민의 신뢰를 받는 창조 방송통신을 실현하겠습니다』.

_____. 2014b. 『제3기 방송통신위원회 비전 및 주요 정책과제』.

_____. 2015. 『2015년도 주요 업무계획』.

_____. 2016. 『2016년도 주요 업무계획』.

_____. 2017. 『2017년도 업무계획: 국민에게 신뢰받는 방송통신 강국 실현』.

배선영·이정우. 2012. 「방송통신 융합환경에서의 수용자 복지의 개념적 프레임워크: 메타 문화기술지를 활용한 개념구성요소들의 신서시스」. ≪한국방송학보≫, 26-4호, 87~136쪽.

성숙희. 2008. 『방송통신 융합 논의와 향후의 과제』(KBI 포커스 08-01). 서울: 한국방송영상산업진흥원.

송종길·황성연. 2009. 「방송통신 융합 시대 미디어 연구의 경향: 2000년 이후 기존연구 분석을 중심으로」. ≪방송통신연구≫, 68호, 110~132쪽.

원용진. 1996. 『대중문화의 패러다임』. 서울: 한나래.

유승관. 2003. 「방송 환경 변화에 따른 다양성 영역에 관한 법제 및 정책연구」. ≪한국방송학보≫, 17권 3호, 7~47쪽.

윤성옥. 2014.11.20. 『종편 채널의 보도 프로그램 왜 문제인가』. 한국언론정보학회 '미디어 산업 생태계 속의 종편 채널 요인에 대한 평가' 세미나 자료집, 19~48쪽.

이남표. 2006. 『미디어 융합과 수용자 복지의 제도화에 관한 규범적 접근』. 한국방송학회 '수용자/ 이용자 중심으로 본 방송통신 융합과 포털미디어' 세미나 자료집, 5~22쪽.

_____. 2009.8. 「종편PP, 무엇이 문제인가」. 미디어공공성포럼 '방송법, 무엇이 문제인가?' 토론회 발표문.

정동훈·곽선혜·김희경·오은석·이남표·정형원. 2017. 『국내 디지털 콘텐츠 유료화 실패 사례 연구』 (지정 2017-05). 서울: 한국언론진흥재단.

정애리. 2007. 「융합형 콘텐츠 확산에 따른 수용자 복지 개념의 변화」. ≪방송통신연구≫, 65호, 221~248쪽.

정영주. 2010. 「융합 시대 수용자 복지 구성 가치와 정책 참여자의 상대적 중요도 인식 연구」. ≪한국방송학보≫, 54권 5호, 423~450쪽.

정영호. 2013. 「미디어 다양성의 동태적 모델을 이용한 다양성 정책의 효과 검증 및 예측」. ≪한국언론학보≫, 57권 1호, 216~244쪽.

최세경·황주성·유승호. 2008. 「방송통신 융합 시대에 비즈니스 분화 현상과 수용자 복지 정책」. ≪방송통신연구≫, 67호, 227~262쪽.

Debrett, M. 2009. "Riding the wave: Public service television in the multi-platform era." *Media, Culture & Society*, 31(5):807~827.

Gandy, O. Jr. 2002. "The real digital divide: Citizens versus consumers." in L. A. Lievrouw & S. Livingstone (Eds.). *Handbook of new media: Social shaping and consequences of ICTs* (pp.448~460). London: Sage.

Jakubowicz, K. 2010. "PSB 3.0: Reinventing European PSB." in P. P. Iosifidis (Ed.). *Reinventing public service communication: European broadcasters and beyond* (pp.9~22).

Livingstone, S. 2003. "The changing nature of audiences: From the mass audience to the interactive media user." in A. Valdivia (Ed.). *The Blackwell companion to media research* (pp.337~359). Oxford: Blackwell.

_____. 2004. "The challenge of changing audiences: Or, what is the audience researcher to do in the age of the Internet?" *European Journal of Communication*, 19(1):75~86.

Livingstone, S., Lunt, P. & Miller, L. 2007. "Citizens and consumers: Discursive debates during and after the Communications Act 2003." *Media, Culture & Society*, 29(4):613~638.

Mosco, V. 2004. *The digital sublime: Myth, power, and cyberspace*. Cambridge, MA: MIT Press.

Napoli, P. M. 2010. *Audience evolution: New technologies and the transformation of media audiences*. New York: Columbia University Press.

Ofcom. 2004. *Ofcom review of public service television broadcasting: Phase 1 - Is television special?* Ofcom.

Palvik, J. V. 2008. *Media in the digital age*. New York: Columbia University Press.

van Cuilenburg, J. 1998. "Diversity revisited: Towards a critical rational model of media diversity." in K. Brants, J. Hermes & L. van Zoonen (Eds.). *The media in question: Popular cultures and public interests* (pp.38~49). London: Sage.

van Cuilenburg, J. & McQuail, D. 2003. "Media policy paradigm shifts: Toward a new com-
    munication policy paradigm." *European Journal of Communication*, 18(2):181~207.

제6장 ───

강형철. 2007. 「탐사보도 프로그램의 내용 다양성에 관한 연구」. ≪한국방송학보≫, 21(1):7~46.

고주현. 2015. 「EU 미디어 다양성 정책: 유럽통합의 원동력 혹은 또 다른 규제?」. ≪문화와 정치≫,
    2(2):81~99.

김원식·이상우. 2006. 「유료방송에서 소유 규제와 콘텐츠의 다양성」. ≪사이버커뮤니케이션 학보≫,
    20:5~44.

남시호. 2010. 「미디어 다양성의 문화정치학」. ≪한국언론정보학보≫, 51:136~155.

박소라. 2003. 「경쟁 도입이 텔레비전 프로그램 장르 다양성에 미치는 영향에 대한 연구」. ≪한국언
    론학보≫, 47(5):222~250.

박소라·양헌모. 2006. 「외주정책이 제작시장과 외주제작 공급 및 프로그램 다양성에 미친 영향에
    관한 연구」. ≪한국방송학보≫, 20(1):50~95.

박주연·전범수. 2009. 「미디어 시장의 다양성 연구: 시장집중도 측정을 중심으로」. ≪언론정보연구≫,
    46(1):37~61.

방송통신위원회. 2013/2015/2017/2018. 『방송산업 실태조사 보고서』.

_____. 2014. 「미디어 다양성 지표 개발 연구」. ≪방통융합정책연구≫, KCC-2014-20.

_____. 2016.7.21. 「2015년도 방송사업자 시청점유율 산정 결과 발표」 보도자료.

삼성경제연구소. 2009. 「IT 컨버전스의 진화」. ≪SERI 경제 포커스≫, 제228호

성욱제. 2010. 「국내 시사정보 미디어의 이용집중도 측정을 통한 다양성 연구」. ≪방송통신연구≫,
    72:194~225.

_____. 2012. 「국내 미디어 다양성 연구에 대한 메타분석」. ≪방송통신연구≫, 79:101~139.

송인덕. 2016. 「종합편성채널 도입에 따른 TV방송의 다양성 변화 연구: 주시청 시간대 방송 프로그
    램 장르 다양성과 시청자 노출 다양성 분석(2011~2015)」. ≪한국언론학보≫, 60(2):399~434.

심영섭. 2011. 「이용다양성 측정을 통한 미디어 사업자 규제의 법적 한계에 대한 연구」. 2011년 가
    을철 정기학술대회, 95~97쪽.

여론집중도조사위원회. 2016. 여론집중도조사 보고서.

유승관. 2003. 「방송 환경 변화에 따른 다양성 영역에 관한 법제 및 정책연구」. ≪한국방송학보≫,
    17(3):7~47.

유의선. 2009. 「미디어 다양성」. ≪방송통신연구≫, 69:42~68.

윤영철·김경모·김지현. 2015. 「의견 다양성을 통해 본 언론매체의 이념적 지형도」. ≪방송통신연구≫,
    89:35~64.

이은미. 2001. 「1990년대 텔레비전 방송의 다양성 분석」. ≪한국언론학보≫, 46(1):388~412.

이준웅. 2015. "이준웅의 오! 마이 미디어". ≪중앙일보≫ 2015.12.22.

임성원·구세희·연보영. 2007. 「지상파 방송의 장르다양성에 관한 연구」. ≪언론과학연구≫, 7(2): 402~440.

임정수. 2004. 「세 가지 미디어 집중현상의 개념화와 미디어 산업규제정책에서의 함의」. ≪한국언론학보≫, 48(2):138~163.

정두남·심영섭. 2012. 「매체 간 합산 영향력 제한을 통한 미디어다원성 보호방안에 대한 연구」. ≪방송통신연구≫, 79:140~168.

정보통신정책연구원. 2014. 『2014년 KI 시청자평가지수조사 보고서』. 정보통신정책연구원 정책연구, 14~55쪽.

_____. 2018. 『2018 시청자평가지수(KI) 조사 보고서』. 정보통신정책연구원 정책연구, 18~12쪽.

정영호. 2013. 「미디어 다양성의 동태적 모델을 이용한 다양성 정책의 효과 검증 및 예측」. ≪한국언론학보≫, 57(1):216~244.

정인숙. 2007. 『방송정책이론과 방법론』. 커뮤니케이션북스.

조은영·유세경. 2014. 「종합편성 채널 도입과 방송 뉴스 보도의 다양성」. ≪한국언론학보≫, 58(3): 433~461.

조익환·이상우. 2012. 「경쟁 환경에 따른 신규 미디어와 기존 미디어의 프로그램 다양성 연구」. ≪한국방송학보≫, 26(6):177~213.

표시영·유세경. 2016. 「채널 증가에 따른 예능 프로그램의 포맷 다양성 변화 연구: 종합편성 채널 개국 전후를 중심으로」. ≪한국방송학보≫, 30(1):137~168.

한국콘텐츠진흥원. 2014. 『드라마 편성, 제작, 그리고 내용 분석』. KOCCA, 14~39쪽.

Atwater, T. 1986. "Consonance in local television news." *Journal of Broadcasting & Electronic Media*, 30(4):467~472.

Dominick, J. R. & Pearce, M. C. 1976. "Trends in Network Prime-Time Programming, 1953-74." *Journal of Communication*, 26(1):70~80.

Greenberg, E. & Barnett, H. J. 1971. "TV Program Diversity--New Evidence and Old Theories." *The American Economic Review*, 61(2):89~93.

Hiller, R. S., Savage, S. J. & Waldman, D. M. 2015. "Market Structure and Media Diversity." *Economic Inquiry*, 53(2):872~888.

Hoffmann, C. P., Lutz, C., Meckel, M. & Ranzini, G. 2015. "Diversity by choice: Applying a social cognitive perspective to the role of public service media in the digital age." *International Journal of Communication*, 9(1):1360~1381.

Le Duc, D. R. 1983. "Direct broadcast satellites: Parallel policy patterns in Europe and the United States." *Journal of Broadcasting & Electronic Media*, 27(2):99~118.

Litman, B. R. 1979. "The television networks, competition and program diversity." *Journal of Broadcasting & Electronic Media*, 23(4):393~409.

McQuail, D. 1992. *Media Performance: Mass Communication and the Public Interest*. SAGE Publications.

Napoli, P. M. 2001, October. *Diversity and localism: A policy analysis perspective*. In Remarks presented at the Roundtable on Media Ownership Policies.

Owen, B. M. 1977. "Regulating diversity: The case of radio formats." *Journal of Broadcasting & Electronic Media*, 21(3):305~319.

Shak, M. 1990. *Diversity of programming in United States cable television: Factors in the failure of early expectations.* Unpublished Ph. D. Dissertation, New York University.

Van der Wurff, R. & Van Cuilenburg, J. 2001. "Impact of moderate and ruinous competition on diversity: The Dutch television market." *The Journal of Media Economics*, 14(4):213~229.

Youn, S. M. 1994. "Profile: program type preference and program choice in a multichannel situation." *Journal of Broadcasting & Electronic Media*, 38(4):465~475.

Wildman, S. S. & Owen, B. M. 1985. *Program Competition, Diversity, and Multi-Channel Bundling in the New Video Industry.* Video Media Competition (ed.) EM Noam.

┃ 지은이 (수록순)

김신동

한림대학교 미디어스쿨 교수. 고려대학교 신문방송학과 및 같은 대학원을 졸업하고 인디애나
대학교에서 박사학위를 받았다. 미디어 정치경제, 정책 및 산업, 모바일 커뮤니케이션 등을 연
구하고 가르쳐왔다. 근래 글로벌 미디어와 미디어에 의한 역사 재현에 관심을 높이고 있다. 다
트머스대학교, 파리정치대학교, 베이징대학교 등의 초빙교수를 역임했다. 현재는 민간 씽크탱
크인 지식협동조합 좋은나라 및 사단법인 좋은나라연구원의 이사장을 맡고 있다.
kimsd@hallym.ac.kr

송경재

경희대학교 인류사회재건연구원 연구교수. 경희대학교에서 「한국의 사이버 공동체와 정치 참
여에 관한 연구」 논문으로 정치학 박사학위를 취득했다. 신문발전위원회 연구위원(인터넷 미
디어 정책), 방송통신심의위원회 통신특별위원회 위원, 중앙선거관리위원회 홍보정책자문위
원회 위원을 역임했다 .주 연구 분야는 인터넷 시민참여, 인터넷 미디어, e-사회적 자본과 거
버넌스, 여성정치 참여 등이며, 주요 논문과 저서로는 「누가 2위 포털인 다음 뉴스를 이용하
는가?」(2018), 「세대의 사회적 자본과 정치 참여: 비관습 참여적인 소셜 정치세대의 등장」
(2018), 『지구촌과 세계시민』(공저, 2017), 『촛불집회와 다중운동』(공저, 2019) 등이 있다.
skjsky@gmail.com

황근

선문대학교 미디어커뮤니케이션학과 교수. 한국외국어대학교 신문방송학과를 졸업하고 고려
대학교 대학원에서 언론학 석사·박사학위를 취득했다. 한국방송개발원(현 한국콘텐츠진흥원)
정책연구실 책임연구원, 한국방송학회 방송법제연구회 회장, 한국언론학회 정치커뮤니케이
션연구회 회장, KBS 이사 등을 역임했다. 주요 연구 분야는 미디어 정책, 미디어 정치, 뉴미디

어 등이며, 주요 저서로는 『방송위원회의 정책과제와 방향』(2001), 『정보통신과 디지털법제』(2008), 『방송재원』(2015), 『공영방송과 정책갈등』(2018) 등이 있다. 연구논문으로는 「방송통신위원회의 구조와 역할에 대한 평가 연구」(2008), 「미디어컨버전스 시대 공영방송의 역학과 규제체계」(2010), 「공영방송수신료 개선방안 연구: 절차적 정당성 확보방안을 중심으로」(2014), 「미디어융합시대 방송사업 인수합병 심사제도 개선방안: 공익성 심사제도를 중심으로」(2016), 「지상파다채널 방송 정책평가연구(2016)」 등이 있다.
hkuhn@chol.com

송민정

한세대학교 조교수. 이화여자대학교 독문학과를 졸업하고 독일 뮌스터대학교 석사과정, 중앙대학교 석사과정을 거쳐 스위스 취리히대학교에서 커뮤니케이션학 박사학위를 받았다. 스위스 프로그노스 연구원, kt경제경영연구소 연구원, 성균관대학교 휴먼ICT융합학과 산학협력교수, 디지털경영학회 부회장, 대한경영학회 부회장, 사이버커뮤니케이션학회 감사 등을 지냈다. 주 연구 분야는 미디어경영과 ICT융합 경영, 빅데이터 경영이며, 주요 저서로는 『모바일 컨버전스』(2010), 『빅데이터가 만드는 비즈니스 미래지도』(2012), 『디지털미디어경영론』(2015, 공저), 『빅데이터경영론』(2019, 공저) 등이 있다.
mzsong1@paran.com

조영신

SK브로드밴드 실장. 연세대학교 신문방송학과 및 같은 대학원을 졸업하고 펜실베이니아 주립대학교에서 박사학위를 받았다. 최근까지 SK경영경제연구소에서 미디어 산업 트렌드를 분석·전망해왔다. SBS가 주최한 SDF의 Deep Dive Session을 진행했고, 국내 영상 산업의 발전을 위한 정책 자문을 했다. 국내 영상 시장의 발전에 공헌한 결과로 문화체육관광부의 공로상을 받았다.
troicacho@gmail.com

이남표

방송통신위원회 정책연구위원. 성균관대학교 철학과를 졸업하고 같은 학교 대학원 신문방송학과에서 석사학위와 언론학 박사학위를 받았다. MBC 전문연구위원, 성균관대학교 언론정보대학원 겸임교수, 한국언론학회 연구이사, 한국언론정보학회 기획이사 등을 지냈다. 주 연구 분야는 미디어 정책과 방송통신 생태계 변화이며, 주요 논문과 저술로는 「시장개방과 수용자」(2006), 「낡은 이야기와 새로운 상품화」(2007), 『디지털 시대와 미디어 공공성』(2011, 공역) 등이 있다.
dikaion21@gmail.com

배진아

공주대학교 영상학과 교수. 이화여자대학교에서 언론학 석사학위 및 박사학위를 취득했다. 방송분쟁조정위원회, 여론집중도조사위원회, 방송미래발전위원회 등의 위원을 역임했다. 주 연구 분야는 미디어 수용자와 콘텐츠, 미디어 정책이며, 주요 논문으로는 「인터넷 포털의 공적 책무성과 자율 규제」(2017), 「디지털 시대, 학부 미디어 전공 교육의 개선 방향」(2018)이 있다.
jinabae.rosa@kongju.ac.kr

한림대학교 **정보기술과문화연구소**(iCat)는 미디어 기술의 발전이 열어갈 사회의 변동과 문화의 미래에 대한 연구를 통해 사회발전의 방향을 가늠하고 대안을 제시하는 역할을 수행합니다.

한울아카데미 2174
ICT 사회 연구 총서 5

미디어 공진화
정보인프라와 문화콘텐츠의 융합 발전

ⓒ 김신동 외, 2019

엮은이 ∣ 김신동
지은이 ∣ 김신동·송경재·황근·송민정·조영신·이남표·배진아
펴낸이 ∣ 김종수
펴낸곳 ∣ 한울엠플러스(주)
편집 ∣ 배유진

초판 1쇄 인쇄 ∣ 2019년 8월 12일
초판 1쇄 발행 ∣ 2019년 8월 26일

주소 ∣ 10881 경기도 파주시 광인사길 153 한울시소빌딩 3층
전화 ∣ 031-955-0655
팩스 ∣ 031-955-0656
홈페이지 ∣ www.www.hanulmplus.kr
등록번호 ∣ 제406-2015-000143호

Printed in Korea.
ISBN 978-89-460-7174-2 93300 (양장)
     978-89-460-6685-4 93300 (무선)

* 책값은 겉표지에 표시되어 있습니다.
* 이 도서는 강의를 위한 무선판 교재를 따로 준비했습니다. 강의 교재로 사용하실 때는 본사로 연락해주십시오.

이 저서는 2018년 정부(교육부)의 재원으로 한국연구재단의 지원을 받아 수행된 연구임(NRF-2015S1A5B4A01037022)